KB030420

지역사회기반
청소년상담의 실제

| 노성덕 저 |

Community based Counseling for Youth

학지사

머리말

지역사회를 기반으로 상담을 발전시켜 온 것은 우리나라 청소년상담의 독특한 현상이다. 이런 현상은 전 세계 어디에서도 찾아보기 어렵다. 지역사회를 기반으로 지역 내 청소년과 보호자에게 상담서비스를 제공하다 보니 일반적인 심리상담의 프레임을 벗어나서 독특한 개입전략들을 발전시켜 왔다. 지역사회청소년통합지원체계, 위프로젝트, 청소년동반자, 아웃리치상담, 인터넷 · 스마트폰 중독 치유캠프, 또래상담, 학교밖청소년지원, 재난에 대한 위기개입, 긴급구조와 일시보호, 24시간 365일 운영하는 청소년전화 1388, 상담정책 개발과 매뉴얼, 단회상담, 활동과 게임을 가미한 프로그램 등 말이다. 이런 노력을 조금 과장되게 비교하자면 정신과 의사였던 프로이트가 환자치료에 적합한 정신분석 이론을 만들어 낸 것과 다르지 않다고 본다. 또 정신분석 훈련을 받고 정신과 의사가 되었으나 자기 고객에게 맞지 않으니까 더 효과적이라고 생각하여 분석심리학을 이론화한 융, 현실요법을 만들어 낸 글래서, 인지치료이론을 개발해 낸 벡의 노력과도 다르지 않을 것이다.

청소년상담자들은 지역사회를 기반으로 일하면서 고객에게 적합한 개입방법을 만들더라도 자신들이 훈련받은 상담이론을 핵심으로 삼는다. 즉, 상담 및 심리치료에서 지향하는 내담자의 최종적 변화에 영향을 미치는 개입요소들에 집중하되 청소년인 대상자의 동기를 유발하기 위한 전략들을 가미하거나, 청소년이기 때문에 가지는 특성에 적합한 방법들을 구안해 왔다는 것이다. 이런 노력이 다각도로 정부 정책에 반영되면서 청소년상담 영역은 꾸준히 성장해 가고 있다.

나는 두 가지 목적하에 이 책을 저술하였다.

첫째, 우리나라 청소년상담을 「지역사회기반 청소년상담」이라는 프레임으로 설명하되, 현재 진행 중인 것에 더하여 향후 지향해야 하는 방향을 제시하고자 하였다. 나는 우리나라에서 발전해 가고 있는 상담의 한 형태를 기술하기 위해 이 책을 썼다. 이 책은 우리나라의 청소년상담에 관한 이야기다. 우리나라에서 발전해 가고 있는 「지역사회기반 청소년상담」은 세계 어느 나라보다 앞서는 청소년상담모형이다. 이 모형은 우리나라에서 정책적으로 꾸준히 발전시켜서 지적재산으로 삼아야 할 만큼 가치가 있다.

둘째, 이 책은 청소년상담에 대해 학습하거나 관심을 가지고 있는 상담전공 학부생과 석사과정생들에게 가장 큰 도움이 될 것이다. 청소년상담자로 일하기 위해 무엇을 준비해야 하는지를 알려 주는 것이 이 책의 또 다른 목적이기 때문이다. 그러면서 동시에 청소년상담 현장에서 일하고 있는 나의 동료요, 동지들이 좀 더 확신을 가지고 청소년상담을 실천하고, 발전시켜 나갔으면 하는 생각에서 이 책이 부족하지만 나침반이 되었으면 하는 바람도 가지고 있다.

우리 모두는 관계 속에서 잉태되고 태어난다. 그리고 지역사회 구성원이 되어서 더 확대된 관계 속에서 자라고, 학습하고, 성장하며, 결혼하고, 관계를 재생산하고, 관계 속에서 삶을 마감한다. 우리는 결국 예외적인 경우를 제외하고는 지역사회의 다양한 관계 속에서 태어나 살다가 생을 마감하는 것이다. 이 지역사회를 기반으로 자라고 학습하는 청소년들과 보호자를 돕는 것이 지역사회기반 청소년상담이다. 이 책은 그런 이야기들을 실제적인 현장을 중심으로 담았다.

이 책을 쓰는 데 도움을 주신 분들이 참 많다. 특별히 사진을 사용하도록 허락해 주기도 하고, 자료를 제공해 주기도 한 유순덕(경기도청소년상담복지센터장), 배영태(경상북도청소년상담복지센터장), 차은선(광주광역시청소년상담복지센터장), 이미원(충청남도청소년상담복지센터장), 명소연(군포시청소년상담복지센터장), 광주광역시청소년상담복지센터의 트리오인 이성 팀장, 박진억 팀장, 노경화 팀장, 경기도청소년상담복지센터의 임낙선 팀장, 여성가족부의 김성벽 과장, 고려대학교 구로병원 이경옥 간호사께 감사드린다. 그리고 나의 영원한 동반자요, 나와 한 팀으로서 사진 사용을 허락해 준 두 아들 상현이와 시현이에게도 감사한다.

나는 대학상담자로 5년 일했고, 청소년상담자로 18년 일했다. 특히, 과거 안양시청소년상담센터 소장으로 일할 때 지역사회를 기반으로 하는 위기개입을 위해 드롭인센터를 운영하고 위기개입팀을 구성했는데 당시 함께했던 직원들을 잊을 수 없다. 그때 함께 일했던 직원들 중 몇은 대학의 교수로, 타 청소년상담복지센터장과 직원으로, 그리고 여전히 안양시청소년상담복지센터 직원으로 일하고 있다. 2007년부터 CYS-Net을 현장에 안착시키기 위해 함께 뛰었던 한국청소년상담복지개발원의 통합지원관리팀 팀원들도 영원히 잊을 수 없다. 특히, 2007~2009년에 함께했던 팀원들은 온갖 어려움 속에서 전국 방방곡곡을 출장으로 누비면서 컨설팅하고, 교육하고, 지원했었다. 그들 한 사람 한 사람에게 감사드린다. 지금도 지역사회기반 청소년상담을 구현해 내기 위해 전국을 누비고 있는 한국청소년상담복지개발원 통합지원관리부(정재우 부장)와 학교밖청소년지원부(김미정 부장) 구성원 모두에게 깊은 감사와 존경의 마음을 전한다. 지금까지 일하면서 현장에서, 회의장에서, 워크숍 장소에서 부대끼고 토론하고 학습하며 동고동락해 온 전국의 청소년상담자 모든 분들에게 감사드린다. 마지막으로 청소년상담 영역에서 일하면서 지치고 힘들 때마다 늘 새로운 도전과 격려를 아끼지 않으시는 서울대학교 김계현 · 김창대 · 김동일 선생님, 우리들의 3Kims 선생님들과 사소한 아이디어에도 관심을 가지고 박수쳐 주시는 동문들께도 감사를 드린다.

이 책을 출판해 주신 학지사 김진환 사장님께는 매번 신세를 지는 듯한 마음을 가지지 않을 수 없다. 잘 팔리지도 않는데, 꾸준히 저술을 제안해 주시는 것으로 보아 언젠가는 베스트셀러를 저술하게 될 것만 같다. 이 책을 편집해 주신 김준범 차장님, 그리고 늘 새로운 아이디어를 주문하며 찾아 주시는 유명원 부장님께도 감사를 드린다.

2018년 3월
한국청소년상담복지개발원에서
저자 노성덕

차례

: : 머리말 _ 3

: : 프롤로그 "소망시청소년상담복지센터 소장의 주말" _ 13

1장 지역사회기반 청소년상담의 의미와 발전   31

1. 지역사회기반 청소년상담의 의미 _ 33

  1) 지역사회상담과 지역사회기반 청소년상담 _ 34

  2) 지역사회기반 청소년상담의 특징 _ 41

  3) 지역사회기반 청소년상담의 내용 _ 48

2. 지역사회기반 청소년상담의 발전과정 _ 56

  1) 지역사회기반 청소년상담의 철학적, 정치적 토대 _ 56

  2) 지역사회기반 청소년상담의 전개 _ 59

3. 우리나라 청소년상담의 특징 _ 72

  1) 청소년상담의 외형적 특징 _ 72

  2) 청소년상담사업이 가지는 특징 _ 74

  학습을 위한 질문과 과제 _ 80

2장 지역사회기반 청소년상담자
되기 | 83

1. 지역사회기반 청소년상담자가 된다는 것 _ 85
2. 필요한 준비 _ 88
   1) 자격 갖추기 _ 90
   2) 지역사회기반 청소년상담자의 역량 _ 95
   3) 지역사회기반 청소년상담자의 전형적인 진로 _ 100
3. 지역사회기반 청소년상담자의 생산성 _ 106
   1) 경제성 산출을 통해 본 생산성 _ 106
   2) 상담의 효과와 생산성 _ 109
4. 지역사회기반 청소년상담자 윤리와 자기관리 _ 110
   1) 지역사회기반 청소년상담자와 윤리 _ 110
   2) 지역사회기반 청소년상담자의 소진과 자기관리 _ 112
   학습을 위한 질문과 과제 _ 119

3장 지역사회기반
청소년상담과 법률 | 121

1. 지역사회기반 청소년상담의 법적 근거 _ 123
   1) 청소년의 법적 정의 _ 125
   2) 청소년상담기관과 시설 _ 127
   3) 청소년상담기관과 시설의 주요 기능 _ 134
   4) 청소년상담 전문가 _ 138
2. 지역사회기반 청소년상담사업의 법적 근거 _ 144
   1) 상담과 교육 _ 144
   2) 지역사회기반 청소년상담지원체계 _ 146
   3) 특정 상담사업과 법 _ 149
   4) 청소년상담사업과 조례 _ 152
3. 청소년상담 전문가와 법적 의무 조항 _ 154
   1) 신고의무 조항 _ 154
   2) 개인정보보호에 관한 의무 조항 _ 158
   3) 직무상 알게 된 내용에 대한 누설 금지 조항 _ 161
   학습을 위한 질문과 과제 _ 164

4장 청소년상담자의 첫 작업: 지역사회 분석 | 167

1. 지역사회 특징 분석 _ 169
  1) 지리적 특징 이해하기 _ 170
  2) 청소년 밀집지역 분석 _ 173
2. 지역사회 청소년 현황 분석 _ 176
  1) 각종 자료 수집 _ 176
  2) 지역사회 내 서비스 대상청소년 추정 _ 178
3. 지역사회 자원 분석 _ 186
  1) 지역사회 자원 파악 _ 187
  2) 지역사회 자원 목록화 _ 192
  3) 실질적인 활용을 위한 분류 _ 193
  학습을 위한 질문과 과제 _ 197

5장 청소년상담지원체계 만들기 | 201

1. 우리나라 청소년상담지원체계 _ 203
  1) 청소년상담지원체계의 의미 _ 204
  2) 청소년상담지원체계의 조직 _ 205
2. 미국의 위기지원체계 _ 215
3. 청소년상담지원체계 구성 _ 218
  1) 청소년상담지원체계 구성 연습 _ 218
  2) 청소년상담지원체계를 궤도에 올리기 위해 유념해야 할 것들 _ 222
4. 청소년상담지원인력 개발 _ 225
  1) 필요한 청소년상담인력 예측 _ 225
  2) 청소년상담인력 확보 _ 229
  3) 상담사업 보조인력 확보 _ 233
  학습을 위한 질문과 과제 _ 236

6장

상담! 청소년상담자의 핵심역량
– 지역사회를 기반으로 하는 청소년상담의 과정

237

1. 상담! 청소년상담자의 핵심역량이자 기본역량 _ 239
2. 지역사회를 기반으로 하는 청소년상담의 과정 _ 240
   1) 지역사회기반 청소년상담의 과정 _ 240
   2) 청소년상담 모듈 _ 241
3. 모듈 1: 상담신청과 서비스 배치 _ 244
   1) 상담신청과 상담계약 _ 244
   2) 접수면접 _ 252
   3) 사례판정회의와 서비스 배치 _ 265
4. 모듈 2: 내방상담과 부모개입 _ 268
   1) 상담 초기 과정에서 다루는 내용 _ 268
   2) 상담 중기 과정에서 다루는 내용 _ 273
   3) 상담 중기 전략: 상담이론, 매체활용, 부모개입 _ 275
   4) 상담종결과 추후상담 _ 292
5. 모듈 3: 위기개입 _ 295
6. 모듈 4: 매체상담–청소년 고객을 위한 맞춤형 서비스 _ 296
   1) 매체상담의 의미 _ 296
   2) 전화상담 _ 299
   3) 사이버상담 _ 305
7. 모듈 5: 타 기관 의뢰 _ 310
   학습을 위한 질문과 과제 _ 312

7장

위기개입:
지역공동체 협력의 정점

315

1. 지역사회 공동체 협력을 위한 준비 _ 317
   1) 위기에 대한 이해 _ 319
   2) 일반적인 개입과정과 청소년상담자 _ 330
   3) 위기대응을 위한 지역사회 공동체의 사전 준비 _ 339
2. 지역사회기반 위기개입과정 _ 343
   1) 1단계: 위기상황 발생과 문제 분석 _ 345

2) 2단계: 지역공동체 개입 여부 결정 _ 350

3) 3단계: 지역공동체 협력 위기개입 _ 352

4) 4단계: 목표 달성과 종결 및 추후관리 _ 358

3. 재난 등에 대한 긴급 심리지원 참여 _ 362

1) 재난 및 사고 등과 청소년상담 _ 362

2) 청소년상담지원체계의 재난심리지원 참여 _ 363

3) 애도와 상담 전문가 심리안정지원 _ 368

4. 위기의 고객을 찾아가서 상담하기 _ 370

1) 찾아가는 상담의 의미 _ 370

2) 찾아가는 상담의 과정과 유형 _ 376

학습을 위한 질문과 과제 _ 379

8장 지역사회기반 청소년상담자의 기관 운영 | 381

1. 청소년상담자와 청소년상담기관 관리자 _ 383

2. 청소년상담기관 운영의 실제 _ 385

1) 청소년상담기관 운영방향 설정 _ 385

2) 상담사업관리 _ 389

3) 인적자원관리 _ 395

4) 재정관리 _ 401

5) 문서 · 재물관리와 홍보 _ 404

3. 지역사회 전체 주민을 위한 사업 _ 408

1) 지역 특성을 고려한 프로그램 _ 409

2) 지역주민 대상 심리교육 _ 413

4. 지역사회기반 상담의 확대 적용 _ 416

학습을 위한 질문과 과제 _ 418

:: 참고문헌 _ 420

:: 찾아보기 _ 423

우리 모두는 지역사회 내 관계 속에서 잉태되고, 태어나고, 자라고, 학습하고, 성상하며, 결혼하고, 관계를 재생산하고, 관계 속에서 삶을 마감한다. 우리는 결국 예외적인 경우를 제외하고는 지역사회의 다양한 관계 속에서 태어나 살다가 생을 마감하는 것이다. 이 지역사회를 기반으로 자라고 학습하는 청소년과 보호자를 돕는 것이 지역사회기반 청소년상담이다.

소망시청소년상담복지센터 소장의 주말[1]

꽃샘추위가 도시를 감싸 안은 어느 토요일

꽃샘추위를 등에 업은 바람이 소망산을 넘어 상담산 자락을 휘어 감고 내려앉은 3월 어느 토요일 아침이었다. 나는 가볍게 아침식사를 하고 지하 주차장으로 내려갔다. 지하인데도 제법 추위가 느껴졌다. 차에 시동을 거는 짧은 순간에도 손등이 얼얼했다. 비번이어서 쉬는 날이었지만 추운 날씨 탓에 청소년상담복지센터[2] 일이 괜히 마음에 걸려 사무실에 나가 볼 참이었다.

---

1) 이 이야기는 저자의 실제 경험을 바탕으로 재구성한 허구이며, 지역사회기반 청소년상담을 이해하도록 하기 위하여 쓴 것이다. 소망시는 가상의 도시다. 소망이라는 지역은 프롤로그와 이 책 4장, 5장, 8장에서 사용된다.

2) 청소년상담복지센터는 「청소년복지지원법」 제29조에 의거해 설치된 청소년상담 전문기관을 말한다. 청소년상담복지센터는 지방자치단체에서 자금을 출연하여 설치하도록 하고 있으며 2021년 여성가족부에 의하면 17개 광역시·도에 시·도 청소년상담복지센터가 설치되어 있고, 221개 시·군·구에 시·군·구 청소년상담복지센터가 설치되어 있다. 청소년상담복지센터는 지역사회에 기반을 두고 지역 내 청소년을 통합적으로 지원하는 청소년상담개입전략인 청소년안전망(舊 CYS-Net : community youth safety-net), 찾아가는 상담인 청소년동반자 프로그램, 각종 심리상담 및 전화상담과 사이버상담, 위기개입, 인터넷 중독 극복을 돕는 인터넷 치유학교, 예방교육과 연구 등을 총체적으로 수행하고 있다. 특히, 대부분의 시·도 청소년상담복지센터에서는 위기청소년에 대한 긴급구조와 일시보호 업무를 수행하기 위해 남녀 일시보호소를 각각 운영하고 있다. 청소년상담복지센터는 이 책 1장과 2장에 자세히 소개되어 있다.

불현듯 전날 자정 즈음 헤어진 위기지원팀 생각이 났다. 위기지원팀과 자원봉사자들인 1388청소년지원단원들[3], 그리고 대학생 자원봉사자들이 학원가를 중심으로 금요일 심야 아웃리치[4]를 했는데, 나는 자정 즈음까지 함께 있다가 귀가했었다. 아마도 아웃리치는 새벽 2시경에 마쳤을 것이다. 헤어지면서 '심야엔 너무 추워서 아이들도 거리에 나오지 않을 거니까 자정 조금 넘으면 귀가하라.'고 당부를 했지만, 팀장은 분명히 2시까지 거리에 있었을 것이다.

나는 평소 습관대로 학원가를 지나 공원을 관통해서 시장 쪽으로 한 바퀴 도는 길을 선택했다. 아침인 데다 기온이 차가워서인지 거리나 공원이나 시장 근처나 할 것 없이 사람들이 별로 보이지 않았다. 히터 기운으로 차 안이 기분 좋게 따뜻해질 즈음 센터에 도착했다.

먼저 센터 주변을 둘러보고, 위기지원팀이 있는 3층에 올라갔다. 숙직자가 두 명의 아이들과 대화를 나누고 있었고, 생활지도를 담당하는 직원은 식탁을 정리하고 있었다. 두 아이는 전날 정오쯤 지하철역 근처에서 배회하다가 청소년지도위원 아저씨들에게 발견되어 센터로 의뢰되어 왔었다.

"소장님. 새벽에 아웃리치팀 돌아와서 짐 정리하고 퇴근했고요, 여기 두 아이는 오늘 집으로 돌아가겠답니다. 아이들 부모님하고도 통화가 되었고요, 지하철 태워 보내기로 이야기가 되었습니다. 아침식사는 했고요, 생활지도원 선생님이 귀갓길에 아이들을 지하철 환승역까지 태워다 주기로 했습니다."

"수고했어요. 근무자 오면 인수인계 잘해 주시고, 아이들 잘 데려다 주세요. 주말 잘 보내시고요. 얘들아. 밤새 춥진 않았니?"

---

3) 1388청소년지원단은 2005년부터 시작된 정부의 청소년상담복지정책인 청소년안전망에 참여하여 지역에서 청소년을 돕는 기관, 단체, 개인 전문가 등을 일컫는 말이다. 한국청소년상담복지개발원의 2020년 보고에 따르면 전국에 약 8,532개의 기관과 31,562명의 개인 전문가들이 자발적으로 참여하여 '위기에 처한 우리 지역 청소년을 우리 손으로 구한다'는 모토하에 활동하고 있다. 1388청소년지원단은 이 책 5장에 상술되어 있다.

4) 아웃리치는 1990년대부터 청소년상담기관에서 시작한 '현장에 찾아가는 상담'이다. 지역사회에서 청소년들이 밀집해 있는 곳이나, 청소년들의 왕래가 잦은 곳을 선택하여 부스를 설치하고 상담자들과 지역의 자원봉사자들이 함께 청소년들을 만나는 일종의 이동상담이라고 할 수 있다. 아웃리치 활동은 대체로 저녁 7시경부터 심야까지 진행된다. 아웃리치는 이 책 7장 3절에 상술되어 있다.

"··· 안 추웠어요."

"그래. 다행이다. 지금 밖이 많이 추우니까 점퍼 잘 입고, 선생님들이랑 이야기 나눈 거 잊지 말고······."

말을 더 하려다가 어제 상담하면서 할 말 다해 놓고 다시 또 이야기하는 것이 왠지 잔소리가 되는 듯해서 말끝을 흐렸다.

"네. 감사합니다. 안녕히 계세요."

두 아이를 앞세우고 길을 나서는 생활지도원[5]을 배웅하고, 마저 4층과 2층을 둘러본 후 1층 사무실을 건너 소장실로 향했다. 1층엔 아직 아무도 나와 있지 않았다. 벽에 걸려 있는 시계만 8시 40분을 가리키며 '밤새 추위에 떨었는데 마침 소장 너 잘 나왔다'고 벼르기라도 하듯 맹렬한 기세로 똑딱거리고 있을 뿐······.

소장실 문을 열고 온풍기를 켜면서 겉옷을 벗어 옷걸이에 걸었다. 멀리서 경찰 순찰차의 사이렌 소리가 들렸다. 창밖을 보니 저 멀리 센터에 인접해 있는 놀이터 너머로 지구대 순찰 차량이 서 있고 경찰관들이 자판기 커피를 뽑으며 이야기를 나누고 있는 것이 보였다. 멀리서도 종이컵에서 하얀 김이 모락모락 올라가는 것이 보였다.

상담복지센터가 작은 공원을 끼고 위치해 있다 보니 가끔 노숙자들이 출몰하여 오가는 주민들을 놀라게 하거나 싸움이 벌어지곤 한다. 또 간혹 술에 취한 취객들이 센터에 들어와 고성방가를 일삼는 것을 보면서 일부러 경찰서에서 지구대에 지시하여 순찰차가 하루에도 몇 번씩 사이렌 소리를 내며 순찰을 돌아 주고 있었다. 지구대에서는 정기적으로 순찰하면서 어차피 지나치는 길목이니 힘들이지 않고 해 주는 것이라며 굳이 고마워할 필요가 없다고 말한다. 하지만 우리에겐 참 고마운 일이다. 그나마 센터에 들어와서 커피를 마시고 가라 해도 '정복 입은 경찰이 드나들며 애들이 못 온다'면서 저렇게 멀찍이서 커피 한잔 마셔 주는 마음 씀씀이가 매번

---

5) 생활지도원은 시·도 청소년상담복지센터에 설치되어 있는 일시보호소 담당 직원이다. 일시보호소는 긴급한 보호가 필요한 청소년을 24시간 이내 보호하면서 서비스를 제공하고 귀가, 쉼터 연계 등을 지원한다.

고맙게 느껴졌다. 손을 들어 크게 흔들어 보았다. 보지 못한 모양이다. 천천히 빠져 나가는 순찰차를 보면서 자리에 앉았다.

"어? 소장님 나오셨어요? 쉬시는 날 아니에요?"

청소년동반자[6] 팀장인 김 쌤이었다. 1층 출입문을 열고 사무실 너머 소장실까지 시선을 길게 뻗어 인사를 건넨다. 오전에 상담이 있어서 나왔다고 부연 설명하면 서……

"춥네요. 어서 올라가요."

"김 쌤. 어서 와요."

언제 왔었는지 상담지원팀장이 계단을 내려오며 인사를 건네는 소리가 들렸다. 이윽고 나타난 팀장 손에는 김이 모락모락 피어오르는 머그잔이 들려 있었다. 아마 도 2층에서 커피를 내렸던 모양이다.

"소장님. 커피 드세요. 저기… 조금 전에 전화가 왔는데요, 오늘 전화상담 담당자가 급한 일이 생겨서 30분 정도 늦을 거라네요. 호호… 마침 소장님이 계시니까 30분만 전화 받아 주세요. 저희 팀은 10시부터 놀이치료 집단 프로그램이 있어서요."

"그래요. 오늘은 간부들만 나오는 날인가 보네… 하하하… 커피 맛있네요. 내가 전화 오면 받을 테니 올라가서 준비해요."

커피 향이 은은하게 코끝을 간질였다. 온풍기로 따뜻해진 실내에 앉아 향긋한 커

---

6) 청소년동반자는 정부에서 위기청소년에게 '찾아가는 상담서비스'를 제공할 목적으로 채용한 상담 전문가다. 청소년동반자 프로그램은 청소년이 상담복지센터나 지역 내 상담기관을 방문하기 어려운 경우에 현장에 찾아가서 지원하기 위해 마련되었다.

피를 마시니 행복감과 평온함, 그리고 여유로운 느낌이 절로 들었다.

응급실 직원이 1388로 전화하다

"따르르릉~~"

"안녕하세요? 청소년전화 1388[7] 입니다. 무엇을 도와드릴까요?"

"여보세요. 거기 청소년상담센터인가요?"

"네. 맞습니다."

"아. 예. 여기 대학병원 응급실인데요, 화재 때문에 119구급차로 실려 온 학생이 이 전화번호를 알려 줘서 전화 드렸습니다. 김영희라고 하던데요. 저는 응급실 직원입니다."

"무슨 일이신지 말씀해 주시겠어요?"

"엄마랑 둘이 사는 여학생인데, 오늘 새벽에 집에 불이 나서 응급실에 실려 왔습니다. 부모가 이혼하셔서 아버지는 어디 사는지 모른다 하고… 김영희라고 하는데, 혹시 아는 학생인가요?"

"아니요. 아는 학생은 아닙니다만… 지금 어떤 상태인가요?"

"다행히 애는 별 이상 없습니다. 많이 놀란 것 말고는… 그런데 엄마가 사망하셨네요. 집은 다 타 버렸다고 하고… 제가 여기에 전화를 해도 되는지 모르겠는데, 애가 전화번호 아는 친척이 없다면서 이 번호를 알려 줘서요……."

"아. 그러시군요. 애가 많이 놀랐다고 하셨는데, 어느 정도인가요?"

"네. 처음 왔을 때는 안절부절 못하더니 지금은 그래도 좀 나아진 것 같기도 합니다. 표정이 심각하게 굳어 있어서 겉으로만 봐서는 일단 진정이 되어 보이기는 한

---

7) 청소년전화 1388은 청소년상담 전용 전화다. 2005년 이전에 각 지역마다 고유의 상담전화를 운영하던 것을 국번 없는 1388로 통합하여 운영하고 있다. 유선전화로 1388을 누르면 발신자 근거리에 있는 상담복지센터로 착신되며, 핸드폰의 경우 지역번호와 1388을 누르면 17개 시·도 청소년상담복지센터로 착신된다. 청소년전화 1388은 무료 전화로 운영되고 있다. 긴급전화, 상담전화, 정보제공 등의 기능을 수행하고 있으며 시·도 청소년상담복지센터에서는 365일 24시간 수신체제로 운영하고, 시·군·구 청소년상담복지센터에서는 09시~18시까지 수신하고 있다.

데, 너무 태연하다 싶기도 하고요… 제가 이거 전화를 잘한 것인지 모르겠습니다. 보호자도 아니시고 친척도 아니실 텐데 뭐라고 더 상황을 이야기해야 할지 저도 좀 난감하네요."

"아닙니다. 전화 잘해 주셨습니다. 이런저런 생각이 많으실 텐데 일단은 애를 돕는 방법을 찾기 위해 전화하셨다 생각하시죠."

긴장감이 팽팽하게 느껴지면서 머릿속에 상황이 그려졌다. 그리고 여러 가지 생각들이 동시다발적으로 튀어 올라왔다.

'가만… 영희라는 학생이 왜 이 번호를 알려 줬을까? 청소년전화 1388을 학교에서 들었으니 뭔가 자기를 도울 수 있을 거라 생각했나 보다… 그렇다고 해도 얼마나 절박했으면 그냥 이 번호를 댔을까? 뭐가 절박했을까? 아… 그렇지. 본인이 방화범이라고 몰릴 수 있을 거라 생각했을까? 아니야. 엄마가 사망하셨는데… 그렇다면 두려움보다는 감당하기 힘든 슬픔과 혼자 살아남았다는 죄책감에 압도당하겠구나. 태연해 보이는 것은 후에 외상후스트레스장애[8]로 악화될 수 있다… 우선 사람을 보내자.'

"선생님. 저는 센터 소장인데요, 센터에서 학생을 도울 수 있도록 직원을 보내도 되는 상황인가요? 그리고 여학생이라고 하셨는데 어디 학교 몇 학년인지 혹시 들으셨습니까?"

---

8) 외상후스트레스장애(Post-Traumatic Stress Disroder: PTSD)는 충격적인 사건을 보거나 직접 겪은 후에 나타나는 불안장애를 의미한다. 충격적인 사건이란 사고, 전쟁, 자연 재앙, 폭력 등 심각한 신체 손상이나 생명을 위협하는 경험을 뜻한다. 외상후스트레스장애의 주요 증상으로는 '꿈이나 반복되는 생각을 통해 외상의 재경험' '외상과 연관되는 상황을 피하려고 하거나, 무감각해지는 것' '자율신경계가 과각성되어 쉽게 놀라고 집중력 저하, 수면 장애, 짜증 증가' 등이 있으며, 이 같은 증상으로 인해 학교생활이나 직장생활 등을 정상적으로 수행하기 어렵다. 이런 사건에 직면한 청소년들에 대해서는 충분한 정서적 지지와 안전에 대한 확신, 그리고 정서를 적절하게 표출해 내도록 도와주는 것이 필요하다. 청소년상담 전문가나 정신과 전문의, 임상사회복지사, 전문상담교사를 만나서 즉각적이고 충분한 도움을 받을 수 있도록 조치하는 것이 필요하다. 그리고 무엇보다 가족이나 친지 또는 친구 등 가까운 사람들의 돌봄이 매우 큰 도움이 된다. 하지만 아무리 즉각적인 도움을 주어도 아동이나 청소년 연령에 해당하는 사람들이 경험하는 외상후 스트레스장애는 성인에 비해 더 장기적으로 영향을 미친다는 연구들이 있다. 따라서 아동이나 청소년들이 이런 어려움을 겪지 않도록 사전에 예방하기 위해 심혈을 기울이는 것이 필요하다.

통화를 하면서 상담전화 옆에 놓여 있는 내선전화를 찾아 4층에 있는 김 쌤을 긴급하게 호출했다. 김 쌤이 헐레벌떡 뛰어내려 왔다. 나는 김 쌤에게 상황을 설명하고 병원으로 가서 전화한 응급실 직원을 만나 이야기를 더 듣고 학생을 돌보도록 지시했다. 김 쌤은 병원 인근에 살고 있는 청소년동반자에게 연락해서 먼저 병원으로 가도록 조치하고, 오전 상담 일정을 조정한 후 병원으로 출발했다.

김 쌤을 보내고 나서 응급실 직원과의 통화를 마무리하고, 경찰서 강력1팀장에게 전화했다. 화재 사건이고, 모녀 둘이 살다가 아이는 빠져나오고 엄마는 사망했으니 아마도 강력팀에서 조사를 나가지 않을까 싶어서였다.

"팀장님. 상담센터 소장입니다."

"어. 소장님."

"혹시 오늘 새벽에 모녀가 둘이 사는 집에서 일어난 화재 사건 알고 계십니까?"

"아. 예. 보고받았습니다. 중학생만 살고 모친은 사망했다고 들었습니다. 애는 다친 데가 없다고 해서 마침 병원으로 애 보러 가려는 중입니다. 조사해 봐야죠. 그런데 어떻게 아셨어요?"

"병원에서 전화가 와서 알았습니다. 팀장님. 애가 지금 많이 놀란 상태이고, 아직 엄마 돌아가신 것도 실감이 나지 않을 테니 너무 많은 질문을 하기보다는 센터에서 출동한 요원들이 충분히 마음을 진정시킬 수 있을 때까지 시간을 좀 주고, 병원에서 긴급하게 회의를 좀 했으면 해서 전화 드렸습니다."

"벌써 사람을 보내셨어요? 일단은 다친 데 없이 퇴원해도 될 정도라 하니 기본적인 조사는 해야 할 듯합니다. 고려는 해 봐야겠습니다마는 일단 나가서 보고 생각해 보죠. 필요하다면 병원에서 솔루션회의 하시죠."

"예. 이따 뵐게요."

조사를 해야 한다는 말이 마음에 걸렸다. 아이가 불을 질렀거나 또는 아이의 실수일지도 모른다는 생각도 들었다. 그리고 수사 절차상 혹시라도 조사가 바로 진행될 수 있겠다 싶어서, 어찌 되었든 강력팀에서 조사를 받기보다는 조금 다른 곳에서 조사를 받는 것도 필요할지 모른다는 생각이 들었다.

"참. 팀장님. 불가피하게 경찰서에서 조사를 일찍 진행해야만 한다면 강력팀보다는 여성청소년계 조사실9)에서 하시면 좋을 듯합니다. 아직 중학생이고…….

"어이구, 걱정 마세요. 뭐. 일단 나가서 보고 판단해야 하겠지만, 당연히 여청계 조사실로 갈 테니 염려 놓으세요. 병원에서 만나서 의논하시죠."

"네. 조금 있다가 병원에서 뵙겠습니다."

전화를 끊고, 경찰서 여성청소년계장 핸드폰으로 전화를 했다. 상황을 설명하고, 필요시 계장이 조사에 함께해 줄 것을 요청했다. 여청계장은 기꺼이 그렇게 하겠노라고 했다. 여청계장에게도 병원으로 나와 줄 것을 요청했다.

잠시 숨을 고르고 전화상담 일지를 집어 들었다. 응급실 직원이 확인해 준 학교가 적혀 있었다. 당직교사와 통화해서 담임교사 번호를 받아 적고 다시 전화를 했다. 담임교사는 금세 목소리가 축축하게 젖어들었다. 학생이 무사함을 알리고 병원을 알려 주었다. 담임교사는 바로 달려가겠다고 했다.

목이 탔다. 내 심정을 알았는지 상담팀장이 물을 들고 전화상담실에 들어와 있었다. 상담팀장은 청소년동반자팀장인 김 쌤에게서 대충 이야기를 전해 들은 모양이다.

"울 팀에서 집단상담에 참여하는 인력을 줄이고, 병원으로 사람을 추가로 보낼까요?"

"아니. 그러지 않아도 될 것 같아요. 일단은 응급실 직원이 1388로 전화할 만큼 관심 가지고 잘 돌보는 것 같고, 여차하면 병원이니까 의사가 개입하지 않겠어요? 그리고 김 쌤이 인근에 사는 청소년동반자 선생님을 급히 보냈고, 팀장도 갔으니까 긴급개입은 이루어질 것이고, 담임교사도 병원으로 가겠다고 했으니까… 전화상담 담당자 오면 내가 나가 볼게요."

---

9) 경찰서의 여성청소년계에는 성폭력 피해를 입은 아동이나 여성들이 심리적으로 안정을 취하고, 편안하게 진술할 수 있도록 별도의 방이 마련되어 있다. 경찰서 안에 있다고 믿기지 않을 만큼 공간이 아늑하고, 게다가 일방경(one-way mirror)까지 갖추고 있어서 필요하다면 전문가의 관찰도 가능하다.

"예. 알겠습니다. 그럼 저는 올라가 보겠습니다."

"잠깐만요. 만약에 말이에요… 그 학생… 돌아가신 어머니가 지켜보고 계신다면… 뭐를 제일 걱정하실까요?"

"어후… 눈 못 감으실 것 같아요. 애 하나 남겨 두고 어떻게 눈을 감겠어요. 애 앞날 생각하면 벌떡 일어나실 것 같아요."

같은 엄마의 심정이어서인지 상담팀장의 눈이 촉촉하게 젖어 들었고 목소리가 떨려 왔다. 속상한 표정이 역력했다. 나도 가만히 엄마의 입장이 되어 보고 싶었다. 견딜 수 없는 슬픔과 아픔 … '사실이 어떠하든 관계없이 딸 하나 달랑 남겨 두고 떠난다면 그 심정을 어찌 말로 표현할 수 있을까?' … 아픔이 밀려왔다.

김 쌤에게서 전화가 왔다. 김영희라고… 중학교 3학년 여학생이라고 했다. 병원에 가 보니 인근에 사는 청소년동반자가 먼저 도착해 있었고, 영희 담임 그리고 영희 학교 상담부장도 도착해 있었다고 한다. 병원 사회사업실장도 김 쌤 연락 받고 나왔단다. 영희는 처음엔 어리둥절한 태도로 마치 무슨 일 있냐는 듯한 태도를 보이다가 여러 사람과 이야기 나누면서 차츰 상황을 인식하고 함께 얼싸안고 울었단다. 이야기를 듣다 보니 내 눈에서도 뜨거운 것이 조용히 흘러내리고 있었다. 김 쌤도 말을 다 잇지 못했다.

'그래. 힘들겠지만, 그래도 현실을 받아들이고 아픔을 이겨 낼 토대를 만들어 내야지. 아픔을 혼자서 가슴으로 삼키고 태연한 척하면 평생 아프게 되는 것이야. 혼자 아파하면 안 돼.'

김 쌤에게 상담자를 지정하여 영희를 돌보도록 지시하고 129[10]에 전화했다. 모녀 가정에 화재가 발생했으니, 이후 영희 엄마 장례식과 영희의 거처가 마련될 필요가

---

10) 129는 보건복지부에서 운영하는 복지지원 전화다. 긴급한 복지지원이 필요한 경우 상황에 따라 선지원하도록 하고 있으며, 긴급지원 이외에도 보건복지부에서 운영하는 각종 사업에 대한 정보를 제공받을 수 있다. 129는 국번 없이 129를 누르면 중앙 콜센터에서 착신한다. 중앙 콜센터에서는 전국 지방자치단체의 사회복지 담당 공무원들과 연계망을 형성하여 어디서나 근거리에서 도움을 제공할 수 있도록 운영하고 있다.

있다고 생각되었기 때문이다. 129콜센터에서 상담복지센터 위치를 확인하고는 인근 구청의 당직자가 전화하도록 조치하겠다고 말했다. 잠시 후 구청 사회복지 담당 당직자에게서 전화가 왔다. 나는 영희의 상황을 설명하고 도움이 필요하다고 말했다. 구청 당직자는 장례식을 준비하고, 영희가 당장 있을 곳이 필요할 테니 시에서 운영하는 쉼터에 영희가 입소하도록 하겠다고 말했다.

이제 어느 정도 조치가 된 듯했다. 전화기를 내려놓고 크게 숨을 들이쉬고 고개를 돌려 보니 전화상담 담당자가 상담팀장과 함께 서 있었다.

"죄송해요, 소장님. 오늘 아침에 위기전화가 있었다면서요? 오늘 아침에 애가 갑자기 아프다고 하는 바람에……."

"애는 괜찮대요?"

"예. 가벼운 장염이래요. 친정 엄마가 병원으로 오셨어요. 링거 하나 맞고 퇴원하면 된다고 해서 저는 왔습니다."

"다행이네요. 커피 한잔하고 와요. 오늘 전화 통화한 내역은 다 메모되어 있으니까 한번 살펴보고, 혹 추가 지원이 필요한 부분이 있는지 검토해 줘요. 상담팀장은 주말 동안 김 쌤하고 전화 연락하면서 추이를 좀 지켜보고 상담자원봉사회[11] 회장에게도 상황을 좀 알려 놓아요. 애 혼자 장례식장 지키는 일이 생기지 않도록 우리가 뭔가 해야 할 것 같아요. 내가 강력팀장, 여청계장, 129요원, 담임교사에게 연락했고, 김 쌤이 연락해서 병원사회사업실장이 나왔다니까, 팀장님은 상담자원봉사회장과 혹 필요하다고 생각되는 분들 연락해서 상황 설명하고 병원으로 나와 달라고 하세요. 긴급하게 솔루션회의를 진행할 겁니다."

---

11) 청소년상담자원봉사회는 청소년상담복지센터에 소속되어 있는 상담자원봉사자들이다. 대체로 어머니들이 많이 참여하고 있다. 관련 학과를 졸업했지만, 자녀를 양육하는 것 때문에 전업주부로 계신 분들이 시간을 내어 청소년상담을 지원해 주는 일을 하고 있다. 상담자원봉사자들은 기초교육, 보수교육, 전문화교육 등을 받으면서, 전화상담, 사이버상담, 학교 출장 프로그램 운영, 심리검사 등을 지원해 준다. 교육지원청에는 학생상담자원봉사회가 조직되어 있다.

병원에서 만난 영희

병원으로 가는 동안 갖가지 생각들이 다 들었다.

'장례식은 일단 129에서 지원을 한다고 하지만, 그 이후에 영희는 어떻게 해야 할까? 이혼해서 따로 살고 있는 아버지를 찾아낼 수 있을까? 그 어떤 것보다 아버지를 만나서 함께 사는 것이 슬픔을 극복하고 정상적으로 생활하는 데 무척 도움이 될 텐데… 그러나… 아버지는 영희를 받아 줄까? 아니, 영희가 아버지를 받아들일 수 있을까? 아… 어렵다.'

병원 로비 벤치에서 영희를 만났다. 영희는 청소년동반자인 수빈 쌤과 함께 있었다. 그리고 그 옆에 영희의 담임선생님이 서 있었다. 영희도, 담임도, 수빈 쌤도, 김 쌤도 눈이 퉁퉁 부어 있었다. 얼마나 울었는지 눈을 보고 단번에 알 수 있었다. 누군가 내게 다가와서 주스 병을 건넸다.

"엇. 계장님."
"소장님. 제가 이번 주말 129요원 조장입니다. 당직 서면서 지자체 129요원으로 지정되거든요. 전화 받은 직원 얘기 듣고 소장님께서 계실 거라기에 제가 나왔어요."

시청 사회복지 담당 계장이 빙긋 미소를 보였다.
영희는 중학생이라기에는 몹시 왜소한 아이였다. 얼굴은 몹시 초췌해 보였고, 웃옷 사이로 언뜻 보이는 팔목은 너무도 약해 보였다. 담임교사와 손을 꼭 잡고 있었다.

중학생인 영희는 엄마와 둘이 단칸방에서 살았다고 한다. 부모 이혼 후 영희가 초등학교 2학년 때부터 엄마와 단 둘이 살았는데, 특정한 직업이 없었던 엄마는 영희를 키우려고 식당에서 일했단다. 새벽 한두 시에 퇴근해서 들어온 엄마는 고단한 몸을 눕히면 땅에 꺼질 듯 잠에 빠졌고, 아침이면 영희는 엄마가 새벽에 돌아와서 준비해 놓은 식사를 혼자서 하고 학교에 가고, 열 시 넘어 잠에서 깬 엄마는 영희의 저녁식사를 준비해 두고 식당에 출근해서 다시 새벽 한두 시까지 일을 했다고 한다. 그러기를 벌써 5년여…….

어릴 때 영희는 엄마 말을 잘 듣고, 엄마를 이해해 주려고 애썼다고 한다. 다만 학교 준비물을 깜빡하고 가져가지 못하거나, 저녁 내내 혼자서 엄마를 기다리다 지칠 때면 무섭고, 엄마가 밉고, 아빠가 보고 싶고… 그래서 엄마에게 덤비고 말 안 듣고 그랬단다. 그리고 중학생이 되어서는 엄마 대신 밥도 하곤 했지만 그런 것이 모두 다 싫었단다. 엄마도 창피하고, 집도 창피하고, 다 싫어서 가출하고 싶었단다. 친구들처럼 멋을 내고 싶은데 돈은 없고, 그래서 엄마 지갑에서 돈을 슬쩍 꺼내어 옷도 사고, 피시방도 가고, 화장품도 사고, 그러다 엄마에게 맞기도 하고, 엄마랑 같이 부여잡고 울기도 했단다. 그러면 '착하게 살아야지, 열심히 공부해야지…….' 하고 결심도 했지만, 공부도 잘 안되고…….

어세 서넉에 조금 일씩 들어온 엄마에게 부정 부리듯 덤비다가 크게 다투었고, 속이 상한 채 잠이 들었다고 한다. 그렇게 싸우고, 엄마랑 헤어진 셈이 된 것이다.

새벽에 방에 연기가 가득하여 답답하고 놀라서 뛰어나왔는데, 이미 불길이 번졌고, 엄마가 다른 날보다 일찍 들어왔다는 생각은 까맣게 잊고, 엄마가 귀가했는지 안 했는지 헷갈리고, 그렇게 멍하게 서 있는 사이 불길이 집을 삼켜 버렸다고 한다. 병원에 실려 왔을 때도 아무 생각이 나지 않더란다.

"나만 살아 나왔어요. 나만……."

이야기를 하면서 영희는 또 울었다. 자기가 엄마를 죽인 거나 다름없다고 힘없이 중얼거리면서 울었다. 영희 담임도 영희를 얼싸안고 울었다. 로비는 다시 울음바다가 되었다.

수빈 쌤과 담임이 울다 지친 영희를 부축해서 침대에 눕혔다. 모두들 자신도 모르게 읊조리고 있었다.

"어찌해야 하나……."

"어쩔 거나……."

"이를 어째……."

"어떻게 해……."

그 이상 무슨 말이 필요 있을까 싶었다. 그때 무심코 고개를 들었다가 로비 한 켠에 서 있는 강력팀장을 보았다. 그도 조용히 눈물을 훔치고 있었다.

장례식을 준비해야 했지만 국립과학수사연구원에서의 화재 원인에 대한 감식 결과를 기다려야 했다. 그리고 무엇보다 지쳐 버린 영희를 돌봐 주는 것이 필요했는데, 병원 응급실은 마냥 쉴 수 있는 곳이 아니었다. 침대가 여유 있는 것도 아니었다. 그렇다고 병실에 입원시킬 수도 없었다.

현장에서 긴급하게 솔루션회의를 개최했다. 우선 시청에서 「긴급복지지원법」에 근거해서 장례를 담당하기로 하고, 상담자원봉사회와 영희 급우들이 장례식장 돌보는 일을 지원하기로 했다. 영희는 장례식 기간 동안에 수빈 쌤이 자신의 집으로 데리고 가서 쉬게 하고, 이후 청소년쉼터에 입소했다가, 보호자와 연락이 되지 않으면 시청에서 그룹홈에 입소시키기로 했다. 그리고 영희에 대해 수빈 쌤과 김 쌤이 팀을 이루어 집중적으로 상담을 진행하기로 했다. 영희에게 부과되는 의료비는 병원 사회사업실에서 맡겠다고 했다. 강력팀에서는 감식 결과를 기다리면서 영희 아빠를 찾아보기로 했다.

영희 아빠가 찾아오다

남아 있는 사람들과 점심식사를 하고 집으로 갔다. 두 아들이 아빠를 기다리고 있었다. 한창 배드민턴에 재미를 붙이고 있던 녀석들은 나를 보자마자 매달렸다. 큰 녀석과 배드민턴을 치는 동안 둘째 녀석은 가운데 서서 되지도 않는 동작으로 방해를 해 댔다. 하지만 그 모습 하나하나가 어찌나 귀엽고 사랑스러운지 나도 모르게 웃음이 나왔다. 그러다가 문득 영희가 더 떠올랐다. 제발 아버지가 찾아졌으면 좋겠다는 생각을 했다.

"아빠. 전화 와요."

핸드폰을 들고 보니 강력팀장이었다. 그의 특유의 강하고 짧고 단호한 어투가 내 귓전을 상쾌하게 때렸다.

"소장님. 애 아빠 찾았습니다."
"정말요? 정말이에요? 어디 사신데요?"
"조금 먼 곳에 살구요, 괜찮게 사시는 것 같아요. 소식을 전했더니 오겠답니다."
"정말 잘됐네요. 어떻게 찾으셨어요?"
"뭐. 사람 찾는 방법이 있습니다. 암튼 애 아빠가 온다고 했으니까 다행이죠."

영희 아버지가 왔다. 오후 늦게 웬 여인과 함께 왔다. 상황이 잘 이해되지 않는 듯 어리둥절해했다. 머뭇머뭇거리는 어린 딸과 애처롭게 바라보는 낯선 사람들이 많이 어색한 듯했다. 영희 손을 꼭 잡고 말이 없었다. 듬직해 보이는 어깨가 조금씩 들썩거리는 것 말고는 말이 없었다. 함께 온 여인은 영희 고모였다. 영희 고모도 말이 없었다. 영희를 얼싸안고 쓰다듬기만 했다. 낮은 소리로 들릴 듯 말 듯 '불쌍한 것'이라고만 연신 내뱉을 뿐이었다. 한참을 그렇게 있다가 강력팀장이 들어와 자기를 소개하자 비로소 영희 아버지가 이것저것 묻기 시작했다.

왠지 어색했다. 아버지를 찾으면 영희가 아버지 품에 안겨 마구마구 울 줄 알았다. 영희 아버지도 통곡하면서 '영희야. 아빠가 왔다. 걱정하지 마라.' 뭐 그런 광경이 일어날 줄 알았다. 하지만 조용하고 차분하게 정보가 전달되고, 전남편으로서 해야 할 도리에 대한 언급이 이어졌다. 그런 분위기에서 영희는 조용히 흐느끼고 있었다. 시간이 한참 흘러서야 영희 고모가 영희를 끌어안고 위로하기 시작했다.

영희 아버지는 영희를 1년에 한두 번 정도는 만나 왔다고 했다. 아내와 모든 것이 맞지 않아 이혼하게 되었지만, 딸에 대한 마음만큼은 변함이 없다고 했다. 영희를 보고 싶으면 살짝살짝 다녀가기도 했다고 한다. 영희 아버지는 재혼하지 않고 혼자 살고 있다고 했다. 돈도 제법 모았고, 현재 하는 일도 꽤 잘 되는 편이라고 했다. 정말 다행이라는 생각이 들었다. 영희 아버지는 장례식을 본인이 치르겠다고 했다.

그리고는 지인들에게 전화를 돌리기 시작했다.

장례식 동안 영희는 수빈 쌤 집에서 왔다 갔다 하기로 했다. 영희가 많이 밝아졌다. 처음 낯설었던 분위기와는 달리 아버지나 고모 옆에 착 달라붙어 다녔다. 고모도 영희를 무척 챙겼다. 내 눈엔 꼭 영희 엄마처럼 느껴졌다.

영희는 아버지가 데리고 가기로 했다. 영희 고모가 가까운 곳에 사니까 영희를 고모 집에 맡기겠다고 했다. 영희도 흔쾌히 따랐다. 나는 너무 마음이 놓였다. 정말 기뻤다. 솔직히 '얼마나 다행인지 모르겠다.'라는 표현이 더 정확할 것이다.

영희 아버지의 등장으로 상황이 변했다. 기존의 지원방안을 수정하기 위해 솔루션 회의를 다시 열었다. 우선 담임교사는 한창 민감할 시기에 전학을 가면 간혹 왕따를 당해서 전학 왔다고 잘못 소문이 날 수 있기 때문에 전학 갈 학교에 연락해서 자초지종을 설명하고 영희가 잘 적응하도록 돕기로 했다. 담임교사는 정말 최선을 다해 전학 절차를 해결해 주었다. 그것을 지켜보면서 정성을 다한다는 것이 저런 것이려니 싶었다. 영희가 이사 가는 지역의 청소년상담복지센터에 연락해서 청소년동반자를 배정하는 것도 검토되었다. 해당 지역 센터 소장은 기꺼이 그렇게 지원하겠다고 했다.

화재는 누전이 원인이었던 것으로 밝혀졌다. 원인이 밝혀지자 강력팀장은 '당연히 그럴 것이라 생각했다.'라면서 연신 좋아했다. 산만 한 덩치, 새까만 얼굴, 떡 벌어진 다부진 체구의 팀장이 귀엽게 느껴졌다.

영희는 아빠가 살고 있는 곳으로 떠났다. 짧은 만남이었지만 큰일을 함께 겪어 낸 탓이었는지 금세 정이 들어 많은 사람들을 울리고 떠났다.

영희를 보내고 나서 평가회의를 진행했다. 우선 감사를 표하자 강력팀장은 해야 할 일을 했다고 했다. 시청 사회복지 담당 계장은 한 일도 없다며 되레 미안해했다. 김 쌤과 수빈 쌤은 월급 받는 상담자가 당연히 할 일을 한 것이라며 너무 그러지 마시라고 했다. 학교 담임과 교장은 상담을 공부해야겠다면서 오히려 감사해했다. 병원 사회사업실장, 상담자원봉사회장, 쉼터소장 모두 손사래 치며 공을 서로에게 돌렸다.

그 이후로 영희는 몇 번 수빈 쌤을 통해 소식은 전해 왔다. ㄱ 지역 청소년동반자 선생님과도 잘 만나고 있다고 했다. 그리고 상당한 시간이 지난 후 자연스럽게 연락이 끊겼다. 아마도 지금쯤 영희는 어디에선가 자신의 꿈을 이루어 가면서 행복하게 살고 있을 것이다. 그리고 자신이 도움받았던 기억을 되새기며 누군가에게 도움을 나누어 주는 삶을 살고 있을 것이다.

『영희 사례 분석』

Ⅰ. 상황 발생

• 영희와 모(母)가 단 둘이 사는 집에 화재 발생. 모는 현장에서 사망. 영희는 응급실 이송 및 용의선상에 오른 상태에서 1388로 전화 요청

Ⅱ. 상황 인지 및 문제 분석

• 1388로 전화한 응급실 직원을 통해 상황 인지. 전화 내용, 청소년동반자의 보고 내용, 경찰서 강력팀장의 의견, 현장에서 영희와의 면담 등을 토대로 문제 분석

Ⅲ. 긴급개입

• 담당 청소년동반자 및 청소년동반자팀장을 병원에 파견하여 초기개입 실시
• 상담자와 담임교사가 심리적 지지자 역할을 하도록 하여 정서경험을 노출하도록 하고 심리적 안정 도모
• 영희의 안전확보 및 보호를 강화하기 위하여 129, 청소년쉼터, 그룹홈 등 개입 준비

Ⅳ. 솔루션회의 및 개입

◎ 1차(사고 직후)
• 청소년상담복지센터: 영희에 대한 상담개입과 전체 진행상황 관리
• 학교 및 상담자원봉사회: 장례 지원
• 경찰서(여청계, 강력계): 영희 부 찾기, 국과수 감정까지 조사 연기
• 지방자치단체: 긴급복지 지원(장례식) 및 그룹홈 입소 준비
• 청소년쉼터: 장례식 기간 중 영희 보호
• 병원 사회사업실: 필요한 서비스 보완

◎ 2차(아버지와 살기로 정해진 후)

• 학교: 원만한 전학 지원

• 청소년상담복지센터: 해당 지역 청소년상담복지센터에 연계

☐ 당신이라면 어떤 개입방법을 세웠을지 생각해 보라.

V. 긴급상황에 대한 개입 결과

• 청소년동반자, 담임교사 및 상담부장의 개입으로 심리적 안정 회복
• 모녀가정 화재 상황에 대해 긴급한 조치로 장례절차 등이 무난하게 진행
• 영희 부를 찾음으로 인해 장기적인 보호방안 마련

VI. 지속적 돌봄을 위한 대안 마련

• 아버지, 고모 등 가족과 새로운 삶 살게 됨
• 전학 가는 학교에 잘 적응할 수 있도록 담임교사가 조치
• 해당 지역 청소년상담복지센터 연계로 새로운 환경에 적응하도록 상담 지원방안 마련

☐ 당신이 세운 개입방법의 연장선에서 지속적 돌봄을 위한 대안을 생각해 보라.

☐ 영희가 심리적 외상을 극복했다고 가정하고, 이에 긍정적 영향을 미쳤을 개인, 보호자, 상담자, 지역사회 보호요인이 무엇이었을지 생각해 보고 이를 설명해 보라.

1장

지역사회기반
청소년상담의
의미와 발전

1. 지역사회기반 청소년상담의 의미

지역사회에 청소년상담이 존재한다는 것은 지역 내에 치유와 성장의 물줄기를 대 주는 옹달샘이 존재한다는 것을 의미한다.

지역사회를 기반으로 하는 청소년상담이 존재하기 위해서는 당연히 지역사회가 있어야 한다. 지역사회는 사람들이 모여서 땅을 경계로 하여 확립한 개념이다. 그래서 옛부터 지역사회가 형성되려면 경작할 수 있는 논밭과 숲이 있어야 했다. 지역사회를 형성해서 모여 사는 사람들이 논밭에서 먹거리를 제공받고 숲에서 집을 지을 수 있는 재료를 제공받아 왔기 때문이다. 그런데 경작할 논밭과 집 지을 재료를 제공해 주는 숲은 갑자기 하늘에서 뚝 떨어지듯 존재할 수는 없다. 논밭에서 농작물을 경작하고 숲에서 나무가 자라게 하려면 반드시 필요로 하는 것이 있다. 바로 시냇물이나 강물 같은 물줄기인데, 이 물줄기를 역으로 따라 올라가면 강의 발원지인 샘이 있기 마련이다. 결국 이 샘은 숲에 생명력을 제공해 주고, 동물과 사람에게 마실 물을 제공하며, 경작할 논밭이 존재하게 함으로써 지역사회 성립의 전제가 된다.

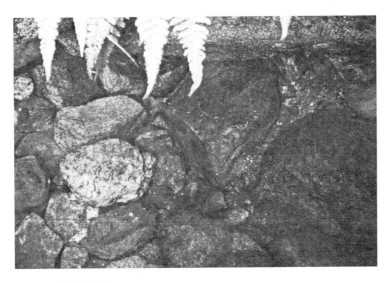

사진 1-1　섬진강 발원지인 샘: 용궁샘(전라북도 진안군)

지역사회에 터를 잡고 사는 사람들에게는 물리적 삶을 가능하게 해 주는 의식주(衣食住) 해결이 매우 중요하다. 의식주문제가 해결되지 않으면 지역사회는 형성되기 어렵고 사람들은 위기에 봉착하게 된다. 하지만 모두가 알다시피 적어도 오늘날 우리나라에서 의식주문제로 위기에 부딪치는 일은 매우 드물다. 더 비싼 옷, 더 맛있는 음식, 더 좋은 집을 추구하는 것이지 의식주 자체를 문제로 삼는 수준에서는 이미 벗어났기 때문이다. 그런데 의식주문제가 해결되었는데도 대인관계와 심리적 어려움 등으로 위기를 호소하는 일은 더 빈번해졌다. 사람들이 더 많이 모이고, 사회가 발전하여 복잡해질수록 새롭게 직면하는 문제들이 더 많아지기 때문이다.

세상을 살다 보면 누구나 예기치 못한 어려움에 부딪친다. 그 어려움이 가벼울 수도 있으나 때로는 생사의 기로에 설 만큼 무거울 수도 있다. 이럴 때 문제를 가지고 쉽게 찾아가서 함께 감정을 나누고 해결방안을 논의할 대상이 있다면 얼마나 좋을까? 지역사회에 청소년상담이 존재한다는 것은 청소년과 부모가 예기치 못한 어려움에 직면했을 때 해결방안을 논의할 수 있는 기관과 전문가가 지역사회 안에 있음을 의미한다.

지역사회 안에 쉽게 찾아가서 도움을 받을 기관과 청소년상담 전문가가 있다면, 목마를 때 샘을 찾아가서 목을 축일 수 있는 것과 같은 든든함과 편리함이 늘 곁에 존재하는 셈이 된다. 이런 점에서 '지역사회를 내에 청소년상담이 존재한다는 것은 청소년과 부모, 그리고 청소년지도자들에게 신선한 물을 제공하는 꽤 괜찮은 옹달샘이 지역사회에 존재하는 것과 같다'고 한 것이다.

1) 지역사회상담과 지역사회기반 청소년상담

지역사회기반 청소년상담은 지역사회를 기반으로 하여 지역 내 청소년과 보호자에게 상담서비스를 제공하는 것을 말한다. 지역사회기반 청소년상담을 이해하기 위해서는 지역사회의 의미와 더불어서 지역사회를 단위로 상담을 발전시켜 온 미국의 지역사회상담을 살펴볼 필요가 있다.

(1) 지역사회

① 지역사회의 의미

지역사회란 지리적, 행정적으로 묶여 있는 특정 지역을 말한다. 근대 이전에는 대개 씨족 중심의 공동체를 의미하였으나, 현대에 이르러서는 행정구역 중심으로 의미가 굳어졌다. 그래서 오늘날의 지역사회는 기초지방자치단체를 의미하게 되었는데, 경기도 안양시 동안구, 전라북도 전주시 덕진구, 부산광역시 해운대구, 서울특별시 중구, 강원도 고성군, 전라남도 광양시, 충청북도 단양군 등이 그 예다.

지역사회를 지방자치단체인 행정구역으로 구분하는 것은 다소 인위적이어서 처음 경계가 정해졌을 때는 무척 낯설었을 것이다. 하지만 세월이 흐름에 따라 행정구역 내 주민들이 같은 공동체로 분류되어 비슷한 권리를 누리고 의무를 부여받으면서 연대의식이 강화되었고, 이런 연대의식이 하나의 지역사회를 확고하게 만들었다. 물론 과학기술의 발달 역시도 이런 연대의식을 강화하는 데 중요한 역할을 했다. 예를 들어 기초지방자치단체라 하더라도 그 면적이 매우 넓은데, 이동수단의 발달로 먼 거리임에도 불구하고 짧은 시간 안에 이동하여 만나거나 모일 수도 있고, 혹은 대면하지 않더라도 연락을 취하고 의견을 공유할 수 있는 다양한 방법들이 뒷받침되었기 때문이다. 이런 과학기술의 발달은 전통적인 씨족 중심의 공동체가 행정구역 단위로 확대되는 것을 가속화했다.

청소년상담 영역에서도 자연스럽게 행정단위 중심으로 지역사회를 구분하는 경향이 있다. 그것은 청소년상담 전문가들이 일하는 기관의 명칭에서도 쉽게 확인할 수 있다. 청소년상담복지센터, 학교밖청소년지원센터, 위센터, 정신건강복지센터, 건강가정지원센터 등이 대부분 행정단위명을 채택하고 있기 때문이다. 이에 따라 기관명은 자연스럽게 '공주시청소년상담복지센터' '서대문구학교밖청소년지원센터' '안양과천교육지원청 위센터' '해운대구정신건강복지센터' '임실군건강가정지원센터' 등으로 불린다.

② 지역사회와 전통적인 공동체의 혼재

지역사회가 행정구역 중심으로 개편되고 확대되었지만, 그렇다고 해서 전통적인 의미의 공동체가 해체되었다고 말하기는 어렵다. 우리나라에는 전통적인 공동체로서의 지역사회와 현대에 이르러 정형화된 행정구역으로서의 지역사회가 혼재되어 있다. 그렇다 보니 지역사회의 구성원인 개인은 행정구역의 일원이면서 전통적 공동체의 일원이라는 의식이 공존한다. 이로 인한 특성이 지역사회라는 개념 안에 담겨 있다. 행정구역으로서의 지역사회와 전통적인 공동체가 뒤섞여진 삶의 모습은 교통수단과 통신수단의 발달로 인해 개인이 한 지역뿐 아니라 여러 지역과 연관되어 살아가는 것이 보편화되면서 일상이 되었다.

지역사회에서는 개인이 조직 또는 단체 등과 상호의존하게 된다. 지역사회를 구성하고 있는 모든 구성원들은 서로 영향을 주고받으며 상호작용을 통해 지역사회에서의 삶을 살아간다. 사람들은 지역사회 내에서 더 작은 단위의 소집단인 각종 모임에 속해 있기도 하고, 또는 다른 지역사회의 구성원들과도 직업이나 취미 활동 등으로 연관되어 있기도 하다. 즉, 가정, 학교, 동호회, 직장, 종교단체 등이 한 개인이 소속된 소집단이라고 할 수 있다. 그런데 이 소집단들은 동일한 지역사회 내 조직일 수도 있고, 타 지역사회에 속한 구성원들과 혼합된 조직일 수도 있다. 결국 개인은 자신이 일차적으로 속해 있는 지역사회 외에도 다른 여러 지역사회와 긴밀하게 연관되어 있는 것이다. 이런 모습은 혈연공동체 의식이 강했던 과거에는 잘 드러나지 않던 현상이다. 혈연공동체를 넘어서는 도시화와 행정구역 중심의 지역사회라는 개념이 혼재되면서 자연스럽게 일반화된 현상이다. 개인은 지역사회 내 공동체인 소집단에서 상호작용할 뿐 아니라, 지역사회를 초월하여 이웃 지역사회 구성원들과도 상호작용을 하고 이 상호작용의 결과를 통해 성장하거나 또는 퇴보를 겪기도 한다.

③ 청소년에 대한 지역사회의 영향

지역사회는 상호의존적인 역동적 구조를 형성하여 구성원의 생태적 환경을 창조해 낸다. 지역사회 내 생태적 환경은 부모자녀, 형제, 친구 또는 동료 간 상호작용과 같이 개인에게 직접적인 영향을 미치는 환경부터 각종 지역협의체, 지역사회 내 제도와 법률, 지방정부, 문화, 이념과 같이 좀 더 거시적인 환경까지 다양한 형태를 띠면서 구성원인 개인에게 영향을 미친다. 그런데 재미있는 것은 이러한 각종 제도와 문화로 구성된 생태학적 환경을 만드는 당사자도 지역 내 구성원이라는 것이다. 결국 개인은 공동체와 지역사회를 창조해 내고 영향을 미치는 주체이면서 동시에 창조된 공동체와 지역사회로부터 영향을 받는 객체이기도 한 것이다.

개인이 지역사회로부터 영향을 받기도 하면서 동시에 영향을 미친다고 하였으나, 아동이나 청소년처럼 미성년자인 경우에는 환경에 영향을 미치기보다는 환경으로부터 영향을 더 많이 받는 경향이 있다. 당연히 영향을 미치기도 하고, 경우에 따라서는 적극적으로 영향을 미쳐야 할지도 모른다. 그러나 현실적으로는 영향을 미치기보다는 영향을 받는 시기라고 보는 것이 더 정확하다. 청소년들이 경험하는 문제들 중 상당 부분은 자기가 적극적으로 영향을 미쳐서 극복하기엔 한계가 있는 상황이 많다. 부모 이혼 또는 실직, 폭력적 가정환경, 지역사회 비행문화, 빈곤, 재난 등의 상황이 발생했을 경우 청소년 개인이 할 수 있는 일은 매우 제한적일 수밖에 없다. 이런 까닭에 많은 청소년상담 전문가들이 사회문화적 맥락을 변화시키는 것에 관심을 가지게 되는 것이다. 이것은 청소년상담 전문가들이 전통적인 심리상담 이론을 확장하여 지역사회에 기반을 둔 청소년상담전략들을 모색하는 이유이기도 하다.

(2) 지역사회상담

지역사회를 기반으로 하는 상담은 미국이나 유럽, 그리고 우리나라에서 매우 자연스럽게 형성되고 발전되어 왔다. 특히, 미국에서는 지역사회를 기반으로 하는 상담을 지역사회상담(community counseling)이라는 이름으로 학문적 토대를 발전시켜 왔으며, 대학에 따라서는 대학원 과정에 상담의 세부 전공으로 교육과정이 설치되어 있기도 하다.

우리나라에는 지역사회상담이 학문적 수준에서 미국처럼 발전해 있지는 않다. 하지만 우리나라에서도 청소년상담자들이 일하고 있는 지역사회 현장을 중심으로 상당한 수준으로 발전해 가고 있다. 우리나라의 경우에는 대학에서 학문의 영역으로 지역사회상담이 논의되지는 않았으나, 청소년상담 현장에서 상담자들이 지역사회를 기반으로 하는 상담개입의 필요성을 인식하면서 자연스럽게 시도해 왔기 때문이다. 그러다가 2005년에 '지역사회청소년통합지원체계'라는 이름으로 정책사업화 되면서 규모가 점차 확대되었다. 이 과정에 대해서는 이 장의 2절의 청소년상담 전개과정에서 자세히 설명하였다. 2010년에는 교육지원청별로 위센터가 지역사회 학교상담 정책사업으로 시작되었고, 2015년에는 시·도와 시·군·구별로 학교밖 청소년지원센터가 설치되어 청소년상담의 중요한 축으로서 활발하게 서비스를 제공하고 있다.

그러나 지역사회를 기반으로 하는 상담의 정의, 고유한 기법이나 모형 개발, 교육과정 개발 등이 동시에 이루어지지는 못했다. 우리나라에서 지역사회상담이라는 이름의 교육명은 2010년에 국가자격증인 청소년상담사 2급 양성과정에 지역사회상담 과목이 개설되면서 처음 등장했다. 교과목이나 교육명으로서는 우리나라 최초라는 점에서 매우 의미가 있다. 이 교과목의 교재인『지역사회상담』에는 지역사회상담을 '특정 지역사회를 기반으로 일하는 상담 전문가들이 지역 내 고객에게 지역 특성에 맞는 상담서비스를 제공하는 것'으로 정의되어 있다(노성덕, 유순덕, 2015).

(3) 지역사회상담의 특징과 지역사회기반 청소년상담

미국의 지역사회상담은 루이스(Judith A. Lewis)에 의해 제안되고 정리되어 왔다. 그는 기존의 개별지원 중심의 상담이론으로는 개입에 한계가 있고, 환경적 맥락에 대한 개입 없이는 상담의 효과를 가져오는 데 어려움이 있기 때문에 지역사회 차원의 개입이 필요하다고 주장한다. 그는 지역사회상담을 개별 개입을 중시하는 기존 상담적 접근에 비교하면 패러다임 전환이라고 할 만큼 환경에 대한 개입을 중시한다고 말한다. 루이스는 새로운 패러다임으로서의 지역사회상담의 특징을 다음과 같이 제시하였다(Lewis et al., 2011).

첫째, 개인을 둘러싸고 있는 환경은 개인의 성장과 발달을 촉진시키기도 하지만, 제한하기도 한다.

둘째, 상담의 목표는 개인의 삶의 능력을 증진시키는 것뿐만 아니라 **공동체를 건강하게 만드는** 데도 있다.

셋째, 한 가지의 단일한 방법보다는 다양하고 복합적인 도움이 보다 **효과적이다.**

넷째, 개인의 문화적 배경, 독특한 성장 환경에 초점을 두어 상담서비스를 계획하고 실행할 필요가 있다.

다섯째, 예방이 치료보다 효과적이다.

여섯째, 공동체 상담모형은 학교를 비롯한 기업체, 지역사회상담기관 등 다양한 기관에 적용할 수 있다.

루이스가 제시한 지역사회상담의 특징은 개인을 둘러싼 환경과 공동체를 강조하고 있고, 복합적인 개입과 예방을 강조하고 있다. 이런 특징은 개별 개입 중심의 상담이론과는 다소 다른 전제를 보여 준다. 일대일 개입 중심의 상담이론은 개인 내면의 병리적 특성을 찾아 해결하고자 하는데, 이 과정에서 당면한 문제를 극복하기 위하여 개인의 내적 힘을 강화하는 데 초점을 둔다. 따라서 개인이 가지고 있는 문제를 해결하기 위하여 도움이 되는 것을 스스로 선택하고 이에 대해 책임을 지도록 하는 데 관심을 가진다. 로저스의 인간주의상담을 중심으로 하는 지지치료나 프로이트의 정신역동이론을 중심으로 하는 통찰치료 모두 결국은 개인이 문제해결의 주체임을 자각하도록 개입전략을 세우는 것에 관심을 가진다.

이에 비해 루이스는 개인의 문제해결능력뿐만 아니라, 개인을 둘러싼 환경이 가지고 있는 영향력을 활용하고자 하는 데 관심을 기울이고 있다. 이런 측면은 우리나라 청소년상담 현장에서 발전시켜 온 청소년상담모형과 많은 공통점이 있다. 우리나라 청소년상담에서는 개인의 병리적 특성과 문제해결능력을 강조하면서도 동시에 개인을 둘러싼 환경의 영향력도 강조하고 있기 때문이다. 이것은 우리나라 청소년상담의 대상이 '청소년'이라는 것과 매우 관계가 깊다. 그 이유는 바로 다음 절의 내용을 보면 쉽게 이해할 수 있다.

우리나라 청소년상담자들은 개인을 둘러싼 지역사회 환경 가운데 부정적 요소는 감소시키고, 긍정적 요소는 강화하여 청소년문제 해결에 활용하는 것에 관심을 기울여 왔다. 그것은 앞으로 이 책에서 보여 주고자 하는 지역사회기반 청소년상담의 내용에서도 쉽게 확인할 수 있다.

청소년상담자들이 개인의 심리 내적인 측면과 더불어 청소년을 둘러싼 생태환경의 영향을 다루고자 할 때 상담기관이 가지고 있는 인적, 물적자원의 한계에 부딪친다. 이런 한계는 결국 청소년내담자의 문제해결에 장애로 작용한다. 이때 이 한계를 상담이라는 전문 활동의 한계로 볼 것이냐, 아니면 상담 영역에서 활용하는 기존 접근 방법의 한계로 볼 것이냐 하는 것은 매우 중요한 기로가 된다. 전자의 경우라면 타 전문가에게 내담자를 의뢰하고, '더 이상 상담 전문가가 다룰 문제가 아니다.'라고 정리하면 된다. 하지만 만약 후자라면 '이런 내담자들을 효율적으로 다룰 다른 개입전략이 있지 않을까?' 하는 고민을 시작하게 되기 때문이다. 전국의 많은 청소년상담자들은 대체로 후자를 선택했다. 그래서 한계를 극복할 대안 프로그램을 개발해 왔다. 또한 지역에서 청소년상담을 지원할 수 있는 인적자원을 발굴하여 상담자원봉사회, 또래상담자 동아리, 대학생 멘토단, 전문직자원봉사회, 청소년상담지원단 등을 조직하여 인적 한계를 극복하고자 했다. 그리고 운영해 본 결과 효과가 있는 대안들을 다른 지역의 청소년 상담자들과 공유하면서 점차 확산시켜 왔던 것이다. 지금도 청소년상담자들은 지역사회를 중심으로 청소년상담지원체계를 구축하고, 지역 내 청소년들이 필요로 하는 것과 지역 내 자원을 적절히 안배하여 서비스를 제공하고 있다. 또한 현재의 체계에 만족하지 않고, 지속적으로 지역의 특성에 맞는 새로운 방법들을 구안해 가고 있다. 청소년상담자들의 이러한 시도는 학문이나 이론보다 늘 앞서 있다고 보는 것이 맞을 것이다.

필자는 이 책에서 지역사회상담이라는 용어를 사용하지 않고 '지역사회를 기반으로 하는 청소년상담', 또는 줄여서 '지역사회기반 청소년상담'이라는 용어를 사용하고 있다. 그것은 우리나라에서 지역사회를 중심으로 형성되고 발전해 가는 청소년상담이 미국에서 발전하고 있는 지역사회상담을 우리나라에 그대로 적용한 것이 아니라, 우리나라 청소년상담 영역에서 고객을 중심으로 상담서비스를 제공해 온 청소년상담 전문가들이 발전시켜 온 실천적인 상담 프로그램임을 강조하고 싶어서다. 하지만 많은 부분에서는 유사한 면이 있을 수밖에 없는데, 이것은 어느 나라인지와 관계없이 지역사회를 중심으로 활동하는 상담 전문가들이 공통적으로 고민하며 만들어 내는 창의적 아이디어의 교집합 같은 부분이 있기 때문이다.

2) 지역사회기반 청소년상담의 특징

지역사회기반 청소년상담의 특징을 이해하려면 먼저 일반적인 청소년상담의 특징에 대해 생각해 봐야 한다. 우리나라의 사회문화적 특수성을 고려한 청소년상담의 특징은 이 장의 3절에서 조금 더 자세히 설명하였다.

(1) 청소년상담의 특징

상식적인 수준에서 생각해 보면 청소년상담이라는 말은 성인상담과 대비되는 용어라고 쉽게 알아챌 수 있다. 청소년을 대상으로 상담하는 것이 청소년상담이라는 것이다. 그러면 청소년상담을 이해하기 위해서는 성인상담과의 차이를 확인할 필요가 있다. 일반적으로 청소년상담은 성인상담과 여러 가지 측면에서 차이점을 가지고 있다.

① 내담자가 청소년

청소년상담에서 내담자는 성인이 아닌 청소년이다. 청소년들은 신체적, 정서적, 지적으로 발달과정 중에 있다. 그래서 발달상의 어려움들을 더 많이 호소하기 때문에 성인과 호소하는 문제에서 차이가 있다. 예를 들어, 성인상담에서는 드문 학업진로, 친구관계, 학교부적응, 인터넷 중독, 비행 등이 청소년상담에서는 우선순위로 나타난다. 필자는 한국청소년상담복지개발원 창립 20주년 기념세미나 주제 발표를 준비하면서 20년간 전국 청소년상담기관에서 상담한 청소년내담자의 주 호소문제를 분석한 바 있는데, 그때 이런 내용을 확인할 수 있었다. 20년 동안의 자료를 분석한 결과 청소년상담에서 나타나는 주 호소문제 순위는, ⓐ 학업진로, ⓑ 대인관계, ⓒ 성격문제 등이었으며, 2011년 한 해 동안의 주 호소문제는, ⓐ 학업진로(23.5%), ⓑ 대인관계(16.3%), ⓒ 인터넷(13.1%), ⓓ 비행(12.9%) 등의 순이었다(노성덕, 2013, pp. 20-21). 이런 현상은 청소년기가 발달과정 중에 있는 시기라는 것과 관계가 깊다.

'청소년기'라는 발달시기는 20세기의 놀라운 발견 중 하나다. 청소년기가 명명되기

전에는 아동기와 성인기만 있었다. 아동기와 성인기의 기준도 성적(性的)인 발달이었기 때문에 성적으로 성장한 징후가 보이면 곧바로 성인에 포함시켰다. 따라서 10대가 되어 성적으로 성장했다고 여겨지면 결혼을 하고 노동에 참여해야 했다. 그런 상황에서는 이성교제, 진로선택 등을 고민할 기회가 많이 주어지지 않았고, 사회적으로나 직업적으로 자기의 정체감을 확립하기 위해 고민할 필요도 적었다(Rifkin, 2010).

사진 1-2 　청소년: 9~24세 (「청소년기본법」)

하지만 20세기에 들어서면서 많은 10대들이 국가에서 지원하는 교육체계에 참여하게 되고, 더 나아가 대학에 진학하는 것이 자연스러운 흐름이 되면서 결혼과 직업선택이 20대 이후로 미루어졌다. 성인기로의 이행이 늦추어지면서 아동기와 성인기 사이에 청소년기가 출현한 것이다. 그에 따라 10대 내내 신체적, 정서적, 생리적 발달을 경험하면서 새로운 인간관계에 끊임없이 적응하고, 그 속에서 자신이 향후 수행해야 할 직업 선택에 대해 고민하면서 정체감을 정립시키려는 몸부림이 많아진 것이다.

이것이 청소년기의 특징으로 대두되다 보니 '주변인' '질풍노도의 시기' 등으로 불리기도 하지만 다른 측면에선 점차 새로운 것을 시도하고, 창출하고, 주도하는 거대한 변화세력으로 주목받아 왔다. 그러나 동시에 끊임없이 변하는 인간관계에 적응하는 데 따른 부적응의 문제와 직업선택과 자기정체감 위기, 발달단계에 맞는 과업수행 실패로 인한 좌절감과 소외감 등에 직면한다. 때로는 발달상의 문제가 적절히 해소되지 않고 위기로 치닫기도 한다. 이런 측면에서 김동일과 여러 전문가들은 성인을 대상으로 형성되어 온 기존의 상담이론을 그대로 청소년에게 적용하기보다는 청소년 특성을 감안한 차별화된 개입전략이 필요하다고 지적하고 있다(김동일 등, 2014).

② 보호자 등 주변인에 대한 개입

내담자 개인에 대한 개입에 초점을 두고 진행하는 성인상담과는 달리 청소년상담은 주변사람들에게도 개입한다. 청소년들은 성인에 비해 스스로 통제할 수 없는 환경적 변인들을 많이 가지고 있다. 빈곤이나 질병, 가정과 관련된 문제나 지역사회의 특수한 여건, 출신 배경 등 많은 상황들이 존재한다. 또한 아직 발달과정 중에 있기 때문에 판단이나 의사결정에서도 불안정한 요소를 가지고 있다. 이런 이유들로 인해서 청소년상담에서는 청소년을 둘러싼 지지체계인 가족이나 보호자, 교사, 친구 등에 대한 개입도 중요하게 여긴다. DSM-5에서는 아동과 청소년기 관계의 문제를 '임상적 주의의 초점이 될 수 있는 기타의 상태'로 분류하고 있는데, 특히 부모-아동(청소년) 관계를 중시하고 있다(권준수 등 역, 2015).

··· 전형적으로 부모-아동 관계 문제는 행동적·인지적·정동적 영역의 기능 손상과 연관된다. 행동문제의 예로는 아동에 대한 부모의 부적절한 통제와 감독 및 간섭, 부모의 과잉보호, 부모의 지나친 압박, 신체적 폭력의 위협으로 확대되는 언쟁, 문제해결 없는 회피 등이 있다. 인지문제에는 타인의 의도에 대한 부적적 해석, 타인에 대한 적대나 희생양화, 부당한 소외감 등이 있다. 정동문제에는 관계에 있는 다른 사람에 대한 비애, 무감각, 분노 등의 느낌들이 있다. ··· 아동의 발달에 필요한 것들과 문화적 맥락을 고려해야 한다(권준수 등 역, 2015, p. 788).

이런 특징은 청소년상담자들이 끊임없이 새로운 개입방법을 찾고 적용하도록 자극하는 환경이 된다. 대학원 과정에서 학습한 상담이론과 개별중심 상담개입만으로는 청소년을 둘러싼 환경에 대한 대응에 한계가 있기 때문이다. 물론 현재 사용되는 상담이론이 문제가 있다는 것은 아니다. 아무리 새로운 대안을 찾는다고 해도 현재의 상담이론에 기반을 둘 수밖에 없을 만큼 지금까지 개발되고 적용되어 온 상담이론의 효과는 분명하다. 그러나 또 생각해 보면 모든 상담이론들은 개발 당시 사회에 유행했던 문제들을 해결하기 위해 만들어진 하나의 대안이기도 하기 때문에 반드시 맹신할 필요는 없다. 지금 우리가 사는 현재의 문제들을 해결하는 데 유용한 새로운 상담이론과 기법은 얼마든지 만들어질 수 있다.

③ 예방과 성장도 중시

청소년상담은 문제에 대한 개입 못지않게 예방과 성장 지향적 개입을 중요하게 여긴다. 이는 앞에서 언급한 바와 같이 청소년들이 발달과정 중에 있다는 것과 관계가 있다. 청소년들은 심리 · 정서적 문제에 대한 해결방법뿐만 아니라 발달과정에서 일어나는 현상들에 대해 알고자 하는 욕구가 강하고, 향후 경험하게 될 일들에 대비하고자 하는 바람을 가지고 있다.

따라서 청소년들은 당면한 문제를 해결하고 싶어 할 뿐 아니라 다가올 미래에 필요한 기술, 태도, 지식과 정보를 습득하고 싶어 한다. 이것은 문제예방이나 성장과 매우 관계가 깊다. 실제 청소년상담에서 학업진로(적성 이해), 대인관계(기술 습득), 성격이해 등이 주 호소문제 앞 순위로 나타나는 것이 그 증거일 것이다.

④ 치료모형뿐 아니라 교육모형도 중시

상담장면에서 성인에게 치료모형이 더 빈번하게 적용된다면, 청소년에겐 교육모형도 중요하게 적용된다. 성장 과정에 있는 청소년들이기 때문에 문제 특성에 따라서는 교육적 접근이라 할 수 있는 방법을 필요로 하는 경우도 많다. 이것은 청소년들에게 신체적, 정서적, 지적, 관계적인 변화에 대해 알리고, 이에 대비하거나 적응하는 방법을 탐구하게 하는 것이 문제를 예방하거나 해결하는 데 도움이 되기 때문이다.

이런 차이점으로 볼 때 청소년상담은, ㉠ 치료모형 못지않게 예방모형 적용을 고려해야 하고, 더 나아가 ㉡ 교육모형 적용을 통한 성장지향적 개입전략을 마련할 필요가 있다. 또한 ㉢ 청소년 당사자뿐만 아니라 개인을 둘러싼 주변에 대한 개입도 전제하여야 하며, 주변의 지지자원을 청소년 개인 문제해결을 위해 적극적으로 활용하는 것도 필요하다. 이는 ㉣ 청소년이 발달과정에서 장애물로 지각하는 정보 부족을 해결해 주고, 환경적인 제약을 완화시켜 주는 데 유용하기 때문이다. ㉤ 그리고 시시각각 빠른 속도로 변하는 청소년문화와 이에 따라 발생하는 문제들에 시의 적절하게 대응하는 개입전략을 창의적으로 개발하고, 적용하고, 발전시키는 것이 필요하다.

그런데 이상의 것들을 보면 우리나라 청소년상담은 이미 외국의 지역사회상담에서 전제하는 것들을 실행하고 있는 것처럼 보인다. 사실이 그렇다. 하지만 외국의 영향이 없었다고 말할 수는 없겠으나 그것이 전부라고 할 수는 없다. 앞에서 언급한 바와 같이 청소년들을 상담하는 전문가들이 고객인 청소년을 대상으로 그 시기에 맞게 개입하다 보니, 이미 우리나라에서도 지역사회기반 모형을 창출해 온 것이기도 하다.

(2) 지역사회기반 청소년상담의 독특성

지역사회기반 청소년상담은 앞에서 언급한 청소년상담의 특징을 그대로 가지고 있다. 그에 더해서 지역사회기반 청소년상담은 해당 지역사회에 거주하는 청소년들을 대상으로 상담을 제공한다는 독특성을 가지고 있다. 그래서 개별 지역사회 단위의 상담기관을 중심으로 발달할 수밖에 없다. 대체로 개업한 사설 상담연구소 등은 지역에 국한하지 않고, 연구소를 찾아오는 모든 대상자에게 유료로 상담을 제공한다. 하지만 지역사회 단위의 상담기관에서 지역 내 대상자에게 상담을 제공하는 경우는 사적인 이익을 추구하기보다는 공적 부조의 개념으로 서비스 제공이 이루어지기 마련이다. 우리나라의 경우 지역사회를 기반으로 하는 대표적 청소년상담기관인 청소년상담복지센터와 위센터 등이 모두 이에 해당한다. 따라서 지역 내에 거주하는 청소년과 보호자를 주 고객으로 삼고, 공적 부조의 일환으로 무료서비스를 제공한다는 것은 지역사회기반 청소년상담의 독특한 특성이라고 할 수 있을 것이다.

이러한 독특성을 전제로 하면서, 우리나라의 지역사회기반 청소년상담 장면에서는 다음과 같은 사항들을 고려할 필요가 있다. 아래 내용을 읽어 보면 루이스가 제안한 지역사회상담의 특징과 우리나라 청소년상담 현장에서 발전해 온 지역사회기반 상담이 많은 면에서 비슷하다고 느낄 것이다.

첫째, 발달과정 중에 있는 청소년들이 경험하는 다양한 발달적 위기를 극복하도록 조력하기 위해서는 다학문(多學文) 분야의 지식과 경험 간 통섭[1]을 통해 새로운 지식을 창출하고 지원방안을 개발해 내는 적극적인 노력이 필요하다. 우리나라 청소년상담은 이미 교육학, 심리학, 아동가족학, 청소년학, 사회복지학 등을 배경으로 상담을 전공한 전문가들이 협력하고 있다.

둘째, 긴급한 위기상황이나 취약한 환경에 처해 있는 청소년을 지원하기 위해서는 지역사회 내에 근거리 지지체계를 구축하는 것이 필요하다. 근거리에서 긴급하게 개입해 주고, 필요한 서비스를 통합적으로 제공해 줌으로써 위기상황이나 취약한 환경을 극복할 수 있도록 도와주는 장치가 필요하다는 것이다. 그 후 개별상담이나 집단상담 또는 추후관리를 제공함으로써 정상적인 생활을 할 수 있도록 지원해 주는 체계를 갖추어야 한다.

이런 근거리 지지체계를 구축하는 방안 중 하나가 청소년상담지원체계 구성이다. 지역사회의 다양한 기관, 단체, 전문가들 그리고 지역주민들이 협력함으로써 촘촘한 지원체계를 구축하는 것이다. 그리고 지원체계의 허브기능을 수행하는 청소년상담기관은 근거리 지원을 강화하기 위해서 청소년이 밀집해 있는 지역을 중심으로 분소를 운영할 수 있다. 지역사회 인구가 과대하거나 면적이 넓은 경우에는 이 방법을 사용하고 있는데 인구 백만의 수원시에는 본 청소년상담복지센터 외에

---

1) 통섭(統攝, Consilience)은 '지식의 통합'이라고 부르기도 하며 자연과학과 인문학을 연결하고자 하는 통합학문 이론을 말한다. 설명의 공통기반을 만들기 위해 분야를 가로지르는 사실들과 사실에 기반한 이론을 연결함으로써 지식을 통합하는 것을 뜻한다(위키백과사전).

6개의 분소가 있고, 남양주시와 부천시에는 2개의 분소가 있으며, 성남시와 용인시에는 본 센터 외에 1개 분소가 운영 되고 있다. 면적이 서울보다 넓은 화성시, 포천시, 시흥시, 울산광역시 울주군, 양산시에서도 본 센터 외에 1개의 분소를 운영하고 있다.

셋째, 지역 내 위기를 예방하기 위해서 지역사회 구성원들이 함께 관심을 기울이고 참여하는 공동체 정신을 발현시키기 위한 장치가 필요하다. 물론 우리나라에는 뿌리 깊게 자리 잡고 있는 공동체 정신 때문에 누가 제안하지 않아도 어려운 이웃을 돕고자 하는 사람들이 많이 있다. 이런 바람직한 태도를 잘 관리하여 지역사회의 필요에 따라 참여할 수 있도록 해 준다면 보다 많은 청소년들이 적재적소에서 도움을 받을 수 있다. 청소년상담자는 지역사회 참여자들이 청소년을 돕기 위해서 무엇을 해야 하는지 정확하게 알려 줘야 한다. 이런 일은 뜻 있는 지역 주민들이 알아서 하도록 해서는 안 된다. 공동체 정신을 발휘하도록 돕고, 참여로 이어지도록 지휘하는 제도적 장치가 필요하다. 지역사회 내에 청소년상담지원체계를 구축하는 것은 이런 제도적 장치를 마련하는 방법 중 하나다. 이에 대해서는 이 책 5장에서 상세하게 다루었다.

또한 지역 내 청소년문제와 위기상황 발생에 대비해서 청소년, 지도자, 부모, 전체 주민을 대상으로 청소년기의 특징, 청소년문화, 대화방법, 분노조절, 성폭력·가정폭력·아동폭력 예방교육 등 심리교육을 실시하는 것도 공동체 의식을 발현시키는 데 있어서 매우 중요한 준비 작업이다.

넷째, 지역사회에 공동체 정신이 조성되었다면 청소년상담자는 이를 활용하여 치료효과를 이끌어 내는 핵심적인 역할을 해야 한다. 지역사회 자원을 발굴하고 필요에 따라 배분하며, 이를 활용하는 능력이 지역사회를 기반으로 서비스를 제공하는 청소년상담기관 종사자의 역량에 포함되어야 하고 대학원 교육과정이나 상담 전문가 양성 과정에서 가르쳐져야 한다.

이렇게 볼 때 지역사회기반 청소년상담은 "상담이론에 기초하면서도 지역사회 내 청소년들을 효율적으로 지원하기 위하여 사회문화적 맥락을 변화시키는 데 관심을 기울이며, 효율적인 개입을 위해 지역사회 자원을 활용하는 청소년상담전략이다."라고 할 수 있다. 여기서 한 가지 첨언하자면 '기존 상담이론의 중요성'이다.

지역사회를 기반으로 하는 상담이 환경에 대해 개입하거나 지역사회 자원을 활용하는 것을 중요시한다고 해서 상담이론을 무시하거나 등한시한다는 것은 아니다. 아무리 환경에 대한 개입을 중요하게 다룬다고 해도 청소년 개인의 내적 변화를 이끌어 내지 못하거나 또는 미처 청소년의 내적 변화에 관심을 기울이지 못한다면 청소년상담이라고 할 수 없다. 따라서 지역사회를 기반으로 청소년상담을 수행한다는 것은 상담이라는 서비스 제공을 당연히 전제로 하고, 청소년에게 긍정적 영향을 신속하고 두텁게 끼칠 수 있는 방법들을 더한다는 것을 기억할 필요가 있다. 여기에 지역사회기반 청소년상담의 독특성이 있는 것이다.

3) 지역사회기반 청소년상담의 내용

지역사회를 기반으로 일하는 청소년상담자는 지역 내 청소년들이 필요로 하는 서비스가 무엇인지에 민감하다. 아무리 좋은 프로그램이라고 해도 자기가 일하고 있는 지역사회 내 청소년에게 적합하지 않다면 굳이 사용할 이유가 없기 때문이다.

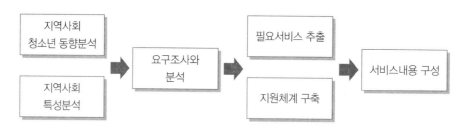

그림 1-1 | 지역사회기반 청소년상담서비스 내용 구성과정

청소년상담자들은 지역사회에서 필요로 하는 서비스를 찾기 위하여 지역의 특성과 지역 내 청소년의 동향을 분석하는 것을 중요하게 여긴다. 서비스에 대한 요구분석을 실시한 후에는 필요로 하는 서비스를 보강하기 위해 청소년상담지원체계를 구축하는 데 관심을 가진다. 이런 관심과 노력의 결과가 청소년상담기관의 서비스 내용을 결정하는 것이다. 우리나라의 지역사회상담기관에서 제공하는 서비스 내용은 대체로 [그림 1-2]와 같다. [그림 1-2]에는 가로축과 세로축에 두 가지 기준을 가

정하고 있다. 세로축은 청소년상담을 필요로 하는 내담자의 위기수준이고, 가로축은 프로그램이 미시적이냐, 아니면 거시적이냐 하는 것이다.

청소년상담기관에서는 도움을 요청하는 모든 청소년을 서비스 대상으로한다. 청소년의 위기수준에 따라 내담자를 선별해서 서비스 제공 여부를 정하지는 않는다. 청소년이 도움을 요청하면 어떤 위기수준의 청소년이든 차별 없이 서비스를 제공한다. 그렇기 때문에 청소년상담에서는 내담자의 범위가 매우 넓고 제공하는 서비스도 다양하다. 일반군에 해당하는 청소년을 위한 문제예방과 정보제공부터 고위기청소년에 대한 긴급개입까지 스펙트럼이 매우 넓다.

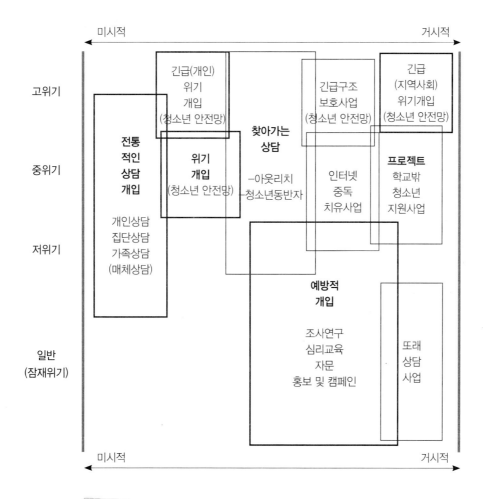

그림 1-2 위기수준에 따른 지역사회기반 청소년상담의 내용의 예

청소년상담 기관이 제공하는 서비스 내용은 이런 넓은 스펙트럼을 반영하고 있다. [그림 1-2]를 보면 일반 청소년에 대한 예방활동부터 위기청소년에 대한 긴급위기개입에 이르기까지 다양한 상담개입 및 관련 사업들이 진행되고 있음을 알 수 있다. 각각의 내용을 간략하게 살펴보고자 한다.

(1) 전통적인 상담개입

① 전통적인 상담이란?

전통적인 상담이란 오래된 상담을 의미하는 것이 아니다. 대체로 대학원 과정에서 훈련받는 정신역동, 인지행동, 현상학적 접근들에 기초해서 진행하는 전형적인 상담을 의미한다. 이 전형적인 상담을 전통적인 상담이라고 한 것은 청소년상담 현장에서 전형적인 상담방법 외에 새로운 개입방법들이 적용되기 때문에 이를 구분하기 위해 다소 무리가 있음에도 불구하고 '전통적인 상담'이라고 한 것이다.

이 전통적인 상담에는 대학/대학원 전공 교육과정에서 상담자들이 필수적으로 훈련받는 개인상담, 집단상담, 가족상담 등이 포함된다. 사실 전통적인 상담의 관점에서 보면 '전화상담' '사이버상담' '문자상담' '집단 프로그램' '또래상담사업' '인터넷 중독 치유 프로그램' 등은 조금 고개를 갸웃거리게 한다. 기존의 전형적인 상담방법과 비교해 볼 때 현저한 차이가 있기 때문이다. 하지만 청소년상담에서는 청소년의 발달적 특성과 문화적 특수성에 기초하여 청소년문제 해결에 특화된 다양한 개입전략을 모색할 수 밖에 없다. 그러나 새로운 개입전략이 적용된다고 해서 전통적인 상담이론을 무시한다는 것은 아니다. 오히려 '전통적인 상담이론'은 모든 개입의 기본이 된다. 왜냐하면 모든 개입전략의 근간에는 내담자의 문제를 진단하고, 상담목표를 정한 후, 전략을 구성하여 '근거를 가진 개입'을 실시함으로써 내담자의 정서적, 심리적, 행동적, 인지적 변화를 이끌어 내는 것이 핵심이기 때문이다. 전통적인 상담의 대상은 대체로 부적응과 위기를 경험하는 청소년과 가족이지만, 지역사회를 기반으로 운영되는 청소년상담기관에서는 지역 내 청소년과 보호자 모두를 서비스 대상으로 본다.

② 청소년들이 주로 호소하는 문제

우리나라 청소년들이 호소하는 문제는 매우 다양하다. 청소년상담복지센터나 위센터 등에서 분류하는 주된 호소문제는 가족문제, 일탈 및 비행문제, 학업 및 진로문제, 성문제, 성격문제, 대인관계문제, 정신건강문제, 컴퓨터 및 인터넷 사용문제, 생활습관과 외모 등이다. 최근의 추이를 보면 위 문제들 중에서도 컴퓨터 및 인터넷 사용문제, 대인관계문제, 학업 및 진로문제 순으로 상담신청을 하는 것으로 나타나고 있다.

이러한 주제들은 큰 범주에 해당한다. 각각의 호소문제에는 세부적인 유형의 문제들이 포함되는데, 예를 들면 대인관계문제에는 따돌림 및 왕따, 친구관계, 이성교제, 교사와의 관계, 부모 외 어른과의 관계 등의 세부적인 문제들이 포함되어 있다.

(2) 위기개입

① 긴급(개인/지역)위기개입

긴급한 위기 상황이라고 해도 개별상담으로 대처할 수도 있고, 지역사회 차원에서 협력하여 대처할 수도 있다. 따라서 위기개입에는 청소년상담 전문가 중심의 개별 개입, 관련 전문가 몇 명이 협력하는 팀개입, 유관기관들과 전문가들이 협업하는 지역사회 차원의 개입 등이 있다. 대체로 긴급한 상황일수록 지역사회 차원의 팀접근 방식을 선택하게 되는데, 긴급상황이 어느 정도 정리되면 팀접근 방식으로 전환된다. 그리고 위기상황이 안정화된 후 청소년과 주변인에 대한 평가결과에 따라 특정 전문가 중심의 개별 개입이 결정된다. 위기개입은 긴박한 상황과 위험 수준의 흐름에 따라 접근 방법이 전환된다고 볼 수 있다. 물론 사례 특성에 의해 처음부터 개입방법을 결정하고 상담이 진행될 수도 있다.

② 긴급구조 및 일시보호

긴급구조는 긴급위기개입과 동시에 진행된다. 긴급구조는 위기에 처한 청소년을 위기현장에서 안전하게 구조하고 보호하기 위한 조치다. 긴급구조는 청소년상담자, 경찰, 119 구급대원 등이 협력하여 진행하고, 경우에 따라서는 택시기사연합회나 범죄예방협회와 같은 자율적 민간조직과 협력하기도 한다. 긴급구조된 청소년을 24시간 이내 보호하면서 긴급개입하고 이후 필요한 서비스로 연계하기 위한 사업이 일시보호사업이다. 일시보호소에 입소한 청소년에게 24시간 이내 보호와 상담을 제공하면서 보호자와 연결하고 가정으로 복귀하도록 지원한다.

만약 가정복귀가 어려운 상황이라면 청소년쉼터 또는 그룹홈과 같은 보호시설에 의뢰하게 된다. 청소년쉼터는 일시쉼터, 단기쉼터, 중장기쉼터로 구분되어 있어서 청소년의 특성에 맞게 도움을 요청할 수 있다.

③ 지역사회 청소년상담지원체계 구축 및 운영

청소년 문제는 심리적인 것뿐 아니라 환경이 복합적으로 영향을 미치는 경우가 많다. 또한 사고나 재난과 같은 위기상황이 청소년 문제를 유발하는 경우도 있다. 이런 경우에는 지역사회의 다양한 전문가들이 팀을 이루어 협력해야 한다. 이를 위해서 사전에 지역사회 내에 청소년상담지원체계를 구축하고 운영한다. 청소년상담지원체계는 공공서비스와 민간서비스, 그리고 지역 내 다양한 전문가들이 참여하도록 구성한다. 그리고 정기적으로 모임을 진행하면서 만약에 발생할지 모르는 지역 내 위기상황에 대응할 수 있도록 준비한다.

(3) 찾아가는 상담

찾아가는 상담에는 아웃리치와 찾아가는 개별상담 등 두 가지 유형이 있다. 청소년상담복지센터, 위센터 등 지역사회기반 청소년상담기관들은 지역사회에서 청소년들이 주로 모이는 밀집지역을 중심으로 아웃리치를 실시한다. 아웃리치는 현장에 상담 부스를 마련하고 위기청소년을 현장에서 발굴하여 적절한 서비스를 제공하거나 상담하는 활동이다.

개별상담사업에서도 찾아가는 상담은 여러 형태로 진행된다. 그중 대표적인 사업이 청소년동반자사업이다. 청소년동반자사업은 상담이 필요하지만 내방이 어려운 위기 및 취약 청소년을 사례판정회의를 거쳐 대상자로 선정한 후 청소년이 있는 가정이나 학교로 찾아가서 상담을 진행하는 것이다. 이때 문제해결을 위해 필요한 다른 서비스를 지역사회청소년상담지원체계의 협력을 통해 제공한다.

(4) 청소년상담 프로젝트

① 인터넷 중독 치유사업

인터넷게임 중독과 스마트폰 중독 등에 대한 치유사업을 말한다. 중독 또는 과몰입 여부에 대한 진단조사, 개별상담, 집단치유 프로그램(단기~장기 숙박 프로그램), 가족 치유 프로그램 등이 포함되어 있다. 의료적 치료가 필요한 경우 병원과 협력하여 치료받도록 지원한다.

② 학교밖청소년지원사업

지역사회 내에서 학교를 그만두려고 하거나 이미 그만둔 청소년에 대한 지원사업이다. 학교부적응 등으로 인하여 자퇴 의사를 밝힌 청소년에 대한 학업중단 숙려상담, 학교를 그만둔 청소년에 대한 검정고시 지원 등 학업복귀 프로그램, 자립을 준비하는 청소년을 위한 지원 프로그램, 건강검진 프로그램 등 다양한 서비스를 제공한다.

③ 또래상담사업

또래상담사업은 학교, 교회, 성당, 청소년기관 등을 중심으로 운영되는 청소년 자조 프로그램의 일종이다. 훈련받은 청소년 또래상담자가 전문 지도자의 지도하에 비슷한 연령의 친구나 후배를 돕는 프로그램이다. 청소년상담복지센터와 위센터 등에서 중요하게 운영하는 사업이다.

(5) 지역 전체 주민을 위한 예방적 개입과 심리교육

지역사회기반 청소년상담의 수혜 대상은 비단 위기청소년에 국한되지 않는다. 당장 도움을 필요로 하는 청소년이 일차적인 대상이기는 하지만, 잠재적으로는 지역사회의 모든 구성원이 상담 대상이기도 하다. 따라서 지역사회를 기반으로 하는 청소년상담기관은 모든 지역주민을 대상으로 진행하는 사업을 가지고 있다.

① 조사연구와 세미나

지역사회 내 청소년의 특성, 심리적 위기수준, 생활상 등에 대한 실태조사를 1~2년 주기로 실시한다. 그리고 청소년과 가족에 대한 상담개입의 효과를 확인하기 위한 연구를 진행하기도 한다. 실태조사와 연구 결과는 지역사회 내 청소년과 주민들을 위한 교육자료로 활용하기도 하고, 지역 청소년상담 정책 개발의 근거로 사용하기도 한다. 또한 연구 결과를 토대로 세미나 또는 콜로퀴움을 개최하여 지역 청소년의 동향과 대처방안을 지역주민들에게 알리고 공유한다.

② 심리교육과 자문

심리교육은 청소년뿐 아니라, 가족, 지도자, 일반 주민 모두가 대상이 된다. 청소년상담기관에서는 지역의 특성에 맞게 다양한 방법으로 교육을 실시한다. 지역사회의 구성원들은 청소년문제의 이해와 조력방법에 대해서 자문을 요청할 수도 있다. 따라서 청소년의 심리적 · 문화적 · 발달적 특성 이해, 청소년과의 대화방법, 청소년문제에 대한 대처방법 등은 교육과 자문의 주된 주제가 된다.

③ 캠페인과 홍보

청소년상담과 각종 프로그램에 대해 홍보하거나, 지역사회가 함께 힘을 모으기 위해 캠페인을 하는 것도 청소년상담의 주요 내용 중 하나다. 대체로 홍보는 사이버

공간과 언론 매체를 통한 홍보, 인쇄물 제작 · 배포, 기념품 제작과 배포 형태로 이루어진다. 최근들어 유튜브, 블로그 등과 같은 SNS 채널을 활용하는 것이 보편적이다. 또한 재능 있는 사람들은 일인방송사이트를 개설해서 사업 홍보를 하고 있다. 기관들이 정기적으로 소식지와 연구지를 발간하거나 웹진의 형태로 기관의 행사와 사업을 알리기도 한다.

〈표 1-1〉 지역 청소년상담복지센터의 주요 사업

유형	주요 사업
전통적 상담개입	• 개인, 집단, 가족상담 • 매체상담
위기개입	• 긴급구조 및 일시보호 • 재난 및 사고등에 대한 긴급개입 • 위기개입 등 통합적 지원
특성화 프로그램	• 학교폭력 대응 또래상담 • 찾아가는 상담 프로그램 청소년동반자사업 • 인터넷 중독 청소년 지원사업
예방적 개입과 심리교육	• 조사연구 및 세미나 • 심리교육 및 자문(지도자 교육) • 홍보 및 캠페인

지역사회기반 청소년상담기관에서 중요하게 진행하는 청소년상담사업을 유형별로 분류하여 제시하면 〈표 1-1〉과 같다. 사업의 유형을 보면 전통적 상담개입, 위기개입, 특성화 프로그램, 예방적 개입과 심리교육 등이다. 사업은 각 유형별로 〈표 1-1〉과 같이 정리할 수 있으나 지역별 상황에 따라 특성화 사업이 진행되고 있으며, 매년 새로운 사업이 시도되기도 하고, 진행되던 사업이 중단되기도 한다. 이런 현상은 상담 프로그램 제공이 지역 내 청소년 동향에 맞춰 이루어지기 때문에 나타난다.

2. 지역사회기반 청소년상담의 발전과정

1) 지역사회기반 청소년상담의 철학적, 정치적 토대

상담은 한 사회가 민주화된 정도를 재는 척도다.

타인에 대한 공감, 존중, 수용을 전제로 하는 대화는 상담의 기본 바탕이다. 그런데 이런 대화는 전제국가나 독재국가 또는 획일성만을 강조하는 강압적 사회에서는 찾아보기 어렵다. 전제국가나 독재사회일수록 대화하기보다는 일방적으로 지시하거나 가르치려 하고, 지침이나 방침을 통해 모든 것을 통제하려고 한다. 그러다 보니 진정한 의미의 대화가 존재할 수 없는 비민주적 사회에서는 상담마저도 훈육 내지는 교도나 교화 또는 바람직하다고 자기가 여기는 방향으로 이끌어 가는 것으로 착각한다.

비민주적인 사회에서는 대화가 '마음과 생각을 개방하고 서로의 의견을 허심탄회하게 주고받는 것'이라고 생각하지 않는다. 오히려 일방적인 연설 또는 기득권자의 효율적인 자기주장 전달로 여긴다. 따라서 그런 사회에서는 전문적 상담이라는 현상이 존재하기 어렵다.

이미 결론이 다 나 있고 지침과 방침이 내려져 있기 때문에 대화가 필요하지 않다. 그저 기득권자의 지침과 지시를 따라 움직이면 된다는 식의 사고방식과 문화에 적응하기만 하면 되는 것이다. 이런 사회에서는 개인의 생각을 말할 필요도 없다. 창의적으로 새로운 삶의 방식을 추구할 필요도 없고, 합리적인 문제해결을 위해서 다양하게 고민하는 것도 필요하지 않다.

그래서 상담은 민주화된 사회에서만 가능한 것이다. 상상해 보라. 독재사회에서 과연 상담자와 내담자가 인간적으로 마음을 열고 의견을 주고받으며 개인이 처한 문제를 해결하기 위하여 다양한 방안들을 전략적으로 탐색하는 것이 가능한 일이겠는지 말이다! 그런 자유로운 분위기가 행여 체제에 흠집을 내기라도 할까 봐서 독재자들은 허심탄회한 대화를 통제하고 금지한다. 그러니 상담을 민주화의 척도라고 하는 것 아니겠는가?

하지만 사회가 어느 정도 민주화되었다고 해도 청소년들을 대할 때는 묘하게도 비민주적인 태도가 허용되는 듯해서 안타깝다. 상담의 대상이 아동이나 청소년일 경우에는 성인들의 태도는 은근히 비민주적이다. 아동이나 청소년은 아직 발달과정 중에 있기 때문에 신체적, 정서적, 지적인 측면에서 미숙한 면이 성인에 비해 더 많을 수밖에 없다. 그런 이유로 미숙함이 청소년보다 상대적으로 더 적은 성인들은 청소년들을 가르침의 대상, 올바른 방향으로 길러 내야 하는 대상, 보호와 지원의 대상으로만 여기기 쉽기 때문에 그런 태도가 나오는 것이다. 그러다 보면 청소년을 동등한 인격체로서의 인간으로 인식하지 못하는 수가 있다. 만약 이런 상황이라면 성인이 청소년과 대화할 수 있겠는가?

대화란 일방적으로 자기의 주장을 정리하여 일목요연하게 전달하는 행위를 말하는 것이 아니다. 대화는 서로의 생각을 논리적으로 주거니 받거니 하면서 결론을 도출해 내거나 생각을 정리하거나 새로운 생각을 창출해 내는 인간만의 고유한 행위다. 대화는 이기기 위한 게임이기 보다는 상생하기 위한 인간다운 방법인데, 상대방을 존중하는 자세를 기반으로 하여 서로의 생각을 수용하거나 공감하거나 또는 논박을 통해 설득해 나가는 고도의 지능적인 행위인 것이다.

따라서 상대방을 나와 동등한 인격을 가진 존재로 인정하지 않는다면 대화는 이루어질 수 없다. 그저 일방적인 가르침과 교화만이 있을 뿐이다. 그러니 이런식으로 청소년을 인지한다면 부모든, 교사든, 선배든, 상담 전문가든지 간에 청소년과 대화가 되지 않을 수밖에 없다.

청소년과 대화가 되지 않는 것. 그 문제는 청소년에게 있기보다는 청소년을 대화의 대상으로 여기지 않는 성인에게 있을 가능성이 매우 크다. 만약 이렇게 대화가 되지 않는다면 역시 상담이라는 현상은 존재할 수 없다. 상담은 일방적인 가르침이나 훈육, 또는 성인의 관점에서의 지도나 지원이 아니기 때문이다. 상담의 출발은 대상자의 상황에 있으며, 이 상황을 동등한 인간의 입장에서 이해하고자 할 때 비로소 시작되기 때문이다.

이처럼 철학적, 정치적으로 사회가 성숙해야만 상담, 나아가 청소년상담이 전문화될 수 있다. 달리 말하면 적어도 민주화된 사회, 개인의 인격과 권리가 충분히 존중되는 성숙한 사회에서만 청소년상담이 가능하다는 것이다. 그러면 우리나라는 정말 청소년상담이 가능할 만큼 성숙했다고 볼 수 있을까? 어느 정도는 그렇다고 본다. 다만 여전히 시간을 가지고 청소년과 대화하려 하기보다는 체벌이나 분노감을 표현하는 것이 더 편리하다고 생각하는 일부 기성세대가 있기도 하다. 또 사회적으로도 대화를 통해 문제를 해결하려고 하기보다는 조선시대 당파싸움처럼 '내 편의 주장은 무조건 옳고, 상대편의 주장은 무조건 잘못됐다'는 식의 태도로 전쟁이라도 벌일 듯 다투는 부분도 남아 있다. 또 법을 만들어 놓고도 법 위에 군림하고파 하는 욕구를 가진 부류가 연일 뉴스에 보도되고 있기도 하다. 그러다 보니 기성세대가 반성해야 한다는 목소리도 점점 커져 간다. 예를 들어, 기성세대가 다투고 싸우고 그릇된 행위를 감추기 위해서 거짓을 일삼는 것을 청소년들이 보고 있는데, 청소년들에게는 싸우면 안 되고, 친구 별명도 함부로 부르지 못하도록 하고, 친구를 괴롭히는 것을 방조하는 것도 방관자라면서 비난만 한다면(어른들은 훨씬 잔인하게 싸우고, 누명도 뒤집어 씌우고 나 몰라라 방관도 일삼고, 뻔히 잘못하고도 사과마저 안 하면서) 정말 청소년 입장에서는 억울하기 짝이 없다는 인터넷 댓글이 난무할 수밖에 없는 것 아니겠는가!

우리 사회가 해내야 하는 것 중 하나가 '동정심'을 넘어서시 '공감능력'을 발휘히는 것이다. 산불 진화용 헬기가 일으키는 모래먼지가 김밥에 들어갔다고 등산객이 민원을 넣었다는 기사를 읽은 적이 있다. 또 긴급한 외상환자 수송 헬기 소음 때문에 민원을 제기하는 사람들이 있어서 지자체가 헬기를 못 띄우게 제한했다는 기사도 읽었다. 어느 지역 대형 화재 때는 불법주정차 차량 때문에 희생자가 더 늘었다고 연일 보도했는데도 여전히 불법주정차 문제를 공용주차장 부족 때문이라고만 탓하는 인터뷰도 들었다.

6.29 선언을 이끌어 내기까지 길거리에서 투쟁하고, IMF 금융위기 때 나라를 위해 기꺼이 금을 내놓고, 월드컵 4강 진출을 위해 누가 요청하지 않아도 길거리며 광장이며 가리지 않고 모여서 열띠게 응원하고, 불법적 행위를 자행한 이들을 촛불집회라는 평화적 방법으로 퇴진시킨 우리 나라 국민들의 태도와 너무 안 어울리는 것 아닌가!

'동정심'과 '공감'은 다르다. 동정심은 약한 대상에 대한 측은지심(惻隱之心)인데 약자, 불쌍한 동물 등 나에게 해를 끼치지 않는 생명에 대해 가련하게 여기는 마음이다. 측은지심인 동정심은 인간의 본성 중 하나일 만큼 기본적인 정서상태다. 공감은 소통능력이다. 동등한 주체로 여기는 상대에 대한 역지사지(易地思之)의 마음이다. 상대방의 입장에서 상대가 경험하는 감정, 사고, 신체 반응 등을 느껴 보는 것이다. 이때 측은지심으로 표현되는 동정심도 공감의 일부에 편입된다. 동정심이 자칫 기고만장한 우월감에 치우치기 쉬운 정서라면 공감은 상대방의 입장을 이해하며, 최선의 문제해결방법을 도출하도록 돕는 정서다. 따라서 동정심의 발로로 눈물을 흘리는 측은지심에서 출발하여, 합의와 협력을 지향하고 대화하고자 하는 공감능력을 발휘하는 방향으로 성숙해야 한다.

그러나 그럼에도 불구하고 우리 사회에 긍정적인 면이 커져 간다는 것은 적어도 공감이 발휘되지 않는 상황에 대해서 비판하고 중재하고 개선하고자 하는 분위기가 사회 전반에 걸쳐 점점 늘어난다는 것에 있다. 그리고 그런 분위기에 따라 청소년상담도 제 기능을 발휘하고 있다고 보인다. 만약 더 많은 청소년들이 청소년상담자로부터 대화를 통해 문제를 해결해 나가는 방법을 배우고, 또 성인들이 문제를 해결하기 위해 폭력이나 섣부른 위협보다 대화를 더 선호하는 것을 접해 나간다면 우리 사회는 한층 더 성숙한 민주주의, 서로를 배려하고 도와줌으로써 더불어 성장하는 나라가 되어 갈 것이다.

2) 지역사회기반 청소년상담의 전개[2]

지역사회를 기반으로 하는 청소년상담의 시작은 우리나라의 민주화된 역사와도 궤를 같이 한다고 말할 수 있다. 다만, 그 시기를 특정하기가 쉽지 않다. 그런데 청소년상담 정책의 관점에서 살펴보면 우리나라에서 지역사회를 기반으로 하는 청소년상담이 시작된 시기를 의외로 쉽게 유추해 낼 수 있다. 그것은 지역사회를 기반으로 해서 국가가 수행한 청소년상담 정책의 시작 시점이 명확하기 때문이다. 우리나라에서 지역사회기반 청소년상담이 시작된 것은 1991년에「청소년기본법」이 제정된 것과 직접 관련이 있다. 이 법에서는 그동안 상담의 하위 영역에서 산발적으로 진행되던 청소년상담을 우리나라 최초로 지역사회를 기반으로 상담을 수행하는 국가 정책으로 규정하였다.

---

2) 이 글은 필자가 2013년 한국청소년상담복지개발원 20주년 기념세미나 주제 발표를 준비하면서 '한국청소년상담복지개발원 발전과정'을 정리했던 원고를 토대로 내용을 추가하여 재정리한 것이다(노성덕, 2013).

청소년상담의 발전단계는 「청소년기본법」 제정을 시작으로 다음과 같이 다섯 단계로 제시할 수 있다. 각 단계는 분절되기보다는 다소 중첩되는 특성을 가지고 있기 때문에 매 단계는 서로 중복될 수 있다.

- 1단계: 지역사회기반 청소년상담의 태동(1990~1992년)
- 2단계: 법에 근거한 지역사회기반 청소년상담의 시작(1993~1995년)
- 3단계: 지역사회기반 청소년상담의 안착(1995~2004년)
- 4단계: 한국의 지역사회기반 청소년상담모형 확립(2004~2010년)
- 5단계: 지역사회기반 청소년상담의 확대(2010년대)
- 6단계: 사각지대 제로화, 그리고 청소년 참여 확대(2020년대 이후)

(1) 1단계: 지역사회기반 청소년상담의 태동(1990~1992년)

지역사회기반 청소년상담은 「청소년기본법」을 준비하면서 시작되었다. 「청소년 기본법」 제정을 준비 중이던 1990년 2월 26일에 한국청소년상담복지개발원의 전신인 '체육부 청소년종합상담실'이 서울정부청사 내에 설치되었다. 법적 근거는 아직 마련되기 전이었으나 정부의 청소년육성종합대책안을 토대로 청소년상담의 중앙기구를 설치한 것인데, 우리 사회가 상담을 수행하는 데 필요한 최소한의 분위기를 갖춘 것이다. 체육부 청소년종합상담실은 1991년 9월 9일에 체육청소년부 산하 '청소년대화의 광장'으로 확대 개편되었다. 그리고 1991년 12월 31일에 「청소년기본

사진 1-3 한국청소년상담원 표지석(서울 중구 신당동 시절)

법」이 제정(시행일 1993년 1월 1일)되면서 법 안에 최초로 '청소년상담원' '지방청소년상담실'이 명시되었다. 아직 법 시행 전이기는 하였으나 지역사회를 기반으로 하는 청소년상담이 법적 근거를 가지고 태동하게 된 것이다.

이를 전후로 해서 앞서 언급한 것처럼 서울특별시에 '청소년대화의광장'을 설치했을 뿐만 아니라 광주광역시, 대구광역시(1990년), 부산광역시, 대전광역시, 충청북도(1991년), 인천광역시, 전라북도(1992년)에도 청소년상담실이 설치되었다. 「청소년기본법」 제정을 준비하면서 이미 중앙기관과 5개의 지방청소년상담실이 설치되었다는 것은 상담에 대한 지역사회의 욕구와 이에 부응하고자 하는 상담 전문가들의 활동이 당시에 얼마나 역동적이었는지를 잘 보여 주는 것이다.

(2) 2단계: 법에 근거한 지역사회기반 청소년상담의 시작(1993~1995년)

지역사회를 기반으로 하는 청소년상담은 교육학과 심리학을 모태로 발전해 오던 '상담 및 심리치료'를 기반으로 「청소년기본법」이 시행된 1993년에 법제화된 정책사업이 되었다. 앞에서 언급한 바와 같이 「청소년기본법」은 1991년 12월 31일에 제정되었고 1993년 1월 1일에 시행되었는데, 법 제정과 시행 전후로 중앙과 지방에 청소년상담기관이 본격적으로 설립되기 시작했다. 중앙에서는 1990년 2월에 체육부 청소년종합상담실로 시작한 기관이 1993년 1월 18일에 '청소년대화의광장'으로 재단법인화하고, 2월 15일에 개원하였다. 지방의 경우 광주광역시를 시작으로 서울특별시를 제외한 전체 시·도에 청소년종합상담실이 설치되었고, 시·군·구에도 청소년상담실이 설치되기 시작했다. 서울특별시에는 1997년에 청소년종합상담실이 설치되었다.

〈표 1-2〉 1993~1995년 지역사회기반 청소년상담기관 현황

	중앙	시·도	시·군·구	계
1993년	1	10	24	35
1994년	1	13	43	57
1995년	1	14	43	58

이 시기의 특징을 정리해 보면 다음과 같다.

첫째, 이미 앞에서 언급한 바와 같이, 지역사회를 기반으로 하는 청소년상담이 법제화되었다는 것이다. 정부 차원에서 청소년상담을 하나의 정책사업으로 규정하고 이를 법에 명시함으로써 지역사회 단위로 청소년상담실이 건립될 수 있도록 하였다. 그 결과 중앙에 '청소년대화의광장(현 한국청소년상담복지개발원)', 시·도 및 시·군·구에 '청소년(종합)상담실(현 청소년상담복지센터)' 설치가 본격적으로 확산되기 시작했다.

둘째, 청소년상담은 시작부터 병리적 모형보다는 성장모형을 기본으로 하였고, 청소년상담 정책을 청소년육성 정책으로 추진했다. 이것은 청소년상담기관 설립을 주도한 학자들이 주로 교육학과에서 상담을 가르치는 교수들이었다는 것과 관계가 깊다. 특히, 한국청소년상담복지개발원의 전신인 '청소년대화의광장' 설립을 주도했던 상담자들은 대부분 교육학과에서 상담을 가르치거나 전공한 사람들이었다. 또한 청소년상담 정책의 주무 부처가 문화체육부였다는 것도 성장모형에 영향을 미친 것으로 보인다. 만약 청소년상담이 다른 부처 산하 정책으로 시작하였다면, 사업의 성격이 달랐을 수도 있다.

셋째, 전략적으로 부모교육 운동을 전개했다. 청소년문제 발생이 부모의 양육태도 등 가정환경과 관계가 깊다고 판단한 것이다. 이 시기에 개발된 '자녀의 힘을 북돋우는 부모교육 프로그램'은 이후 수십 년 동안 우리나라 부모교육의 바이블처럼 여겨지기도 하였다.

(3) 3단계: 지역사회기반 청소년상담의 안착(1995~2004년)

1994년부터 청소년상담은 지역을 기반으로 자리매김하면서 영역 확대를 모색하게 된다. 1993년에 법적인 근거를 가지게 된 뒤부터 자연스럽게 적용했던 개인상담과 집단상담의 이론 중 '청소년'에게 적합한 이론을 찾는 노력을 하게 되었다. 그래서 다양한 외국의 상담이론이 시험되었는데, 이 시기에 대표적으로 활용되었던 이론들은 '인간중심상담' '합리적 정서적 행동치료(REBT)' '크롬볼트의 진로상담' '대상관계이론' '발달 및 애착이론' 등이었다. 또한 청소년상담 전문가들을 양성하기 위한 노력을 꾸준히 진행하여 이 시기 말인 2003년부터 국가자격증인 청소년상담사를 배출해 내는 성과도 있었다. 이 시기의 특징을 정리해 보면 다음과 같다.

첫째, 지역사회기반 청소년상담의 중앙기관인 '청소년대화의광장'이 1998년에 「청소년기본법」 개정에 따라 '한국청소년상담원'으로 명칭을 바꾸었다. 이로써 '청소년대화의광장'이라는 명칭이 주는 역할과 기능상의 애매함이 '청소년상담'으로 명확해졌다. 뿐만 아니라 '시 · 도 청소년종합상담실' '시 · 군 · 구 청소년상담실'과 명칭이 일관성을 갖게 됨으로써 청소년상담서비스 전달체계를 확립하게 되었다.

둘째, 또래상담 프로그램이 전국적으로 확산되었다. 또래상담 프로그램은 1994~1998년에 연구와 시범 운영 수준에서 운영되다가 2000년도에 "초 · 중 · 고 단계별 또래상담 프로그램"이 개발되면서 전국적으로 확산되기에 이르렀다. 또래상담을 적용하는 학교와 시설 등이 1,000여 개 이상으로 확대되면서 지역별 또래상담자연합회가 자발적으로 구성되었고, 이들을 지도하는 상담교사들이 연대하여 지역별로 또래상담교사연구회 등을 발족했다. 후에 이들 또래상담교사들은 교육부의 순회전문상담교사 제도와 위프로젝트에 참여함으로써 학생상담에 지속적으로 영향을 미쳤다.

사진 1-4   제2회 전국또래상담활성화대회 기념사진

셋째, 사이버상담의 등장이다. 서신상담과 전화상담을 대표로 하던 비대면상담은 1990년대 말에 인터넷 환경의 발달로 가상공간에서의 채팅 등의 경향을 수용하여 사이버게시판 및 화상채팅으로 발전하였고, 마침내 2000년도에는 한국청소년상담원에 '사이버상담센터'를 설치하였다.

넷째, 청소년상담 영역의 국가공인자격증인 '청소년상담사' 자격제도가 시행되었다. 청소년상담 전문인력 양성에 대한 논의는 1995년도에 시작하였는데(김혜숙, 남상인, 구혜영, 박승민, 1995), 1998~2001년까지 시범적으로 청소년상담원 양성교육과정을 개발·적용하다가, 2003년도에 최초로 자격시험과 자격연수를 겸한 제1회 국가공인 청소년상담사 자격시험이 실시되었다. 청소년상담사는 최초의 국가공인 상담자격증이라는 점에서 의미가 매우 깊다.

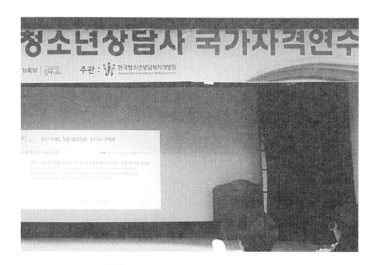

사진 1-5   청소년상담사 자격연수

(4) 4단계: 한국의 지역사회기반 청소년상담모형 확립(2004~2010년)

이전부터 한국에 적합한 상담전략 등을 모색하던 청소년상담 전문가들은 2000년에 들어서면서 보다 더 구체적인 시도를 하게 된다. 지역사회를 중심으로 해서 청소년을 지원할 수 있는 다양한 전문가들을 모아 '인간망' 또는 '전문직자원봉사체계'를 구축한 후 위기 및 취약청소년에게 팀으로 개입하는 방안을 마련하였고, 전 단계에서 설명한 것처럼 지역 내 학교를 기반으로 하는 또래상담을 전국적으로 확산시켰다. 이런 움직임이 2005년에 출범한 참여정부의 청소년상담 정책과 만나면서 청소년상담의 새로운 패러다임을 구현해 내게 되었는데, 결과적으로 우리나라에 적합한 지역사회기반 청소년상담모형이 출현되고 확립되는 결과로 이어졌다. 이 시기에는 인터넷 중독에 대한 관심도 높아졌다. 특히, 2009년에는 국내 초등학교 4학년 전체를 대상으로 '인터넷 이용 습관 진단조사'를 실시하기도 하였다. 이 시기의 특징을 정리해 보면 다음과 같다.

첫째, 국무총리실 산하에 차관급 정부기구로 국가청소년위원회가 설치되었다. 이전까지 청소년정책은 크게 청소년육성과 청소년보호로 양분되어 있었다. 청소년육성은 문화관광부 청소년국에서, 청소년보호는 국무총리실 산하 청소년보호위원회에서 담당하고 있었다. 국가청소년위원회는 이 양분된 청소년정책을 하나로 통합하여 출범하였다. 새로 출범한 국가청소년위원회에는 대한민국 정부 부처 최초로 부서명칭에 '청소년상담'이라는 단어를 포함했다. 이른바 '청소년상담자활과'가 존재했다는 것도 특징이었다고 할 수 있다.

둘째, 무엇보다 이 시기의 중요한 특징은 지역사회기반 청소년상담모형인 '지역사회청소년통합지원체계(community youth safety-net: CYS-Net)'가 확립되었다는 것이다. 지역사회청소년통합지원체계는 2005년에 연구로 시작하여, 2006년에 사업화하였고, 2009년에 총리훈령으로 체제를 정비한 후에 2011년에 이르러 「청소년복지지원법」에서 한 장으로 자리를 잡게 되었다. '지역사회청소년통합지원체계'는 위기청소년에 대한 위기개입과 긴급구조 및 일시보호상담, 찾아가는 상담서비스인 청소년동반자 프로그램, 취약청소년 자립지원 프로그램인 두드림 존, 인터넷 중독 기숙형 치료학교 등을 아우르는 지역사회기반 청소년상담모형으로 자리매김했다. 그러나 이런 모형이 정착해 가는 과정은 순탄하지만은 않았다. 상담전략으로 인식할 것인지, 또는 대안 프로그램이라고 해야 하는 것인지, 어느 학문 영역에 속하는 것인지 등의 논쟁과 토론이 활발하게 전개되었다. 이런 논쟁과 토론은 청소년상담의 영역과 활동의 내용들이 청소년 안녕 증진이라는 전인적 성장과 발달을 지원하는 측면에 일치하도록 프로그램을 정교화하는 데 도움이 되었다.

셋째, 학교폭력의 대두와 이에 대한 정책사업이 확대되었다. 학교폭력은 꾸준히 청소년상담 영역의 고민이었다. 하지만 학교폭력을 심각한 문제로 인식한 것은 2003~2004년이었다. 그 결과 2004년에「학교폭력 예방 및 대책에 관한 법률」이 제정되고 순회전문상담교사가 배치되기도 하였지만, 안타깝게도 청소년정책사업으로 확대되지는 못했다. 그러다가 2009~2010년에 학교폭력으로 인한 위기상황이 연이어 발생하면서 정부종합대책안이 마련되기에 이르렀고, 그 결과 학교전담경찰관 제도, 위프로젝트, 또래상담 프로그램 확대, 117 학교폭력 신고센터 등이 정책사업화되었다.

넷째, 인터넷 중독에 대한 상담적 개입이 중요하게 대두되었다. 2005년에 청소년정신의학회와의 협력을 통해 4개의 거점 병원을 지정하여 인터넷중독예방사업을 운영하였고, 2006년에는 전국의 청소년상담복지센터를 연결하는 인터넷 중독 상담지원 네트워크를 구축하였다. 그리고 2009년에 이르러서 초등학교 4학년 전체 학생을 대상으로 인터넷 이용 습관 진단조사를 실시하여 위험군 청소년을 발굴하고 청소년상담복지센터에서 상담을 제공하도록 제도화하였다. 2010년에는 초등학교 4학년 외에 중학교 1학년도 진단조사 대상에 포함하였다.

(5) 5단계: 지역사회기반 청소년상담의 확대(2010년대)

2010년대에 이르러 지역사회기반 청소년상담은 획기적인 전환기를 맞이하였다. 지역사회를 중심으로 하는 '지역사회청소년통합지원체계' 외에 2010년대 초반에 지역교육지원청 중심의 위센터가 설치되었으며, 2015년에는 학교를 그만둔 청소년을 지원하기 위해 학교밖청소년지원센터가 설립되었다. 그리고 인터넷 중독 대응사업이 스마트폰 중독 대응으로까지 확대되었고, 위험군 청소년에 대한 다양한 개입 프로그램이 개발되었다. 또한 '북한의 연평도 포격사건' '세월호 사고' '청소년 집단폭력사건' '포항지진' 등 재난과 사고에 대해 지역사회를 기반으로 하는 청소년상담이 적극적으로 대응할 수 있는 시스템 정비에 대한 요구가 커지기도 하였다.

우선 청소년상담의 법적 근거는「청소년기본법」에서「청소년복지지원법」으로 옮겨졌다. 그리고 청소년상담은 고객인 청소년들에게 적합한 방식의 개입전략들을 꾸준히 모색해 오다가 취약 및 위기청소년에 대해 그간의 통합적인 개입의 형태를 재개념화하면서 2011년에 이르러 청소년상담복지라는 개념을 선택하였다. 이런 과정에는 많은 논의와 토론이 있었고, 청소년상담기관에서 일하고 있던 청소년상담 전문가들과 상담을 연구하고 가르치는 학자들, 정책입안자들, 유관기관 종사자들 간의 다양한 의견 교류가 있었다. 그 결과로 이미 청소년상담 영역에서 위기청소년, 취약청소년을 대상으로 발전시켜 오던 통합적 상담모형을 정책적으로 청소년상담복지라는 개념으로 재정립하였다. 이 시기의 특징을 정리해 보면 다음과 같다.

첫째, 청소년상담의 개념을 청소년상담복지까지 확대했다. 청소년상담을 통해 청소년의 복지를 향상시키겠다는 의지가 반영된 것이다. 이에 따라 청소년상담은 법적인 근거를 「청소년기본법」에서 「청소년복지지원법」으로 옮겼고, 한국청소년상담원은 한국청소년상담복지개발원으로, 청소년상담센터는 청소년상담복지센터로 명칭을 바꾸었다. 새롭게 개정된 「청소년복지지원법」의 시행일이던 2012년 8월 2일에 한국청소년상담복지개발원에서는 '청소년상담복지 과제와 전망'이라는 주제로 세미나를 개최하고 청소년상담복지를 '도움을 필요로 하는 청소년들에게 전문적 심리상담을 기본으로 하여 의료지원, 법률지원, 자립지원, 경제적 지원, 학업지원 등을 통합적으로 제공하는 것'으로 정의하기도 하였다(노성덕, 2012, p. 50).

둘째, CYS-Net이 확대되었다. 2009년까지 16개 시 · 도, 80개 시 · 군 · 구 청소년 상담복지센터에서 진행되었던 CYS-Net은 2021년에 이르러 17개 시 · 도, 221개 시 · 군 · 구까지 확대되었다(여성가족부, 2021). 이것은 2011년부터 적용된 여성가족부의 'CYS-Net 평가'와 더불어 2011년부터 행정자치부의 지방자치단체에 대한 정부합동평가에 '지역사회청소년통합지원체계 활성화' 지표가 포함된 결과이기도 하다. 정부 부처의 평가지표에 CYS-Net이 포함되었다는 것은 지역사회기반 청소년상담이 정부정책으로 완전히 자리매김하였음을 의미하는 것이기도 하다.

셋째, 또래상담 프로그램이 학교폭력 예방 정책사업으로 채택되어서 사업이 확대되었다. 학교폭력 종합대책안을 마련하면서 또래상담이 학교폭력 예방 프로그램으로 선택되었는데, 그 결과 1,000여 개 학교에서 운영되던 또래상담이 9,000여 개 학교로 확대되었고, 또래상담자도 2만여 명에서 48만여 명으로 대폭 증가하였다(한국청소년상담복지개발원, 2020). 또래상담 프로그램은 학교폭력 예방에도 도움을 주지만, 48만여 명의 청소년 또래상담자들이 타인을 돕기 위해 대화로 문제를 해결하는 연습을 학령기 내내 한다는 점에서 우리 사회에 미치는 긍정적 영향은 향후 이루 말할 수 없을 만큼 클 것이라고 여겨진다.

넷째, 지역교육지원청을 중심으로 학교상담기관인 '위센터(Wee center)'가 설립되고 확대되었다. 2009년에 3단계 지원체계를 기초로 모형화된 위센터는 2010년 시범설치를 시작으로 2017년에 교육청 단위로 위스쿨 13개와 가정형 위센터 19개, 지역교육지원청 단위를 중심으로 214개의 위센터가 설치되어 학교상담의 중심 역할을 수행하고 있다. 위센터는 '위프로젝트(Wee project)'를 지역 중심으로 실행하는 학생상담기관이다. '위프로젝트'에는 학교 단위의 '위클래스(Wee class, 2021년 7,603개 설치), 지역교육지원청 단위의 '위센터(Wee center)', 광역교육청 단위의 '위스쿨(Wee school)'로 위계를 두었다. '위프로젝트'는 학교 내 청소년에 대한 상담개입체계를 확립한 것인데, 지역사회기반 청소년상담이라는 맥락에서는 매우 획기적인 일이다. '위프로젝트'와 '지역사회청소년통합지원체계'의 협력을 통해 위기청소년 발견과 위기수준 진단·평가, 상담개입이 촘촘하게 진행되는 토대가 마련되었기 때문이다.

다섯째, 인터넷 중독 대응사업이 확대되었다. 2005년부터 2009년까지 한국청소년상담복지개발원과 시·도 청소년상담복지센터를 중심으로 실시되던 인터넷 중독 대응사업은 청소년보호법에 법적 기반을 마련하였고 2010년대에 이르러서 전국적으로 확대되었다. 인터넷 이용 습관 진단조사는 2010년까지 초등학교 4학년과 중학교 1학년을 대상으로 실시하였는데, 2011년부터는 고등학교 1학년까지 포함하여 학령전환기에 해당하는 연령의 학생들을 전수로 조사하고 있다. 또한 2013년부터는 스마트폰 과의존을 진단조사에 포함시켰으며, 2016년부터는 학교밖청소년을 대상으로도 진단조사를 실시하고 있다. 진단조사 후에 주의군 및 위험군으로 진단된 청소년들에게는 보호자 동의를 거쳐서 개인상담, 집단상담, 가족 치유캠프, 인터넷 중독 치유캠프, 병원치료 등을 제공하고 있다. 매우 거대한 사업으로 자리 잡은 것이다.

2011년 11월에는 청소년들의 수면권 보장과 인터넷 중독 예방을 위하여 인터넷

게임 시간을 제한하는 셧다운제(인터넷게임 건전이용제도)가 도입되었다. 우리나라 청소년상담에서 인터넷 중독 대응사업이 정책사업으로 자리매김한 데는 정부부처에서 청소년보호과장으로 재직하는 김성벽 박사[4]의 공이 크다고 할 수 있다. 그는 중앙부처 공무원으로 재직하면서 2005년부터 인터넷 중독 대응사업을 기획하고, 인터넷 중독 치유학교를 개설하는 노력을 기울여 왔는데, 2010년대에 이르러 결실이 맺어진 것이다.

여섯째, 청소년 정신건강과 관련하여 최초로 기숙형 치료시설이 건립되었다. 이는 집중적인 개입을 필요로 하는 정서 · 행동장애와 인터넷 중독 청소년들을 돕기 위한 것이다. 2013년에 정서 · 행동장애 청소년들을 치료하기 위하여 경기도 용인시에 '청소년치료재활센터(국립중앙청소년디딤센터)'가 설립되었고, 2014년에는 인터넷 중독 청소년 치료를 위하여 전라북도 무주군에 '청소년보호재활센터(국립청소년인터넷드림마을)'가 설립되었다. 이 두 시설은 한국청소년상담복지개발원에서 운영하고 있는데, 사례 의뢰 및 서비스 연계와 사후관리를 위해 전국의 청소년상담복지센터, 학교밖청소년지원센터, 위센터 등과 협력하고 있다.

일곱째, 학업중단청소년 지원을 위한 법이 제정되었다. 이전에는 학업중단청소년들을 위한 프로그램으로 해밀(검정고시), 두드림(자립지원) 프로그램을 몇몇 청소년상담복지센터를 중심으로 운영하다가 2015년에「학교밖청소년 지원에 관한 법률」이 제정되었다. 이 법을 근거로 해서 전국 시 · 도 및 시 · 군 · 구에 219개의 학교밖청소년지원센터(꿈드림센터)가 설치되었다. 꿈드림센터는 학교를 그만둔 청소년이 학교에서 실패했다는 의식에서 벗어나서 동기를 가지고 자신의 삶을 지속적으로 관리하고, 발전시켜 나가도록 지원하는 것에 초점을 맞추고 있다. 이 사업은 복교, 검정고시, 대학입학과 같은 학업복귀와 인턴십, 취업과 창업 등 사회 진입을 주요 성과로 보고 지원한다. 향후 학교밖청소년에 대한 지원은 패러다임 전환을 맞이하게 될

---

4) 김성벽 과장(중앙대 언론학박사). 인터넷 중독 등 유해환경으로부터 청소년을 보호하기 위한 정책을 담당하고 있다. 인터넷 · 스마트폰 중독 진단검사, 치유 프로그램, 인터넷 중독 청소년 치유를 위한 청소년드림마을 설립 등에 기여했다. 앞으로도 우리나라 인터넷 중독과 스마트 기기 과의존 관련 정책은 지속적으로 확대될 것으로 전망된다. 특히, 4차산업 사회로의 진입에서 스마트기기의 활용도는 증가할 수밖에 없기 때문에 산업발전 차원의 긍정적 측면만큼 부정적 영향에 대해서도 새로운 관심이 필요하다.

것이라고 기대한다.

여덟째, 지역사회기반 청소년상담의 중추기관인 한국청소년상담복지개발원이 2014년 9월에 정부의 공공기관 지방이전 계획에 따라 서울특별시 중구 신당동에서 부산광역시 해운대구에 있는 센텀시티로 이전했다. 지역사회기반 청소년상담의 중심기관이 서울에서 부산으로 이전함에 따라 청소년상담자에 대한 역량개발 지원과 청소년상담복지기관에 대한 지도지원의 방향에 대한 검토가 활발하게 이루어졌다는 것도 이 시기 특징 중 하나다. 그 대표적인 변화가 한국청소년상담복지개발원에 직접적인 청소년치유 서비스 제공 시설인 청소년치료재활센터와 청소년보호재활센터를 위탁·운영하도록 함으로써 외양이 확대되게끔 했다는 것이다.

아홉째, 사고와 재난 대응에 대한 관심이 높아졌다. 연평도 포격사건을 위시로 해서 2009년부터 한국청소년상담복지개발원에서는 '위기대응TF'를 발족하여 운영하였다. 그러다가 2014년 세월호 사고로 긴급한 심리적 외상 치료에 청소년상담 전문가들이 참여하면서 더욱 전문화된 인력 양성의 필요성이 대두되었다. 이후 시·도별 청소년상담복지센터를 광역 거점으로 해서 심리적 외상개입에 필요한 인력을 양성하였고, 포항지진(2017년 11월), 제천화재(2017년 12월), 고성 대형 산불(2019년 4월) 등 재난이나 사고 발생 시 긴급하게 개입하였다. 하지만 정부 재난 종합대책안에 포

사진 1-6 | 한국청소년상담복지개발원 부산센텀시티 이전

함되지 않은 상태에서 참여하는 불완전한 형태를 가지고 있다. 향후 지역사회를 기반으로 하는 청소년상담의 한 축으로 발전해 갈 것이라고 여겨진다.

(6) 6단계: 사각지대 제로화, 그리고 청소년 참여 확대(2020년대 이후)

2020년 이후 지역사회청소년상담 영역에는 이전에 볼 수 없었던 새로운 도전과 변화가 나타나고 있다. 몇 가지 특징을 제시하고자 한다.

첫째, 기존 청소년상담복지센터 중심의 CYS-Net에 지방자치단체의 역할을 포함하여 '청소년안전망'으로 확대 개편하였다. 청소년안전망은 기존 청소년상담복지센터 중심의 'CYS-Net'에 지방자치단체의 참여를 추가하여 민·관협업체계를 강화하는 것이다. 둘째, 비대면 상담개입의 중요성이 대두되고 있다. 2020년 2월부터 '신종 코로나바이러스 감염증(코비드-19 COVID-19)'이 전 세계에 확산되면서 비대면 심리지원 서비스를 확대하고 있다. 셋째, 선거권 하향으로 청소년의 사회참여가 강화되고 있다. 2020년 국회의원 총선거가 실시되었고, 이것은 선거권이 18세 이하로 하향되고 치루어진 첫 선거다. 선거권 하향에 따라 청년지원정책이 강화되고 있고, 청소년영역에서는 후기청소년(19~24세)에 대한 지원이 확대되고 있다. 이것은 청소년을 단지 지원의 대상으로 보기보다는 청소년이 주체가 되고 주도하는 역할을 하는 사업 개발로 이어질 전망이다.

청소년상담 전문가들은 청소년상담에 맞는 지식과 개입전략을 개발하고 체계적으로 정리해 가는 중에 있다. 특히, 4차 산업혁명(the fourth industral revolution)[5] 시대의 도래로 스마트기기와의 결합을 통해 새로운 상담방법이 대두될 것으로 보인다. 지역사회를 기반으로 하는 청소년상담은 향후 더욱 발전적인 전문영역으로 성장해 갈 것이다.

---

5) 4차 산업혁명은 2016년 세계경제포럼에서 공식 언급되었다. 컴퓨터와 인터넷으로 대표되는 3차 산업혁명(정보혁명)에서 한 단계 더 발전된 개념으로 인공지능, 사물인터넷, 클라우드 컴퓨팅, 빅데이터, 모바일 등의 지능정보기술이 기존 산업과 서비스에 융합되거나 나노기술 등 다양한 분야의 신기술과 결합되어 모든 제품과 서비스를 네트워크로 연결하고 사물을 지능화한다. 이런 결과는 경제, 사회 전반에 혁신적인 변화를 초래할 것으로 기대하고 있다. 4차 산업혁명은 초연결(hyperconnectivity)과 초지능(superintelligence)을 특징으로 하기 때문에 상상의 범위를 벗어나는 범위에 더 큰 영향을 미칠 것으로 보인다(네이버 지식백과 재정리).

3. 우리나라 청소년상담의 특징

1) 청소년상담의 외형적 특징

우리나라 청소년상담의 큰 특징은 청소년상담이 정부정책사업의 일환으로 추진된다는 것과 심리상담을 축으로 하되 청소년에게 적합한 서비스를 맞춤형으로 제공하는 통합지원을 지향하고 있다는 것이다.

(1) 정부정책사업으로서의 청소년상담

앞에서 지역사회를 기반으로 하여 서비스를 제공하는 청소년상담은 공적 부조의 개념으로 발전했다고 언급한 바 있다. 우리나라의 청소년상담은 이런 공적 부조로서 정부정책사업의 일환으로 시작하였고 확대되어 왔다. 앞서 지역사회기반 청소년상담의 대표적인 기관으로 언급했던 한국청소년상담복지개발원과 청소년상담복지센터, 위센터와 위스쿨, 학교밖청소년지원센터 등이 그 예다.

정부의 정책사업으로 추진되고 있는 청소년상담에서는 정부가 나서서 도와야 하는 위기청소년과 취약청소년을 주요 서비스 대상으로 언급하곤 한다. 하지만 대상자가 꼭 그렇게 제한적이지만은 않다. 왜냐하면 국민이 지불하는 세금으로 운영된다는 점 때문에 서비스를 필요로 하는 모든 청소년들과 보호자들에게 상담을 제공할 의무를 부여받게 되기 때문이다. 특히, 청소년상담복지센터와 위센터는 종합적인 상담서비스를 제공하는 기관으로 자리매김했다. 이 때문에 상담자 입장에서 문제해결에 유리하다고 판단되는 내담자를 취사선택하는 것이 아니라, 고객인 청소년과 보호자가 필요로 하는 서비스라면 어떻게 해서든지 적합하게 제시해야 한다는 의무감을 가지게 되는 것이다.

이것은 청소년상담자에게 대단한 압력으로 작용해 왔지만, 동시에 내담자 문제해결을 위해 새로운 개입전략을 연구하고, 적용하고, 검증하는 일을 지속적으로 시도하게 만들기도 했다. 이런 특징으로 인해 청소년상담자는 개업해서 상담연구소를 운영하는 전문가들이나, 대학에서 교수로 일하면서 상담을 가르치는 전문가들에 비해 국가정책에 더 민감하고, 문제해결에 더 관심을 기울이며, 상담 관련 사업 개발에 더 적극적인 모습을 보인다.

(2) 심리상담을 중심으로 하는 통합지원

상담 전문가들은 대학이나 대학원 과정 또는 상담 전문가 자격 훈련 과정에서 '심리상담' 모델을 기초로 교육을 받는다. 심리상담은 문제의 원인이 내담자의 내면, 즉 개인에게 있다고 가정하고 다양한 이론을 발전시켜 왔다. 프로이트(S. Freud)의 정신분석, 코헛(Kohut) 등의 대상관계이론, 융(C. G. Jung)의 분석심리학, 아들러(A. Adler)의 개인심리학, 번(Eric Berne)의 교류분석, 스키너(Skinner) 등의 행동수정이론, 벡(A. Beck)의 인지치료, 캘리(G. Kelly)의 개인구념이론, 앨리스(A. Ellis)의 합리적 정서적 행동치료, 펄스(F. Perls)의 게슈탈트, 글래서(W. Glasser)의 현실요법, 로저스(C. R. Rogers)의 인간주의상담, 메이(Rolo May) 등의 현상학적 접근들, 김인수 등의 해결중심 단기(가족)치료 등은 우리나라에서 훈련받는 상담 전문가들이 거의 대부분 학습하는 상담이론이다. 이 접근들이 사람의 내적인 문제를 해결하는 데 매우 정교하고, 매우 전문적이며, 효과를 가져온다는 것은 의심의 여지가 없다. 그러나 보통 상담이론은 의지를 가지고 스스로 찾아온 내담자에게 일정한 비용을 받고 상담을 제공하는 것에 기초하는 경향이 있다. 그래서 상담을 학습하고 훈련받을 때 '잘 준비된(고객형이라 부르는) 내담자'를 가정하게 되고, 상담과정은 비교적 순조롭게 상담자와 내담자가 작업하는 것으로 훈련을 받는다.

하지만 청소년상담에서는 그와 같은 실험실 상황이 잘 전개되지 않는다. 오히려 병원 응급실과 같이 긴급하게 몰아치는 위기상황에 대응하거나 또는 비자발적 청소년내담자를 상대하는 일이 빈번하기 때문이다. 이렇다 보니 학습한 상담이론으로 문제해결에 한계를 경험하는 경우가 많다. 그뿐만이 아니다. 청소년들은 발달과정 중에 있는 미성년(未成年)이기 때문에 취약한 환경의 영향을 지대하게 받는다. 예를 들어 가출, 학업중단, 자살위기, 우울과 불안, 가정문제, 지역사회 비행문화, 인터넷 중독 등은 가정환경이나 지역사회 환경의 영향을 크게 받는 대표적 이슈들이다. 그렇다 보니 개인의 내적 힘을 키워서 어려움을 극복하도록 돕기에는 한계가 있다. 특히, 빈곤 등의 취약한 환경과 청소년문제가 뒤엉켜 있는 경우에는 특정 심리상담 이론 전문가 개인의 힘만으로 해결하기엔 제약이 너무 많다. 이 때문에 청소년상담자들은 이른 시기부터 심리상담을 중심으로 하되 문제해결에 도움이 되는 다양한 지원들을 통합적으로 제공해 주는 노력을 기울여 왔고, 이를 통합지원 또는 원스톱서비스라 칭해 왔다. 청소년상담실이 개소된 시기였던 1990년대부터 부모교육, 아웃리치, 검정고시 지원, 의료 및 법률지원, 진로박람회, 대학생 멘토링, 전문 직업인 멘토링 등을 운영한 것만 보아도 청소년상담자들이 청소년들이 가지고 있는 문제에 통합적으로 접근하기 위하여 초기부터 많은 노력을 기울였음을 확인할 수 있다.

2) 청소년상담사업이 가지는 특징

(1) 연구와 사업의 순환 과정

「청소년기본법」에 근거해서 지역사회기반의 청소년상담이 시작되면서부터 청소년상담복지 정책 연구와 프로그램 개발 연구는 중앙기관인 한국청소년상담복지개발원(당시 '청소년대화의광장')의 주요 기능이 되었다. 한국청소년상담복지개발원에서는 개원 이래로 수백 종에 이르는 정책 연구와 프로그램 개발 연구를 진행해 오고 있다.[6] 이들 연구 중 프로그램 개발 연구물은 상담사업으로 연결되어 한국청소년상담복지개발원과 전국 시 · 도, 시 · 군 · 구 청소년상담복지센터에서 활용되었다. 한국청소년상담복지개발원에서 발간된 연구보고서를 분석해 보면 연구와 상담사업은 【기초연구 → 프로그램 개발 → 사업화 → 특성화, 심화】 과정을 거치고 있음을 확인할 수 있다(노성덕, 2013). 이것은 우리나라 청소년상담 전개과정에서 나타나는 매우 독특하면서도 한편으로는 자연스러운 현상이다. 몇 가지 예를 들어 보

---

6) 한국청소년상담복지개발원에서 발간한 연구물들은 홈페이지(www.kyci.or.kr) 전자도서관에서 PDF로 내려받을 수 있다.

고자 한다.

첫째, 청소년상담 전문가 양성에 관한 연구와 사업이다. 청소년상담 전문인력 양성에 대한 관심은 '청소년대화의광장'으로 기관을 개편한 1993년에 수행된 '청소년상담 교육과정 개발 연구'에서 처음 찾아볼 수 있다(박재황 등, 1993).[7] 이후 1994년에 '청소년상담인력 개발 정책 연구'(오익수 등, 1994)[8]로 이어졌는데 2년여에 걸쳐 기초연구가 이루어진 것이다.

그 후 1995년에 '청소년상담원 자격연수 교재 개발 연구'(김혜숙 등, 2005)[9], 2000년에 '청소년상담사 자격검정 실시에 관한 연구'(황순길 등, 2000)[10] 등 청소년상담 전문가 양성 프로그램 개발 연구가 완료되었다.

이렇게 기초연구와 프로그램 개발 연구가 종료된 후 2003년에 '청소년상담사'가 국가공인 상담사 자격증으로 제도화되어 '청소년상담사 자격검정 및 자격연수'가 비로소 사업화되었다. 이렇게 사업화된 청소년상담사 양성은 2003년에 시작되어 현재에 이르고 있다.

청소년상담사 양성을 진행하면서, 2005년에 '학교 청소년상담사의 학교상담활동모형'(황순길 등, 2005)[11], 2006년에 '국가자격 청소년상담사 인력수급 활성화 방안 연구'(이창호 등, 2006)[12], 2012년에 '청소년상담사 소진에 관한 연구'(양미진 등, 2012)[13] 등이 진행되어 사업을 심화시키는 연구를 수행한 것을 확인할 수 있다. 이

---

7) 이 절에서 인용한 연구들은 별도의 참고문헌으로 제시하지 않고 연구물들을 각주로 제시하고자 한다. 이것은 책의 내용을 바로 참고문헌과 연결 지어 확인하도록 하기 위한 것이다. 박재황, 남상인, 김창대, 김택호 (1993). 청소년상담 교육과정 개발 연구. 서울: 청소년대화의광장.

8) 오익수, 이명선, 남상인(1994). 청소년상담인력 개발 정책 연구. 서울: 청소년대화의광장.

9) 김혜숙, 남상인, 구혜영, 박승민(1995). 청소년상담원 자격연수 교재 개발 연구. 서울: 청소년대화의광장.

10) 황순길, 이창호, 안희정, 조은경(2000). 청소년상담사 자격검정 실시에 관한 연구. 서울: 한국청소년상담원.

11) 황순길, 류진아, 이경아, 장진이, 정재우, 유형근(2005). 학교 청소년상담사의 학교상담활동모형 연구. 서울: 한국청소년상담원.

12) 이창호, 이명우, 김은영, 정재우, 강석영, 김태선(2006). 국가자격 청소년상담사 인력수급 활성화 방안 연구 : 현황 및 대책. 서울: 한국청소년상담원.

13) 양미진, 조수연, 이소엽(2012). 청소년상담사 개인 및 직무환경 특성에 따른 소진 차이. 청소년상담연구 20권 1호, 17-35.

것은 청소년상담 영역에서의 연구가 실제 상담사업과 하나의 순환고리를 이루어 발전해 가고 있음을 보여 주는 것이다.

둘째, 인터넷 중독 관련 연구와 사업 역시도 좋은 예다. 한국청소년상담복지개발원의 연구를 리뷰해 보면 인터넷을 사용하기 위한 도구가 되는 컴퓨터와 사이버공간의 양면성에 주목하고 있음을 발견할 수 있다. 즉, 컴퓨터와 인터넷을 '소통의 새로운 수단이자 문화의 산물'이라는 긍정적 측면과 '청소년문제로서의 게임 중독'이라는 부정적인 측면 모두에 관심을 기울이고 있었다는 것이다.

먼저 긍정적인 측면을 간략하게 살펴보고자 한다. 청소년문화에 맞는 새로운 소통의 수단이라는 관점에서 1996년에 'PC통신을 통한 청소년정서교육 프로그램' 개발 연구가 진행되었고, 1998년에는 청소년 세계의 문화 현상으로서 '사이버세계와 청소년상담', 그리고 1999년에는 '청소년 사이버문화'로 연구가 진행되었으며, 2000년에는 역시 소통의 수단으로서 '채팅상담 성과 측정도구 개발'을 주제로 다루었다(임은미 등, 2000).[14] 그리고 2001년에는 'WEB을 활용한 청소년 심리검사프로그램 개발 연구'를 진행하였다(김태성 등, 2001).[15]

그 후 'PC통신을 통한 청소년정서교육 프로그램' 등을 토대로 2000년에는 한국청소년상담복지개발원에 '청소년상담종합정보망 유코넷'과 '사이버상담센터'를 설치하였고, 2011년에는 전담요원과 재택요원으로 구성된 '청소년사이버상담센터'로 확대 개소하기에 이르렀다. 유코넷과 청소년사이버상담센터는 컴퓨터라는 도구와 사이버공간이라는 특성을 활용하여 청소년문화에 적합하게 소통하고자 하는 노력의 결실이었다.

인터넷 중독 등 부정적인 측면에서의 연구를 살펴보면 1993년 '청소년 전자오락'으로 연구를 시작한 중독에 대한 관심이 2000년에 '청소년의 PC중독' 연구로 이어졌고, 2003년에 '청소년 인터넷 과다사용 예방 프로그램'을 개발하여 현상을 규명하고 예방교육을 실시하는 데 초점을 맞추었다(장재홍 등, 2003).[16] 이런 개입이 꾸준

---

14) 임은미, 김지은, 이영선(2000). 채팅상담 성과 측정도구 개발. 서울: 한국청소년상담원.
15) 김태성, 김형수, 이영선, 박정민, 임은미(2001). WEB을 활용한 청소년 심리검사 프로그램 개발 연구. 서울: 한국청소년상담원.
16) 장재홍, 신효정(2003). 청소년 인터넷 과다사용 예방 프로그램 Ⅱ. 서울: 한국청소년상담원.

히 진행되다가 직접적인 개입의 중요성을 인식하여 2007년에 '인터넷 중독 숙박형 치료 프로그램'을 시범 운영하면서 2008년에 '인터넷 중독 유형별 개입 프로그램'을 개발하였다. 그리고 2008~2010년 '인터넷 중독 기숙형 치료학교 프로그램 개발' 및 수정 보완을 진행하면서, 2008년부터 이를 '인터넷 중독 기숙형 치료학교 레스큐 스쿨[17]'이라는 명칭의 사업으로 론칭하였다(한국청소년상담원, 2008).

2012년에는 레스큐 스쿨에 부모를 참여시키는 수준을 한층 더 확장하여 '인터넷 중독 청소년 가족 치유캠프 프로그램'을 개발하였고(배주미 등, 2012[18]; 노성덕 등, 2016[19]) 실제 극복한 성과를 바탕으로 같은 해에 '인터넷 중독 청소년 개인상담 프로토콜 연구'를 수행하기도 하였다(배주미 등, 2012).[20] 이렇듯 인터넷 중독과 관련해서는 1993년부터 꾸준히, 그리고 끊임없는 탐색과 연구를 통해 정책사업으로 론칭하고 지속적으로 발전시켜 오고 있음을 확인할 수 있다.

(2) 사업 발굴과 시범 적용 후 전국으로 확산

지역사회를 기반으로 하는 청소년상담에서는 지역의 청소년들을 효율적으로 상담하기 위하여 다양한 사업들을 시도해 왔다. 이들 상담사업은 대체로 지역사회 전체에 영향을 미치고자 하는 거시적인 관점이 반영되어 있는 경우가 많다. 한국청소년상담복지개발원에서 발간한 자료들을 리뷰해 보면 청소년문제에 대해 청소년상담 전문가들이 선제적으로 관심을 가지고 '청소년에게 적합한 방법'을 적용하여 시범적으로 사용하다가 국가 차원의 사업으로 발전시켜 온 것을 확인 할 수 있다. 그 중 두 가지를 대표적인 사례로 소개하고자 한다.

---

17) 레스큐 스쿨은 '인터넷 중독 기숙형 치료학교'를 청소년에게 친숙하게 만들기 위해 부여한 사업명이다. 이 명칭은 2013년에 '인터넷 중독 치유학교'로 사업명을 바꾸었다.

18) 배주미, 조영미, 정혜연, 김누리, 김아라, 이지선(2012). 인터넷 중독 청소년 가족 치유캠프 프로그램 개발 연구. 서울: 한국청소년상담복지개발원.

19) 노성덕, 김미정, 김래선, 홍예진, 박선정(2016). 청소년 인터넷·스마트폰 중독 가족 치유캠프 프로그램 매뉴얼 개정판. 서울: 한국청소년상담복지개발원.

20) 배주미, 양재원, 조영미, 김경은, 최요한(2012). 인터넷 중독 청소년 개인상담 프로토콜 연구. 서울: 한국청소년상담복지개발원.

첫째, 현장에 찾아가는 상담으로서의 아웃리치와 청소년동반자사업이다. 청소년상담자들은 '찾아오는 내담자(來談者)'를 대상으로 상담을 진행하던 전통적 방법에서 청소년상담자가 청소년 밀집지역에 찾아가는 아웃리치를 1993년에 처음 실시하였다. 처음에는 청소년상담을 홍보할 목적으로 청소년이 자주 모이는 곳에 찾아 나가다가 점차 청소년 밀집지역을 지정하고 그곳에 부스를 마련하여 '현장상담'의 형식을 갖추기 시작했다. 이른바 현장 심리검사, 현장 면접상담, 현장에서의 긴급구조 등을 실시하기 시작한 것이다. 이후 학교나 복지시설, 가정 등으로 청소년을 찾아 나서는 노력들이 이어졌고, '찾아가는 상담자'라는 콘셉트를 창출하게 되었다. 기존 상담 패러다임에서는 '내담자(來談者: 와서 말하는 사람)'라는 관점에서 '찾아가는 상담자' 콘셉트가 자연스럽지 못했으나, 청소년상담 영역에서는 청소년과 부모를 '고객(client)'이라는 관점에서 보고, '고객이 있는 현장으로 찾아가는 상담'을 창출해 낸 것이다.

결국 이런 노력들은 2005년에 이르러 '청소년동반자(youth companion)' 프로그램으로 사업화되었다. 청소년동반자사업은 2005년에 연구로 시작되어 2006년에 몇몇 지역에서 시범적으로 운영되다가 점차 확산되었다. 2021년에는 1,354명의 청소년동반자들이 활동하고 있다(여성가족부, 2021).

둘째, 지역사회 내 청소년상담지원체계 구축과 관련된 사업이다. 지역사회청소년상담지원체계 사업이 처음 발견되는 것은 1997년에 추진된 '인간망 개입' 사업이다(박성수, 김진숙, 1997).[21] 인간망 개입 사업은 지역사회 내에서 존경받는 어른들을 모아 위기청소년을 돕도록 구안한 청소년지원체계였다. 이 사업은 2년여의 연구와 시범운영을 거쳐 2000년에 '전문직자원봉사자체제'라는 사업으로 자리 잡게 되었는데, 지역사회 내 전문직 종사자들이 팀을 이루어 위기청소년, 취약계층 청소년을 지원하도록 하는 하나의 시스템으로 발전되었다(박경애, 김택호, 2000).[22] 여기에 참여한 전문 직종은 의사, 기업인, 교수, 변호사, 목사 또는 신부, 교사, 공무원 등이었으며, 상당한 효과를 가져온 것으로 평가되었다. 이후 전문직자원봉사체제는 6년여 동안 지역을 중심으로 확대되어 자리매김하다가 국가 정책인 지역사회청소년통합지원

---

21) 박성수, 김진숙(1997). 인간망 개입 상담모형 개발. 서울: 청소년대화의광장.
22) 박경애, 김택호(2000). 청소년상담 전문직자원봉사 운영체제 연구. 서울: 한국청소년상담원.

체계 사업이 2005년에 론칭되었을 때(국가청소년위원회, 2005a)[23] 지역사회청소년통합지원체계로 자연스럽게 편입되었다.

지역사회청소년통합지원체계는 지역사회가 나서서 위기청소년을 통합적으로 지원하자는 취지로 2005년에 연구를 거쳐 2006년부터 정책사업으로 추진된 대표적인 청소년상담지원체계 사업이다(구본용 등, 2005[24] ; 윤철경 등, 2006[25] ; 이창호 등, 2007[26]). 우리나라는 지역사회를 기반으로 서로 돕는 문화 풍토가 비교적 풍부하게 조성되어 있다. 비록 현대 산업화 사회 진입 이후 지역공동체라는 의식이 과거에 비해 약해졌다고는 하더라도 여전히 지역공동체와 관련된 정서는 다양한 영역에 영향을 미치고 있으며, 지역을 기반으로 하는 자발적 시민 모임 역시 다양하게 전개되고 있다. 이런 풍토와 맞물려 자리매김하고 있는 상담사업이 지역사회청소년통합지원체계(CYS-Net)다(노성덕 등, 2011).[27]

지역사회청소년통합지원체계 사업은 앞에서 살펴본 바와 같이 2009년에 총리훈령으로 규정되었고, 이어 2011년에는 「청소년복지지원법」에 '제4장 지역사회청소년통합지원체계'로 자리 잡았다. 2019년 하반기 이후에 이르러서는 CYS-Net을 '청소년안전망'으로 개칭하고 지방자치단체의 역할을 더 강조하였으며, 전국 238개 지방자치단체에서 사업을 수행하고 있다. 또한 사업의 효과성을 확인하기 위해서 「청소년복지지원법」에 평가를 의무화하여 2011년부터 3년 주기로 평가가 이루어지고 있다.

---

23) 국가청소년위원회(2005). 위기청소년 지역사회 안전망 구축: 국제적 동향 및 정책 과제. 서울: 국가청소년위원회.

24) 구본용, 금명자, 김동일, 김동민, 남상인, 안현의, 주영아, 한동우(2005). 위기(가능)청소년 지원모델 개발 연구. 서울: 국가청소년위원회.

25) 윤철경, 조흥식, 김향초, 이규미, 우정자, 윤진선(2006). 위기청소년 지역사회 안전망 실태와 발전방안. 서울: 한국청소년상담원.

26) 이창호, 김동일, 노성덕, 최수미, 김상수(2007). CYS-Net 효과성 평가. 서울: 한국청소년상담원.

27) 노성덕, 배영태, 김호정, 김태성(2011). CYS-Net 발전방안 연구-청소년상담지원센터 정착을 중심으로. 서울: 한국청소년상담원.

학습을 위한
질문과 과제

※ 지역사회

1. 당신이 거주하고 있는 지역사회는 어디인가?

2. 지역사회와 공동체가 어떤 점에서 유사하고, 어떤 점에서 차이가 있나?
   • 유사점 :

   • 차이점 :

※ 지역사회기반 청소년상담

1. 지역사회기반 청소년상담이 무엇인가?

2. 지역사회를 기반으로 하는 상담은 일반적으로 알고 있는 상담과 어떤 공통점과 차이점이 있나?
   • 공통점 :

   • 차이점 :

3. 우리나라 청소년상담의 발전과정을 요약해서 설명해 보라.

4. 2020년 이후 청소년상담 영역에 4차 산업혁명이 어떻게 영향을 미칠 수 있을지, 코로나바이러스와 같은 감염병과 비대면상담방법의 대두를 고려해서 생각해 보고 글로 표현해 보라.

5. 우리나라 청소년상담(지역사회기반 청소년상담)은 어떤 특징을 가지고 있나? 그런 특징이 청소년상담에 어떤 영향을 끼쳤다고 생각하는가?

6. 우리나라 청소년상담 전문가들이 지역사회를 기반으로 하는 상담전략을 개발할 수밖에 없었던 이유가 무엇이라고 생각하는가?

7. 한 사회의 철학적, 정치적 발전이 사람에 대한 신념, 상담, 청소년상담에 어떤 식으로 영향을 끼칠 수 있을지 생각해 보고 글로 표현해 보라.

8. 지역사회기반 청소년상담에 대한 이 장의 글을 읽으면서 저자의 견해와 다른 부분이 있어서 표현하고 싶은 바가 있으면 정리해 두었다가 기회가 되는 대로 저자와 논의해 보자.

2장

지역사회기반 청소년상담자 되기

1. 지역사회기반 청소년상담자가 된다는 것

지역사회를 기반으로 일하는 청소년상담자가 된다는 것은 지역사회에서 청소년과 부모들에게 또 하나의 비빌언덕이 된다는 것을 의미한다.

우리 선조들은 소를 키울 때 적절한 높이의 언덕이 있는 곳에 방목을 했다. 소는 몸집이 커서 머리를 돌렸을 때 머리가 몸통에 닿지 않는다. 그래서 몸통에 상처가 나거나 가려우면 혀로 핥을 수도 없고, 머리로 문지를 수도 없기 때문에 스트레스를 많이 받는다. 이때 가려운 몸을 비빌 수 있는 적절한 높이의 언덕이 있으면 소는 그곳에 몸을 비비면서 평안을 찾는다. 우리 선조들은 이 사실을 발견하고 적절한 언덕을 일부러 찾아 주었던 것이다. 소는 비빌언덕을 중심으로 송아지 시절을 보낸다. 송아지가 자라서 멍에를 메고 일할 때가 되면, 논과 밭에서 주인을 도와 하루 종일 일을 하다가 일을 마치고 나서 비빌언덕으로 돌아와 몸을 비비고 안식을 취했다. 이 모양이 마치 어린아이가 부모를 기대어 성인이 되어 가는 것과 유사해서 우리 선조들은 "부모는 자식의 비빌언덕이다."라고 비유했던 것이다. 그렇다. 우리 사람이 일생을 살아가는 데는 비빌언덕이 꼭 필요하다.

이 비빌언덕이 지역사회 곳곳에 있으면 얼마나 좋을까? 집에서는 부모와 형제가 비빌언덕이 되고, 학교에 가면 담임선생님과 학교상담 선생님이 비빌언덕이 되고, 밖에 나오면 청소년상담 선생님이 비빌언덕이 된다면 아이들에게 얼마나 좋을까? 이뿐만이 아니다. 지역사회에서 일하는 경찰, 문구점 사장님, 학원 선생님, 교회 선생님, 시청 공무원, 택시기사 아저씨, 요구르트 아주머니, 택배기사, 편의점 아르바이트 형·언니, 안면이 있는 이웃들이 너도나도 비빌언덕이 되어 준다면 아이들이 자라기에 더없이 평화롭고 안전한 사회가 될 것이다.

심리적, 정서적, 행동적, 인지적 어려움을 경험하게 되면 청소년 당사자나 부모는 당황하게 된다. 정상수준에서 다소 벗어난다고 생각이 되면 불안감을 경험하게 된다. 내 자녀가 심리적, 정서적 문제로 인해 인간관계가 원만하지 못하고, 학업을 포기하려 하고, 삶에 대한 의욕이 저하되는 것을 지켜보게 되면 아무리 사업이 잘 풀려도 결코 행복하지 않은 법이다.

그래서 심리적, 정서적, 행동적, 인지적 가려움이 삶을 침범해 올 때 찾아가서 비빌 수 있는 언덕이 필요하다. 지역사회를 기반으로 일하는 청소년상담자가 된다는 것은 청소년과 부모들이 심리적 외상을 치료하기 위해 급히 만나고, 궁금함을 해소하기 위해 자문을 청하고, 더 성장하기 위해 선택할 수 있는 방법을 배우기 위해 찾게 되는 또 하나의 비빌언덕이 됨을 의미한다.

청소년상담자를 만나다!! 군포시청소년상담복지센터 명소연 센터장

사진 2-1   군포시청소년상담복지센터 명소연 센터장

▷ 성균관대학교 교육학박사(상담전공)
▷ 청소년상담사 1급
▷ 전문상담교사 2급

명소연 센터장은 경기도에 있는 군포시청소년상담복지센터에서 16년째 청소년상담 전문가로 일하고 있다. 청소년상담에 대한 깊이 있는 심리상담을 제공하는 것은 물론이거니와 군포시의 청소년들이 자유롭게 찾아와서 고민을 토로하기도 하고, 다양한 활동들을 경험할 수 있는 '틴터'를 특색 있게 운영하여 군포청소년들의 사랑을 듬뿍 받고 있다. 그뿐만 아니라 학교 내에서도 틴터상담교실을 운영하고 있고, 엄마의 마음으로 위기청소년을 두텁게 지원하자는 '엄마손 지원단' 등을 지역특성화 프로그램으로 운영하고 있다. 이렇게 지역사회를 기반으로 해서 열심히 청소년상담을 해 온 공로를 인정받아 2013년에는 장관 표창을 수상하기도 하였다.

2. 필요한 준비

지역사회기반 청소년상담자는 지역사회를 기반으로 설립된 청소년상담기관에서 일하는 상담자다. 지역사회를 기반으로 청소년상담기관이 설립되었다는 것은 해당 지역사회 구성원들에게 청소년상담서비스를 제공할 목적으로 기관이 만들어졌음을 의미한다.

우리나라에는 어떤 청소년상담기관이 있을까? 우리나라의 대표적인 청소년상담기관은 [그림 2-1]과 같다.

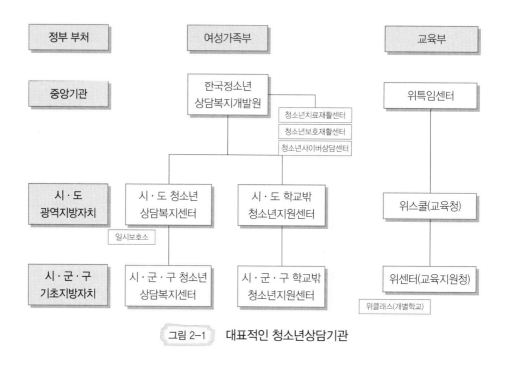

그림 2-1   대표적인 청소년상담기관

[그림 2-1]을 보면 여성가족부 산하에 한국청소년상담복지개발원, 청소년상담복지센터(238개), 학교밖청소년지원센터(219개)가 있고, 교육부 산하에 위센터(233개)가 있다. 청소년상담복지센터는 해당 지역 내 청소년과 가족에게 총체적인 청소년상담서비스를 제공하는 기관이다. 위센터는 해당 관할 내 학교의 재학생들에게 학교상담서비스를 제공하는 기관이다. 학교밖청소년지원센터는 학업중단숙려 대상

청소년이나 학교를 그만둔 청소년에게 서비스를 제공하는 기관이다. 이곳에서 일하는 직원은 한국청소년상담복지개발원에 290여 명, 청소년상담복지센터 4,000여 명, 학교밖청소년지원센터 600여 명, 위센터와 위클래스에 전문상담교사와 전문상담사 8,000여 명 등이다. 이를 모두 더하면 청소년상담기관에서 일하고 있는 직원들은 약 13,000여 명 정도 된다. 하지만 이들이 모두 청소년상담자인 것은 아니다. 기관의 업무 특성에 따라 기관을 운영하거나, 행정을 전담하는 사람, 업무를 보조하는 일을 하는 사람 등도 포함되어 있다.

우리나라 최초의 지역사회기반 청소년상담복지센터
광주광역시청소년상담복지센터의 리더

사진 2-2 광주광역시청소년상담복지센터 리더들

광주광역시청소년상담복지센터는 센터장인 차은선 박사(우측 두 번째), 그리고 이성 팀장(우측), 박진억 팀장(좌측), 노경화 팀장(좌측 두 번째) 등이 중심이 되어 청소년들을 상담하고 있다.

광주광역시청소년상담복지센터는 우리나라에서 최초로 설립된 지역사회기반 청소년상담복지센터다. 1990년에 광주광역시청소년종합상담실로 개소하였다. 학업중단청소년들에게 검정고시를 지원하기 위하여 '해밀 프로그램'을 시작한 곳이 바로 이곳 광주광역시청소년상담복지센터다. 해밀 프로그램은 후에 우리나라의 학교밖청소년정책사업으로 발전하였다. 현재도 학교밖청소년지원센터의 주요 프로그램으로 자리 잡고 있다.

1) 자격 갖추기

청소년상담자가 되기 위해서는 어떤 준비를 해야 할까? 청소년상담자가 되기 위한 가장 일반적인 준비는 상담학과, 교육학과, 심리학과, 청소년학과, 사회복지학과, 아동가족학과 등에서 상담을 전공으로 학위를 받고 상담 관련 자격증을 취득하는 것이다.

몇 년 전까지만 해도 우리나라에는 상담학과가 없었다. 학부에는 상담전공이 없었다는 것이다. 이것은 상담 전문가의 기본 요건에 대한 이전의 인식을 반영한 것이다. 즉, 사람을 이해하는 것과 관련된 다양한 학문 영역에서 기본 교육을 받고, 이를 토대로 대학원 과정에서 상담을 전공하게 함으로써 깊이 있게 사람의 문제를 다루게 하고자 했던 것이다. 그래서 위에서 언급한 각 학과들이 대학원 석·박사과정에 상담전공을 개설했었다. 지금도 여전히 위의 각 학과 대학원에 상담전공이 개설되어 있다.

그러다가 상담에 대한 사회적 수요가 증가하면서 상담학과가 학부에 설치되었고, 몇 년 전부터 졸업생이 배출되고 있다. 국가자격증이나 학회에서는 이에 발맞추어 학부 수준 상담전공 학생들이 취득할 수 있는 자격증을 만들었다. 뒤에 설명하겠지만, 청소년상담사 3급, 전문상담사 2급 등이 그 대표적인 예다. 전문상담사는 학부 수준의 3급 자격증을 두었으나, 현재는 3급을 2급으로 통폐합하였다. 학부 수준의 자격증 발급에 대한 논란도 있다. 상담 전문가가 된다는 것은 필수적인 교과교육과 더불어 충분한 실습이 전제되어야 하는데, 학부 수준의 공부로 이를 충족시킬 수 있느냐 하는 논쟁이다. 이것은 학력을 논하는 것이 아니다. 상담현장에서는 직원을 선발할 때 곧바로 내담자를 맡길 수 있는 전문가인지를 확인하고 싶어 하기 때문에 나타나는 현상이다. 당연히 이런 논쟁은 청소년상담기관에서 상담자를 선발할 때 영향을 미친다. 따라서 학부 수준에서 상담을 전공하고 청소년상담자로 일하기 원하는 사람은 다양한 방법으로 상담실습 경험을 쌓아 두는 것이 필요하다. 매주 중요한 팁 아닌가!

청소년상담자가 되기 위해서 필요한 대표적인 국가자격증은 청소년상담사와 전문상담교사 자격증이다. 그리고 국가자격증 못지않게 중요시되는 자격증이 한국상담학회(전문상담사)와 한국상담심리학회(상담심리사)에서 발급하는 학회자격증인데, 학회자격증은 석사 및 박사학위를 전제로 하고 있다. 학회자격은 청소년상담에 특화되었다기보다는 일반적으로 모든 연령의 사람을 상담할 수 있는 자격이 있음을 인증해 주는 것이다. 상담 대상에 있어서는 보편적인 자격증인 셈이다.

그 외에 지역 청소년상담기관의 사업 수행 유형에 따라 청소년지도사, 사회복지사, 임상심리사 자격증 소지자를 우대하기도 한다.

[그림 2-2]는 청소년상담자로 일하는 직원들의 자격증별 유입 현황을 개략적으

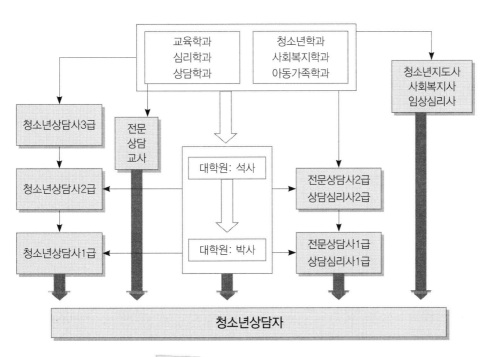

그림 2-2   청소년상담기관 직원 자격

로 표현한 것이다. 청소년상담사, 상담 관련학회 상담 전문 자격증 소지자, 석·박사학위 소지자 및 전문상담교사가 상담자로 일하고 있으며, 청소년지도사, 사회복지사, 임상심리사 등도 참여하고 있다. 그런데 대개 상담자들은 위의 자격증을 중복으로 보유하고 있는 경우가 많아서 '특정 자격증을 소지한 사람의 수가 더 많다.'라는 식으로 말하기는 어렵다. 각각의 자격에 대해 간략하게 소개하면 다음과 같다.

(1) 상담자격증

① 청소년상담사

여성가족부가 관할하고 한국산업인력공단과 한국청소년상담복지개발원에서 시험, 자격연수, 자격관리를 수행하고 있는 국가자격증이다. 청소년상담사는 학사 수준의 3급, 석사 수준의 2급, 박사 수순의 1급으로 구분되어 있다. 청소년상담사는 청소년상담기관에 특화된 국가자격이지만 청소년상담기관 외에 청소년상담을 수행해야 하는 각 정부 부처와 상담기관 등에서 점차 채용을 확대하고 있다. 응시자격, 시험과목, 자격연수 등에 대한 내용은 이 책 3장에서 조금 더 소개하고자 한다.

한국청소년상담복지개발원: www.youthcounselor.or.kr(청소년상담사 홈페이지)

② 전문상담교사

상담학과, 교육학과, 심리학과 등 상담 관련 학과에서 교직을 이수하고 졸업과 함께 취득하는 교사 자격증이다. 그러나 전문상담교사 자격증 취득 과정이 위에 언급한 학과에 모두 설치되어 있는 것은 아니기 때문에 학과사무실을 통해 확인하는 것이 필요하다. 전문상담교사 2급 취득 후 교사로 임용되어 현장경험을 쌓고, 요구하는 연수를 추가로 이수한 후에 1급을 취득할 수 있다. 이 자격증을 소지하고 교원임용고시에 합격하여 교육청이나 학교의 상담교사로 취업하는 것이 가장 보편적인 진로다.

한국교육과정평가원: www.kice.re.kr(전문상담교사 임용)

③ 전문상담사

한국상담학회에서 부여하는 학회 인증 자격증이다. 학회자격증은 국가자격증에 비해 다소 기준이 엄격하다. 그래서 관련 학과 졸업과 수련 사실이 확인되지 않으면 자격증 취득 과정에 접근 자체를 불허한다. 전문상담사는 청소년상담사와 마찬가지로 3급, 2급, 1급 체계를 가지고 있었는데, 3급을 폐지하고 2급 응시자격을 기존 3급 수준에까지 확대하는 것으로 개편하였다. 전문상담사는 상담 영역에 따라 전문 영역을 표시해 준다. 예를 들어, '1급 전문상담사: 아동 · 청소년상담' 등과 같이 표기한다. 한국상담학회는 아동 · 청소년상담학회, 집단상담학회, 가족상담학회, 초월영성상담학회, 군상담학회, 학교상담학회, 기업상담학회, 진로상담학회 등 다양한 분과학회를 두고 있다. 표기된 전문 영역은 각 분야별 전문가임을 표시해 주는 것이다.

🔲 한국상담학회: www.counselors.or.kr

④ 상담심리사

한국상담심리학회에서 부여하는 학회 인증 자격증이다. 한국상담심리학회는 한국심리학회의 분과학회다. 상담심리사는 석사 수준의 2급, 박사 수준의 1급으로 나누어지는데, 청소년상담사와 달리 3급이 없다. 상담심리사는 우리나라에서 가장 오래된 상담자 자격증이기 때문에 정통성에 대한 자부심이 강하다. 그만큼 상담 관련 학과에서 상담을 전공하고 수련을 받은 사실을 매우 중요하게 여긴다. 한국상담심리학회도 한국상담학과와 같이 다양한 분과를 가지고 있고, 각 분과별 전문가 양성에 힘쓰고 있다.

🔲 한국상담심리학회: www.krcpa.or.kr

(2) 학위: 상담전공 학사, 석사, 박사

전통적으로 상담은 학부가 아닌 대학원 과정에 개설되어 왔다. 앞에서 이미 소개한 바와 같이 교육학과, 심리학과, 사회복지학과, 청소년(지도)학과, 아동가족학과 등의 대학원 과정에 상담전공이 설치되어 있다. 하지만 이제 학부 수준의 상담학과가 개설되어 대학을 졸업하면서 상담전공 학사학위를 수여받게 되었다. 그리고 상담을 전공으로 대학원 과정을 이수하고 논문심사를 통과하면 석사학위 또는 박사학위를 수여받게 되었다. 사실상 학사, 석사, 박사학위만으로도 청소년상담자로 취업하는 기본 요건이 된다. 하지만 우리나라에서는 상담전공 학위 과정을 이수하게 되면 필히 학회자격증이나 국가자격증을 취득하도록 하는 경향이 있기 때문에 학위만으로 상담 전문가로서 인정받기엔 충분하지 않은 분위기다. 그러나 어찌 되었든 학위는 상담 전문가가 되는 최소의 요건인 것은 틀림없고, 지역에 따라서는 학회자격증 없이 취업하는 경우도 있다.

(3) 유사 분야 자격증: 청소년지도사, 사회복지사, 임상심리사

청소년상담기관에서는 청소년상담에 참여하는 전문가 외에도 다양한 영역의 전문가가 필요하다. 대표적인 전문 영역이 청소년지도, 사회복지, 임상심리, 행정, 회계, 전산 분야다. 특히, 청소년지도사, 사회복지사, 임상심리사는 청소년상담 영역에서 매우 필요한 자격증이다. 청소년상담복지센터의 경우에는 신입직원 선발 과정에서 청소년상담사, 청소년지도사, 사회복지사 소지 여부를 매우 중요하게 여긴다. 대체로 청소년지도사는 청소년(지도)학과, 사회복지사는 사회(사업)복지학과, 임상심리사는 심리학과와 관련된 자격증이다. 이 세 가지 자격증은 한국산업인력공단과 해당 학회에서 공동으로 관리하는 국가자격증이다.

그런데 청소년상담사나 전문상담사, 상담심리사 등의 자격을 보유한 사람들이 청소년지도사, 사회복지사 자격증을 중복으로 가지고 있는 경우가 많다. 청소년지도사와 사회복지사 자격증은 청소년지도학과나 사회복지학과를 졸업하면서 대부분 취득하게 되는데, 대학원에 진학하여 상담을 전공한 후 상담자격증을 취득하게 되면 자연스럽게 두 가지를 다 보유하게 되기 때문이다. 이것은 교육학과에서 상담을 전공한 사람이 상담자격증 외에 특정 교과 교사 자격증을 중복으로 보유하는 것과 같은 맥락이다.

2) 지역사회기반 청소년상담자의 역량

앞에서 지역사회를 기반으로 일하는 청소년상담자가 갖추어야 할 자격에 대해 살펴보았다. 이번엔 청소년상담자의 역량에 대해 살펴보고자 한다. 역량이란 '해당 영역의 업무를 수행해 낼 수 있는 능력'을 의미한다. 지역사회를 기반으로 일하는 청소년상담자가 되기 위해서는 어떤 역량을 갖추어야 할까?

미국 상담학회 회장이었던 글래딩(S.T.Gladding) 교수는 "'지역사회를 기반으로 일하는 상담자는 다른 어떤 상담 전문가보다도 만능 상담자'이며, '다양한 어려움을 겪는 사람들을 돕는 데 적합한 상담 분야 훈련을 철저히 받은 사람들'이다."라고 말한다.[1] 이것은 지역사회를 기반으로 일하는 청소년상담자에게 필요한 역량이 무엇인지를 함축적으로 잘 표현한 것이다.

(1) 첫 번째 전문적 역량: 상담역량

지역사회기반 청소년상담자는 당연히 상담 전문가다. 따라서 청소년상담자의 핵심업무는 위기를 경험하는 청소년을 상담하여 문제를 해결해 주는 것이다. 즉, 상담역량이 핵심역량이다. 하지만 엄격히 말해 상담자에게 상담역량을 핵심역량으로 강조하는 것은 우스운 일이다. 왜냐하면 상담자가 상담 잘하는 것을 자랑할 수는 없기 때문이고, 상담역량을 문제 삼는 것 또한 아이러니한 일이기 때문이다. 청소년상담자는 상담자이므로 당연히 상담은 효과적으로 해내야 하는 것이다. 물론 상담기관에 취업해서 일을 하면서 상담역량이 더 커질 수는 있으나, 상담을 할 줄 모르는데 상담자로 채용할 수는 없다. 따라서 청소년상담 전문기관에서는 당연히 상담역량이 갖추어진 훈련된 사람을 선발하고자 하기 마련이므로 이 역량은 상담자의 첫 번째 전문적 역량이자 기본역량이라고 할 수 있다.

하지만 대학원 과정에서 배우는 상담은 대체로 일반론적이다. 이론으로 치자면 프로이트부터 현대의 다문화상담까지 배운다. 그리고 실습하면서 특정 이론에 근

---

1) Gladding S.T. Counseling(노성덕 등 공역, 상담심리학, 학지사, 2014, pp. 647-648)

거해서 개인상담, 집단상담, 가족상담 등을 집중적으로 배우게 된다. 하지만 아직 대학원 과정에 있는 상담수련생은 상담경험이 적을 수밖에 없다. 대학원에 따라서는 아예 실습 과정이 생략되는 경우도 있다. 더구나 대학원에서는 청소년에 맞추어서 훈련시키지도 않는다. 그런 상황이다 보니 상담자가 지역사회의 청소년상담기관에 취업해서 내담자들을 만나 상담하게 되면 대학원에서 배운 이론대로 되지 않는 것도 경험하게 된다. 물론 이론 적용이 서툴러서 어려움을 겪을 수도 있겠으나, 대학원에서 배운 이론이 지역사회에서 만나는 대한민국 청소년과 학부모에게 적합하지 않은 면도 있을 수 있다. 따라서 상담자가 일하는 지역의 특수성을 반영하거나 또는 우리나라 청소년에게 적합한 방법에 대한 고민도 필요하다. 청소년상담자의 상담역량에는 상담개입을 잘 해내는 것뿐만 아니라 창의적인 개입전략 구안에 대한 역량도 포함된다. 기본적인 역량에서 출발하여 창의적인 개입전략을 구안해 내는 것까지 포함한다고 할 수 있다.

(2) 두 번째 전문적 역량: 위기개입

모든 상담자는 위기상황에 처한 내담자를 다룬다. 그런데 지역사회를 기반으로 일하는 청소년상담자는 일반 상담자에 비해 다양한 위기상황을 다루는 일에 더 많이 직면하게 된다. 대체로 사설 상담기관이나 특정 기관에 소속되어서 심리상담 위주로 상담을 진행하는 전문가는 개인적 위기상황을 많이 다룬다. 하지만 지역사회를 기반으로 일하는 청소년상담자는 개인적 위기상황뿐만 아니라, 학교나 시설과 같은 공동체, 더 나아가 지역사회 전반에 영향을 끼치는 위기에 대응할 것을 요구받는다.

특별히 예측하기 어려운 양상으로 나타나는 재난이나 사고, 또는 그에 준하는 수준의 위기문제가 발생하게 되면 능동적으로 대처해서 다양한 사람들과 협력하면서 위기문제를 다루어야 한다. 위기개입을 위해서는 대학원 과정에서 학습하는 상담이론을 바탕으로 하되, 타 전문 영역의 전문가들과 협업하고, 위기상황에 처한 사람들이 필요로 하는 다양한 서비스를 통합적으로 제공하는 방법에 익숙해야 한다. 이와 같은 역량은 바로 위에서 언급한 상담역량에서 '창의적인 개입방법을 구안할 수 있는 역량'의 연장으로도 이해할 수 있다.

(3) 세 번째 전문적 역량: 연구

청소년상담자에게 요구되는 중요한 역량 중 하나가 연구능력이다. 지역사회의 다양한 구성원들을 대상으로 요구를 분석하고, 지역의 실태를 조사할 수 있어야 한다. 또한 지역사회 특성에 적합한 청소년상담 프로그램을 개발하고 활용하며, 효과를 검증하고 이를 보고서로 작성할 수 있어야 한다. 더 나아가 연구결과를 토대로 세미나, 심포지엄 등을 개설하여 지역사회에 적합한 청소년상담 정책을 제언하기도 해야 한다. 연구능력에는 지역사회 내 청소년정책이나 정부정책에 대한 이해까지도 포함된다. 이를 정무능력 또는 정무적 감각이라고 부르기도 한다. 연구를 잘 수행하기 위해서는 기본적으로 통계프로그램을 통한 다양한 분석이 가능해야 하고, 무엇보다 실제로 논문을 작성해 보는 경험이 필요하다. 학부나 대학원 과정에는 연구방법론, 통계학 등의 학과목이 개설되어 있는데, 혹 이 과목이 전공과목에 없다면 다른 학과에 가서라도 수업을 듣는 것이 필요하다.

(4) 네 번째 전문적 역량: 강의능력

청소년상담자는 지역사회 구성원에게 적합한 교육내용을 구성하여 강의하는 능력도 갖추어야 한다. 지역사회를 기반으로 일하는 청소년상담자는 개인상담과 집단상담도 당연히 잘해야 하지만, 지역 전체 주민을 위한 강의도 잘해야 한다. 상담자가 가지고 있는 대인관계 향상 기술, 문제해결 기술 등을 지역주민들이 활용하기 수월하게 재구성하여 교육함으로써 상담자의 긍정적인 영향력이 지역사회에 구석구석 미치도록 할 수 있다. 이것은 매우 적극적인 예방활동이다. 이런 능력을 향상시키기 위해서는 강의안 작성, 각종 자료를 활용한 시청각 교재 제작, 교육내용을 재미있고 효율적으로 전달할 수 있는 교수방법을 익혀야 한다.

(5) 다섯 번째 전문적 역량: 타 전문 영역과의 협력과 기관 운영

지역사회상담자는 상담기관의 요구에 따라 다양한 프로젝트를 수행해 내야 한다. 상담과 관련한 프로젝트는 청소년을 상담하면서 상담자 개인능력 또는 상담기관 단독으로 해결하기 어려운 문제들이 지역 내에서 발생하기 때문에 이를 극복하기 위해 수행되는 것이다. 즉, 청소년상담의 효율성을 높이기 위해 프로젝트를 운영한다는 것이다. 이런 프로젝트들로 인해 지역사회를 기반으로 하는 청소년상담자들에게는 상담역량과 위기개입, 연구와 강의역량 외에 다양한 역량이 요구된다.

① 지역사회 자원 활용 및 타 전문가들과의 협력

지역사회 자원을 발굴하고 활용하며, 다른 전문가들과 협력하는 능력이 필요하다. 철학에서는 이를 통섭이라 하고, 경영학에서는 이를 협업이라 하며, 사회복지학에서는 네트워크라고 하고, 상담자들은 연계협력이라고 즐겨 표현한다. 상담적인 관점에서 보면 연계협력도 결국은 대인관계라고 할 수 있다. 상담자들은 대인관계 문제해결에 가장 전문성을 보유한 사람들이기 때문에 관점만 조금 딜리해서 태도를 가지게 되면 연계협력을 매우 효율적으로 해낼 수 있다.

② 프로젝트 기획과 운영

지역사회 내 청소년과 보호자에게 효율적으로 상담서비스를 제공하기 위하여 또래상담 프로그램, 부모교육, 학교밖청소년지원사업 등 프로젝트를 기획하고 실제 운영해 내야 한다. 프로젝트 기획과 운영을 위해서는 지역사회의 특성을 분석할 수 있어야 한다. 그리고 기획서와 실행계획서 등의 문서 서식에 맞게 보고서를 만들 수 있어야 하며, 필요한 예산안을 작성할 수 있어야 한다. 현재의 대학원 과정에서는 이에 대한 교육이 많이 부족하다. 따라서 현장실습, 인턴, 자원봉사 등을 통해 경험하는 것이 매우 도움이 된다.

③ 청소년상담기관 경영

청소년상담자에게는 상담기관 운영 및 행정관리 능력이 필요하다. 청소년상담자로 일하다 보면 팀장도 되고, 부장, 사무국장 역할도 수행해야 한다. 나아가 기관장이 되기도 하고, 뜻이 있다면 청소년상담을 하다가 시의원이나 국회의원, 또는 지방자치단체장이 될 수도 있다. 이것은 매우 고무적인 일이다. 그런데 상담자들에게는 매우 견고한 특성이 하나 있다. 그것은 바로 '상담만 하고 싶어' 한다는 것이다. 어찌보면 '상담자니까 상담만 하고 싶어 할 수도 있겠다' 싶지만 이것은 착각이다. 의사가 의료행위만 하고 싶어도 개업하면 원장을 해야 한다. 가르치는 것이 좋아 교사가 되어도 교감이나 교장 또는 장학사가 되면 기관을 관리하는 일을 해야 한다. 상담자도 당연히 그렇다. 상담자로 일하다가 교수가 되는 경우도 마찬가지다. 교수가 되면 상담을 하는 것이 아니라 상담에 대해 연구하고 가르치는 일에 집중하게 된다.

안타깝게도 현재 상담전공 교과목에는 행정이나 관리자 교육과 같은 것이 없다. 소위 상담행정이 필요한데도 현장의 필요를 아직 반영하지 못하고 있는 것이다. 조남정(2016)은 34명의 대학교수를 대상으로 상담학과 학부생의 핵심역량을 델파이 연구로 탐색하였다. 그는 연구를 통해 12개의 역량요소를 도출하였는데, 여기엔 '상담환경에 대한 지식' '연계 및 의뢰' '상담행정' 등이 포함되었다. 상담이론과 기법 외에도 이미 현장에 필요한 상담행정 등의 내용을 가르쳐야 함을 대부분의 대학교수들이 인식하고 있다는 것이다. 따라서 이를 뒷받침해 주는 교과과정이 시급하게 마련될 필요가 있다. 이런 교육이 없다 보니 상담자가 취업해서 공문 만들고, 프로젝트 자료 정리하다 보면 "상담을 전공했는데 다른 일을 자꾸 시키니까 그만두고 싶다."라고 중얼거리기도 한다. 그러면 그만두고 개업하면 공문도 안 만들고, 프로젝트 기획서도 안 쓰고, 자료 정리도 안 하면서 오로지 상담만 할 수 있을까? 아니다. 그만두고 개업하면 벽지 붙이는 것까지 다 해야 한다. 뭐, 돈만 있다면 도배사를 불러서 하겠지만, 그래도 벽지 고르고 붙이는 모양은 자기가 직접 선택해야 한다.

청소년상담자는 상담을 당연히 잘해야겠지만 관리자로서의 역량도 발휘해야 한다. 현재 청소년상담기관에는 수백 명의 센터장들과 그보다 훨씬 더 많은 간부들이 역할을 수행하고 있다. 따라서 기관 운영과 행정업무 수행에 대해서도 마음을 먹고 학습하는 태도를 가져야 한다. 당장 관리자가 되는 것이 아니더라도 선배 관리자가 기관을 운영하는 모습을 지켜보면서 학습하는 기회로 삼는 것도 필요하다.

이렇게 보면 지역사회기반 청소년상담자는 상담역량을 핵심으로 해서 다양한 역량을 종합적으로 갖춘 상담자라고 할 수 있다. 한마디로 멀티플레이어(multiplayer)라고 할 수 있다. 필자는 개인적으로 멀티플레이어보다는 '종합적 해결방안 제시자(total solution provider)'라는 용어를 더 좋아한다. 사실 이러한 종합적인 역량은 청소년상담복지센터, 위센터에서만 요구하는 것은 아니다. 대학의 학생상담센터, 기업상담실, 군상담기관, 개업상담소 등 현장에서 일하는 상담자들에게 공통적으로 요구되는 것이기도 하다. 그런데 이런 다양한 역량 요구가 청소년상담자의 소진을 부추길 수 있다. 초보 직장인일수록 더욱 그렇다. '상담 및 심리치료' 이외의 것에 대해 생각해 보거나 경험해 볼 기회가 없기 때문인지도 모른다. 이에 대해서는 이 장 뒷부분에서 소진이라는 주제로 더 기술하였다. 상담자는 대학에서 상담을 공부하기 시작할 때부터 다양한 역량을 키우기 위한 노력을 해야 한다.

3) 지역사회기반 청소년상담자의 전형적인 진로

지역사회를 기반으로 일하는 청소년상담자는 세월의 흐름에 따라 어떤 역할을 수행하게 될까? 상담을 공부할 때부터 기관장이 되기까지 어떤 과정을 거쳐 가는지 가장 전형적인 과정을 그려 보고자 한다.

(1) 학부 4학년 졸업반의 설렘

당신이 상담학과, 교육학과, 심리학과, 청소년지도학과, 사회복지학과 4학년 학생으로 졸업을 앞두고 있다면 '유학 또는 대학원 진학' '임용고시를 통한 교사임용-학교 상담교사' '상담기관에 비정규직으로 취업하여 경력 쌓기' '다른 진로탐색' 등의 기로에 서서 고민하고 있거나 준비하고 있을 것이다.

만약 상담 전문가의 길로 진로 방향을 정했다면 상담자로 일하는 데 도움이 될 만한 자격증 취득에 관심을 기울이고 있을 것이다. 우선 졸업을 전후로 청소년상담사 3급 시험을 치루고, 한국상담학회의 전문상담사 2급을 준비할 것이다. 2학년 때부터 교직을 이수했다면 졸업과 함께 전문상담교사 2급을 받게 될 것이다. 이 외에 왠지 청소년상담자로 일하는 데 필요할 것 같아서 임상심리사, 청소년지도사, 사회복지사, 평생학습사, 직업상담사 등을 준비해 왔을지도 모른다. 경우에 따라서는 사회조사분석사, 레크레이션지도사 등도 준비했을 가능성도 있다. 만약 이런 자격증 준비에 시간을 투자해 왔다면 당신은 정말 직원으로 선발하고 싶게 만드는 적극적인 사람이다.

(2) 상담에 대한 열정으로 가득한 석사과정

당신이 상담을 전공으로 석사과정을 마무리하면서 논문 작성 중이라면 이미 상당한 양의 직업 정보를 확보하고 있을 것이다. 석사과정을 보내면서 청소년상담사 2급을 준비하고, 한국상담학회와 한국상담심리학회의 2급 자격증을 취득하는 데 필요한 수련을 받고 있을 것이다. 만약 미술이나 음악에 관심이 깊다면 놀이치료사, 미술치료사, 음악치료사 등도 준비하고 있을 것이다.

당신은 석사과정 1학기 때부터 시간제 청소년동반자로 일하고 있을 수도 있다. 시간제 청소년동반자로 취업하는 데 청소년상담사 3급과 전문상담사 2급이 도움이 되었을 것이다. 또는 청소년쉼터나 청소년수련관 상담실, 위클래스에서 상담업무를 보조하는 경험을 하고 있을지도 모른다. 그리고 청소년상담복지센터의 전화상담실, 일시보호소 등에서 실습을 하거나 각종 프로그램에 자원봉사자 또는 멘토로 참여하고 있을 것이다. 다른 영역에 관심이 있다면 경찰서에서 프로파일러를 돕거나 소년원, 건강가정지원센터, 정신건강복지센터, 정신과, 개업 상담연구소에서 청소년집단 프로그램, 놀이치료나 미술치료 등에 보조강사로 참여하고 있거나 심리검사 실시를 보조하는 일도 할 것이다. 그렇게 다양하게 활동하면서 초심상담자인 당신은 '상담하면서 경험하는 불확실성'과 '다른 상담자와의 비교'라는 불안을 경험하고 있기도 할 것이다. 특히, 내담자가 보이는 불명확하고 추상적인 개념들과 정서적 혼란을 접하면서 정해진 답 없이 상담을 이끌어 가는 데서 오는 스트레스가 매우 클 것이다(Corey, 2013). 이것은 때때로 당신으로 하여금 '전공을 바꿔야 하지 않나' 하는 수준의 고민에 빠지게 할 수 있다. 하지만 주변을 보면 당신의 동기들도 비슷한 어려움을 겪고 있음을 알게 되고, 선배들도 과거에 어려움을 겪었음을 듣게 되면서 서로 의지하고, 토론하고, 슈퍼비전 받으며 이겨 내고 있을 것이다. 이런 다양한 활동 경험은 당신이 지역사회를 기반으로 하는 청소년상담자로 일하는 데 도움이 될 것이다.

(3) 열정을 불사르는 새내기 상담자

상담을 전공하고 석사학위를 취득한 후 청소년상담기관 문을 두드릴 때 무슨 일을 할지 무척 궁금할 것이다. 하지만 이 책을 읽은 당신이라면 이미 대부분의 일을 파악한 뒤이기 때문에 웬만한 건 다 알고 있는 상태라고 볼 수 있다. 이제 본격적인 취업인데, 만약 당신이 거주하는 지역에 대학이 없다면 곧바로 정규직으로 취업하는 데 유리하다. 경쟁자가 적기 때문이다. 하지만 수도권이나 광역시, 도청 소재지인 도시에서는 곧바로 정규직 취업이 어려울 수 있다. 경쟁률이 상당하기 때문이다. 하지만 실망할 필요 없이 다양한 프로젝트 분야별로 선발하는 무기직 등으로 일을 시작할 수 있다. 그 이후 당신은 정규직으로, 또 정규직으로 시작했다면 완전 신규 직원에서 경험이 누적된 직원으로 커 갈 것이다. 당신은 상담원, 팀원, 부원, 상담선생님 등으로 불릴 것이다. 그리고 그 호칭에 걸맞게 기관에서 수행하는 모든 일에 열정을 가지고 업무에 매진할 것이다. 그야말로 열정을 불사르는 전문직업인으로서 말이다. 어찌 보면 가장 행복한 시기일 수도 있다.

새내기 청소년상담자인 당신의 눈은 본받고 싶은 '상담의 대가(大家)'에 쏠릴 것이다. 지도교수 또는 존경하는 선배 상담자나, 학회 등에서 만난 상담의 대가들을 찾아 모방하고픈 열망에 사로잡힐 수 있다. 이것은 상담자 발달과정에서 매우 자연스러운 현상이다. 청소년상담 현장에서 일하는 당신은 '개인상담에 열중'하는 대가를 보며 자신의 직업 현실에 실망할 수도 있고, 다른 한편으로는 상담과 상담사업을 모두 잘 해내는 직장 선배의 모습에서 새로운 모델을 발견하기도 할 것이다.

열정과 한계, 정체성에 대한 갈등과 직업인으로서의 역할 확장, 책에서 배워 온 이상(理想)과 직장생활이라는 현실(現實) 앞에서 당신은 서서히 성숙해 간다. 더 이상 대학생 또는 대학원 학생이 아닌 전문가로서 스스로 판단하고 선택하고 행동하다 보면 아이디어도 많아지고 다양한 사례들을 접하면서 서서히 전문가의 위치에 적응해 가는 자신을 발견하게 될 것이다.

(4) 새내기 딱지 떼고 제법 전문가다운 풍모

이제 당신은 청소년상담자로 일한 지 5~6년 정도가 지났다. 이즈음이 되면 웬만한 청소년문제는 수월하게 다룰 수 있다. 조금 과장하면 내담자 표정만 보아도 주호소문제가 무엇인지, 몇 회기 정도 상담하면 문제가 해결될 수 있는지 예측이 가능하다. 위기문제가 발생해도 능숙하게 협력체계를 활용할 줄 알고, 지역 내에서도 제법 인지도가 있다. 어느 정도 유능성을 발휘하고 있는 것이다. 신규 직원들을 보면 5~6년 전의 자기 모습이 떠올라서 미소 짓기도 한다.

그러면서 진로와 관련하여 여러 가지 유혹으로 가슴 설레고 있을 것이다. 우선 박사과정 진학과 더불어 대학교수의 꿈을 꾸기도 하고, 현재보다 더 나은 조건의 기관으로 옮겨 가는 것을 고민해 보기도 할 것이다. 그래서 가끔씩 동료나 동기들과 커피를 마시면서 상담 전문성과 이직에 대해 진지하게 이야기 나누곤 할 것이다. 만약학교 전문상담교사로 일하고 있다면 학교 내에서 혼자 상담자로 일해야 한다는 것으로 인해 외로움과 서러움이 느껴져서 가끔씩 교과교사를 힐끗거리기도 할 것이다. 당신은 팀원으로 일하기에 조금 억울한 시기에 부딪쳐 있는 것이다. 당신은 청소년상담사 1급, 전문상담사 1급, 상담심리사 1급 등의 자격을 취득한 상태일 것이다. 이제 간부를 준비할 때가 되었다.

(5) 상담기관의 허리 '간부'

청소년상담자로 일한 지 7~8년이 지났다. 당신이 이 시기에 직장을 바꾸거나, 유학 또는 박사과정 진학을 목적으로 사직하거나 하지 않는다면 이제 당신은 선임, 팀장, 부장 등으로 불릴 것이다. 만약 다른 일을 하다가 30대 중후반 또는 40대에 대학원을 진학하여 늦게 상담자가 되었다면 다른 동료보다 많은 나이에 팀장이 되어 있을 것이다. 당신은 이제 간부로 일하고 있다. 간부가 된 후에 상담 이외에도 부서 구성원 간 갈등 조정, 대외업무, 기관평가 대응, 직원 급여와 복지 등 챙겨야 하는 일들이 늘어나지만 새로운 위치에서 폭넓게 기관 운영에 참여한다는 자부심도 느끼고 있을 것이다. 하지만 가끔씩 소진된다는 느낌을 경험할 것이다.

만약 대학으로 자리를 옮겼거나, 행정고시 등을 봐서 공무원 시험에 합격했거나, 개업을 해서 상담연구소를 운영하고 있다면 당연히 다른 명칭으로 불릴 것이다. 연구원, 계장 또는 과장, 연구소장 등으로 말이다.

세월이 더 흘러 청소년상담기관에서 일한 지 어언 14~15년이 흘렀다면 이제 당신은 다시 한 번 삶에 대해 깊은 고민에 빠질 것이다. 당신은 박사를 수료했거나 박사학위를 가지고 있을 것이고, 웬만한 청소년문제에도 스트레스를 받지 않고 대응할 수 있으며, 지역에서 필요로 하는 것들을 수월하게 파악하고 대안을 제시할 수 있는 역량을 발휘할 것이다. 지역사회에서 당신은 청소년상담자, 정책사업 개발자, 역량 있는 전문가로 인지도가 높아져 있다. 하지만 반복적인 업무에 대한 권태감으로 새로운 시도를 꿈꾸기도 한다.

이제 개업하고자 하는 유혹과 일을 중단하고 카페 등을 하면서 취미 생활을 하듯 적절히 '받고 싶은 내담자만 받아서 상담'하는 그런 삶을 꿈꾸기도 할 것이다. 당신은 사무국장, 부소장, 부센터장, 실장 등으로 불리고 있을 것이나, 작은 상담기관에서 일하고 있거나 당신에게 괜찮은 기회가 있었다면 이미 '센터장'이 되어 있기도 할 것이다. 이제 새로운 위치에서 보다 많은 일들을 효율적으로 하고 있을 것이다. 물론 떠나지 않았다면 말이다.

(6) 상담기관의 장

20년이 넘었다. 이제 웬만한 건 수월하게 해내는 위치가 되었다. 당신은 아마도 청소년상담기관의 장으로 일하면서 지역사회에서 최고의 청소년상담 전문가로 손꼽히고, 존경받고 있을 것이다. 여기저기에서 지방자치단체 의회 의원, 국회의원, 선출직 리더 등으로 한 번씩 주목받기도 할 것이다. 청소년상담 전문가로서 지역사회의 비빌언덕으로 남아 있을 것이냐, 아니면 보다 더 큰 그림을 그리면서 지역사회 전체에 좋은 영향을 미치는 자리에 가서 일해 보느냐 하는 고민도 한 번씩 스쳐 지나갈 것이다. 당신은 대학의 초빙으로 청소년상담 관련 과목을 강의하고 있기도 할 것이다.

이와 동시에 당신은 한 기관의 장으로서 전문적인 상담역량뿐만 아니라 기관 운영에 관련된 역량의 필요성을 많이 느끼고 있을 것이다. 지역 내에서 발생하는 청소년문제를 누구보다 민감하게 포착하고, 필요한 인력을 적재적소에 배치하여 업무를 수행하다 보면 직원들의 역량, 직원 소진문제와 처우 개선, 시설확충과 예산확보 등으로 고민하게 된다. 이것은 모든 조직의 장이 경험하는 스트레스인데, 간부이던 시절부터 많은 경험을 갖춰 온 당신은 누구보다 수월하게 이 일을 해결하거나 상대하면서 다양한 경험을 하고 있을 것이다.

지역사회를 기반으로 하는 청소년상담자가 된다는 것은 일방통행 같은 진로인 것은 아니다. 어떤 사람에게는 청소년상담자가 자신의 긴 인생 여정에서 잠시 머물렀던 경험이 될 수도 있다. 청소년상담자로 시작했지만 교수가 되기도 하고, 대기업 직원이 되기도 하고, 공무원이 되기도 하고, 창업주가 되기도 할 것이다. 하지만 어떤 사람에게는 청소년상담이 마치 소명과 같은 천직이 되기도 한다. 이 책을 읽는 당신에게는 청소년상담이 어떤 일이 될 것 같은가? 또는 지금 어떤 일이라고 생각하며 일하고 있는가?

3. 지역사회기반 청소년상담자의 생산성

1) 경제성 산출을 통해 본 생산성

지역사회가 청소년상담 전문가를 채용하게 되면 자연스럽게 지역사회 구성원들에게 심리적 지지를 위해 필요한 양질의 전문적 서비스를 제공할 것을 기대하게 된다. 더욱이 정부나 지방자치단체 또는 교육청 등에서 공적서비스로 청소년상담기관을 설립하여 운영하거나, 군부대 또는 소년원과 같은 곳에서 지원하는 경우라면 투입 대비 효율성 내지는 효과성을 확인하고자 할 것이다. 청소년상담자는 자신이 전문가로서 지역사회에 제공하는 서비스를 평가하고, 지역사회의 기대에 얼마만큼 기여하고 있는지를 제시할 필요가 있다.

이것을 생산성이라고 하는데 청소년상담자가 지역사회에 기여하는 서비스의 질뿐 아니라 비용적인 절감도 포함할 수 있다. 청소년상담자가 지역 내에 채용되면 기본적으로 위기에 처한 청소년과 가족을 대상으로 개별상담을 실시한다. 그리고 특정 문제를 가진 청소년과 가족을 모아 집단상담을 진행한다. 그뿐만 아니라 지역 전체 청소년을 대상으로 교육을 실시하고, 지역 구성원들에게 정보를 제공하고 자문하는 활동 등을 한다([그림 1-2] 참고). 이런 일들을 그때마다 전문가를 초빙하여 수행한다면 하나하나에 모두 비용이 발생하게 된다.

통상 지역사회를 기반으로 일하는 청소년상담자 1인이 일주일에 상담할 수 있는 청소년 수는 8명 정도가 적정하다. 미국의 경우에는 개업한 상담자 1인이 일주일에 상담하는 내담자 수가 최대 20명이다. 미국의 개업 상담자는 하루에 내담자를 4명 상담한다. 상담자가 보통 하루에 8시간씩 주 5일 근무하기 때문에 매일 오후(1시 30분, 2시 30분, 3시 30분, 4시 30분)에는 상담만 하는 셈이다. 오전에는 사례회의, 상담접수면접, 보험처리 등 행정업무, 상담교육과 슈퍼비전 등을 실시하거나 실시받는다(노성덕 등 공역, 2008).

미국 개업 상담자들은 그야말로 개인상담만으로 생계를 유지하는 경우라 할 수 있다. 우리나라 청소년상담자들은 상담 이외에 각종 사업을 진행한다. 따라서 통상 전체 업무를 놓고 볼 때 우리나라 청소년상담자는 개인당 1주일에 8사례가 적정하다. 개별상담의 경우 통상 한 사람의 내담자를 3~5개월 정도 상담하기 때문에 내담자 1인당 평균 4개월 정도 상담한다고 계산할 수 있다. 이런 식으로 집단상담, 심리교육, 자문 등에 대해서 청소년상담자 1인 기준으로 비용을 계산하면 〈표 2-1〉과 같다.

〈표 2-1〉 청소년상담자의 생산성 (비용 환산 가능 활동)

구분	영역 및 산출 근거
상담	위기청소년 개별상담 주당 8명(4개월 20회기) × 3번 반복 = 24명 ※신청, 접수면접, 심리검사 실시 및 해석 회기 포함 회기당 8만 원 × 8명 × 20회기 × 3번 반복 = 38,400,000원
	위기청소년 집단상담 연간 4개 치료집단 × 14명 = 56명 ※인터넷 중독 치유 프로그램, 자살극복집단, 대인관계집단 등 참가비 30만 원 × 14명 × 4개 집단 = 16,800,000원
	긴급위기개입(긴급구조, 협의회 운영 등) 연간 2회(1~3주 몰입, 평균 2주) 수당 25만 원 × 14일 × 2회 = 7,000,000원
교육	청소년 및 가족대상 심리교육 100명 × 12회(월1회) = 1,200명 ※지역사회 주민 대상 예방교육 포함 강사비 50만 원 × 12회 = 6,000,000원
	상담자원봉사회, 상담교사 등 지도자교육 50명 × 6회(격월) = 300명 강사비 30만 원 × 6회 = 1,800,000원
	또래상담자, 멘토 등 교육 100명 × 24회(월2회) = 2,400명 강사비 25만 원 × 24회 = 6,000,000원
자문	사례지도, 또래상담자 개별지도 등 연간 52회 강사비 20만 원 × 52회 = 10,400,000원
	각종 전문적 자문 5일 × 1회 × 52주 = 260회 자문비 10만 원 × 5일 × 52주 = 26,000,000원
생산성 추계	112,400,000원

〈표 2-1〉을 보면 청소년상담자 1인이 지역사회에서 창출해 내는 기본적인 생산성을 비용으로 추계하면 연간 112,400,000원 규모가 된다. 하지만 이것은 비용환산이 가능한 것만 포함한 것이기 때문에 최소의 생산성이다. 여기에 위기청소년상담

으로 인한 사회적 비용 절감과 지역사회 내 전체 구성원 예방교육을 통해 가져오게 되는 사회적 비용 절감 내역을 포함하게 되면 규모가 47억 5천만 원에 이르게 된다. 이것은 〈표 2-2〉와 같다.

〈표 2-2〉 청소년상담자의 생산성 (사회적 비용 절감)

구분	영역 및 산출 근거
상담	위기청소년 개별상담 24명 24명 × 폭력 · 방화 · 범죄대책 비용 등 절감 30,000,000원 = 720,000,000원
	위기청소년 집단상담 연간 4개 치료집단 56명 56명 × 폭력 · 방화 · 범죄대책 비용 등 절감 30,000,000원 = 1,680,000,000원
	긴급위기개입 2명 2명 × 200,000,000원 = 400,000,000원
교육	각종 심리교육 3,900명 3,900명 × 예방을 통한 절감 500,000원 = 1,950,000,000원
생산성 추계	4,750,000,000원

청소년상담자의 생산성은 자신이 직접 서비스를 제공해서 얻어지는 것에 국한되지 않는다. 이 외에도 청소년상담자가 양성하고 관리하는 상담자원봉사자, 멘토, 또래상담자가 산출하는 생산성을 별도로 계산할 수 있다. 또한 지역사회 내 전문가 연계활동(회의 등), 조사연구 및 발표, 각종 홍보활동, 업무에 필요한 각종 문서행위와 예산관리 등 행정업무까지 더 다양한 일들을 수행하는데 이를 모두 생산성의 측면으로 산출할 수도 있다.

생산성의 측면은 청소년상담 전문가, 다시 말해 직업으로 청소년상담 영역에서 일하는 상담 전문가로서 반드시 고려해야 하는 측면이다. 전문가로서 일한다는 것은 아마추어가 아니라 직업인으로서 일한다는 것이기 때문이다. 그렇기 때문에 투자한 것 이상의 생산성을 발휘해 주어야 한다. 지역사회기반 청소년상담자로서 충분한 역량을 발휘하여 지역사회에 기여해야 하기 때문이다. 이것은 지역사회에 채용된 청소년상담 전문가의 책무라고 할 수 있다.

2) 상담의 효과와 생산성

앞에서 상담 전문가의 생산성을 비용으로 환산하여 제시하였다. 하지만 이렇게 상담자의 서비스 제공이 비용으로 환산되려면 제공한 서비스가 실제로 청소년문제 해결에 효과가 있었다는 전제가 반드시 필요하다. 상담자의 각종 서비스 제공이 가져오는 경제적 비용 절감 효과는 서비스를 통해 문제를 사전에 예방하였거나, 더 심각해지기 전에 해결해 냈다는 것에 기초하기 때문이다.

따라서 상담개입의 효과는 상담자의 생산성을 보증해 주는 필수적인 요소가 된다. 상담의 효과를 측정하는 연구방법은 매우 다양하다. 우선 서비스를 제공받은 모든 내담자의 문제행동이 상담 전에 비해 개선되었는지를 알아보기 위하여 사전-사후 비교를 통해 검증할 수 있다. 이를 흔히 변량분석이라고 하는데, 상담이라는 독립변인에 의해 영향을 받는 청소년과 부모의 각종 문제들을 종속변인으로 가정하고 효과를 확인하기 때문이다. 통계적으로 T-검증, F-검증을 주로 활용한다. 이때 변량분석을 위해서 단일 내담자 집단의 사전-사후를 비교할 수도 있고, 조금 더 신뢰로운 결과를 얻기 위해 비교집단 또는 통제집단을 포함하여 연구설계를 할 수도 있다. 물론 이 외에도 다양한 연구방법들을 활용할 수 있다. 상관연구를 할 수도 있고, 기본적인 기초연구도 효과를 제시하기 위한 전제조건으로 수행할 수 있다. 이렇게 수치를 다루는 연구를 모두 포괄하여 양적연구라고 한다.

양적연구와 달리 적은 사례에 대해 집중적으로 분석하는 질적연구도 있다. 질적연구는 기본적으로 개별 사례를 분석하여 문제해결 과정을 드러내거나, 문제해결에 영향을 준 것들을 찾아내기 위하여 내담자가 경험한 것들에 관심을 가지고 연구를 진행한다. 질적연구는 단일사례를 통해 내담자의 경험에 철저히 집중하는 연구도 있지만, 가장 전형적인 사례만을 모아 문제해결 과정을 드러내고 이론화하는 연구방법 등 매우 다양한 방법들이 개발되어 있다.

이런 연구들은 개인상담, 집단상담, 가족상담, 예방교육, 프로젝트 등이 실제로 문제해결에 도움이 되었음을 제시해 주는 증거가 된다. 이렇게 연구를 통해 상담의 효과를 드러내는 것은 청소년상담자의 생산성을 담보해 주는 근거가 된다.

4. 지역사회기반 청소년상담자 윤리와 자기관리

1) 지역사회기반 청소년상담자와 윤리

전문직에서 윤리를 강조하는 것은 해당 영역의 전문가들이 심혈을 기울이는 자정 노력과 관계가 깊다. 상담은 문제를 호소하는 내담자와 가족을 대상으로 전문적인 서비스를 제공하는 전문직종으로 자리 잡고 있다. 따라서 다른 전문직에서와 같이 자체적인 윤리기준을 마련해 두고 있다. 상담은 기본적으로 내담자와 특별한 관계를 형성하고, 그 관계 속에서 문제를 해결해 가기 때문에 다양한 윤리적 이슈가 발생한다. 그래서 상담 관련 학회 또는 협회에서는 비교적 높은 수준의 윤리적 기준을 제정하고, 모든 상담 전문가 회원들이 윤리적 기준을 지킬 것을 요구하고 있다.

(1) 윤리와 도덕과 법

윤리와 도덕은 법과는 좀 다른 개념이다. 윤리는 인간의 도덕적인 의사결정과 행동에 관련된 철학적 원칙으로 상당히 넓은 개념이다. 도덕은 인간행동에 대한 판단과 평가를 내포한 개념이다. 법은 윤리와 도덕에 기초하되, 공공의 정의를 보장하기 위해 구축된 규범들을 정확하게 체계화하고 행위를 강제 또는 제한한 것이다. 윤리와 도덕은 법보다도 광범위한 영역을 포괄하고 있다. 하지만 법에 비해 강제성은 적다. 그러나 윤리와 도덕과 법이 엄격하게 구분되어 있는 것이 아니기 때문에 다소 교집합과 같은 부분이 존재한다. 법과 관련하여 청소년상담자가 유의하여야 하는 법 조항에 대해서는 신고의무, 직무상 알게 된 사실에 대한 기밀누설 금지의무, 개인정보보호에 관한 사항 등으로 나누어서 이 책의 3장에서 설명하였다.

(2) 상담자 윤리에서의 쟁점

상담자 윤리와 관련하여 여러 가지 쟁점들이 있다. 다행히 아직 우리나라에서는 사회적으로 물의를 일으킬 만한 윤리적 쟁점이 발생하지는 않고 있다. 하지만 이것을 가지고 우리나라 상담자들이 윤리와 법을 잘 지키고 있기 때문이라고 말할 수 있을까? 어쩌면 미국이나 유럽에서처럼 상담자가 활발하게 개업해서 내담자를 상대하는 시장이 넓게 형성되지 못한 데서 비롯된 것인지도 모른다. 만약 그렇다고 한다면 상담이라는 전문 영역이 확대되고 있는 우리나라의 상황을 고려해 볼 때 멀지 않은 시기에 윤리적 이슈들이 대두될 가능성이 크다. 윤리적 쟁점과 위법 상황이 뚜렷하게 구분되지 않는 점이 있다고 앞에서 언급하였는데, 만약 상담자가 법을 위반한 경우에는 당연히 법에서 정한 바에 따라 처벌을 받는다. 하지만 윤리와 관련해서는 법적 처벌보다 전문가 집단에서의 자정 노력을 더 많이 필요로 한다. 글래딩(Gladding)은 그의 책에서 상담자에게 쟁점이 되는 11가지 윤리문제를 제시하고 있다.[2] 그것은, ⓐ 비밀보장 위반, ⓑ 상담자가 자신의 전문성을 초과하는 것, ⓒ 상담업무 태만, ⓓ 자신이 모르는 전문지식을 알고 있다고 주장하는 것, ⓔ 내담자에게 특정 가치를 강요하는 것, ⓕ 내담자로 하여금 의존적이 되게 하는 것, ⓖ 내담자와 성적인 행동을 하는 것, ⓗ 이중관계: 사적인 것, 직업적 관심사로 얽히는 것, ⓘ 과금 부과와 같은 의심스러운 비용 처리방식, ⓙ 부적절한 홍보, ⓚ 표절 등이다. 이 11가지에는 법에 위배되는 수준까지 넘나들 수 있는 이슈들도 포함되어 있다.

우리나라 상담자들은, ⓐ 상담자의 역량과 전문성, ⓑ 집단상담, ⓒ 슈퍼비전 등 세 가지 영역에서 윤리적 문제와 갈등을 더 많이 경험하는 것으로 조사된 바 있다. 이런 윤리적 갈등을 경험할 때 우리나라 상담자들은 문제를 해결하기 위해서 슈퍼바이저나 동료 상담자와 상의한다는 응답을 가장 높게 한 것으로 나타났다(우홍련, 허난설, 이지향, 장유진, 2015).

상담에서 이슈가 될 수 있는 윤리적 쟁점들을 논의하고 판정하기 위하여 우리나라의 대표적인 전문가 그룹인 한국상담학회와 한국심리학회 산하 한국상담심리학회에서는 윤리강령을 마련해 두고 있다. 그리고 실제 쟁점이 발생했을 때 각각 윤리위원회를 개최하여 윤리강령 위배 여부를 판단하고, 판단결과에 맞는 조치를 취하

---

2) 노성덕 등 공역(2014). 상담심리학. 학지사, pp. 86-87의 상세한 내용을 참고하라.

고 있다. 상담자들은 법적, 윤리적, 도덕적 책임을 다해야 한다. 특히나 지역사회를 기반으로 일하는 청소년상담자들은 직무의 공공성으로 인해 법적, 윤리적 책임을 더 무겁게 요구받는다. 따라서 자신의 직무 수행과정에서 법적, 윤리적 문제를 위반할 소지가 있지는 않는지 신중하게 검토해야 한다. 이것은 청소년상담자의 적극적 자기관리에 해당한다.

2) 지역사회기반 청소년상담자의 소진과 자기관리

(1) 진로발달과 자기성장

청소년상담자들은 자신의 삶 전체를 통찰하면서 자기관리의 밑그림을 그릴 필요가 있다. 현재에만 초점을 두고 자기관리를 고려하게 되면 매우 협소하게 다루어질 수밖에 없기 때문이다. 자기관리는 개인의 진로발달과도 관계가 깊다. 청소년상담 전문가로 교육을 받고 취업을 했다고 해서 모든 것이 종료된 것이 아니다. 이제 전문가로서의 삶을 시작한 것일 뿐이다. 따라서 이제부터는 전 생애를 통찰하는 안목으로 전문가로서의 자기성장을 지향한 자기관리를 시작해야 한다. 그렇게 되면 학문 영역에서의 자기성장, 윤리적인 측면에서의 자기관리, 대인관계의 확대와 관계기술의 확장, 가정과 경제적 측면에서의 관리 등을 포괄하여 전체적인 자기관리의 틀을 마련하게 된다.

청소년상담자는 대부분 처음에 조직의 일원으로서의 상담자로 일을 시작한다. 그리고 어떤 준비를 해 나가느냐에 따라 작은 조직을 이끄는 간부로 일하게 되고, 시간이 흐른 뒤에 한 조직을 이끄는 기관장이 될 수 있다. 청소년상담자의 전형적인 진로에 대해서는 앞에서도 기술한 바 있다. 이런 전 생애적 발달과정을 염두에 두고 자기를 관리해 가는 노력이 필요하다.

(2) 청소년상담자 소진의 원인과 대책

지역사회를 기반으로 일하는 청소년상담자들의 소진에 영향을 미치는 것은 무엇일까? 청소년상담자의 소진에 대한 연구들을 보면 '정체성과 역할 혼란'과 '과도한 업무'가 공통적으로 지적되고 있다. 차은미(2015)가 청소년상담복지센터 상담자 4명을 대상으로 소진경험에 대해 질적 분석한 연구를 보면, ⓐ 애매하고 모호한 역할로 상담에 몰입할 수 없음을 혼란스러워하고, ⓑ 새로운 역할을 맡을 때마다 어려움을 경험하였으며, ⓒ 쉴 틈 없이 일하면서 몸을 소외시켜 가고, ⓓ 동료, 내담자, 슈퍼바이저, 상사와의 관계에서 소진을 경험한다고 보고하였다. 김승천(2017)은 청소년상담복지센터 직원 312명을 대상으로 상담자가 경험하는 직무스트레스를 분석하였는데, ⓐ 상담자 정체성 혼란, ⓑ 과도한 업무량, ⓒ 사례개입 부담감, ⓓ 전문성에 대한 의심 등 4요인을 제시하였다.

박근영(2014)이 위센터와 위클래스 전문상담교사 20명을 인터뷰하고 내용을 분석한 연구에서도 위의 연구결과와 비슷하게, ⓐ 상담교사 1명이 많은 수의 학생 상담 담당, ⓑ 상담을 알지 못하는 관리자, ⓒ 업무와 역할의 모호성, ⓓ 전문성을 향상시켜야 한다는 생각 등이 소진을 경험하게 한다고 지적했다. 황정희(2012)는 전국 위센터 상담자 168명을 대상으로 소진에 대해 연구하였는데, 그 결과 청소년상담자의 소진에 영향을 미치는 요인으로, ⓐ 금전적 보상, ⓑ 역할 갈등, ⓒ 업무량 등을 제시했다.

〈표2-3〉 청소년상담자와 소진

공통적 소진 요인	연구자	대책 (예시)
정체성 (역할 혼란)	차은미 김승천 박근영 황정희	• 상담업무 몰입환경 조성 • 다양한 역할에 대한 대학원 교육 • 직무연수(연차별, 직급별 역할) • (공통)신체적,정서적 건강관리 노력
과도한 업무	차은미 김승천 박근영 황정희	• 상담자 인력 충원 • 전문연수(업무숙련도 향상) • 직무연수(신규 업무 습득) • (공통)신체적,정서적 건강관리 노력
부족한 처우	황정희	• 급여 향상과 복지 증진 • 정규직 신분 전환 등 정책
관계	차은미 박근영	• 직장 소통문화 정착 • (공통)신체적,정서적 건강관리 노력

청소년상담자의 소진을 예방하기 위해서는 기관 차원에서 노력해야 하는 측면과 청소년상담자의 자기관리 측면이 동시에 고려되어야 한다. 기관 운영의 측면에서는 상담자 처우 개선을 위한 지속적인 노력이 필요하다. 지방자치단체, 교육(지원)청, 정부 주무부처와 산하 공공기관이 함께 힘을 합쳐서 청소년의 인성과 정신건강을 책임지는 청소년상담자들이 전문적 역량을 발휘할 수 있도록 급여와 복지수준을 「청소년기본법」 제23조 제3항[3]을 준수하여 책정하여야 한다. 업무량을 조정하는 일에도 다양한 분석이 필요하다. 업무의 숙련도와 상담자의 수가 업무량에 영향을 미친다는 점을 고려해서 지속적인 직무연수를 제공해야 하고, 필수적으로 배치해야 하는 적정 상담인력에 대해서도 다양한 연구를 수행해야 한다. 전체 청소년내담자와 보호자 수에 비해 청소년상담자 수가 지나치게 적기 때문에 업무량이 가중될 수 밖에 없다.

청소년상담자를 양성하는 대학원의 교육과정에는 상담자가 수행해야 하는 다양한 역할에 대한 교육내용이 시급하게 포함되어야 한다. 이 장 앞부분에서 기술한 바와 같이 상담 전문가가 현장에 나와서 일할 때 반드시 수행해야만 하는 업무들이 있음에도 불구하고 오로지 '상담이론' '개인상담' '집단상담' 중심으로만 가르치는 것은 군인들에게 소총 쏘는 법만 가르쳐서 전선에 투입하는 것과 다르지 않다. 각종 무기 다루기, 분대 · 소대별 전투방법, 포병술과 전차전 대비, 독도법과 생존전략, 백병전, 경계와 수색, 지휘체계 등을 가르치지 않고 병사들을 전선에 내보내면 단번에 패배하고 만다.

(3) 건강관리와 소진 예방

청소년상담자의 건강관리와 소진 예방은 궁극적으로 내담자를 위한 것이다. 육체적으로나 정신적으로 건강한 상담자가 청소년들에게 건강한 도움을 주기에 더

---

3) 「청소년기본법」 제23조 제3항. "국가와 지방자치단체는 제1항에 따른 청소년지도사 및 청소년상담사의 보수가 제25조에 따른 청소년육성 전담공무원의 보수 수준에 도달하도록 노력하여야 한다."

용이하기 때문이다. 그러므로 청소년상담자의 건강관리와 소진 예방은 자신을 위한 선택사항이 아니라, 내담자 복지를 위한 의무사항이라고 할 수 있다. 건강관리와 소진 예방은 완전히 별개의 것은 아니다. 건강해야 소진도 예방할 수 있다. 신체적 · 정서적 건강 유지와 소진 예방을 위해서 할 수 있는 활동들이 운동, 취미 활동, 전문 영역 이외에서의 의미 있는 대인관계를 형성하기, 전문성 강화 노력 등이다.

① 운동

운동은 평생 해야 하는 것이기 때문에 습관처럼 길들여 놓는 것이 좋다. 청소년상담자들은 다른 영역에서 일하는 상담자들에 비해서는 활동량이 더 많다. 상담실에 앉아서 진행하는 내방상담도 하지만, 외부에서의 다양한 프로그램을 진행하기 때문이다. 하지만 전문직종에 종사하는 사람들이 그렇듯 실질적인 운동량이 많지는 않다. 그래서 활동량이 많은 운동을 한 가지씩 꾸준히 할 필요가 있다. 아무래도 꾸준히 운동을 하려면 생활밀착형인 것이 좋다. 가족이나 동료와 가볍게 할 수 있는 줄넘기, 탁구, 배드민턴, 조깅, 산책 등은 비용 없이도 즐길 수 있는 대표적인 운동이다. 주말을 이용할 수 있다면 마라톤, 자전거 타기, 트래킹, 등산 등도 훌륭한 운동이다. 이럴 때는 가족이나 동료들과 함께 1년 목표를 정해서 그룹으로 함께 움직

사진 2-3 한국청소년상담복지개발원 체력단련실

이면 좋다. 운동하다 보면 포기하고 싶은 욕구에 시달릴 때가 있고, 또 지루해지거나 피곤해서 귀찮아지기 쉬운데 함께하는 이들이 있으면 아무래도 서로를 독려하면서 운동을 지속할 수 있기 때문이다.

만약 여건만 허락된다면 기관에 간단한 운동 시설을 마련하는 것도 큰 도움이 될 것이다. 약간의 공간에 가볍게 활용할 수 있는 아령, 매트리스, 줄넘기, 탁구대만 구비해 줘도 잠시 동안 굳어진 근육을 이완할 수 있고, 재직 중에는 운동을 지속적으로 할 수 있다.

② 취미 활동

운동이 신체 건강을 위해 필요하다면, 취미는 정서적인 건강을 위해 필요하다. 청소년상담자로 일하면서 내담자와 보호자를 상대로 깊이 있는 작업을 하다 보면 정서적으로 소진되기 쉽다. 그래서 청소년상담자들은 징시적 환기가 빈드시 필요하다. 이 정서적 환기는 수면이나 쉼 같은 행위로 이루어지기가 쉽지 않다. 아무리 잠을 자고, 며칠 쉬어 준다고 해도 정서적 메마름이 쉽게 극복되지는 않는다. 하지만 취미 활동을 하다 보면 청소년상담과 다소 다른 활동 속에서 새로운 즐거움을 경험할 수 있고, 전혀 다른 분위기의 인간관계를 형성할 수 있기 때문에 정서적 메마름을 극복하는 데 도움이 된다.

만약 취미와 운동을 겸해서 할 수 있는 것이 있다면 정말 좋을 것이다. 줄넘기와 배드민턴이 취미이자 운동이 될 수 있고, 마라톤이나 등산이 취미라면 겸해서 운동도 될 테니 말이다. 하지만 취미는 어디까지나 취미인지라 개인적인 관심이나 여건, 취향 등을 고려해서 정하기 나름이기 때문에 특정한 것을 요구할 수는 없다.

다행스럽게도 요즘 우리나라는 취미 생활하기 좋은 여건이 잘 조성되어 있다. 캠핑, 낚시, 사진 찍기, 그림 그리기, 커피 내리기, 자수, 국내여행, 해외여행, 글쓰기, 블로그 운영하기, 댄싱, 악기연주, 랩, 합창, 연극, 영화감상, 맛집 찾아다니기, 요리, 스쿠버다이빙 등등 다양한 취미 활동이 일상에 깊이 뿌리 내리고 있고, 조금만 관심을 가지고 주변을 보면 동호회를 쉽게 접할 수 있기 때문이다. 큰 비용이 드는 취미도 있지만 적은 비용으로도 다양한 영역을 경험할 수 있다. 그런 취미 활동에 참여하는 것은 청소년상담자의 소진 예방 또는 소진 극복에 매우 유용하다.

직장 내에 같은 취미를 가진 사람들끼리 작은 동호회를 만들어서 정기적인 활동을 하는 것도 좋은 방법일 것이다. 사진을 찍거나, 그림을 그리거나, 노래를 하거나, 악기를 연주하는 등의 활동을 함께하다 보면 직장생활도 한결 즐거워지고, 시간과 비용을 아껴서 취미 생활을 할 수 있다. 또 그렇게 활동한 결과를 가지고 전시회나 연주회, 발표회 등을 가진다면 직장생활의 새로운 맛도 경험할 수 있다.

③ 전문 영역 이외의 활동

전문 영역 이외의 영역에서의 활동도 청소년상담자 소진 예방에 도움이 된다. 교회, 성당, 사찰 등 종교활동에 참여하는 것은 대표적인 것이라고 할 것이다. 물론 그곳에 가서도 상담하고 있으면 힐링에 도움이 되지 않는다. 성가대, 지역봉사, 멘토 등으로 활동할 것을 권유하고 싶다. 개인적으로 또는 가족단위로 봉사활동에 참여하거나 지역사회운동에 참여하는 것도 좋은 방법일 것이다.

④ 전문성 강화와 슈퍼비전

전문성을 강화하기 위하여 학습하고, 고난이도 사례에 대해 슈퍼비전을 받는 것도 소진 예방을 위해 필요하다. 위기의 청소년, 병리적 특성을 가진 내담자, 새롭게 대두되는 이슈들에 대응하다 보면 기존의 방법으로 대처하기 곤란한 상황이 발생하기 마련이다. 청소년상담자가 청소년문제를 해결하지 못하는 것만큼 큰 스트레스가 되는 상황도 없다. 그래서 이를 극복하기 위해서는 다양한 문제의 내담자를 수월하게 다루기 위해 자기의 전문성을 강화하고, 힘들고 어려운 상황을 주변에 알려 도움을 받는 적극적인 대처도 필요하다.

최혜윤과 김은하(2017)가 대학상담자를 대상으로 소진 회복과정을 연구한 바에 의하면 상담자들은, ⓐ 박사학위나 1급 자격증 취득, ⓑ 힘든 상담사례의 성공적인 종결 등의 전문적 성취, ⓒ 자신의 힘든 상황을 주변에 알리고 슈퍼비전이나 교육분석을 받음, ⓓ 직원들이나 상담자들과의 교류를 통해 정서적 지지원 형성, ⓔ 마음을 비우는 노력, 특히 '타인의 인정을 받아야 한다, 완벽해야 한다' 등의 당위적 사고를 비우는 작업 등을 통해 소진을 극복하였다. 극복전략 중에는 '이직을 통한 열악한 근무환경 벗어남'도 있었으나 이는 대학상담자가 대학상담세팅을 벗어난 것이기 때문에 해석에 이견이 있을 수 있으나, 소진 극복이 어렵다면 이 역시도 선택할 수 있다고 본다.

상담이라는 전문직이 우리 사회에 자리매김한 지 얼마 되지 않았다. 석·박사학위를 받고 전문가 자격증을 취득하는 등 오랜 시간을 투자하고 강도 높은 훈련을 받음에도 불구하고 전문직 가운데서는 처우가 열악한 편에 속한다. 이로 인해서 소진과 잦은 이직, 전문성에 대한 오해 등이 발생한다. 이를 극복하기 위해서는 상담전공 교수들, 정부와 준정부기관, 지방자치단체와 청소년상담기관의 상담자들의 총체적인 노력이 필요하다. 상담자의 생산성을 입증하고, 고객에게 반드시 필요한 전문서비스를 제공하는 사람들이라는 당위성을 창출해 내는 지속적인 노력이 있어야 한다.

1. 지역사회를 기반으로 일하는 청소년상담자가 된다는 것은 당신에게 어떤 의미인가?

2. 청소년상담자가 되기 위해서 당신은 어떤 영역의 자격증을 취득하겠는가?
   · 현재 보유 자격사항 :

   · 앞으로 취득해야 하는 자격 :

   ▶ 취득하기 위한 계획 :

3. 당신은 청소년상담자로서 어떤 진로를 계획하고 있는가?

4. 청소년상담자로 일하기 위해 필요한 기초역량은 상담역량이다. 당신은 어느 정도 준비가 되어 있는가?
   · 총체적인 자기 평가(자신있게 다룰 수 있는 문제 영역, 자신 있게 대할 수 있는 내담자 유형, 어려운 영역, 까다롭다고 생각되는 내담자, 더 개발해야 하는 부분 … 그래서 0~10 사이로 평정한다면?):

   · 훈련받은 상담이론(초급~고급과정, 슈퍼비전, 개인분석 등을 포함):

   · 청소년상담자로 일하는 데 필요한 기타 상담 준비 정도:

5. 청소년상담자는 다양한 영역의 업무를 수행해 내야 한다. 이를 멀티플레이어라 표현할 수 있을 텐데, 이것에 대해 당신은 어떤 강점 혹은 약점을 가지고 있다고 생각하는가? 필요한 부분에 대해서는 어떤 식으로 보강할 수 있는가?

· 강점:

· 약점:

· 더 보강해야 할 것들:

6. 당신은 지역사회를 기반으로 일하는 청소년상담자로서 지역사회 내에서 기여해야 하는 생산성을 어느 정도 충족할 수 있을 것이라고 기대하는가? 또 그것을 어떤 방법으로 표현하겠는가?

7. 청소년상담자로서 자기를 관리하는 방법이 있는가? 건강관리를 위한 자신만의 운동방법이 있는가? 취미가 있는가? 동호회 등에 참여하고 있는가? 이것에 대해 동료와 논의해 보라.

8. 청소년상담자로서 심리상담에 몰두하는 것과 다양한 상담사업을 전개하고, 예산확보와 기관 운영 등에 관심을 가져야 한다는 것이 당신에게 어떻게 와 닿는지 정서적, 인지적 측면에서 생각해 보고 글로 표현해 보라.

9. 상담을 전공하고 청소년상담기관에서 상담자로 일하면서 느끼는 감정에 머물러 보고 그것이 당신의 진로와 생애에 미치는 영향을 진지하게 생각해 보고 정리해 보라.

3장

지역사회기반 청소년상담과 법률

1. 지역사회기반 청소년상담의 법적 근거[1]

법은 안전하고 든든한 댐과 같다. 지역사회기반 청소년상담이 법적인 근거를 가지고 있다는 것은 국가가 인증하고, 보호하며, 지지해 주는 테두리 안에 머물러 있음을 의미한다. 이 테두리 안에서 청소년상담자가 마땅히 해야 할 일이 무엇이고, 하지 말아야 하는 일이 무엇인지를 판단하게 된다. 청소년상담자들은 법의 내용에 따라 수행해야 하는 일을 정하고, 그 일을 하기 위해 국가나 지방자치단체로부터 어떤 지원을 받아야 하는지, 또 그 일을 수행하는 데 반드시 고려하거나 또는 주의해야 하는 사항이 무엇인지를 확인하게 된다. 이렇게 법에 있는 청소년상담 관련 조항은 예산, 인력, 시설 등을 확보하는 근거가 되기도 한다.

우리나라 청소년상담은 태동할 때부터 법과 관계가 깊다. 1장에서 살펴본 바와 같이 태동 자체가 「청소년기본법」 제정과 출발점을 같이 하고 있다. 이것은 청소년상담의 필요성을 심리적으로 위기를 경험하거나 더 성장하기를 갈망하는 청소년들에게 헌법에서 규정해 놓은 '국민의 행복권 추구'[2]를 보장해 주기 위한 것으로 해석했기 때문이다. 그와 같은 취지에 맞게 각각의 문제 영역에 대해 법은 구체적인 지원방안 등을 규정해두고 있다. 예를 들어, 위기청소년 및 가족을 대상으로 하는 청소년상담 지원에 대한 내용은 「청소년복지지원법」에서 다루고 있고, 학교 재학생에 대한 상담은 「초중등교육법」에서 다루고 있다. 그 외에 청소년문제 영역별 지원에 관해서는 「청소년보호법」(유해환경, 인터넷 중독), 「학교밖청소년 지원에 관한 법률」(학업중단), 「아동청소년 성보호에 관한 법률」(성), 「학교폭력 예방 및 대책에 관한 법률」(학교폭력) 등에 그 내용을 담고 있다.

---

[1] 이 장에서 설명한 각종 법률들은 2018년 3월 1일 기준이다. 이후 개정된 법의 내용과 혹여 다를 수 있으니, 법제처에 게재되어 있는 법률을 확인할 필요가 있다. (법제처 홈페이지에서 상시 확인 가능 www.moleg.go.kr)

[2] 「헌법」 제10조. 모든 국민은 인간으로서의 존엄과 가치를 가지며, 행복을 추구할 권리를 가진다. 국가는 개인이 가지는 불가침의 기본적 인권을 확인하고 이를 보장할 의무를 진다.

따라서 상담자들이 법에 대해 명확하게 이해하는 것은 매우 중요한 일이다. 하지만 많은 상담자들은 법과 정책에 그다지 관심을 갖지 않는 경향이 있다. 그러다 보면 상담과 관련된 법안이 제정되거나, 기존 청소년상담 관련 법이 개정될 때 상담자들의 처우와 상담서비스 내용 변화에 직결되는 사안들에 관여하지 못하게 된다. 결국 상담 관련 법안들에 상담 전문가들의 의견이 반영되지 못하는 일이 빈번하게 일어나는 결과를 초래하게 되는 것이다(박성희, 2013). 이런 상황이다 보니 법이 제정된 이후에도 내용에 관심을 기울이는 상담자들이 그리 많지 않다. 이것은 시급하게 개선되어야 할 문제가 아닐 수 없다. 상담자들이 법의 내용에 관심을 기울이지 않으면 상담 관련 법체계가 잘 갖추어지지 못해서 현장에서 주먹구구식의 상담활동이 전개될 우려가 있음을 직시해야 한다(김계현 등, 2011, p. 407).

미국의 경우에는 학회 차원에서 상담 관련 법안 제정과 개정이 이루어질 때 회원들에게 알리고 적극적으로 의견을 제시하도록 지원하는데[3], 우리나라의 상담학회도 적극적으로 노력할 필요가 있다. 최근 '상담진흥법' 제정에 대해 한국상담학회

사진 3-1   국회 전경

---

3) Ingersol 등은 저서 『Becoming a 21st century agency counselor』(노성덕,박승민,신을진,박경희 역, 상담기관의 카운슬러되기, p. 279)에서 이렇게 소개하고 있다. "상담학회는 관련 있는 상정 법안을 회원들에게 알려 준다. 그러면 회원들은 자신의 지역 출신 상원의원들에게 편지를 쓰거나 전화를 해서, 또는 가능하다면 공청회에서 자신의 입장을 표현할 수 있다."

등 학회 차원에서 노력을 기울이고 있는데 이것은 매우 바람직한 일이라 여겨진다. 하지만 이에 그치지 않고 '청소년상담진흥법' '학교상담법'과 같이 각 영역에서 상담에 관한 특별법을 제정하기 위한 노력도 필요하다. 또한 상담이라는 용어를 법 제목에 드러낸 법뿐만 아니라 상담자들의 역할이 규정되어 있는 법에도 관심을 기울여야 한다. 향후 학회들을 중심으로 이에 대한 참여가 확대될 것이라고 기대해 본다.

1) 청소년의 법적 정의

위키백과에서는 "청소년(靑少年)은 어린이와 청년의 중간 시기이다. 흔히 '청소년'이라 하면 (이하 연령은 전부 '만 나이') 13세 이상 19세 미만인 사람을 말하며, 통상 중학교와 고등학교의 시기에 해당된다."라고 청소년을 정의 내리고 있다. 하지만 청소년을 상담하고 지원하기 위해 법으로 정의할 때는 차이가 있다. 법에서는 청소년을 연령으로 정의한다. 우선 청소년 정책의 모법(母法)이랄 수 있는 「청소년기본법」에서는 다음과 같이 청소년을 정의하고 있다.

"청소년이란 9세 이상 24세 이하인 사람을 말한다." (「청소년기본법」 제3조 제1호)

9세 이상 24세 이하인 사람을 청소년이라고 한 것이다. 이에 따라 「청소년복지지원법」(제2조 제1호), 「학교밖청소년 지원에 관한 법률」(제3조 제1호)에서는 「청소년기본법」에서 정한 바대로 청소년을 정의하고 있다. 하지만 청소년을 보호해야 하는 상황에서는 청소년을 19세 미만인 자로 정의하고 있다. 「청소년보호법」 제2조 제1호에서는 "청소년이란 만 19세 미만인 사람을 말한다. 다만, 만 19세가 되는 해의 1월 1일을 맞이한 사람은 제외한다."라고 정의한다. 마찬가지로 「아동청소년의 성보호에 관한 법률」에서도 "아동청소년이란 19세 미만인 사람을 말한다. 다만, 만 19세가 되는 해의 1월 1일을 맞이한 사람은 제외한다."라고 「청소년보호법」과 같이 정의하고 있다.

〈표 3-1〉 청소년에 대한 법적 정의

법	조항	청소년 연령
청소년기본법	제3조 제1호	9세 이상 24세 미만
청소년복지지원법	제2조 제1호	9세 이상 24세 미만
학교밖청소년 지원에 관한 법률	제3조 제1호	9세 이상 24세 미만
청소년보호법	제2조 제1호	만 19세 미만
아동청소년의 성보호에 관한 법률	제2조 제1호	만 19세 미만

이로 미루어 보면 청소년에 대한 일반적인 연령 정의는 9세에서 24세이지만, 보호정책의 관점에서는 19세 미만을 청소년으로 정의한다고 할 수 있다. 일반적인 청소년을 정의하는 것 외에도 법에서는 위기청소년과 학교밖청소년에 대한 정의도 내리고 있다. 위기청소년은 「청소년복지지원법」 제2조 제4호에서 "가정문제가 있거나 학업수행 또는 사회적응에 어려움을 겪는 등 조화롭고 건강한 성장과 생활에 필요한 여건을 갖추지 못한 청소년을 말한다."라고 정의하고 있다. 학교밖청소년은 「학교밖청소년 지원에 관한 법률」 제2조 제2호에서 다음과 같이 정의하고 있다.

학교밖청소년 정의 〈법 제2조 제2호〉

"학교밖청소년"이란 다음 각 목의 어느 하나에 해당하는 청소년을 말한다.

가. 「초ㆍ중등교육법」 제2조의 초등학교ㆍ중학교 또는 이와 동일한 과정을 교육하는 학교에 입학한 후 3개월 이상 결석하거나 같은 법 제14조제1항에 따라 취학의무를 유예한 청소년

나. 「초ㆍ중등교육법」 제2조의 고등학교 또는 이와 동일한 과정을 교육하는 학교에서 같은 법 제18조에 따른 제적ㆍ퇴학처분을 받거나 자퇴한 청소년

다. 「초ㆍ중등교육법」 제2조의 고등학교 또는 이와 동일한 과정을 교육하는 학교에 진학하지 아니한 청소년

청소년 연령과 중복되는 개념으로 아동과 청년이 있다. 「아동복지법」과 「아동학대범죄의 처벌 등에 관한 특례법」에서는 아동을 18세 미만인 사람으로 정의하고 있다(「아동복지법」 제3조 제1호). 2020년에 청년에 대한 지원 필요성이 대두되면서

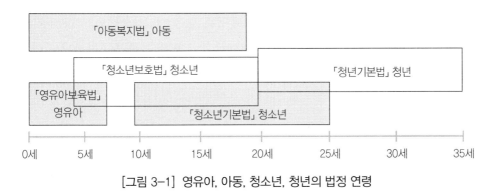

[그림 3-1] 영유아, 아동, 청소년, 청년의 법정 연령

「청년기본법」이 제정되었다. 이 법에서는 청년의 연령을 19세 이상 34세 이하로 정의하고 있어서 「청소년기본법」에서 정의한 청소년과 연령이 중복되기도 했다.

2) 청소년상담기관과 시설

청소년상담기관 설립에 관한 내용은 개략적인 내용부터 구체적인 설치기준에 이르기까지 법으로 규정되어 있다. 우선 청소년상담사업에 대해 국가 또는 지방자치단체가 운영에 필요한 예산의 전부 또는 일부를 보조할 수 있다는 내용을 정하고 있는데, 그것은 「청소년복지지원법」 제40조에 명시되어 있다. 「청소년복지지원법」에는 한국청소년상담복지개발원과 청소년상담복지센터를 청소년복지지원기관으로 분류하고 있고, 청소년쉼터, 치료재활센터, 청소년자활관, 청소년회복지원시설 등을 청소년복지시설로 분류하고 있다.

> 국가 및 지방자치단체는 예산의 범위에서 청소년복지지원기관 및 청소년복지시설, 관련 단체의 운영에 필요한 예산의 전부 또는 일부를 보조할 수 있다(「청소년복지지원법」 제40조).

〈표 3-2〉는 청소년상담기관 및 시설들의 설립근거가 되는 법을 정리한 것이다. 한국청소년상담복지개발원, 시·도 청소년상담복지센터, 시·군·구 청소년상담복지센터, 청소년치료재활센터는 「청소년복지지원법」에 근거를 두고 있고, 학교

밖청소년지원센터는 「학교밖청소년 지원에 관한 법률」에, 청소년보호재활센터는 「청소년보호법」에 근거를 두고 있다. 위센터의 경우 법에 기관명이 명시되어 있지는 않다. 다만 「학교폭력 예방 및 대책에 관한 법률 시행령」에 '전문기관의 설치'가 명시되어 있어 학교에서의 폭력에 대한 조사·상담 등의 업무를 수행하도록 하고 있다.

〈표 3-2〉 청소년상담기관 및 시설 설립의 근거 법

청소년상담기관 및 시설	근거 법	조항
한국청소년상담복지개발원	청소년복지지원법	제22조
청소년상담복지센터	청소년복지지원법	제29조
학교밖청소년지원센터	학교밖청소년 지원에 관한 법률	제12조
청소년치료재활센터	청소년복지지원법	제31조 3호
청소년보호재활센터	청소년보호법	제35조
(학교폭력업무 수행)전문기관	학교폭력 예방 및 대책에 관한 법률 시행령	제10조

(1) 청소년상담복지센터 설치기준

다른 기관이나 시설과는 달리 청소년상담복지센터와 청소년치료재활센터의 경우에는 설립에 필요한 시설기준이 「청소년복지지원법」에 명시되어 있는데, 그것은 〈표 3-3〉과 같다. 청소년상담복지센터는 시·도와 시·군·구의 설치기준을 달리하고 있는데, 시·도의 경우에는 일시보호소도 마련하도록 하고 있다.

이처럼 설치기준을 법으로 명시하게 되면 지방자치단체는 법에 맞게 규모를 갖추어야 한다. 상담자들이 일하기에 적합한 환경을 법으로 보장받는 것이다. 법으로 정해진 설치기준은 정부의 지방자치단체 평가에서도 지표로 활용될 수 있기 때문에 영향력이 매우 크다.

〈표 3-3〉 청소년상담복지센터 설치기준

청소년상담복지센터의 설치·운영 기준
「청소년복지지원법 시행령」 별표1 (「청소년복지지원법」 제14조 제4항 관련)

1. 입지기준

일조 · 채광 · 환기 등이 원활하고 급수 및 교통수단 등이 갖추어져 있어 종사자 및 이용자의 건강 유지 및 재해 방지가 가능하고, 종사자 및 이용자가 일상생활을 하는 데 적합한 위치여야 한다.

2. 시설의 구조 및 설비

가. 청소년상담복지센터는 다음의 시설을 갖추어야 한다.

1) 사무실

1개 이상

2) 상담대기실

1개 이상(도서 등을 열람할 수 있는 시설 설치)

3) 집단상담 및 심리검사실

1개 이상(집단상담실과 심리검사실의 공동 사용 가능)

4) 전화 등 상담실

1개 이상(전화상담실과 그 밖의 정보통신망을 통한 상담실의 공동 사용 가능)

5) 위생시설

근무하는 종사자와 예상되는 이용자의 수에 적합한 화장실, 세면장

6) 사업실

수행하는 사업의 수와 같은 수의 분리된 공간

7) 교육실

청소년 및 보호자 등을 교육할 교육실 1개 이상

8) 개인상담실

가) 시 · 도 청소년상담복지센터

(1) 5개 이상

(2) 원활한 상담과 개인비밀 보호를 위해 분리된 공간 또는 방음(防音) 장치

나) 시 · 군 · 구 청소년상담복지센터

(1) 3개소 이상

(2) 원활한 상담과 개인비밀 보호를 위해 분리된 공간 또는 방음 장치

9) 일시보호소(시 · 도 청소년상담복지센터)

(1) 남성용 · 여성용 각각 별도로 1개 이상

(2) 숙소, 세면장, 취사시설, 사무실 및 상담실 등 각 1개 이상

(3) 전화, 소방장비 등 비치

나. 규모

1) 시 · 도 청소년상담복지센터

연면적 400제곱미터 이상의 독립된 공간

2) 시 · 군 · 구 청소년상담복지센터

연면적 200제곱미터 이상의 독립된 공간

(2) 청소년치료재활센터 설치기준

청소년치료재활센터는 숙박형치료시설이기 때문에 청소년상담복지센터와는 시설규정이 많이 다르다. 이는 기능의 차이와도 관계가 깊다. 청소년상담복지센터의 경우 시·도 청소년상담복지센터는 광역 거점으로서의 기능을 수행하기 때문에 일시보호시설을 가지고 있다. 그러나 대체로 청소년상담복지센터의 기능은 숙박치료이기보다 위기청소년에 대한 긴급한 개입과 상담이기 때문에 시설을 최소화하는 경향이 있다. 물론 이에 대해서는 매우 다른 의견들이 존재하기 때문에 이 책에서 논의하지는 않으려고 한다. 하지만 한 가지 분명한 것은 만약 새로운 시설이 필요하다면 그냥 바람 정도로 그치는 것이 아니라 법 개정을 위해 노력하는 것이 필요하다는 것이다. 청소년치료재활센터의 시설규정은 〈표 3-4〉와 같다.

〈표 3-4〉 청소년치료재활센터 설치기준

청소년복지시설의 설치·운영 기준(라. 청소년치료재활센터)
「청소년복지지원법 시행령」 별표3 (「청소년복지지원법」 제17조 관련)

구분		기준
공동생활시설		• 남·여용 구분 설치 • 1개의 공동생활시설은 5~7명의 청소년 및 보호·자립지원 요원 1명이 가족 형태로 생활할 수 있는 거주형 공간 마련 • 채광·환기 및 냉난방이 가능한 침실을 설치 • 휴식을 취하거나 공동 프로그램을 진행할 수 있는 공간 마련 • 간단한 요리가 가능한 시설 설치 • 변기, 세면대와 샤워부스가 갖춰진 위생 공간 및 간단한 세탁을 위한 설비 마련 • 생활지도를 위한 사무실 및 보호·자립지원 요원 침실을 설치
교육·재활 훈련시설	학습실	• 1실당 10명 이상의 청소년이 공부할 수 있는 시설
	공연실	• 각종 공연활동과 심리극을 연출할 수 있는 공간
	체육활동실	• 단체 체육활동이 가능한 공간
	진로체험실	• 진로체험이 가능한 설비를 갖춘 공간
	다목적실	• 다양한 소규모 활동이 가능한 공간
	생태체험실	• 다양한 생태문화를 접할 수 있는 산책로와 생태체험 공간

	의무실	• 진찰, 건강상담 및 치료를 위한 공간 • 응급환자를 위한 대비시설 및 비상의약품 상비
전문 치료시설	심리검사실	• 지능검사, 성격검사, 적성검사 및 학력검사가 가능하고, 방음시설이 마련된 공간
	심리치료실	• 놀이, 미술, 음악 등을 이용한 심리치료 공간 • 개인치료와 집단치료 공간을 분리하되, 자유롭고 안전하며 안락한 분위기로 조성하고, 방음시설을 구비
	관찰실	• 상담상황 및 안전 상태를 관찰할 수 있는 공간 • 입소 청소년의 보호자가 입소 청소년에 대한 상담과 치료를 관찰할 수 있는 공간
	상담실	• 개인상담 및 집단상담이 가능하고, 칸막이 또는 방음시설이 마련된 공간
편의시설	휴게실	• 입소 청소년의 휴식, 이용편의와 정서 안정을 위한 실내 및 실외 휴게 공간
	조리실, 식당	• 위생적인 취사 · 조리 및 식기소독 설비의 구비 • 입소 청소년 전원이 함께 식사가 가능한 공간 마련
	세탁 · 건조장	• 세탁 및 건조 설비를 갖춘 공간
	화장실 · 목욕실	• 남 · 여용 구분 설치 • 수세식 화장실, 세면 · 샤워 설비 및 온수 공급
지원시설	사무실	• 업무용 책상, 컴퓨터 등 사무에 필요한 설비를 갖춘 공간
	숙직실	• 숙직을 위한 침구류 등을 갖춘 공간
	보호자실	• 보호자 대기 시 이용편의를 위한 공간 • 보호자를 위한 침구류 등을 갖춘 공간

① 디딤관　② 오름관　③ 사랑동　④ 희망동　⑤ 채움관　⑥ 기타시설

사진 3-2　국립중앙청소년디딤센터(청소년치료재활센터)

청소년치료재활센터는 대지 26,109㎡(7,912평), 연건평 4,663㎡(1,413평)에 디딤관, 오름관, 생활관(10동), 운동장 및 생태체험 학습장 등의 시설을 보유하고 있다. 이곳에서는 정서행동에 어려움을 겪는 청소년들이 4개월 과정(디딤과정, 연 2회 운영, 기수별 60명), 1개월 과정(오름과정, 연 1회 운영, 60명), 4박 5일 프로그램(힐링캠프, 연중, 기수별 25명)에 참여하고 있다. 장기과정의 경우 대안교육 프로그램으로 등록되어 있다. (홈페이지 www.nyhc.or.kr)

청소년치료재활센터와 유사한 기능을 수행하는 청소년시설이 청소년보호재활센터다. 청소년보호재활센터는 현재 '국립청소년인터넷드림마을'이라는 이름으로 전라북도 무주군에 설치되어 운영되고 있다. 「청소년보호법」에 근거를 두고 있으나, 시설규정과 관련된 내용은 아직 마련되어 있지 않다. 향후 설치기준의 근거가 되는 법안 개정이 필요하다.

사진 3-3　국립청소년인터넷드림마을(청소년보호재활센터)

(3) 학교폭력 예방 및 대책 전담기구(상담실) 설치기준

「학교폭력 예방 및 대책에 관한 법률 시행령」 제15조에는 학교폭력 예방 및 대책 전담기구로서의 상담실 설치에 관한 내용이 명시되어 있다. 그러나 시설 등에 대한 구체적인 언급 없이 '각호의 시설 · 장비를 갖추어 상담활동이 편리한 장소에 설치하여야 한다'라고만 규정하고 있다.

○ 「학교폭력 예방 및 대책에 관한 법률 시행령」 제15조 각호의 시설 · 장비
　　– 인터넷 이용시설, 전화 등 상담에 필요한 시설 및 장비
　　– 상담을 받는 사람의 사생활 노출 방지를 위한 칸막이 및 방음시설

각호에 기록되어 있는 시설과 장비는 인터넷 이용시설과 전화, 칸막이 및 방음시설만 언급하고 있어서 이를 보강하는 개정작업이 필요하다.

안타깝게도 청소년상담기관이나 시설에 대한 설치기준은 이 정도다. 상담자들의 노력이 많이 필요한 부분이다. 이것은 청소년상담기관에 국한해서 노력해야 하

는 것은 아니다. 위센터, 대학의 학생상담센터, 군상담시설 등에는 설치기준마저도 없다. 그렇다 보니 상담은 작은 방에 의자와 책상만 놓으면 되는 걸로 잘못 생각하는 경향이 있다. 청소년수련관, 청소년수련원, 청소년문화의 집 등 청소년수련시설이나 사회복지시설 등과 비교해 볼 때 예산 투자 없이 덩그러니 책상과 의자만 놓고 상담센터라고 간판만 걸어 놓는 기현상이 바로잡히려면 상담자들이 법제정 또는 개정을 통해 필요한 시설을 확보하고자 하는 노력이 필요한 것이다.

3) 청소년상담기관과 시설의 주요 기능

청소년상담기관과 시설의 주요 기능도 법에 명시되어 있다. 주요 기능은 주요 사업으로 표현되어 있기도 한데, 청소년상담기관 또는 시설의 설치목적이기도 하다. 각각의 법에 근거하여 설립 또는 설치된 대부분의 청소년상담기관과 시설은 소관 법령 안에 기능 또는 주요 사업이 명시되어 있다.

〈표 3-5〉 지역사회기반 청소년상담기관 및 시설의 주요 기능

기관 및 시설	법령 조항	주요 기능(주요 사업)
한국청소년 상담복지 개발원	청소년 복지지원법 제22조 제1항	1. 청소년상담 및 복지와 관련된 정책의 연구 2. 청소년상담 · 복지 사업의 개발 및 운영 · 지원 3. 청소년상담기법의 개발 및 상담자료의 제작 · 보급 4. 청소년상담 · 복지 인력의 양성 및 교육 5. 청소년상담 · 복지 관련 기관 간의 연계 및 지원 6. 지방자치단체 청소년복지지원기관의 청소년상담 · 복지 관련 사항에 대한 지도 및 지원 7. 청소년 가족에 대한 상담 · 교육 8. 청소년에 관한 상담 · 복지 정보체계의 구축 · 운영 9. 그 밖에 청소년상담원의 목적을 수행하기 위하여 필요한 부수사업
청소년 상담 복지센터	청소년 복지지원법 시행령 제14조 제1항	1. 청소년과 부모에 대한 상담 · 복지지원 2. 상담 · 복지 프로그램의 개발 및 운영 3. 상담자원봉사자와 「청소년기본법」 제3조 제7호에 따른 청소년지도자에 대한 교육 및 연수 4. 청소년상담 또는 긴급구조를 위한 전화 운영

		5. 청소년 폭력·학대 등으로 피해를 입은 청소년의 긴급구조, 법률 및 의료지원, 일시보호지원 6. 청소년의 자립능력 향상을 위한 자활(自活) 및 재활(再活)지원 7. 그 밖에 청소년상담 및 복지지원 등을 위하여 필요하다고 특별시장·광역시장·도지사 또는 특별자치도지사가 인정하는 사업 ※광역센터의 경우 기초센터에 대한 지도지원 수행(법 제29조 제2항)
학교밖 청소년 지원센터	학교밖 청소년 지원에 관한 법률 제12조 제2항	1. 제8조부터 제11조까지의 학교밖청소년지원 1-1. 상담지원(제8조) - 심리상담, 진로상담, 가족상담 1-2. 교육지원(제9조) 1-2-1. 초등학교·중학교로의 재취학 또는 고등학교로의 재입학 1-2-2.「초·중등교육법」제60조의3의 대안학교로의 진학 1-2-3.「초·중등교육법」제27조의2에 따라 초등학교·중학교 또는 고등학교를 졸업한 사람과 동등한 학력이 인정되는 시험의 준비 1-2-4. 그 밖에 학교밖청소년의 교육지원을 위하여 필요한 사항 1-3. 직업체험 및 취업지원(제10조) 1-3-1. 직업적성 검사 및 진로상담 프로그램 1-3-2. 직업체험 및 훈련 프로그램 1-3-3. 직업소개 및 관리 1-3-4. 그 밖에 학교밖청소년의 직업체험 및 훈련에 필요한 사항 1-4. 자립지원 - 자립에 필요한 생활지원, 문화공간지원, 의료지원, 정서지원, 경제교육, 법률교육, 문화교육 등 2. 학교밖청소년지원을 위한 지역사회 자원의 발굴 및 연계·협력 3. 학교밖청소년지원 프로그램의 개발 및 보급 4. 학교밖청소년지원 프로그램에 대한 정보제공 및 홍보 5. 학교밖청소년지원 우수사례의 발굴 및 확산 6. 학교밖청소년에 대한 사회적 인식 개선 7. 그 밖에 학교밖청소년지원을 위하여 필요한 사업
청소년 치료재활 센터	청소년 복지지원법 제31조3호	학습·정서·행동상의 장애를 가진 청소년을 대상으로 정상적인 생활을 할 수 있도록 해당 청소년에게 적합한 치료·교육 및 재활을 종합적으로 지원

청소년 보호재활 센터	청소년 보호법 시행령 제32조	1. 학습 · 정서 · 행동상의 장애를 가진 청소년에 대한 보호 · 상담 및 치료 · 재활지원 2. 약물 또는 인터넷 중독 청소년에 대한 보호 · 상담 및 치료 · 재활지원 3. 청소년유해환경으로 인한 피해청소년 실태 파악 및 지원을 위한 조사 · 연구, 치료 프로그램 개발 및 자료구축 · 관리 4. 그 밖에 청소년유해환경으로 인한 피해 예방, 상담 및 치료 · 재활을 위해 필요하다고 여성가족부장관이 인정하는 사항
(학교폭력업무 수행) 전문기관	학교폭력 예방 및 대책에 관한 법률 시행령 제10조 제1항	1. 법 제11조의2 제1항에 따른 조사 · 상담 등의 업무 2. 학교폭력 피해학생 · 가해학생에 대한 치유 프로그램 운영 업무

〈표 3-5〉에서 언급한 청소년상담기관 및 시설들의 주요 기능은 각각의 설립목적에 맞게 지도지원기능이나 연구기능, 또는 직접 서비스 제공 등이 규정되어 있다. 〈표 3-5〉에 정리한 각 기관의 기능은 크게 '내담자에 대한 직접 서비스' '연구' '연수' '연계' '지도지원' '기타'로 나눌 수 있다.

주요 기능을 재분류한 것이 〈표 3-6〉이다. 법에 규정하고 있는 주요 기능을 보면 한국청소년상담복지개발원은 지도지원, 연구, 지도자연수 등에 초점이 맞추어져 있고, 다른 기관 및 시설은 내담자를 대상으로 직접서비스를 제공하는 기능에 초점이 맞추어져 있음을 알 수 있다. 다만 청소년상담복지센터에는 연구와 연수를, 학교밖청소년지원센터는 연구와 연계 및 홍보를, 보호재활센터는 연구와 자료구축 · 관리를 강조하는 것이 특이한 점이라고 할 수 있다.

이처럼 상담기관과 시설의 기능을 법으로 규정하는 것은 매우 의미가 있다. 대한민국이라는 거대한 사회가 상담 전문가들에게 요구하는 역할과 기능이 명료해지기 때문이다. 어찌 보면 상담자에 대한 기대가 정리되는 것이라고도 할 수 있다. 그렇다면 각 대학원에서는 이런 요구를 충족시켜 줄 전문가를 양성하는 것으로 대응해야 한다. 만약 그렇지 않고 있다면 대학이 학문의 순수성을 뚝심 있게 추구하는 것이거나, 아니면 현실을 외면하는 것일 수 있다. 후자가 아니기를 간절히 바라지만

〈표 3-6〉 지역사회상담기관 및 시설들의 법적 기능 분류

	한국청소년 상담복지 개발원	청소년 상담복지센터	학교밖 청소년지원 센터	치료재활 센터	보호재활 센터	(학교폭력) 전문기관
내담자에 대한 직접 서비스	−상담 · 교육	−상담 · 복지지원 −상담 · 긴급구조 전 화 운영 −긴급구조,일시보호 −법률 및 의료지원 −자활 · 재활지원	−상담지원 −교육지원 −직업체험 및 취업지원 −자립지원	−치료 · 교 육 및 재활 지원	−보호 · 상담 −치료 · 재활	−조사 · 상담 −치유 프로 그램
연구	−정책 연구 −상담복지사업 개발 −상담기법개발	−상담복지 프로그램 개발	−학교밖청소년 지원 프로그 램 개발		−조사 · 연구 −치료 프로 그램 개발	
지도자 연수	−상담 · 복지 인력 양성 및 교육	−지도자교육 · 연수				
연계	−상담 · 복지 기관 간 연계		−자원발굴 및 연계 · 협력			
지도 지원	−상담복지사업 운영지원 −상담자료 제 작 · 보급 −상담 · 복지 기관 간 지원 −상담복지센터 지도 및 지원	−(광역센터)기초상 담복지센터 지도 지원				
기타	−상담 · 복지 정보체계 구 축 · 운영		−정보제공,홍보 −우수사례발굴 −사회적 인식 개선		−자료구축 · 관리	

말이다. 이뿐만이 아니다. 상담과 관련된 법을 제정하거나 개정하는 입법의 주체들은 상담 전문가가 아니기 때문에 법을 만들 때 상담 전문가들이 적극적으로 의견을 개진하고 참여하기를 바라게 된다. 그런데 이런 영역에 관심을 가지고 참여하는 대학의 상담교수나 상담기관의 관리자가 없다면 상담 전문가의 역할을 규정해야 할

법이 엉뚱한 방향으로 만들어질 수 있다. 결국 상담 전문가의 역할과 기능이 엉뚱하게 정의될 수 있고, 결과적으로 상담자가 필요하지 않은 기관이나 시설이 될 수도 있다는 것이다. 만약 그렇게 된다면 대학이나 대학원에서 상담교육과정을 아무리 탄탄하게 만들어도 정작 졸업한 전문가들이 자신의 전문성을 발휘할 수 있는 곳이 줄어들 수도 있다는 것에 대해 경각심을 가질 필요가 있다.

이것은 청소년상담기관이나 시설에만 해당되는 이야기가 아니다. 대학의 학생상담센터, 법무부의 상담 관련 기관과 시설, 국방부, 통일부, 외교부, 보건복지부, 고용노동부 등등 상담 전문가가 서비스를 제공하는 모든 영역이 이에 해당될 것이다.

4) 청소년상담 전문가

청소년상담 전문가 자격에 대한 법제화는 국가가 청소년상담 전문가를 공인해준다는 것으로 그 의미가 매우 크다. 국가가 공인하는 자격으로서의 청소년상담 전문가는 전체 청소년을 상담하기 위한 '청소년상담사'와 청소년 중 학교에 재학 중인 학생을 상담하기 위한 '전문상담교사'가 있다.

청소년상담사는 「청소년기본법」에 근거를 두고 있고, 전문상담교사는 「초중등교육법」에 근거를 두고 있다. 두 자격증 모두 법에 근거를 두고 있지만 관련 내용을 명시한 정도에는 차이가 크다. 청소년상담사의 경우에는 자격시험 방법, 자격증 취득을 위한 연수, 자격증 발급과 관리에 관한 사항, 자격증 취득 이후 매년 받아야 하는 보수교육 의무화 등이 법에 상세하게 명시되어 있는 반면에 전문상담교사는 배치 정도로만 명시되어 있다. 그것은 전문상담교사의 경우 교사 자격증이기 때문에 일반교과 교사 자격증 제도 운영과 동일하게 보기 때문으로 여겨진다.

(1) 청소년상담사

① 청소년상담사 자격검정

청소년상담사 자격취득 절차는 크게 자격시험(자격검정)과 자격취득을 위한 연수

(자격연수) 두 단계로 나누어진다. 첫 번째 단계인 자격검정은 필기시험과 면접시험으로 구성되어 있는데, 「청소년기본법」에서는 자격검정을 '한국청소년상담복지개발원 또는 한국산업인력공단'에 위탁할 수 있다고 명시하고 있다(「청소년기본법 시행규칙」 제10조 제1항). 이 법의 조항에 근거하여 현재는 한국산업인력공단에서 자격검정 업무를 수행하고 있다. 자격검정에서 가장 중요한 내용이 '응시자격 기준'이다. 이 기준은 첨예한 논쟁을 유발할 수도 있다. 응시자격 기준을 어떻게 하느냐 하는 것은 관련 학과의 이해관계나 상담 전문가들의 전문성에 대한 논쟁에 영향을 미치기 때문이다. 가장 바람직하기로는 상담 전문가들이 많이 참여해서 세부적인 사항까지 검토하고, 필요하다면 연구를 통해 가장 효과적이고 효율적인 기준안을 제시하는 것이다. 현재의 응시자격 기준은 〈표 3-7〉과 같다.

〈표 3-7〉 청소년상담사 자격검정의 등급별 응시자격 기준(제23조 제3항 관련)

등급	응시자격 기준
1급 청소년상담사	1. 대학원에서 청소년(지도)학·교육학·심리학·사회사업(복지)학·정신의학·아동(복지)학 분야 또는 그 밖에 여성가족부령으로 정하는 상담 관련 분야(이하 "상담 관련 분야"라 한다)의 박사학위를 취득한 사람 2. 대학원에서 상담 관련 분야의 석사학위를 취득한 후 상담 실무경력이 4년 이상인 사람 3. 2급 청소년상담사로서 상담 실무경력이 3년 이상인 사람 4. 제1호 및 제2호에 규정된 사람과 같은 수준 이상의 자격이 있다고 여성가족부령으로 정하는 사람
2급 청소년상담사	1. 대학원에서 상담 관련 분야의 석사학위를 취득한 사람 2. 대학 또는 다른 법령에 따라 이와 동등한 학력을 인정받는 기관에서 상담 관련 분야 학사학위를 취득한 후 상담 실무경력이 3년 이상인 사람 3. 3급 청소년상담사로서 상담 실무경력이 2년 이상인 사람 4. 제1호부터 제3호까지에 규정된 사람과 같은 수준 이상의 자격이 있다고 여성가족부령으로 정하는 사람
3급 청소년상담사	1. 대학 및 「평생교육법」에 따른 학력이 인정되는 평생교육시설의 상담 관련 분야 졸업(예정)자 2. 전문대학 또는 다른 법령에 따라 이와 동등한 학력을 인정받는 기관에서 상담 관련 분야 전문학사를 취득한 사람으로서 상담 실무경력이 2년 이상인 사람

3. 대학 또는 다른 법령에 따라 이와 동등한 학력을 인정받는 기관에서 학사 학위를 취득한 후 상담 실무경력이 2년 이상인 사람
4. 전문대학 또는 다른 법령에 따라 이와 동등한 학력을 인정받는 기관에서 전문학사학위를 취득한 후 상담 실무경력이 4년 이상인 사람
5. 고등학교를 졸업하고 상담 실무경력이 5년 이상인 사람
6. 제1호부터 제4호까지에 규정된 사람과 같은 수준 이상의 자격이 있다고 여성가족부령으로 정하는 사람

청소년상담사의 필기시험과목은 〈표 3-8〉에서처럼 「청소년기본법 시행령」 제23조에 규정하고 있다. 이것은 시험과목을 변경하려면 법을 개정해야 함을 의미한다. 시험을 준비하는 학생들과 관련 과목을 가르쳐야 하는 대학의 입장에서는 매우 안정적인 조치로 받아들일 수 있는 부분이다. 필기시험의 합격 기준은 전체 평균 60점, 과목 과락 40점으로 다른 국가자격시험과 동일하다(동 시행규칙 제10조 2항).

〈표 3-8〉 청소년상담사 자격검정의 과목 및 방법(제23조 제3항 관련)

등급	검정과목		검정방법	
	구분	과목		
1급 청소년상담사	필수	• 상담사 교육 및 사례지도 • 청소년 관련 법과 행정 • 상담연구방법론의 실제	필기 시험	면접
	선택	비행상담 · 성상담 · 약물상담 · 위기상담 중 2과목		
2급 청소년상담사	필수	• 청소년상담의 이론과 실제 • 상담연구방법론의 기초 • 심리측정 평가의 활용 • 이상심리	필기 시험	면접
	선택	진로상담 · 집단상담 · 가족상담 · 학업상담 중 2과목		
3급 청소년상담사	필수	• 발달심리 • 집단상담의 기초 • 심리측정 및 평가 • 상담이론 • 학습이론	필기 시험	면접
	선택	청소년이해론 · 청소년수련활동론 중 1과목		

필기시험 후에 합격한 사람에 한하여 면접시험을 실시한다. 면접시험의 기준은 '청소년상담자로서의 가치관 및 정신자세' '청소년상담을 위한 전문적 지식 및 수련의 정도' '예의·품행 및 성실성' '의사표현의 정확성과 논리성' '창의력, 판단력 및 지도력' 등으로 역시 법 조항에서 규정하고 있다(동 시행규칙 제10조 3항).

② 청소년상담사 자격연수

다음 2단계는 필기시험과 면접시험에 합격한 사람에 대한 자격연수다. 이것은 다른 상담자격증 제도와 매우 다른 점인데, 현장에 투입해야 하는 청소년상담사를 국가자격화하면서 응시자격을 완화하는 대신 연수를 통해 필기·면접시험 합격자의 상담역량을 키우겠다는 취지로 볼 수 있다. 청소년상담사 자격취득을 위한 연수는 「청소년기본법 시행령」 제24조에서 한국청소년상담복지개발원에 위탁하여 실시하도록 명시하고 있다. 연수시간은 각 급별 100시간 이상으로 규정하고 있다. 법에서는 〈표 3-9〉에서와 같이 각 급별 연수과목도 지정해 두고 있다. 필기시험과 면접시험을 합격한 후 법에 규정된 과목들에 대해 정해진 100시간 이상의 연수를 수료하게 되면 국가자격증인 청소년상담사를 취득하게 된다.

〈표 3-9〉 청소년상담사 급별 연수과목

급수	과목
1급 청소년상담사	1. 청소년상담·슈퍼비전 2. 청소년상담 프로그램 개발 3. 청소년 위기개입 II 4. 청소년문제 세미나 5. 청소년 관련법과 정책
2급 청소년상담사	1. 청소년상담과정과 기법 2. 지역사회상담 3. 부모상담 4. 청소년 위기개입 I 5. 청소년진로·학업상담

3급 청소년상담사	1. 청소년 개인상담 2. 청소년 집단상담 3. 청소년 매체상담 4. 청소년 상담 현장론 5. 청소년 발달문제

출처:www.youthcounselor.or.kr

이처럼 청소년상담사 취득 전반에 대한 내용이 법으로 규정되어 있다는 것은 매우 고무적이라고 할 수 있다. 2016년에는 청소년상담사가 포함된 청소년지도자들의 보수가 청소년육성 전담공무원 수준에 도달하도록 노력해야 한다는 내용으로 법이 개정되었고(「청소년기본법」 제23조 제3항[4]), 이에 따라 각 지방자치단체에서는 청소년상담사 처우 개선에 관한 조례를 제정하는 일들이 연쇄적으로 이루어지고 있다. 법이 얼마나 중요한지를 보여 주는 단적인 예라고 할 것이다. 따라서 청소년 상담 영역뿐 아니라 상담 전문가가 일하는 전체 영역에서 법을 통해 역할과 기능을 보장받기 위해 노력하는 것이 필요하다.

(2) 전문상담교사

전문상담교사의 경우 「초중등교육법」 제19조 제1항에 "학교에 전문상담교사를 두거나 시·도 교육행정기관에 「교육공무원법」 제22조의 2에 따라 전문상담순회교사를 둔다."라고 명시하고 있다. 이에 따라 「초중등교육법 시행령」 제40조에 "시·도 교육청 또는 교육지원청에 전문상담순회교사를 둔다."고 함으로써 교육청 및 학교에 학생상담을 위한 전문상담교사를 배치하도록 하고 있다. 아쉬운 것은 대학의 교직과정의 일환으로 전문상담교사를 양성하는 정도 이외의 내용이 상세히 다루어지지 않고 있다는 것이다. 실제 현장에서는 전문상담교사를 2급, 1급으로 구분하여 교직 이수 후 대학졸업과 함께 교사 자격으로서의 전문상담교사 2급을 취득

---

4) 「청소년기본법」 제23조 ③ 국가와 지방자치단체는 제1항에 따른 청소년지도사 및 청소년상담사의 보수가 제25조에 따른 청소년육성 전담공무원의 보수 수준에 도달하도록 노력하여야 한다.

하고, 임용고시를 통해 교사가 된 후 수년간의 교직경험을 바탕으로 1급을 부여받는 내용이 있는데도 말이다. 학생상담에 대한 별도의 법을 제정하고 위클래스, 위센터, 위스쿨, 전문상담교사에 대한 내용을 충분히 다루는 노력도 필요하다.

(3) 청소년육성 전담공무원

청소년육성 전담공무원은 「청소년기본법」 제25조에 그 내용을 적시하고 있다. 제25조 1항에는 '청소년육성 전담공무원은 특별시·광역시·특별자치시·도·특별자치도, 시·군·구 및 읍·면·동 또는 제26조에 따른 청소년육성 전담기구에 청소년육성 전담공무원을 둘 수 있다'라고 하고 있고, 2항에는 "청소년육성 전담공무원은 청소년지도사 또는 청소년상담사의 자격을 가진 사람으로 한다."라고 하고 있다. 여기서 중요한 점은 청소년육성 전담공무원을 배치하되 '청소년상담사 또는 청소년지도사 자격을 가진 사람으로 한다'라는 점이다. 청소년상담사가 청소년육성 전담공무원으로 선발되어 배치된다면 지역사회를 기반으로 하는 청소년상담활동, 그리고 지역사회의 청소년정책에 매우 긍정적인 영향을 미칠 수 있기 때문이다. 따라서 청소년육성 전담공무원이 비록 상담 전문가로서의 역할을 하는 직위는 아니라고 하더라도 이에 준해서 관심을 가질 필요가 있다.

2. 지역사회기반 청소년상담사업의 법적 근거

지역사회기반 청소년상담에서 추진하는 상담사업들은 대체로 법에 규정되어 있다. 이것은 법에 규정된 사업들만 청소년상담자들이 수동적으로 수행했다는 의미가 아니다. 오히려 지역사회 청소년상담기관에서 일하는 상담 전문가들이 지역 내 청소년을 위해 필요로 하는 사업들을 법에 반영시키기 위해 적극적으로 노력하였다고 말하는 것이 맞다. 청소년상담사업의 법적 근거를 간략하게 살펴보면 다음과 같다.

1) 상담과 교육

「청소년복지지원법」 제12조 제1항에서는 국가와 지방자치난제가 모든 청소년에게 전문가의 상담을 제공하도록 하고 있다. 또한 제13조에서는 위기청소년의 가족과 보호자에게 상담 및 교육을 제공할 수 있도록 하고 있다. 사실 법에 있기 때문에 상담과 교육을 제공하는 것은 아니다. 청소년상담 전문가들이 하고 있는 기본적인 업무를 법에 포함함으로써 서비스 제공의 당위성을 확보하고, 지역 내 청소년과 가족들이 권리를 가지고 서비스를 받을 수 있도록 조치한 것이다. 이것은 내담자의 권리를 증진하기 위한 것이다.

(1) 모든 청소년 대상 상담 실시

「청소년복지지원법」 제12조 제1항에는 "국가 및 지방자치단체는 모든 청소년이 필요로 하는 사항에 관하여 전문가의 상담을 받을 수 있도록 하여야 한다."고 규정하고 있다. 또한 상담을 위하여 전화를 설치, 운영하거나 정보통신망을 운영한다고 규정함으로써 전화상담과 사이버상담 등의 매체상담에 근거를 제공하고 있다(「청소년복지지원법」 제12조 제2항). 결국 국가 및 지방자치단체는 모든 청소년이 전문가의 상담을 받을 수 있도록 기관을 설치하여 개인상담, 전화상담, 사이버상담 등이 진행되도록 해야 하는 것이다.

(2) 위기청소년 가족과 보호자 대상 상담 및 교육 실시

「청소년복지지원법」 제13조에는 '모든 청소년'이 아닌 '위기청소년의 가족과 보호자'에 대한 상담 및 교육 실시에 관해 규정하고 있다. 모든 청소년에 대한 상담 실시 이외에 위기청소년의 경우에는 가족과 보호자에게도 서비스를 제공하도록 하고 있다. "위기청소년에게 효율적이고 적합한 지원을 하기 위하여 위기청소년의 가족 및 보호자에 대한 상담 및 교육을 실시할 수 있다."라고 규정함으로써 위기청소년을 효율적으로 상담하기 위하여 가족에게 개입하도록 한 것이다. 이와 관련된 상세내용을 소개하면 아래와 같다.

「청소년복지지원법」 제13조
- 제1항. 국가 및 지방자치단체는 위기청소년에게 효율적이고 적합한 지원을 하기 위하여 위기청소년의 가족 및 보호자에 대한 상담 및 교육을 실시할 수 있다.
- 제2항. 위기청소년의 가족 및 보호자는 국가 및 지방자치단체가 상담 및 교육을 권고하는 경우에는 이에 협조하여 성실히 상담 및 교육을 받아야 한다.
- 제3항. 국가 및 지방자치단체는 여성가족부령으로 정하는 일정 소득 이하의 가족 및 보호자가 제1항의 상담 및 교육을 받은 경우에는 예산의 범위에서 여비 등 실비(實費)를 지급할 수 있다.
  - ☞ 시행규칙 제8조(일정 소득 이하 가족의 범위) 법 제13조 제3항에서 "여성가족부령이 정하는 일정 소득"이란 「국민기초생활 보장법」 제6조에 따른 최저생계비의 100분의 150을 말한다.

이 법에 의하면 위기청소년의 가족 및 보호자는 상담과 교육을 국가 또는 지방자치단체로부터 제공받을 수 있고, 가족의 경제적 수준이 일정 소득 이하의 가족인 경우에는 국가와 지방자치단체로부터 여비 등 실비를 지급받을 수 있다. 이런 법적 조치는 위기청소년을 상담하는 데 장애가 되는 요소들을 최소화하기 위한 노력의 일환이라는 점에서 매우 의미가 있다.

(3) 학교밖청소년에 대한 상담과 교육

학교밖청소년에게 제공하는 상담과 교육에 대해서는 「학교밖청소년 지원에 관한 법률」 제8조(상담지원), 제9조(교육지원)에 명시하고 있다. 이에 대해서는 앞에서 이미 언급한 바와 같다. 이 경우 학교밖청소년에 대한 상담지원을 학교밖청소년지원센터를 통해 실시하도록 시행규칙 제3조에 1항5)에 명시함으로써 역할을 명료화하고 있다.

2) 지역사회기반 청소년상담지원체계

「청소년복지지원법」 제4장에는 '지역사회청소년통합지원체계'에 관한 내용이 명시되어 있다. 이 지원체계가 일종의 지역사회기반 청소년상담의 모형이다. 지역사회 청소년 통합지원체계는 사업명으로는 '청소년안전망(舊 CYS-Net)'으로 불린다. 명칭에서도 이미 드러나 있듯이 '지역사회청소년통합지원체계'는 지역사회를 기반으로 청소년에게 통합서비스를 제공하기 위한 시스템이다. 청소년안전망은 「청소년복지지원법」에서 정하는 바에 따라 지역 내 청소년을 효과적으로 상담할 수 있는

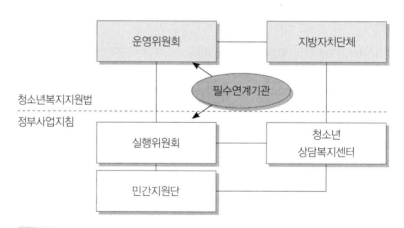

그림 3-2 지역사회청소년통합지원체계의 구조(노성덕, 2017, p. 12 재구성)

---

5) 「학교밖청소년 지원에 관한 법률」 시행규칙 제3조 ① 국가 및 지방자치단체는 법 제8조 제1항에 따른 상담을 학교밖청소년과 그 가족 또는 보호자에게 법 제12조에 따른 학교밖청소년지원센터를 통하여 실시한다.

지원체계로서의 기능을 수행하는데, 지방자치단체에서 구축하고 운영하도록 법에 명시하고 있다. 특히, 구축과 운영의 구체적 내용으로써 운영위원회 구성 및 운영을 지방자치단체 업무로 규정해 놓았는데, 지역의 위기청소년에 대한 지원을 지방정부가 책임지도록 하고 있다는 점이 특징이라고 할 수 있다.

법의 내용을 조금 더 살펴보고자 한다. 「청소년복지지원법」 제9조는 지방자치단체에서 '구축 및 운영'을 하도록 명시하고 있고, 동법 시행령 제4조에는 '필수연계기관'과 '필수연계기관 협력 의무사항' 등을 명시하고 있다. 법에 명시된 필수연계기관은 청소년상담복지센터, 복지지원시설, 지방자치단체, 교육청 및 교육지원청, 학교, 청소년단체, 청소년비행예방센터, 경찰청과 경찰서, 지방고용노동관서, 공공보건의료기관, 보건소, 청소년지원시설, 학교밖청소년지원센터, 보호관찰소 등이다. 이들 필수연계기관은 지역 내 위기청소년에게 통합적인 서비스를 제공하기 위해 협력해야 한다. 이들 필수연계기관들은 지역사회청소년통합지원체계 운영을 담당하고 있는 지역 청소년상담복지센터에 〈표 3-10〉의 내용과 같은 내용을 협력하도록 법에 명시하고 있기 때문이다. 청소년상담복지센터도 필수연계기관에 포함되어 있으나, 협력의무사항에는 포함되어 있지 않다. 이것은 청소년상담복지센터가 위기청소년에 대한 통합지원이 가능하도록 하는 청소년안전망의 허브기관이기 때문이다.

〈표 3-10〉 지역사회청소년통합지원체계 필수연계기관 및 협력 의무사항(시행령 제4조)

필수연계기관	협력 의무사항
지방자치단체	통합지원체계의 활성화를 위하여 필수연계기관의 활동을 상호 연계하거나 협력을 촉진하기 위한 조치의 추진
교육(지원)청	관할 지역 안의 학교폭력, 학업중단 등 위기상황에 처한 학생에 대한 상담지원 의뢰 및 학교 내 상담활성화를 위한 협조
각급 학교	해당 학교의 학생이 학교폭력 등 위기상황, 학교부적응 등의 사유로 결석하거나 자퇴를 희망하는 경우 또는 그 밖에 전문적인 상담서비스의 제공이 필요하다고 판단되는 경우 상담지원 의뢰
청소년비행예방센터	위기청소년에 대한 비행예방교육 및 상담활동 협조
경찰관서	가출 등으로 위기상황에 처한 청소년을 발견한 경우 보호 의뢰 및 긴급구조를 필요로 하는 위기청소년에 대한 구조 협조
지방고용노동관서	위기청소년에 대하여 직업훈련 또는 취업지원을 요청하는 경우 이에 대한 협조

공공보건의료기관	위기청소년에 대하여 진료 또는 치료지원을 요청하는 경우 이에 대한 협조
청소년복지 · 지원시설	청소년에 대한 일시 · 단기 또는 중장기적 보호 협조
학교밖청소년지원센터	위기청소년에 대하여 「학교밖청소년 지원에 관한 법률」 제12조 제2항에 따른 업무에 관한 지원을 요청하는 경우 이에 대한 협조
보호관찰소	보호관찰 청소년에 대하여 전문적인 상담복지서비스의 제공이 필요하다고 판단되는 경우 상담복지 지원 등의 의뢰

「청소년복지지원법 시행령」 제4조에 따라 교육청과 교육지원청, 각급 학교, 청소년비행예방센터에서는 상담을 필요로 하는 청소년에 대한 상담활동에 협조해야 한다. 그 외의 기관에서는 청소년상담과 지원을 위해 필요로 하는 서비스를 각 기관이 가진 자원을 활용하여 지원해야 한다.

경찰서에서는 위기청소년 구조, 지방고용노동관서에서는 취업지원, 공공보건의료기관에서는 치료지원, 청소년복지 · 지원시설에서는 일시~중장기석인 보호지원, 학교밖청소년지원센터에서는 〈표 3-5〉에 설명한 법률 제12조 제2항의 서비스를 제공해야 한다. 이러한 협력 의무사항을 통해 지역 내 위기청소년에게 종합적인 상담서비스를 제공하는 것이 지역사회청소년통합지원체계의 목적이다. 이런 내용을 법에 명시함으로써 위기청소년이 본인에게 적합한 서비스를 적시에 제공받을 수 있도록 돕게 되는 것이다.

이 외에 청소년안전망과 관련해서는 「청소년복지지원법」 제10조에 지역사회청소년통합지원체계 운영위원회, 동법 시행령 제4조 제2항에 지역사회청소년상담복지체계의 사업, 시행령 제5조에 운영위원회의 심의사항 등을 규정하고 있다. 특히 「청소년복지지원법」 제4조 제2항에 지역사회청소년상담복지체계의 사업을 명시하고 있는데[6], 이 사업들은 동법 시행령 제14조에 있는 청소년상담복지센터의 기능에 포함되어 있어서 실질적으로 사업을 청소년상담복지센터에서 수행하도록 하고

---

6) 시행령 제4조 제2항. 통합지원체계는 다음 각호의 사업을 수행한다.
  1. … 지역주민단체의 위기청소년 발견 · 보호 및 지원을 위한 활동지원
  2. … 상담전화 등의 설치 · 운영
  3. 청소년에 대한 상담, 긴급구조, 보호, 의료지원, 학업지원 및 자활지원 등의 서비스 제공

있다고 볼 수 있다. 이 내용은 이 책 5장에서 조금 더 자세하게 다루려고 한다.

3) 특정 상담사업과 법

(1) 청소년가출 예방 및 보호지원

가출청소년에 대한 상담에 대해서는 「청소년복지지원법」 제16조에 명시하고 있고, 동법 제31조 1호에는 '가출청소년에 대하여 가정·학교·사회로 복귀하여 생활할 수 있도록 일정 기간 보호하면서 상담·주거·학업·자립 등을 지원하는 청소년복지시설'로서 청소년쉼터 설치에 대해 명시하고 있다. 그리고 청소년쉼터 설치 기준은 별표에 명시되어 있지만 청소년쉼터가 제 기능을 수행하도록 하기 위해서는 법 조항이 좀 더 보강될 필요도 있다.

(2) 이주배경청소년에 대한 지원

이주배경청소년, 즉 다문화를 배경으로 하는 청소년에 대한 상담은 「청소년복지지원법」 제18조에 명시하고 있다. 그리고 동법 제30조에는 이주배경청소년 지원을 전담하는 청소년복지기관으로서 '이주배경청소년지원센터' 설립에 대해 명시하고 있고, 동법 시행령 제15조에는 기관의 업무가 명시되어 있다. 특히, 시행령 제15조 2호에는 '이주배경청소년과 그 부모에 대한 상담 및 교육'을 명시함으로써 청소년과 보호자에 대한 상담과 교육이 이루어지도록 규정하고 있다.

(3) 학업중단청소년지원사업

학업중단청소년지원사업은 「학교밖 청소년 지원에 관한 법률」에 내용이 규정되어 있다. 학업중단청소년지원사업은 하나의 법을 토대로 하기 때문에 법적인 측면에서 볼 때는 가장 안정적인 법적 근거를 가지고 있다고 할 수 있다. 학교밖청소년을 지원하기 위한 사업은 '상담지원'(법 제8조), '교육지원'(제9조), '직업체험 및 취업지원'(제10조), '자립지원'(제11조) 등으로 범주화하고 있고, 이 사업들은 학교밖청소년지원센터에서 수행하도록 명시하고 있다.[7]

(4) 인터넷 중독 청소년지원사업

인터넷 중독 청소년에 대한 상담은 「청소년보호법」에 근거를 두고 있다. 「청소년보호법」 제27조에는 인터넷게임 중독 등의 피해 청소년 지원에 관한 내용이 명시되어 있다. 시행령 제23조에는 인터넷게임 중독 등의 피해청소년을 지원하기 위하여 '인터넷게임 중독 여부 진단' '인터넷게임 중독 예방을 위한 교육·상담 및 프로그램 개발 운영' '인터넷게임 중독 청소년의 치료·재활을 위한 프로그램 개발 운영' '인터넷게임 중독 청소년의 치료·재활을 위하여 협력하는 병원 지정' '청소년상담사 등에 대한 인터넷게임 중독 전문상담 교육' 등을 실시하도록 명시하고 있다.

(5) 성폭력 피해 청소년상담

성폭력 피해 청소년을 상담하는 것은 「아동청소년 성보호에 관한 법률」에 근거를 두고 있다. 동법 제37조 및 시행령 제7조에는 성폭력 피해 아동청소년 등의 상담 및 치료에 대해 명시하고 있고, 제46조에는 상담시설에 대해, 제48조에는 교육 프로그램 운영 등에 대해 명시하고 있다.

(6) 학교폭력 피해자 및 가해자에 대한 상담

학교폭력 피해자 및 가해자에 대한 상담은 「학교폭력 예방 및 대책에 관한 법률」에 근거한다. 「학교밖청소년 지원에 관한 법률」이 학업중단청소년 지원에 대해 전반적으로 다루고 있다면, 「학교폭력 예방 및 대책에 관한 법률」은 학교폭력에 대해 명시하고 있는 특별법이다. 이 법 제16조에서는 피해학생에 대한 상담 및 지원에

---

7) 「학교밖청소년 지원에 관한 법률」 제12조 제2항 1호

관한 내용을 명시하고 있고, 법 제17조에서는 가해학생에 대한 조치에 관하여 명시하고 있다.

〈표 3-11〉 학교폭력 피해학생 보호 및 가해학생 조치 내용

구분	지원 내용
피해학생 보호 (법 제16조)	1. 심리상담 및 조언 2. 일시보호 3. 치료 및 치료를 위한 요양 4. 학급교체
가해학생 조치 (법 제17조)	1. 피해학생에 대한 서면사과 2. 피해학생 및 신고 · 고발 학생에 대한 접촉, 협박 및 보복행위의 금지 3. 학교에서의 봉사 4. 사회봉사 5. 학내외 전문가에 의한 특별교육 이수 또는 심리치료 6. 출석정지 7. 학급교체 8. 전학 9. 퇴학처분

(7) 보호관찰 대상청소년

보호관찰 대상청소년에 대한 상담지원은 「소년법」에서 언급하고 있다. 「소년법」 제32조의2에서는 보호관찰 처분에 따른 부가처분으로 3개월 이내의 기간을 정하여 '소년의 선도 · 교육과 관련된 단체 · 시설에서의 상담교육활동 등'을 명할 수 있도록 하고 있다. 비행청소년 또는 범법청소년에 대해서도 지역사회를 기반으로 하는 청소년상담기관이 개입할 수 있도록 한 것이다. 더 나아가 보호관찰 대상이 아닌 조건부 기소유예의 하나로 상담을 명시하고 있기도 하다. 「소년법」 제49조의3 제2호에서는 기소유예의 조건으로 법32조의2에서와 같은 내용의 상담을 받도록 할 수 있다고 명시하고 있다. 기소유예의 조건으로 상담을 명령할 수 있기 때문에 이를 근거로 청소년상담자에게 의뢰될 수 있다.

이처럼 청소년상담 관련 사업들은 각각의 법에 근거를 두고 있다. 「청소년기본법」이 제정된 이후 청소년상담 관련 사업들을 뒷받침하기 위해 여러 가지 법률이

제정되거나 개정되어 왔다. 이런 법제화 노력은 향후에도 계속되어야 하는데, 상담
전문가들은 청소년상담 관련 법률뿐만 아니라 전체 상담 영역에 대한 법률 제정 작
업에도 관심을 기울여야 할 것이다.

4) 청소년상담사업과 조례

조례(條例)란 지방자치단체가 어떤 사무에 관하여 법령의 범위 내에서 지방의회의
의결을 거쳐서 제정한 지방자치단체의 법이다. 지방자치단체에서 제정하는 조례와
규칙에 대해서는 「지방자치법」 제3장(제22~28조)에서 규정하고 있다. 국회에서 법을
제정한다면 지방의회에서는 조례를 제정하는 것이라고 이해하면 된다. 앞에서 지역
사회기반 청소년상담과 관련된 법에 대해 살펴보았다. 사실상 법은 국가 전체에 영향
을 미치기 때문에 대한민국 영토 안에서는 법에 따라 일이 진행되게 되어 있다.

하지만 지역사회의 특수성을 반영하여 예산을 수립하거나 지방지치단체가 적극
적으로 관심을 기울이도록 하는 데는 지역사회 내에서 효력을 발휘하는 조례 제정
도 필요하다. 청소년상담 관련 조례는 지방자치단체나 지방의회가 반드시 만들어
야 하는 의무사항은 아니다. 하지만 지방자치단체장이나 지방의회 의원들은 지역
사회의 요구에 민감하기 때문에 필요성을 인식하면 조례 제정을 위해 힘쓰게 된다.
이 필요성을 인식시켜야 하는 사람이 바로 지역사회를 기반으로 일하는 청소년상
담자이다.

지역별로 청소년상담과 관련하여 다양한 조례가 제정되고 있다. 대표적인 조례
를 예로 든다면 '학교밖청소년 지원에 관한 조례' '인터넷 중독 청소년 지원에 관한
조례' '청소년상담 종사자 처우 개선에 관한 조례' 등이라 할 수 있다.

- 「학교밖청소년 지원에 관한 법률」 → 학교밖청소년 지원에 관한 조례
- 「청소년보호법」 → 인터넷 중독 예방 및 치료에 관한 조례
- 「청소년기본법」 → 청소년상담사 복지 증진에 관한 조례
- 「청소년복지지원법」 → 지방상담사업에 관한 조례
- 「학교폭력 예방 및 대책에 관한 법률」 → 학교폭력 예방 및 학생 인권보호에 관한 조례

충청남도에서는 「청소년복지지원법」을 토대로 해서 2016년 9월 30일자로 '충청남도 청소년 사회심리적 외상에 관한 조례'를 제정하였다. 조례를 바탕으로 외상 긴급개입 매뉴얼을 개발하고, 260여 명의 외상개입 전문상담인력을 양성하였다. 경기도에서는 「청소년기본법」을 토대로 해서 '경기도 청소년상담사 등의 처우 및 지위향상에 관한 조례'를 제정하였다. 이 조례를 근거로 해서 2018년부터 경기도 내 모든 청소년상담자(청소년상담사, 청소년지도사, 청소년 관련 기관과 시설 종사자)들에게 처우 개선 수당을 지급하고 있다.

경기도 청소년상담사 등의 처우 및 지위 향상에 관한 조례안

제1조(목적) 이 조례는 경기도 내 청소년 상담복지업무에 종사하는 청소년상담사 등의 처우를 개선하고 그 지위를 향상하도록 지원함으로써 경기도 청소년복지 증진에 이바지하는 것을 목적으로 한다.

제2조(정의) 이 조례에서 사용하는 "청소년상담사 등"이란 다음 각호의 사람을 말한다.
1. 「청소년기본법」 제22조에 따라 자격을 부여받은 자로서 청소년시설 및 청소년단체에 배치되어 종사하는 자
2. 「청소년기본법 시행령」 제25조 제2항에 따른 청소년상담사 배치 대상 청소년시설에 종사하는 자

사진 3-4 경기도의회 조례의 예

출처: 경기도의회 홈페이지 자료실(www.ggc.go.kr)

3. 청소년상담 전문가와 법적 의무 조항

지역을 기반으로 일하는 청소년상담 전문가들은 내담자 보호와 관계가 있는 몇 가지 의무사항들을 법에 의해 요구받는다. 청소년상담자들은 내담자가 경험하였거나 현재 경험하고 있는 어려움들을 탐색하고 어려움을 극복할 수 있는 해결방법을 찾아가는 작업을 하기 때문에 본의 아니게 위법한 상황에 대해 인지하는 경우들이 있다. 그렇게 인지한 위법 상황 중에 청소년을 긴급하게 도와야 하는 것들에 대해서 신고의무를 법으로 규정하고 있고, 청소년을 상담하면서 청소년의 권익보호를 위해서 비밀유지의무, 개인정보보호의무 등을 법으로 강제하고 있다. 지역사회를 기반으로 일하는 청소년상담자들은 이에 대해 잘 알고 대처하는 것이 필요하다.

1) 신고의무 조항

(1) 범법사항에 대한 신고의무 조항

청소년상담자들은 학교폭력, 아동학대, 청소년 대상 성폭력, 청소년 근로침해 등을 보거나 그 사실을 알게 되었을 때 이를 신고하여야 할 의무를 부여받고 있다. 이 신고의무 사항들은 상담을 진행하는 도중에 알게 되면 법에 정해진 바에 따라 신고하여야 한다. 특히, 청소년상담복지센터 상담자, 청소년복지시설 종사자, 전문상담교사 등 교사, 아동보호전문기관 종사자 등은 법에 신고의무자로 지정되어 있다. 주요한 신고의무 내용은 〈표 3-12〉와 같다.

〈표 3-12〉 신고의무에 관한 관련 법 조항 요약

주제	소관 법률	신고의무 내용	미이행 시
아동학대	아동학대 범죄의 처벌 등에 관한 특례법	제10조 ② 다음 각 호의 어느 하나에 해당하는 사람이 직무를 수행하면서 아동학대범죄를 알게 된 경우나 그 의심이 있는 경우에는 <u>아동보호전문기관 또는 수사기관에 즉시 신고하여야</u> 한다.	제63조 500만 원 이하의 과태료

청소년 성폭력	성폭력방지 및 피해자보호 등에 관한 법률	제9조 19세 미만의 미성년자를 보호하거나 교육 또는 치료하는 시설의 장 및 관련 종사자는 … 피해자인 사실을 알게 된 때에는 즉시 수사기관에 신고하여야 한다.	제36조 2년 이하의 징역 또는 500만 원 이하의 벌금
	아동청소년 성보호에 관한 법률	제34조 ② 다음 각호의 어느 하나에 해당하는 기관·시설 또는 단체의 장과 그 종사자는 직무상 아동·청소년 대상 성범죄의 발생 사실을 알게 된 때에는 즉시 수사기관에 신고하여야 한다.	제67조 신고 미이행, 거짓 신고한 경우 300만 원 이하의 과태료
학교폭력	학교폭력 예방 및 대책에 관한 법률	제20조 ① 학교폭력 현장을 보거나 그 사실을 알게 된 자는 학교 등 관계기관에 이를 즉시 신고하여야 한다.	
청소년 근로침해	청소년기본법	제52조의2 ② 다음 … 직무를 수행하면서 청소년의 근로와 관련하여 … 노동 관계 법령의 위반 사실을 알게 된 경우에는 그 사실을 고용노동부장관이나 … 근로감독관에게 신고하여야 한다.	

만약 신고의무를 미이행했을 경우에는 과태료 또는 벌금과 징역형을 구형할 수 있도록 처벌에 대해서도 명시하고 있다. 신고의무 중 학교폭력과 청소년근로침해를 제외하고는 「아동학대와 청소년 성보호에 관한 법률」에서는 과태료, 「성폭력방지 및 피해자 보호 등에 관한 법률」에서는 2년 이하의 징역 또는 벌금을 부과하도록 규정하고 있다.

(2) 「부정청탁 및 금품 등 수수의 금지에 관한 법률」상 신고조항

위의 신고의무와는 성격이 다소 다르지만 일명 김영란법이라고 부르는 「부정청탁 및 금품 등 수수의 금지에 관한 법률(청탁금지법)」에서 강제하고 있는 신고의무도 준수해야 한다. 청소년상담기관이 공공기관으로 분류된 경우가 많은 데다가 상담자들이 만나는 내담자의 보호자가 공공 영역에 종사하는 경우도 많기 때문에 법을 잘 이해해야 한다.

① 부정청탁 신고

채용, 표창 심사, 계약 등에서 청탁을 받거나 청탁을 해서는 안 된다. 청탁을 받게 되는 경우 거절하는 의사를 명확히 밝히고, 청탁이 반복되는 경우 신고해야 한다.

제7조(부정청탁의 신고 및 처리) ① 공직자 등은 부정청탁을 받았을 때에는 부정청탁을 한 자에게 부정청탁임을 알리고 이를 거절하는 의사를 명확히 표시하여야 한다.
② 공직자 등은 제1항에 따른 조치를 하였음에도 불구하고 동일한 부정청탁을 다시 받은 경우에는 이를 소속기관장에게 서면(전자문서를 포함, 이하 같다)으로 신고하여야 한다.

② 수수 금지 금품 신고

특정인의 편의를 봐주기 위해 금품을 수수해서는 안 되고 제공해서도 안 된다. 금품을 제공한 경우, 또는 금품 수수를 하고 신고하지 않은 경우에는 3년 이하 징역 또는 3천만 원 이하의 벌금에 처하도록 법에 정하고 있다(법 제22조).

제9조(수수 금지 금품 등의 신고 및 처리) ① 공직자 등은 다음 각호의 어느 하나에 해당하는 경우에는 소속기관장에게 지체 없이 서면으로 신고하여야 한다.
1. 공직자 등 자신이 수수 금지 금품 등을 받거나 그 제공의 약속 또는 의사표시를 받은 경우
2. 공직자 등이 자신의 배우자가 수수 금지 금품 등을 받거나 그 제공의 약속 또는 의사 표시를 받은 사실을 안 경우

③ 외부강의 신고

지역사회를 기반으로 청소년상담활동을 하다 보면 협력 차원에서 강사비를 받는 외부강의 요청이 있다. 이 경우 강의 의뢰를 받고 난 후, 강의 실시 전에 사전 신

고하고 강사비 수수 제한을 준수해야 한다. 만약 부득이하게 사전 신고가 어려울 경우에는 강의 후 2일 이내에 신고하도록 하고 있다. 신고할 때 사례금 총액 등을 미리 알 수 없는 경우에는 해당사항을 제외한 사항을 신고한 후 해당 사항을 안 날부터 5일 이내에 보완해야 한다(시행령 제26조 제2항).

제10조(외부강의 등의 사례금 수수 제한) ① 공직자 등은 자신의 직무와 관련되거나 그 지위·직책 등에서 유래되는 사실상의 영향력을 통하여 요청받은 교육·홍보·토론회·세미나·공청회 또는 그 밖의 회의 등에서 한 강의·강연·기고 등(이하 '외부강의 등'이라 한다)의 대가로서 대통령령으로 정하는 금액을 초과하는 사례금을 받아서는 아니 된다.
② 공직자 등은 외부강의 등을 할 때에는 대통령령으로 정하는 바에 따라 외부강의 등의 요청 명세 등을 소속기관장에게 그 외부강의 등을 마친 날부터 10일 이내에 서면으로 신고하여야 한다. 다만, 외부강의 등을 요청한 자가 국가나 지방자치단체인 경우에는 그러하지 아니하다(2019. 11. 26. 개정).
시행령 제26조(외부강의 등의 신고) ② 제1항에 따른 신고를 할 때 상세 명세 또는 사례금 총액 등을 미리 알 수 없는 경우에는 해당 사항을 제외한 사항을 신고한 후 해당 사항을 안 날부터 5일 이내에 보완하여야 한다(2018. 1. 17. 개정).

※ 참고자료: 외부강의 등 사례금 상한액

(「부정청탁 및 금품 등 수수의 금지에 관한 법률 시행령」 별표2. 2018. 1. 17. 개정)

<u>외부강의 등 사례금 상한액(제25조 관련)</u>

1. 공직자 등별 사례금 상한액

가. 법 제2조제2호가목 및 나목에 따른 공직자 등(같은 호 다목에 따른 각급 학교의 장과 교직원 및 같은 호 라목에 따른 공직자 등에도 해당하는 사람은 제외한다): 40만 원

나. 법 제2조제2호다목 및 라목에 따른 공직자 등: 100만 원

다. 가목 및 나목에노 불구하고 국세기구, 외국정부, 외국대학, 외국연구기관, 외국학술단체, 그 밖에 이에 준하는 외국기관에서 지급하는 외부강의 등의 사례금 상한액은 사례금을 지급하는 자의 지급기준에 따른다.

2. 적용기준

가. 제1호가목 및 나목의 상한액은 강의 등의 경우 1시간당, 기고의 경우 1건당 상한액
   으로 한다.

나. 제1호가목에 따른 공직자 등은 1시간을 초과하여 강의 등을 하는 경우에도 사례금
   총액은 강의시간에 관계없이 1시간 상한액의 100분의 150에 해당하는 금액을 초과
   하지 못한다.

다. 제1호가목 및 나목의 상한액에는 강의료, 원고료, 출연료 등 명목에 관계없이 외부강
   의 등 사례금 제공자가 외부강의 등과 관련하여 공직자 등에게 제공하는 일체의 사례
   금을 포함한다.

라. 다목에도 불구하고 공직자 등이 소속기관에서 교통비, 숙박비, 식비 등 여비를 지급
   받지 못한 경우에는 「공무원 여비 규정」 등 공공기관별로 적용되는 여비 규정의 기준
   내에서 실비수준으로 제공되는 교통비, 숙박비 및 식비는 제1호의 사례금에 포함되
   지 않는다.

2) 개인정보보호에 관한 의무 조항

상담은 개인이 제공하는 정보에 기초하여 진행한다. 그 때문에 상담은 개인정보
수집과 관리에 영향을 크게 받는다. 개인정보란 '살아 있는 개인에 관한 정보로서
성명, 주민등록번호 및 영상 등을 통하여 개인을 알아볼 수 있는 정보를 의미하는
데, 해당 정보만으로는 특정 개인을 알아볼 수 없더라도 다른 정보와 쉽게 결합하여
알아볼 수 있는 것을 포함'한다.[8]

개인정보보호는 「개인정보보호법」에서 포괄적으로 다루고 있다. 「개인정보보
호법」은 개인정보의 의미, 개인정보 수집과 이용에서 지켜야 할 사항들을 규정하고
있고 이를 어겼을 경우의 조치 등을 담고 있다. 청소년상담자들은 내담자들로부터
개인정보를 습득하기 때문에 법을 잘 숙지하여 직무 수행에 차질이 빚어지지 않도
록 해야 한다.

---

8) 「개인정보보호법」 제2조

첫째, 개인정보를 수집하게 되는 경우 먼저 정보주체의 동의를 받아야 한다. 「개인정보 보호법」에는 정보 수집을 위해 반드시 정보를 제공하는 사람으로부터 동의를 받도록 하고 있다. 법 제15조 1항을 보면 '정보주체의 동의를 받은 경우'에 한해 개인정보를 수집하도록 하고 있다. 그래서 상담자는 정보를 얻고자 할 때 동의 구하는 것을 습관처럼 여길 필요가 있다. 하지만 불가피하게 정보를 수집해야 하는 상황에 대해서도 확인해 둘 필요가 있다. 위기에 처한 청소년을 지원하다 보면 정보 수집에 대한 동의를 구하기 어려운 상황도 발생하기 때문이다. 법 제 15조 제1항에는 정보 수집에서 불가피한 경우에 대해서도 명시하고 있다. 이를테면, '법률에 특별한 규정이 있거나 법령상 의무를 준수하기 위하여 불가피한 경우' '정보주체와의 계약의 체결 및 이행을 위하여 불가피하게 필요한 경우' '정보주체 또는 그 법정대리인이 의사표시를 할 수 없는 상태에 있거나 주소불명 등으로 사전 동의를 받을 수 없는 경우로서 명백히 정보주체 또는 제3자의 급박한 생명, 신체, 재산의 이익을 위하여 필요하다고 인정되는 경우' 등이 그것이다.

가. 개인정보의 수집 · 이용 목적
나. 수집하려는 개인정보의 항목
다. 개인정보의 보유 및 이용 기간
라. 동의를 거부할 권리가 있다는 사실 및 동의 거부에 따른 불이익이 있는 경우에는 그 불이익의 내용

모든 상담기관에서는 내담자로부터 정보 수집과 이용에 대한 동의를 구하기 위하여 개인정보동의서를 구비하고 있다. 청소년상담자는 기관의 지침에 따라 개인정보 수집 및 이용에 대한 동의를 반드시 구하고 상담을 진행해야 한다.

개인정보 수집 · 활용 동의서

○○○청소년상담복지센터는 ○○○ 자치단체에서 설치(위탁) · 운영 기관으로서, 내담자의 심층상담과 프로그램의 원활한 연계를 위해 아래와 같이 정보제공 동의를 받고자 합니다.

1. 개인정보의 수집 항목 및 이용목적

　가. 수집항목

　　－「개인정보보호법」 제15조에 의거 이름, 나이(생년월일), 성별, 소속기관, 연락처, 보호자 연락처, 주소 등 청소년관련 정보

　　　□ 동의　　　□ 동의하지 않습니다.

　　－「개인정보보호법」 제23조 및 시행령 제18조에 의거 '건강', 「형의 실효 등에 관한 법률」에 따른 '범죄경력자료' 등 민감정보

　　　□ 동의　　　□ 동의하지 않습니다.

　나. 이용목적

　　－위기상황에 대한 개입 및 내담자의 심층상담

　　－청소년상담복지센터에서 운영 프로그램 연계

　　－재상담 요청에 따른 참고자료

2. 만 14세 미만 청소년의 정보제공에 관한 사항

법정 대리인 성명	(인 / 서명)
법정대리인 연락처	
법정대리인과의 관계	

3. 개인정보의 제3자 제공에 관한 사항

　－필요시 귀하로부터 제공받은 정보를 「청소년복지지원법 시행령」 제4조 4항의 필수연계기관(공공보건의료기관, 보건소, 지방고용관서, 경찰서 등)에 제공할 수 있음

　　□ 동의　　　□ 동의하지 않습니다.

4. 개인정보 보유 및 이용기간

　－취득한 정보는 상담완료일로부터 5년간 보관 및 보존, 보존기간 경과시 즉시 폐기

5. 개인정보 동의를 거부할 권리가 있으며, 동의 거부에 따른 서비스 제공에 관련 불이익이 없습니다.

상기 내용에 대해 설명을 충분히 숙지하였으며, 위 내용에 동의합니다.

　　　　　　　년　　　월　　　일

　　　　내담자:　　　　　　　(서명)

　　　○○○ 청소년상담복지센터 귀하

양식 3-1　개인정보 수집 · 활용 동의서의 예

출처:한국청소년상담복지개발원, 2016, p. 18.

둘째, 정보제공 주체가 만 14세 미만인 경우에는 내담자뿐만 아니라 법정대리인의 동의도 구해야 한다. 「개인정보보호법」 제22조 제5항에는 '만 14세 미만 아동의 개인정보를 처리하기 위하여 이 법에 따른 동의를 받아야 할 때에는 그 법정대리인의 동의'를 받도록 하고 있다. 이런 경우에 법정대리인의 동의를 받기 위하여 필요한 최소한의 정보 즉, 연락처와 성명 등은 법정대리인의 동의 없이 해당 아동으로부터 직접 수집할 수 있도록 하고 있다. 청소년상담의 대상은 9세부터 24세 및 그들의 법정대리인이다. 따라서 9세부터 13세까지도 성명, 전화번호, 생년월일, 주소 등 개인정보와 관련된 사항들을 다룰 수밖에 없기 때문에 개인정보동의서 양식에 법정대리인의 동의도 포함시켜야 한다.

셋째, 「청소년복지지원법」에 근거를 두고 청소년을 지원하는 청소년상담자는 상담에 필요한 민감정보와 고유식별정보를 처리할 수 있다. 「청소년복지지원법 시행령」 제8장 보칙, 제18조에서는 "여성가족부장관 및 지방자치단체의 장(… 여성가족부장관 및 지방자치단체의 장의 업무를 위탁받은 자를 포함한다)은 다음 각호의 사무를 수행하기 위하여 불가피한 경우 … 건강에 관한 정보, … 범죄경력자료에 해당하는 정보 및 … 주민등록번호, 여권번호 또는 외국인등록번호가 포함된 자료를 처리할 수 있다."라고 규정하고 있다. 이때 각호의 사무에는 '청소년에 대한 전문가 상담에 관한 사무' '위기청소년의 가족 및 보호자에 대한 상담 및 교육에 관한 사무' 등을 명시하고 있기 때문에 청소년상담자는 내담자에게 동의를 구하고, 필요한 경우 법정대리인의 동의를 구한 후 개인정보를 수집하고, 상담과 교육을 위한 목적에 한하여 사용할 수 있다.

3) 직무상 알게 된 내용에 대한 누설 금지 조항

청소년상담자는 직무상 알게 된 내용에 대하여 비밀을 유지할 의무를 부여받는다. 청소년상담을 실시하면서 직무상 알게 된 비밀을 누설할 경우 1년 이하의 징역 또는 1천만 원 이하의 벌금이 부과될 수 있다. 또한 청소년상담자로 일하면서 알게 되어 신고한 아동학대, 청소년성폭력, 학교폭력과 관련된 사항들에 대하여 비밀을 누설할 경우 징역 또는 벌금이 부과된다.

〈표 3-13〉 비밀을 누설하지 않을 의무에 관한 관련 법령 요약

주제	소관 법률	비밀누설 금지 내용	미이행 시
청소년 상담	청소년복지 지원법	제37조(비밀누설의 금지) 청소년상담원, 청소년상담복지센터, 이주배경청소년지원센터나 청소년복지시설에서 청소년복지 업무에 종사하거나 종사하였던 사람은 그 직무상 알게 된 비밀을 누설하여서는 아니 된다.	제43조 … 위반하여 비밀을 누설한 사람은 1년 이하의 징역 또는 1천만 원 이하의 벌금
아동학대	아동학대범죄의 처벌 등에 관한 특례법	제35조(비밀엄수 등의 의무) ① 아동학대범죄의 수사 또는 아동보호사건의 조사·심리 및 그 집행을 담당하거나 이에 관여하는 공무원, 보조인, 진술조력인, 아동보호전문기관 직원과 그 기관장, 상담소 등에 근무하는 상담원과 그 기관장 및 제10조 제2항 각호에 규정된 사람(그 직에 있었던 사람을 포함한다)은 그 직무상 알게 된 비밀을 누설하여서는 아니 된다.	제62조 ① … 비밀엄수 의무를 위반한 … 아동보호전문기관 직원과 그 기관장, 상담소 등에 근무하는 상담원과 그 기관장 … 3년 이하의 징역이나 5년 이하의 자격정지 또는 3천만 원 이하의 벌금
청소년 성폭력	성폭력방지 및 피해자보호 등에 관한 법률	제30조(비밀엄수의 의무) 상담소, 보호시설 또는 통합지원센터의 장이나 그 밖의 종사자 또는 그 직에 있었던 사람은 그 직무상 알게 된 비밀을 누설하여서는 아니 된다.	제36조(벌칙) … 비밀엄수의 의무를 위반. 2년 이하의 징역 또는 500만 원 이하의 벌금
	아동·청소년 성보호에 관한 법률	제31조(비밀누설 금지) ② 제45조 및 제46조의 기관·시설 또는 단체의 장이나 이를 보조하는 자 또는 그 직에 있었던 자는 직무상 알게 된 비밀을 타인에게 누설하여서는 아니 된다.	제31조 ④ 위반한 자는 7년 이하의 징역 또는 5천만 원 이하의 벌금
학교폭력	학교폭력 예방 및 대책에 관한 법률	제21조(비밀누설 금지 등) ① 이 법에 따라 학교폭력의 예방 및 대책과 관련된 업무를 수행하거나 수행하였던 자는 그 직무로 인하여 알게 된 비밀 또는 가해학생·피해학생 및 제20조에 따른 신고자·고발자와 관련된 자료를 누설하여서는 아니 된다.	제22조 … 위반한 자는 1년 이하의 징역 또는 1천만 원 이하의 벌금

청소년상담자들은 다양한 사례를 접하게 된다. 특히, 사례 중에는 사회적으로 이슈가 되는 유형도 상당히 포함되어 있다. 이 때문에 간혹 언론사나 감독기관으로부터 홍보를 목적으로 사례를 제출할 것을 요구받을 때도 있다. 물론 청소년상담을 더 많은 사람에게 제공하기 위하여 홍보는 필요하다. 하지만 그 홍보내용이 「개인정보보호법」을 위반한다면 처벌을 면하기 어렵다. 따라서 「개인정보보호법」에 따라 정보주체에게 구체적인 설명과 함께 동의를 구하고 그에 적합하게 활용해야만 한다. 당연히 정보주체와 법정대리인이 동의하지 않는 경우에는 정보가 제공되거나 활용되어서는 안 된다.

학습을 위한
질문과 과제

※ 상담자와 법

1. 청소년상담 영역에 법이 미치는 영향은 무엇인가?

2. 청소년상담자가 법을 이해해야 하는 이유에 대해 당신 생각을 말해 보라.

※ 지역사회기반 청소년상담과 법

1. 우리나라에서 시행되고 있는 법률은 어느 사이트에 가면 확인힐 수 있나?

2. 컴퓨터나 스마트폰을 활용하여 법제처를 검색하고 사이트에 접속하라.
   • 법제처 홈페이지 :

3. 지역사회기반 청소년상담과 관련된 법에는 어떤 것이 있는가?
   • 「청소년기본법」을 검색해 보라.
   • 「청소년복지지원법」을 검색해 보라.
   • 「청소년보호법」을 검색해 보라.
   • 「학교폭력 예방 및 대책에 관한 법률」을 검색해 보라.
   • 「학교밖청소년 지원에 관한 법률」을 검색해 보라.
   • 「초중등교육법」을 검색해 보라.
     ▶ 검색한 법률을 3단으로 열어 프린트해 보라. 그리고 형광펜으로 청소년상담과 관련된 조항에
       색을 칠해 가며 읽어 보라.

4. 위 3번 문항을 토대로 지역사회기반 청소년상담과 관련하여 현행법에 새롭게 추가하거나 수정해
   야 하는 내용이 있다면 무엇이 있을지 당신 견해를 말해 보라.

5. 각각의 상담활동이 법제화됨으로써 가지게 되는 장점과 단점에 대한 당신 견해를 말해 보라.

6. 당신이 일하고 있는 지역사회에서 청소년상담 관련 내용을 지방조례로 제정하는 것의 중요성에 대해 말해 보라.

7. 청소년상담자에게 법으로 부과되어 있는 신고의무 사안에 대해 설명해 보라.

8. 「개인정보보호법」이 청소년상담 전문가인 당신에게 어떤 점에서 장점이 되고 어떤 점에서 약점이 될지 생각해 보고 말로 표현해 보라.

9. 청소년상담자로 일하면서 습득하게 된 비밀사항을 누설했을 때 「청소년복지지원법」, 「아동청소년 성보호에 관한 법률」 등에서 어떤 징계가 내려지는지 말해 보라.

10. 폭력 가/피해청소년을 지원하고자 할 때 청소년상담자, 경찰, 전문상담교사 등이 각각의 법에서 강제하고 있는 비밀 준수사항들을 위배하지 않으면서 협력할 수 있는 방안을 고민해 보고 정리해서 발표해 보라.

4장

청소년상담자의 첫 작업:
지역사회 분석

1. 지역사회 특징 분석

이 책을 읽고 있는 당신이 대학원에서 상담전공으로 석사학위를 받았다고 가정해 보자. 상담실습 과정을 모두 마치고 자격증까지 취득한 당신은 지역사회 청소년상담기관에서 상담 전문가로 일하게 되었다. 지역 내 청소년들이 제대로 성장하도록 지원하고 싶은 열정이 충만한 당신이 지역사회를 기반으로 일하는 청소년상담자로서 가장 먼저 해야 할 일이 무엇일까? 다른 경우도 가정해 보자. 당신이 대학의 학생상담센터에서 일하다가 지역사회를 기반으로 하는 상담기관에 팀장으로 채용이 되었다. 지역사회에 채용된 청소년상담자로서 제일 먼저 무엇을 해야 할까? 이미 이 장의 제목에서 눈치챘을 것이라고 생각한다. 그렇다. 자신이 일할 지역사회를 정확하게 파악하고 이해하기 위해 구체적으로 분석을 시작해야 한다.

지역사회를 기반으로 일하는 청소년상담자가 지역사회를 이해하게 되면 지역 내 거주 청소년의 현황을 알게 되고, 지역에 적합한 청소년상담전략과 사업이 무엇인지를 결정할 수 있게 된다. 그리고 구성된 전략과 사업을 효율적으로 수행하기 위해 지역사회에서 어떤 전문가 또는 어떤 영역의 사람들과 협력해야 하는지를 정확하게 인지할 수 있다. 동시에 지역사회 현황을 토대로 더 효과를 가져올 수 있는 개입방법들을 구안해 낼 수도 있다. 청소년상담자가 지역사회를 기반으로 일정 기간 일하다 보면 누구보다 지역의 청소년 동향과 청소년문제, 지역 내 가용 자원, 지역에 필요한 정책사업과 시설 등에 대해 적시에 제언할 수 있는 해박한 전문가가 되기 마련이다. 그 기초가 지역사회의 특징을 정확하게 파악하여 아는 것이다.

지역사회를 기반으로 일하는 청소년상담자들의 이런 분석 노력은 경영학에서 가르치는 마케팅 전략과 유사하다. 경영학에서는 물건을 판매하기 위해서 고객을 정확하게 이해하는 것을 기본 중의 기본으로 삼고 있는데, 고객을 이해하려면 고객이 처한 환경과 상황에 능통해야 한다. 내 매장이 위치할 지역에 주로 거주하는 고객의 취향, 고객의 건강상태, 고객의 경제력, 고객의 최근 관심사, 고객의 염려, 고객의 성별과 연령과 종교 … 할 수 있는 한 모든 것을 분석해서 내가 가지고 있는 물건을 고객이 선택할 수 있도록 전략을 수립한다. 이런 디테일한 노력 없이 마케팅이 성공할 수 없다. 청소년상담자의 지역사회 분석도 이런 맥락에서 생각해야 한다.

1) 지리적 특징 이해하기

(1) 지역경계 확인하기

지역사회의 지리적 특징을 알기 위해 가장 먼저 확인해야 할 것은 지역의 경계다. 이것은 지역사회를 기반으로 하는 청소년상담자가 서비스를 제공해야 하는 지역의 영역이 어디까지인지를 알게 되는 것을 의미하기도 한다.

여기 '소망시(所望市)'라는 가상의 도시가 있다. 당신은 소망시에 설치되어 있는 '소망시청소년상담복지센터'에서 청소년상담자로 일하게 되었다. 그렇다면 당신은 소망시가 어디부터 어디까지인지, 도시의 경계는 어느 도시와 인접해 있는지를 알아야 한다. 만약 소망시교육지원청 위센터에서 일하는 청소년상담자라면 소망시교육지원청이 서비스 대상으로 하는 학교들이 어디에 위치해 있는지를 확인하는 것이 필요하다.

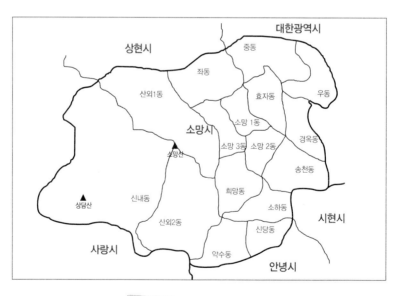

그림 4-1 소망시의 지역경계

[그림 4-1]은 소망시 지도다. 이 지도를 보면 소망시의 청소년상담기관에서 일하는 청소년상담자가 서비스를 제공해야 하는 지역이 어디까지인지를 알 수 있다. 그리고 도시의 각 경계가 되는 지역이 어느 도시와 닿아 있는지 확인할 수 있다. 이와 같은 기본 정보는 도시 주변에 거주하는 청소년을 상담하다가 위기상황이 발생했을 경우 어느 도시의 청소년상담기관과 긴급하게 협력해야 하는지를 결정하는 데 도움이 된다.

(2) 지역사회를 권역으로 이해하기

지역의 경계를 이해하면서 동시에 지역 내 지리적, 문화적 특징을 파악하는 것도 필요하다. 청소년상담자인 당신은 소망시의 지리적, 문화적 특성을 조사했다. 그리고 오래전부터 형성되어 온 도시의 역사가 문화적 특성에 어떤 영향을 미쳤는지 연구했다. 그 결과를 토대로 [그림 4-1]의 소망시를 [그림 4-2]와 같이 권역으로 나누었다. [그림 4-2]를 보면 소망시는 구 도시, 신도시, 산간 지역으로 크게 나뉨을 알 수 있다.

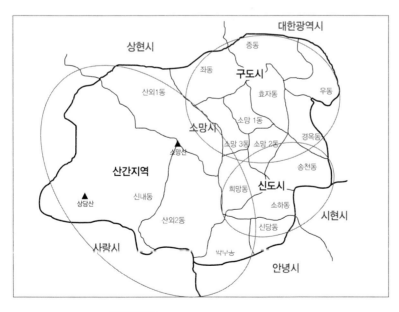

그림 4-2 소망시의 지리적 특징 분석

구 도시는 과거 소망시의 중심이었던 지역이다. 신도시는 지방자치단체에서 최근 10여 년 동안 발전시켜 온 지역이다. 산간 지역은 소망산과 상담산을 중심으로 하는 지역이다. 이러한 권역 구분은 청소년상담자가 지역을 한눈에 파악하는 데 도움이 된다.

앞에서 언급한 바와 같이 이렇게 권역별로 구분한 기준은 소망시의 지리적, 문화적 특성에 따른 것이다. 따라서 각각의 권역은 권역별로 공통문화를 형성하고 있고, 타 권역과는 다른 특성을 가지고 있는데, 이러한 특성을 이해하는 것도 지역사회의 특징을 이해하는 데 도움이 된다.

[그림 4-2]를 토대로 소망시의 권역별 청소년문제 양상을 가정해 볼 수 있다. 이것은 당신이 소망시와 관련하여 조사하고 연구했던 자료들을 망라하여 각각의 권역으로부터 도출한 특징이다.

■ 구 도시 권역

구 도시 지역에는 낮은 전통가옥과 시장, 그리고 좁은 골목들이 많습니다. 경제적으로 신도시에 비해 낙후되어 있으며, 가정의 재정문제로 부부갈등과 가정폭력 등의 발생 비율이 높고, 가정해체로 인한 가족의 구조적 결손이 많이 나타납니다. 이에 따라 학업중단 청소년 발생률이 높고, 폭력 가·피해 등 청소년 비행과 관련된 문제가 많이 발생합니다. 최근 들어서는 시장 인근에 형성되어 있는 쪽방촌을 중심으로 가출청소년들이 근로청소년과 팸을 형성하는 경향이 나타나고 있습니다.

■ 신도시 권역

신도시 지역은 소망시 전체의 경제적 부가 편중된 곳입니다. 부모의 학력이 상대적으로 높고 직업이 안정되어 있고 자녀교육에 대한 관심도 높습니다. 신도시 지역에는 대규모 아파트 단지와 백화점, 극장과 스포츠센터 등 문화시설, 청소년 이용시설이 들어서 있고 학부모의 교육열을 반영하듯 학원가가 밀집해 있습니다. 하지만 부모들이 자녀들의 성적에 필요 이상의 압박을 가해서 청소년들이 학업으로 인한 스트레스를 경험하고 있으며 그 결과 자살위험청소년 발생률이 높습니다. 올해도 공식적으로 3건의 자살사건이 보고되었으나, 사고사로 기록된 것까지 포함한다면 최소 8명의 청소년이 자살을 감행한 것으로 보입니다.

산간 지역은 인구가 상대적으로 적고, 노령인구 비율이 타 지역보다 높으며, 청소년들이 이용할 수 있는 시설이 부족합니다. 노령인구 비율이 높으면서 동시에 조손가정과 다문화가정이 많습니다. 이 때문에 청소년 수는 적지만 지원이 더 필요한 취약계층 내지 잠재위기청소년의 비율이 다른 지역보다 높습니다. 특히, 학습부진이나 학습장애를 가진 청소년들이 상대적으로 많이 발견됩니다. 최근에는 가정에서의 보호 기능 약화로 인해 인터넷과 스마트폰 중독 청소년 발생률이 높아지고 있습니다.

이렇게 지역적 특징을 이해하게 되면 같은 소망시라 하더라도 권역에 따라 어떤 유형의 청소년상담서비스가 준비되고 제공되어야 하는지를 고려해 볼 수 있다. 이런 정보는 소망시에서 청소년상담자로 일하는 당신에게 매우 중요한 지식이 된다. 왜냐하면 지역사회를 기반으로 일하는 청소년상담자는 지역의 특성에 맞는 서비스를 제공할 수 있어야 하기 때문이다. 지역의 특성에 맞는 서비스를 제공한다는 것은 결국 고객인 지역사회 청소년의 요구에 부합하게 서비스를 준비하여 제공한다는 것인데, 지역을 이해해야만 이것이 가능하다. 당신이 청소년상담자로서 지역을 이렇게 이해하고 있다면 당신의 긍정적인 영향력은 지역사회 구석구석에 미칠 것이다.

2) 청소년 밀집지역 분석

청소년 밀집지역이란 청소년들이 빈번하게 모여서 활동하거나 놀거나 교류하는 지역을 일컫는 말이다. 지역 특성을 권역별로 파악하다 보면 청소년 밀집지역에 대한 정보를 자연스럽게 습득하게 된다.

청소년들이 모이는 시간대는 대체로 평일 늦은 오후부터 저녁시간, 그리고 주말과 휴일이다. 아무래도 대부분의 청소년이 학교에 재학중이기 때문이다. 소망시에서 청소년들이 주로 모이는 밀집지역을 표시한 것이 [그림 4-3]이다. [그림 4-3]을 보면 소망시에서 청소년 밀집지역은 구 도시 지역인 우동과 대한광역시와의 경계(A), 구 도시 지역의 중심지인 소망1동(B), 신도시 지역인 송천동(C)에 형성되어 있음을 알 수 있다. 청소년상담자인 당신은 습득한 정보를 토대로 각각의 밀집지역에서 드러나는 청소년문제를 설명할 수 있다.

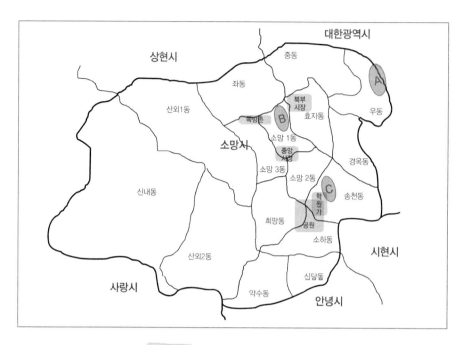

그림 4-3　소망시 청소년 밀집지역

'A 밀집지역'은 대한광역시와의 경계지역으로 두 도시의 문화가 공존하면서도 양쪽 지역 청소년들 간 갈등이 표출되어 폭력사건이 자주 발생하는 곳입니다. 그리고 양 지역 청소년들 중 비행조직이 연계되어 범법행위 및 일탈 등의 문제가 빈번하게 일어납니다. 따라서 비행청소년 선도 프로그램 또는 회복적 보호지원사업이 A 밀집지역 내 청소년과 보호자의 요구에 적합합니다.

'B 밀집지역'은 중앙시장과 북부시장이 연결되는 곳으로 인근에 쪽방촌이 형성되어 있기 때문에 가출과 학업중단문제가 두드러지게 나타납니다. 따라서 B 밀집지역엔 청소년 드롭인센터와 청소년쉼터, 그리고 학교밖청소년지원 프로그램이 유용합니다.

'C 밀집지역'은 신도시에 형성된 학원가로 인해 야간과 주말에 학원에 등록한 청소년이 모이는 지역입니다. C 밀집지역은 학업으로 인한 스트레스 때문에 돌발적인 자살시도, 중독 등의 문제가 빈번하게 나타납니다. 따라서 정신건강과 스트레스 관리 프로그램, 놀이치료와 긴급위기개입이 다른 지역에 비해 더 요구됩니다.

이렇듯 청소년 밀집지역에 대한 정보는 지역사회를 기반으로 하는 청소년상담을 효율적으로 수행하는 데 중요한 기초정보가 된다. 소망시에서 정책적 의사결정 권한을 많이 가진 누군가가 청소년상담자인 당신에게 "지역사회에 적합한 청소년 사업을 제안하면 예산을 지원하겠다."라고 한다면, 지역사회의 특징을 기반으로 수월하게 새로운 사업을 론칭할 수 있다.

2. 지역사회 청소년 현황 분석

지역사회를 기반으로 일하는 청소년상담자는 지역 내 청소년들을 구체적으로 이해하는 데 노력을 기울일 수밖에 없다. 지역사회를 기반으로 상담서비스를 제공하기 위해서는 지역사회의 지리적·문화적 특성뿐만 아니라, 최종 수혜자인 청소년이 어떤 특성을 가지고 있는지를 알아야 하기 때문이다.

청소년상담자는 제일 먼저 지역사회 내에 이미 구축되어 있는 기존 정보들을 활용한다. 그리고 지역사회 내 청소년의 동향을 보다 더 심층적으로 분석하기 위하여 실태조사를 하고 그 결과를 토대로 세미나와 포럼을 개최하고 보고서를 출간한다. 실태조사는 '위기청소년 실태조사', 지역 내 '청소년 생활 실태조사' 등과 같이 종합적인 설문조사를 실시하는 것이 보통이다. 하지만 특정 문제의 동향을 분석하기 위하여 '학교폭력 실태조사' '인터넷·스마트폰 이용 실태조사' '자살생각에 대한 조사' 등을 진행하기도 한다. 자료조사와 실태조사는 지역 내에서 시급하게 개입을 요하는 청소년의 규모를 추정하는 데 도움이 된다. 지역사회를 기반으로 일하는 청소년상담자가 이런 조사를 통해 자기 지역 내 고객의 규모와 요구하는 서비스, 더 개발되어야 하는 사업을 탐색해 낼 수 있다면 효율적이면서도 효과적으로 지역사회 내 청소년들을 위해 일할 수 있다.

1) 각종 자료 수집

(1) 기존 정보 활용

지역 내 청소년 현황을 파악하는 것은 완전히 새롭게 데이터를 만들어 내는 것은 아니다. 이미 구축되어 있는 정보들이 있기 때문이다. 따라서 우선적으로 이를 최대한 활용하는 것이 좋다. 각각 활용할 수 있는 정보의 예는 〈표 4-1〉과 같다.

<표 4-1> 소망시 청소년 현황 자료 출처

영역		자료 출처
일반	소망시 인구 현황 (청소년 인구)	통계청 사이트, 소망시청 홈페이지
	소망시 학생 현황	교육통계, 소망시교육지원청 홈페이지
취약	수급 대상, 차상위 계층 가정	소망시청 사회복지과 등
	저소득 모부자 가정	소망시청 여성과 등
	소년 소녀 가장, 시설 입소 청소년	소망시청 청소년과 · 사회복지과 등
비행	가출청소년, 촉범 입건 등	소망시경찰서 여성청소년팀 등
	보호관찰 대상청소년 등	소망시보호관찰소 등
	학교폭력 가해학생 현황	소망시교육지원청 초 · 중등교육과 등
위기	학교폭력 피해학생 현황	소망시교육지원청 초 · 중등교육과 등
	아동학대 피해	소망시아동보호전문기관
	학업중단청소년 현황	소망시교육지원청 초 · 중등교육과 등
	부적응, 정신건강, 자살생각 현황	소망시청소년상담복지센터 설문조사 자료
	인터넷 중독 현황	여성가족부, 미래창조과학부 조사 자료

자료를 다룰 때는 「개인정보보호법」을 위반하지 않도록 각별히 주의해야 한다. 따라서 서비스를 제공하고자 하는 목적에 맞도록 자료를 가공하고, 확보하고자 하는 자료에 개인정보가 포함된다면 청소년 당사자(14세 이상), 청소년 및 보호자(14세 미만)의 동의를 구하는 것을 잊지 않아야 한다.

경제적 빈곤에 처한 가정의 청소년 현황, 보호가 필요한 청소년 현황, 범죄에 노출되어 있거나 학교를 그만둠으로써 공교육의 보호체계에서 이탈하게 된 청소년 현황 등은 특히 민감하게 다루어야 한다. 자료를 생성해서 보유하고 있는 공공기관에 협조를 요청하는 경우에도 법에 맞게 절차를 잘 따르는 것이 중요하다. 다시 강조하지만 수집된 자료는 청소년과 보호자가 동의한 목적 외에 다른 용도로 사용되거나 공유되어서는 안 된다.

(2) 실태조사

지역 내 청소년들이 경험하는 위기 유형을 파악하는 데 유용한 방법 중 하나가 실태조사다. 〈표4-1〉에서 보는 바와 같이 취약 등 외형적으로 드러난 청소년 현황은 다양한 기관으로부터 제공받을 수 있다. 하지만 청소년들이 혼자서 경험하는 주관적인 고민들은 정확하게 인지하기가 어렵다. 따라서 청소년상담자들은 지역 내 청소년들이 겪는 갖가지 어려움들, 즉 자살시도경험, 가출경험, 학교폭력 가해 및 피해경험, 음주나 흡연 실태, 최근 스트레스를 주는 상황들, 인터넷 및 스마트폰 이용 실태 등에 대해서 정기적으로 실태조사를 실시하고 추이를 분석할 필요도 있다.

실태조사는 지역 내 청소년들의 현황을 짧은 시간 내에 파악할 수 있도록 해 준다. 그뿐 아니라, 실태조사 결과가 수년 동안 누적되면 그 지역의 청소년문제 추이를 분석하여 미래를 예측하는 빅데이터로 활용할 수도 있다.

2) 지역사회 내 서비스 대상청소년 추정

앞에서는 청소년 현황 분석을 위헤 필요한 자료를 수집하는 것에 대해 기술하였다. 이제 청소년상담자가 일하는 지역사회 내 위기청소년을 추정하는 방법에 대해 설명하고자 한다.

청소년상담자가 필요로 할 때마다 지역사회 내 위기청소년을 정확하게 파악할 수만 있다면 가장 이상적일 것이다. 하지만 지역사회 내 위기청소년이 각 영역별로 얼마나 있는지는 인구조사하듯 세밀히 파악하기는 어렵다. 따라서 앞에서 언급한 기존 자료나 지역의 청소년을 대상으로 실시한 실태조사 결과 이외에도 다른 자료를 더 추가로 활용하게 된다.

활용할 만한 다른 자료 중 대표적인 것이 정부나 신뢰로운 연구기관 및 단체 등에서 발표한 위기 또는 문제 영역별 청소년 비율이다. 이 자료를 자신이 일하고 있는 지역사회에 적용해 볼 수 있다. 이 방법은 특정 지역사회에 맞아떨어지는 데이터를 구할 수 없다는 한계 때문에 정확도는 떨어질 수 있으나, 대략적인 추정치를 구하는 데는 용이하다. 그리고 앞에서 언급한 대로 해당 지역의 각 기관으로부터 수집한 자료와 실태조사 결과를 함께 종합하여 대상청소년을 추정할 수 있다.

(1) 청소년 인구 현황 파악

대상청소년 추정에 앞서 먼저 지역사회 인구 현황에 대해 알아야 한다. 가상의 도시인 소망시를 예로 청소년 인구를 추계해 보고자 한다. 소망시의 전체 인구는 51만 명이다. 51만 명 중 청소년이 몇 명인지를 제시하려면 청소년 연령이 어떻게 되는지 알아야 한다. 청소년 연령은 이 책 3장에서 기술한 바와 같이 법에서 두 가지로 제시하고 있다. 일반적으로 청소년 연령을 이야기할 때는 「청소년기본법」을 따른다. 「청소년기본법」상 청소년은 9~24세다. 〈표 4-2〉를 보면 9~24세에 해당하는 인구는 전체의 24%인 12만 명이다. 12만 명 중 남자청소년이 6만 2천 명, 여자청소년이 5만 8천 명이다. 이 24%가 지역사회를 기반으로 일하는 청소년상담 전문가의 직접적인 고객이라고 할 수 있다.

〈표 4-2〉 소망시 인구 개황 (단위: 명)

구 분	남	여	계
9세 미만	32,000	38,000	70,000
9~24세	62,000	58,000	120,000
25세 이상	150,000	170,000	320,000
합 계	244,000	266,000	510,000

위에서 언급한 12만 명은 「청소년기본법」에서 정하고 있는 청소년 연령에 해당하는 인구다. 그런데 「청소년보호법」에서는 「청소년기본법」과 다르게 19세 이하로 청소년 연령을 규정하고 있다. 「청소년보호법」은 보호가 필요한 청소년에 대한 법이기 때문이다. 실제로 20세 이상의 대학생 또는 근로자를 보호 대상으로 규정하는 데는 무리가 있다. 자칫 '보호'가 '자율권 침해'와 충돌할 가능성이 있기 때문이다. 그래서 「청소년기본법」과 「청소년보호법」에서 규정한 연령을 고려하여 〈표 4-3〉과 같이 전기 청소년과 후기 청소년으로 재정리했다.

〈표 4-3〉 소망시 청소년 인구 현황 (단위: 명)

구분		남	여	계	주요 이슈
9~19세 이하 전기 청소년	초등학생	18,800	17,800	36,600	친구관계, 학교적응, 훔치기
	중학생	11,500	10,500	22,000	비행, 학교폭력, 진학
	고등학생	11,000	10,800	21,800	진로(진학), 정신건강, 성격
	취업	170	150	320	근로(아르바이트)
	학업유예/중단	580	500	1,080	진학, 취업, 적응
	소계	42,050	39,750	81,800	
20~24세 이하 후기 청소년	대학생	3,200	3,400	6,600	진로(취업), 대인관계, 적응
	군복무, 유학	3,900	900	4,800	대인관계, 진로
	취업	8,000	8,000	16,000	직장적응
	미진학/ 미취업 등	4,800	6,000	10,800	취업, 정신건강
	소계	19,900	18,300	38,200	
합 계		62,000	58,000	120,000	

「청소년기본법」과 「청소년보호법」을 고려하여 소망시 청소년을 19세 이하(전기 청소년)와 20세 이상(후기 청소년)으로 구분하고, 학교에 재학 중인 경우와 아닌 경우로 구분했다. 그리고 각 학령별, 재학 유무별로 주요하게 호소하는 문제들을 표에 정리했다. 〈표 4-3〉을 보면 19세 이하 청소년의 경우 학교에 재학 중인 청소년이 80,400명이고, 학업중단과 취업 중인 청소년이 1,400명이다. 20세 이상에서는 미진학 및 미취업이 10,800명이며, 취업 16,000명, 대학 및 군복무, 유학 등이 11,400명이다. 이들 청소년들이 학령기 또는 재학 유무에 따라 친구관계, 적응, 대인관계, 정신건강, 취업 등 주요하게 호소하는 문제가 달라짐을 확인할 수 있다.

〈표4-3〉과 같은 정보는 청소년상담자가 지역 내 청소년 동향을 파악하기 위한 기본 자료가 된다. 하지만 이 자료는 비교적 파악이 수월한 것들이다. 이 자료만으로 실제 청소년상담자의 도움을 필요로 하는 대상자를 추계하는 것은 매우 한계가 있다.

(2) 선행연구된 청소년 비율을 활용하여 위기청소년 추정하기

지역 내 청소년과 가족, 지도자 등은 청소년상담자의 주요 서비스 대상이다. 하지만 누구보다 도움을 필요로 하는 직접적인 대상은 문제를 경험하고 있는 청소년과 가족이다. 따라서 지역사회를 기반으로 일하는 청소년상담자는 지역 내 직접적인 서비스 대상을 추정하고 대책을 마련하는 것에 관심을 가지게 된다.

지역 내에서 위기청소년을 추정하는 방법 중 하나가 기존에 이미 발표된 통계치를 지역사회에 적용하는 것이다. 예를 들어, 청소년상담복지정책을 총괄하는 정부 부처에서는 2010년에 위기청소년 추계 비율을 제시한 바 있다. 이 비율을 하나의 기준으로 해서 지역 내 위기청소년을 추계할 수 있다. 그런 방법으로 가상도시인 소망시의 위기청소년을 추정한 것이 〈표 4-4〉이다. 이것은 하나의 예시이기 때문에 2010년 비율을 사용한 것이다.

2010년 정부의 추정 비율을 보면 초등학생 이하 9세에서 12세까지는 상대 빈곤을 위기청소년의 기준으로 하였고, 중·고등학생에 해당하는 연령의 청소년은 위기수준을 고위기 2.5%, 잠재위기 8.1%로 제시했다. 이 비율을 소망시에 적용하면 서비스 대상청소년을 추정하는 것이 가능하다.

〈표 4-4〉 소망시 서비스 대상 19세 이하 청소년 추정치

구분	청소년 수 (9~19세)	9~13세		14~19세				위기 지원 대상 ⓐ+ⓑ
		청소년 수	ⓐ 서비스 대상 (상대 빈곤)	청소년 수	서비스 대상(위기수준)			
					고위기	잠재위기	합계ⓑ	
2010년 정부의 추정 비율		8.4%			2.5%	8.1%	10.6%	
전국	7,000,000	3,000,000	252,000	4,000,000	100,000	324,000	424,000	676,000
소망시	81,800	36,800	3,091	45,000	1,125	3,645	4,770	7,861

〈표 4-4〉를 보면 전국 9~13세 청소년의 상대빈곤율은 8.4%로 252,000명이 여기에 해당된다. 이 비율을 소망시에 적용하면 13세 이하 청소년 36,800명 중 3,091명을 서비스 대상자로 추정할 수 있다. 14~19세 청소년의 경우 전국적인 위기수준은

고위기 2.5%, 잠재위기 8.1%이다. 이를 소망시에 적용하면 4,770명을 대상청소년으로 추정할 수 있다. 전국에 위기청소년이 676,000명이라면 소망시에는 7,861명의 서비스 대상청소년이 있는 셈이다.

이처럼 서비스 대상청소년을 추정하는 것은 지역사회 청소년상담기관에서 어느 정도의 청소년에게, 어떤 방법으로 서비스를 제공할 것인지를 기획하는 데 중요한 기초자료가 된다.

(3) 기존 데이터와 실태조사 자료를 활용하여 시급한 서비스를 필요로 하는 청소년 추정하기

위에서 언급한 소망시의 서비스 대상청소년 7,861명은 정부 부처에서 발표한 위기청소년 추계 비율에 맞추어 산출해 낸 추정치다. 그런데 간혹 특정 지역, 이를테면 소망시와 같은 특정 지역은 위기청소년 출현 양상이 전국적인 표준과 다르게 나타날 수도 있다. 그렇다면 다른 방법으로 소망시에서 청소년상담을 긴급하게 필요로 하는 대상청소년을 추계해 볼 수 있을까?

정부나 신뢰로운 기관 및 단체에서 발표한 위기청소년 비율을 활용할 뿐만 아니라, 지역 내에서 청소년을 다루는 조직이 생성해 낸 자료와 실태조사 결과 등을 종합하여 서비스 대상인 위기청소년을 추정할 수 있다.

〈표 4-5〉 기존 자료로부터 수집한 대상청소년

분류	자료 출처	산출 근거	인원
수급 대상 가정 청소년	소망시청 사회복지과	시청등록 수	920명
시설 입소 청소년		그룹홈 등 입소 수	810명
차상위 계층 가정 청소년		시청등록 수	2,120명
조손·모부자 가정 청소년	소망시청 여성과	시청등록 수	3,200명
소년 소녀 가장 가정 청소년	소망시청 청소년과	시청등록 수	30명
가출청소년	소망경찰서 여성청소년팀 등	경찰 신고 수	720명
성폭력 피해청소년		경찰 신고 수	380명
경찰 입건 청소년		경찰 입건 수	800명

보호관찰 대상청소년	소망시보호관찰소	보호관찰 수	250명
학교폭력 가해학생		교육지원청 조사	4,000명
학교폭력 피해학생	소망시교육지원청	교육지원청 조사	2,500명
학업중단청소년		교육지원청 집계	1,080명
아동학대 피해	소망시아동보호전문기관	피해등록 수	500명
정신장애(우울, 불안, 성격)	소망시청소년상담복지센터	2.1%	1,720명
자살시도	설문조사 자료	1.1%	900명
인터넷·스마트폰 중독 위험군	정부 부처 발표자료	10.1%	8,260명
계			28,190명

〈표 4-5〉는 소망시의 각 기관에서 지원하고 있는 청소년들의 수와 청소년상담복지센터 등에서 실태조사를 통해 발표한 비율을 토대로 서비스 대상청소년 수를 정리한 것이다. 이와 같은 자료를 확보할 때 주의해야 할 사항은 서비스 대상을 추정하기 위하여 수치를 확보하는 것이지, 각 기관에서 지원하고 있는 개별 청소년의 정보를 습득하는 것이 아님을 인식하는 것이다. 자칫 「개인정보보호법」을 위반할 수준의 요청은 하지 않아야 한다. 다만 「청소년복지지원법」 등에 의해 국가나 지방자치단체로부터 청소년상담과 교육 등의 사업을 위임받은 경우 민감정보를 다룰 수 있도록 하고 있기 때문에 이를 명확하게 인지하고 데이터를 수집해야 한다.[1]

〈표 4-5〉에서는 소망시에 거주하는 청소년 중 도움이 필요한 대상청소년을 28,190명으로 추정하고 있다. 하지만 이 숫자가 소망시에 거주하는 위기청소년의 실제 수치라고 볼 수는 없다. 위기문제는 대체로 한 사람이 여러 문제를 중복해서 경험하는 경우가 대부분이기 때문이다. 따라서 28,190명이라는 원자료를 다시 한번 분석할 필요가 있다.

예를 들어, 아동학대 피해를 겪은 가출청소년이 인터넷 중독 위험군에 속하면서 학업을 중단했을 가능성을 고려해야 한다는 것이다. 긴급하게 상담을 필요로 하는 청소년이 2~4가지 문제에 중복될 수 있다. 그래서 영역별로 등록되거나 조사된 수

---

1) 「청소년복지지원법 시행령」 제18조(민감정보 및 고유식별정보의 처리). 이와 관련한 내용은 이 책 3장에서 설명하였다.

치에 동일인이 있을 것으로 보고, 한 사람이 통상 4가지 문제 영역에 중복되어 있다고 가정한다면, 28,190명을 7,050명으로 압축할 수 있다. 이 추정을 도식화한 것이 [그림 4-4]다.

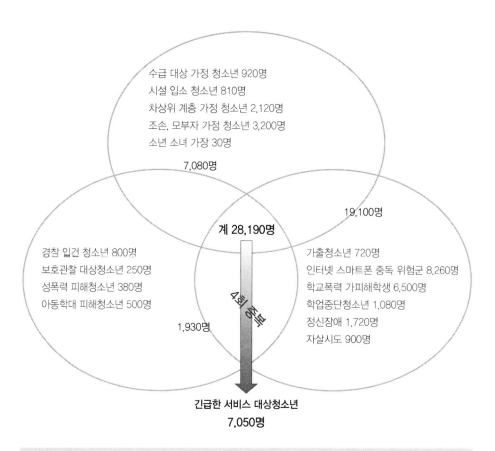

수급 대상 가정 청소년 920명
시설 입소 청소년 810명
차상위 계층 가정 청소년 2,120명
조손, 모부자 가정 청소년 3,200명
소년 소녀 가장 30명

7,080명

19,100명

계 28,190명

경찰 입건 청소년 800명
보호관찰 대상청소년 250명
성폭력 피해청소년 380명
아동학대 피해청소년 500명

가출청소년 720명
인터넷 스마트폰 중독 위험군 8,260명
학교폭력 가피해학생 6,500명
학업중단청소년 1,080명
정신장애 1,720명
자살시도 900명

1,930명

4회 중복

긴급한 서비스 대상청소년
7,050명

〈설명의 예〉
"소망시에는 12만 명의 청소년이 있습니다. 우리 기관에서는 소망시의 12만여 청소년과 20만여 명의 부모에게 예방과 상담개입을 제공하고 있습니다. 이 중 19세 이하 청소년이 81,800명인데, 이들 중 학생은 80,400명이고, 학교밖청소년은 1,400명입니다. 우리 기관에서는 이들 중 매우 시급하게 개입할 필요가 있는 청소년을 찾아서 위기개입과 긴급한 지원을 실시하고 있는데, 소망시에는 28,190명의 청소년들이 취약한 환경과 위기경험으로 매우 위험한 상태에 있는 것으로 파악하고 있습니다. 하지만 취약과 위기경험은 중복되는 경향이 있으므로, 이를 4번 중복이라 가정하면 시급하게 지원을 기다리고 있는 청소년이 소망시에 7,050명이 있다고 추정할 수 있습니다."

그림 4-4 소망시에서 긴급한 서비스를 요하는 청소년 추정치

출처: 노성덕, 유순덕(2015). 지역사회상담, p. 118 재구성.

이렇게 추정된 7,050명은 소망시에 거주하는 청소년 중 시급한 개입을 요하는 대상청소년이라고 할 수 있다. 이들 청소년에게는 긴급한 위기개입이나 특정 위기문제에 따른 상담개입이 필요하다. 그런데 이들 청소년은 다양한 수치로부터 추정한 것이지 실제로 해당 청소년이 누구인지를 특정할 수 없다는 어려움을 안고 있다. 그렇기 때문에 이들 위기청소년을 발굴하거나 찾아내어 개입하기 위한 중장기적 계획이 필요하다. 이들 추정된 7,050명의 청소년들이 서비스를 제공받기 위하여 자발적으로 상담기관을 방문하리라고 기대하기는 어렵기 때문이다. 지역 내에 거주하지만 정확한 소재를 알지 못하는 대상청소년을 발굴하고 지원하기 위해서는 지역주민들이 참여하는 청소년상담지원체계가 필요하다. 그에 대해서는 이 책 5장에서 다루었다.

위에서 설명한 것처럼 [그림 4-4]에서 추정한 7,050명은 시급한 개입을 요하는 청소년이다. 하지만 그들만이 청소년상담의 대상인 것은 아니다. 여기에 속하지 않은 12만여 명의 청소년 역시도 상담을 요청할 수 있다. 다만 문제의 유형과 수준이 다소 달라서 또래상담자의 조력 수준으로 도움을 줄 수 있는 것인지, 상담 전문가가 개인의 역량으로 개입하여 해결할 수 있는 문제인 것인지, 아니면 다른 전문가들과 협업해야 해결 가능한 문제인지의 차이가 있을 뿐이다. 비록 청소년상담기관이 긴급지원을 요하는 위기청소년에게 상담서비스를 제공하는 것에 일차적인 관심을 기울인다고 해도, 지역 내 모든 청소년과 보호자가 서비스를 요청하는 것에 대해서도 당연히 대응해야 한다는 것을 기억할 필요가 있다. 이때 청소년상담자는 새로운 고민에 부딪친다. 상담을 요하는 청소년이 상담자의 업무처리 용량보다 많은 경우가 나타나기 때문이다. 쉽게 말해서 공급보다 수요가 많다는 것이다. 또 상담자가 가진 자원을 넘어서는 서비스를 제공해야 하는 경우가 발생한다. 지역사회를 기반으로 일하는 청소년상담자는 이에 대한 대책 마련을 궁리하게 되는데, 이에 대해서는 다음 장에서 설명하였다.

3. 지역사회 자원 분석

앞에서 지역사회의 지리적 특징과 청소년 동향, 서비스 대상청소년을 추정하는 방법을 살펴보았다. 이제 지역 내에서 청소년을 위해 활용 가능한 자원을 알아보고자 한다. 청소년을 상담하다 보면 복합적인 어려움을 겪는 청소년을 만나게 된다. 이런 경우에는 매우 다양한 서비스를 필요로 한다. 이것은 지역사회를 기반으로 일하는 청소년상담자에게 두 가지 시사점을 준다.

첫째, 청소년내담자를 상담할 때 상담자가 제공할 수 있는 서비스와 상담자가 제공하기 어려운 서비스가 있을 수 있다는 것이다. 청소년일수록 환경이 주는 제약을 극복하거나 각종 위험요인들을 통제하는 데 한계가 있다. 청소년문제에 영향을 미치는 가장 흔한 주제가 경제적 어려움, 가정문제, 위험한 주변 환경이다. 상담자는 전문적인 상담서비스 제공에는 능력을 발휘하지만 경제적 어려움을 극복하도록 돕거나 위험한 주변 환경을 제어하는 데는 익숙하지 못하다. 또 어떤 문제들은 상담자가 아예 다룰 수 없다. 신체적 위협으로부터의 보호와 의료적 처치, 법률적인 자문을 요할 때가 그 예일 것이다. 섣부르게 돕겠다고 나섰다가 병을 키우거나, 법률적으로 손해를 입혀서는 안 된다.

둘째, 지역에는 이미 청소년을 지원하는 다양한 사람들이 있다는 것이다. 지역사회 내 청소년이 다양한 서비스를 필요로 한다는 것은 상담자가 청소년상담 전문가로 지역에서 일하기 이전에 이미 청소년이 필요로 하는 서비스를 제공하기 위한 기관이나 전문가가 지역사회에 존재할 수 있다는 것이다. 이것은 매우 다행스러운 일이다.

그러므로 청소년에게 상담서비스를 제공하여 효과를 가져오기 위해서는 상담자가 제공할 수 없는 서비스를 지역 내 자원과 연계하는 방안을 고려해야 한다. 의료, 법률, 학업, 복지, 자립 등 다양한 영역에서 청소년을 돕고 있는 지역의 전문가와 협력해야 한다는 것이다. 이런 측면에서 지역사회 자원을 파악하고 협력하는 방안을 마련하는 것이 중요하다.

1) 지역사회 자원 파악

(1) 지역사회 자원의 유형

일반적으로 지역사회 자원이라 하면 지역 내에 존재하는 물적, 인적자원을 총망라하는 것이다. 그런 자원 중 지역사회를 기반으로 하는 청소년상담자에게는 지역 내 청소년과 부모에게 제공할 상담 관련 서비스와 관계가 있는 자원이 의미가 있다. 다시 말하자면 지역사회에서 청소년상담을 하면서 청소년과 가족에게 제공될 서비스를 기준으로 자원을 발굴해야 한다는 것이다. 하지만 청소년과 보호자에게 필요로 하는 자원을 그때마다 일대일로 매칭하듯 정확하게 찾아서 제공하기란 쉬운 일이 아니다. 어떤 유형의 위기청소년이 출현할지 매번 정확하게 예측할 수 없기 때문이다. 그래서 다소 고생스럽겠지만 우선 지역사회 내 유관 자원들을 망라해 보는 것이 필요하다. 물론 초기에 전체 자원들을 파악하여 정리해 두면 이후 필요한 자원들과 연계하여 청소년을 지원하는 일이 자연스럽게 진행될 수 있다. 초반에 고생을 좀 해 놓으면 나중엔 수월해진다는 뜻이다. 일반적으로 지역사회 자원은 분류하는 기준에 따라 두 가지 유형으로 나눌 수 있다.

첫째, 지역사회 자원은 재원에 따라 공공자원과 민간자원으로 나누어진다. 공공자원이란 정부와 지방자치단체가 제공하는 자원을 말하고, 민간자원이란 개인 또는 민간단체, 민간기업 등에 의해 제공되는 자원을 의미한다. 공공자원은 도움이 필요한 사람이나 단체 등이 규정과 지침에 맞게 무료로 활용할 수 있다. 청소년상담자는 지역 내 공공자원이 청소년을 위해 적합하게 사용되도록 적극적으로 활용하는 전문가라고 할 수 있다. 민간자원은 그 소유자가 서비스 제공의 의무를 가지지는 않는다. 타인을 돕고자 하는 마음에서 자신의 자원을 지역사회에 제공하는 것이다. 그렇기 때문에 청소년상담자는 더더욱 진정성을 가지고 자원을 활용해야 한다.

둘째, 자원의 속성에 따라 인적자원과 물적자원으로 나뉜다. 인적자원은 사람을 의미하고, 물적자원은 사람이 아닌 자원을 말하는 것으로 현금, 현금 대체물, 프로그램, 정보, 시설 등이 있다.

<표 4-6> 지역사회 내 자원의 유형: 인적자원과 물적자원

자원의 유형		내용
인적자원		상담, 의료, 법률 등을 지원할 수 있는 전문가 등
물적자원	재정자원	사업 운영에 필요한 예산 등 재정자원
	시설자원	프로그램 운영을 지원할 수 있는 시설, 공간 등
	사회자원	교통, 관광, 복지 시스템 등 사회적으로 활용 가능한 자원
	자연자원	프로그램 운영에 활용될 자연환경자원

이러한 분류기준은 지역 내 산재해 있는 관련 자원들을 정리하는 데 도움이 된다. 어떤 기준을 가지고 자원을 분류하느냐 하는 것은 정답이 있는 것은 아니다. 위에서 제시한 2가지 분류기준 외에 더 좋은 것이 있다면 얼마든지 사용할 수 있다.

(2) 지역사회 자원 조사

이제 지역사회 내 자원을 공공자원과 민간자원으로 구분하여 분류해 보고자 한다. 지역사회를 기반으로 하는 청소년상담에서는 공공자원을 활용하면서 민간자원과 협력하는 것이 매우 중요하기 때문이다. 이 책 3장에서 법률적 검토를 할 때 지역사회 청소년 통합지원체계(청소년안전망)에 대해 살펴본 적이 있다. 청소년안전망을 다루는 「청소년복지지원법」에는 필수연계기관에 대한 내용이 포함되어 있다고 설명하였는데, 이 필수연계기관이 가지고 있는 각종 서비스들이 바로 공공자원에 해당된다. 뒤에서 청소년안전망 구축에 대한 내용을 설명할 텐데 거기에서는 민간자원으로 구성된 1388청소년지원단에 대한 설명을 포함하고 있다. 우리나라의 지역사회기반 청소년상담 영역에서는 지역 내 자원을 효율적으로 활용하기 위하여 공공자원과 민간자원을 파악하여 연계하는 데 관심을 기울여 왔다.

지역사회 자원을 조사할 때는 먼저 청소년상담 지원이 가능한 공공자원을 탐색한 후, 그 공공자원과 연계되어 있는 민간자원을 탐색하는 것이 좋다. 청소년상담을 하다가 청소년에게 추가적인 서비스가 필요할 때는 공공자원을 우선적으로 활용할 수 있다. 말 그대로 공공자원이기 때문이다. 그러나 공공자원을 요청한 사람이 많아서 대기 기간이 길어지거나, 또는 공공자원이 부족한 상황이 발생하면 민간자원을 활용해야 하는 상황에 직면할 수 있다.

〈표 4-7〉은 소망시의 지역사회 자원을 탐색하여 정리한 것이다. 전체 자원을 탐색한 후에 공공자원과 민간자원으로 분류하였다. 물론 조사한 자원들을 다 활용할 수는 없다. 소망시에 거주하는 청소년들이 가지고 있는 문제의 특징과 그들의 요구에 맞게 서비스를 제공할 수 있는 기관들을 골라야 한다. 그 결과의 예시가 〈표 4-7〉이다.

〈표 4-7〉 소망시 청소년상담 지원 가능 자원 현황

구분	명칭	위치	관련 내용 등
공공 자원	청소년상담복지센터	소망2동	• 청소년종합상담
	시청	송천동	• 청소년과, 사회복지과, 여성과 관련
	교육지원청(위센터)	소하동	• 학교상담
	경찰서	좌동	• 여성청소년팀, 강력팀
	소방서	효자동	• 자살 등 긴급개입
	도서관	산외1동, 경옥동, 희망동	• 학업지원 • 상담장소 제공
	가정폭력상담소	중동	• 가정폭력 피해자 지원
	성폭력상담소	중동	• 성폭력 피해자 지원
	청소년쉼터	좌동	• 보호 및 생활지원
	청소년수련관	신당동	• 문화체험활동, 방과후 아카데미
	청소년비행예방센터	산외1동	• 비행청소년 지도 및 상담
	보호관찰소	소하동	• 범법청소년 지도 및 상담
	학교밖청소년지원센터	산외1동	• 학업중단청소년 학업, 자립지원
	보건소	우동	• 의료지원
	정신건강복지센터	우동	• 정신과적 문제, 중독문제 지원
	아동보호전문기관	소망3동	• 학대아동 조사 및 치료지원
	건강가정지원센터	희망동	• 부모교육, 가족상담
	고용안정센터	송천동	• 진로 및 취업 지도
	여성회관	소망1동	• 여성 문화체험, 자립지원

	소망대학교(대학병원)	약수동	• 자원봉사 연계 • 대학병원 사회복지사업실 연계
	소망대수련원	산내동	• 체험활동 프로그램
	소망교육대학교	산외2동	• 자원봉사 연계
민간 자원	상인연합회	소망1동, 효자동	• 시장 아웃리치 협력, 물품지원
	약사회	희망동	• 긴급 의료약품 제공
	운불련	산외1동	• 위기청소년 발견 및 긴급수송
	택시기사선교회	산외2동	• 위기청소년 발견 및 긴급수송
	범죄예방협회	소망1동	• 아웃리치
	PC문화협회	소망2동	• 위기청소년 발견 및 보호
	교회상담실	좌동, 경옥동 소망3동, 송천동 소하 동, 약수동	• 상담지원 • 정서적 지지
	성당상담실	소망1동, 중동	• 상담지원, 성서적 지지
	심리/학습상담센터	소망1동, 소망2동, 희 망동, 송천동, 소하동, 중동	• 개인상담, 부모상담, 가족상담 • 학습클리닉 • 놀이치료, 미술치료
	목욕업협회	소망2동	• 목욕지원 및 보호
	소망정신과의원	소망2동	• 정신과 진료지원
	제일외과의원	소망2동	• 외과 진료지원
	서울피부과의원	소망2동	• 피부과 진료지원
	학원연합회	소망2동	• 학습지원
	YC편의점	소망시 전역	• 청소년보호 및 위기청소년 발견
	지역아동센터연합회	소망1동	• 학습지원
	법무법인 에덴	송천동	• 법률자문 등
	대학생자원봉사회	약수동, 산외2동	• 멘토링 등 자원봉사
	청소년복지관	약수동	• 복지지원
	장애인복지관	산외2동	• 지능, ADHD 등 장애관련 지원
	장미쉼터	희망동	• 보호

청소년상담자들은 자신의 사무실에 지역 내 주요 기관과 시설을 표시한 지도를 붙여 놓는 경향이 있다. 이것은 수시로 연계협력이 필요한 자원을 확인하고, 다른 상담자들과도 공유하고자 하는 마음이 있기 때문이다.

〈표 4-7〉에서 정리한 자원 중 공공자원만을 지도에 배치하여 그리면 소망시 공공기관 분포 현황을 [그림 4-5]처럼 표현할 수 있다. [그림 4-5]를 보면 소망시의 공공자원 분포 현황을 한 눈에 알 수 있다.

사진 4-1　전국 현황 지도의 예

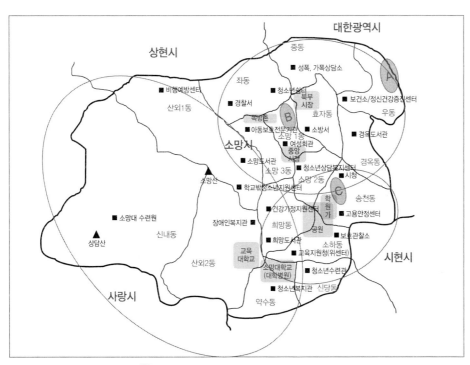

그림 4-5　소망시의 공공자원 분포 현황

2) 지역사회 자원 목록화

지역사회 자원은 청소년에게 제공하기 좋게 재분류하여야 한다. 우선 청소년과 부모에게 필요하다고 예측되는 서비스 범주를 정한다. 이 내용은 〈표 4-8〉의 좌측에 범주로 기록하였다. 대체로 청소년상담기관에서는 기관에서 제공하기 어려운 서비스이거나 또는 특정 위기문제에 대해 팀접근이 필요할 때 지역자원을 활용한다. 따라서 지역 내에서 요구되는 상황에 따라 자원 범주를 정할 수 있다. 소망시의 자원 목록은 〈표 4-8〉과 같다.

〈표 4-8〉 소망시 청소년상담 자원 목록

범주	자원의 유형		지원 내용
	기관명	분류	
심리상담	소망시청소년상담복지센터	공공	청소년상담 전반
	소망교육지원청 위센터	공공	학교상담 전반
	소망교회상담센터	민간	청소년/성인상담
	약수교회 엘림상담센터	민간	청소년/성인상담
	소망성당 나자로상담소	민간	청소년/성인상담
	마음업학습상담센터	민간	학습상담, 놀이치료
폭력대응	소망시가정폭력상담소	공공	가정폭력 대응
	소망시성폭력상담소	공공	성폭력 대응
	소망경찰서 여청/강력팀	공공	폭력사건 수사
	소망비행예방센터	공공	청소년 폭력 대응
	소망아동보호전문기관	공공	아동학대 대응
	소망시보건소	공공	의료지원
	소망시범죄예방협회	민간	예방순찰 및 긴급출동
위기개입	소망시정신건강복지센터	공공	알콜릭 등 중독문제 개입
	소망시자살예방센터	공공	자살 예방 및 개입
	소망경찰서 여성청소년계	공공	긴급출동
	소망시소방서	공공	구조 및 긴급후송
	소망대학교 병원 응급실	공공	긴급 의료지원

	소망정신과의원	민간	정신과 문제 치료
	택시기사선교회, 운불련	민간	긴급후송
학교밖청소년 지원	학교밖청소년지원센터	공공	학교밖청소년지원 전반
	소망시고용안정센터	공공	자활자립지원
	소망청소년쉼터	공공	청소년보호(일시/중장기)
	장미쉼터	민간	청소년보호(단기/중장기)
	소망시상인연합회	민간	자립활동 등 지원
	대학생자원봉사회	민간	멘토링(학습,특기적성)
	소망시학원연합회	민간	교과, 예체능, 검정고시 등
의료 및 법률지원	소망시청 법무담당관실	공공	법률지원
	성폭력, 가정폭력상담소	공공	법률지원
	법무법인 에덴	민간	법률 및 소송자문
	소망시보건소	공공	의료지원
	소망대학병원 사회사업실	공공	수술 후원 등
	소망정신과의원	민간	정신과 진료지원
	제일산부인과의원	민간	외과 진료지원
	서울피부과의원	민간	피부과 진료지원

소망시의 청소년상담자들은 심리상담, 폭력대응, 위기개입, 학교밖청소년지원, 의료 및 법률지원 범주에서 지역사회 자원을 활용하고자 계획을 세웠다고 볼 수 있다. 범주가 정해진 뒤에는 조사된 지역사회 자원들을 기관/단체 중심으로 분류하면서 공공/민간으로 구분하고 이들 기관으로부터 제공받기 원하는 서비스 내용을 정리한다. 이렇게 하면 〈표 4-8〉과 같은 소망시 청소년상담 자원 목록표가 완성된다.

3) 실질적인 활용을 위한 분류

이제 〈표 4-8〉의 분류표를 소망시 청소년상담복지센터 또는 소망교육지원청 위센터에서 근무하는 청소년상담 전문가들이 공통으로 사용할 수 있는 표로 정리할 차례다. 굳이 기관에 대해 일일이 설명하지 않아도 표 한 장으로 전문가 간 소통이 가능하게 만들 수 있다. 그것은 〈표 4-9〉와 같다. 여기에는 기관명, 담당자 및 긴급하게 연락이 가능한 전화번호, 비용, 지원 내용 등을 상세하게 기록하는 것이 좋다. 연락처는 개인의 동의를 구한 후 사무실과 개인 휴대전화, 카톡 등을 기록해 두면 편리하다. 요즘은 SNS를 많이 활용하기 때문에 단체 카카오톡이나 카카오스토리, 블로그, 페이스북, 트위터 등을 활용하여 수시 연락이 가능한 체제를 마련해 두는 것도 좋다. 비용은 무료인지, 유료인지, 유료라면 어느 정도 비용이 요구되는지, 바우처 적용이 되는지, 업무협약을 통해 할인이 가능한지 등을 기록해 두는 것도 필요하다.

〈표 4-9〉 소망시 청소년상담 자원 목록

범주	기관명	분류	담당자	연락처	비용	활용	지원 내용
심리 상담	소망시청소년상담복지센터	공공	이대형	사무실 핸편, 단톡	×	상	청소년상담 전반 ※각종 지원기관 연계 가능
	소망교육지원청 위센터	공공	한길자	사무실 핸편, 단톡	×	상	학교상담 전반 ※가출청소년 진학 등 적극 지원
	소망교회상담센터	민간	채중민	사무실 핸편, 단톡	유료(10,000) 협약 무료	중	청소년/성인상담 ※경계선지저장애,발단장애특화
	약수교회 엘림상담센터	민간	전라래	사무실 핸편, 단톡	유료(20,000) 협약-무료 놀이-50%	중	청소년/성인상담 ※외래상담자-30명
	소망성당 나자로상담소	민간	최리라	사무실 핸편, 단톡	유료(10,000) 협약-무료	중	청소년/성인상담 ※숙박치료시설 보유
	마음업학습상담센터	민간	김호정	사무실 핸편, 단톡	유료(60,000) 바우처 가능	하	학습상담, 놀이치료 ※학습클리닉이 유명함
폭력 대응	소망시가정폭력상담소	공공	노성희	사무실 핸편, 단톡	×	하	가정폭력 대응 ※법률 대응 신속함
	소망시성폭력상담소	공공	배영태	사무실 핸편, 단톡	×	하	성폭력 대응
	소망경찰서 여청/강력팀	공공	정재우	사무실 핸편, 단톡	×	상	폭력사건 수사 ※강력팀장-상담공부 중
	소망비행예방센터	공공	진근영	사무실 핸편, 단톡	×	중	청소년 폭력 대응 ※상담교사 다수 근무
	소망아동보호전문기관	공공	배희분	사무실 핸편, 단톡	×	중	아동학대 대응
	소망시보건소	공공	이경옥	사무실 핸편, 단톡	×	하	의료지원
	소망시범죄예방협회	민간	김래선	사무실 핸편, 단톡	×	중	예방순찰 및 긴급출동

위기 개입	소망시정신건강복지센터	공공	명소연	사무실 핸편, 단독	×	중	알콜릭 등 중독문제 개입 ※명소연 센터장-위기개입 전문가
	소망시자살예방센터	공공	유순덕	사무실 핸편, 단독	×	중	자살 예방 및 개입 ※자살 및 PTSD개입 가능
	소망경찰서 여성청소년계	공공	김미영	사무실 핸편, 단독	×	상	긴급출동 ※김미영 경사-청소년상담사 자격
	소망시소방서	공공	이승근	사무실 핸편, 단독	×	중	구조 및 긴급후송 ※이승근 구조사-PTSD개입 가능
	소망대학교 응급실	공공	김미정	사무실 핸편, 단독	유료 협약-부분무료 후원자연계	하	긴급 의료지원
	소망정신과의원	민간	김경희	사무실 핸편, 단독	유료 협약-부분무료	중	정신과 문제 치료
	택시기사선교회,운불련	민간	김태성	사무실 핸편, 단독	기본택시비 협약-부분무료	상	긴급후송 ※운불련대표-강보살(222-1111)
학교밖 청소년 지원	학교밖청소년지원센터	공공	이미현	사무실 핸편, 단독	×	상	학교밖청소년지원 전반 ※검정고시 합격률 높음(92%)
	소망시고용안정센터	공공	여울강	사무실 핸편, 단독	×	중	자활자립지원 ※청소년직업체험 프로그램
	소망청소년쉼터	공공	홍예진	사무실 핸편, 단독	×	상	청소년보호(일시/중장기) ※일시보호-30명까지 동시 가능
	장미쉼터	민간	차은선	사무실 핸편, 단독	×	중	청소년보호(단기/중장기) ※일시보호-15명까지 동시 가능
	소망시상인연합회	민간	양명회	사무실 핸편, 단독	×	중	자립활동 등 지원
	대학생자원봉사회	민간	조연용	사무실 핸편, 단독	활동비5,000 학점연계-무료	상	멘토링(학습, 특기적성)
	소망시학원연합회	민간	허미경	사무실 핸편, 단독	협약 (무료~20%)	상	교과, 예체능, 검정고시 등 ※김원장, 이원장-감사패 드릴 것
의료 및 법률 지원	소망시청 법무담당관실	공공	김동일	사무실 핸편, 단독	×	하	법률지원 ※청소년 쪽 법리해석 명쾌함
	성폭력, 가정폭력상담소	공공	노성회 배영태	사무실 핸편, 단독	×	하	법률지원 ※노성회, 배영태 소장-베테랑
	법무법인 에덴	민간	김계현	사무실 핸편, 단독	협약-무료	하	법률 및 소송자문 ※봉사정신 높아서 적극적임
	소망시보건소	공공	이경옥	사무실 핸편, 단독	×	하	의료지원
	소망대학병원 사회사업실	공공	고영수	사무실 핸편, 단독	×	하	수술 후원 등 ※후원 연결 잘함

소망정신과의원	민간	김창대	사무실 핸펀, 단톡	유료 협약-부분무료	중	정신과 진료지원 ※원장-정신분석 전문가
제일산부인과의원	민간	김보기	사무실 핸펀, 단톡	유료 협약-부분무료	중	외과 진료지원
서울피부과의원	민간	박진아	사무실 핸펀, 단톡	유료 협약-부분무료	중	피부과 진료지원

소망시에서 일하는 청소년상담자는 〈표 4-9〉의 내용을 점차 보강해 갈 것이다. 지역 내 자원은 단순히 모임을 위해 발굴하고 목록화하는 것이 아니다. 실제로 청소년을 상담하면서 연계협력이 필요한 자원 중심으로 목록화하고 다양한 장면에서 활용할 수 있어야 한다. 일을 하다 보면 새롭게 발굴된 자원들이 늘어날 것이다. 경우에 따라서는 현재 작성된 표에 포함되어 있는 기관이 삭제될 수도 있을 것이다.

이 장에서는 지역사회의 지리적, 문화적 특징을 분석하고, 지역사회 내 서비스 대상청소년을 추정한 후, 대상청소년 지원에 협력할 수 있는 자원을 분석했다. 이제 5장부터는 이러한 정보를 토대로 지역사회청소년상담지원체계를 구축하고 활용하는 것에 대해 살펴보고자 한다.

학습을 위한 질문과 과제

※ **지역사회 청소년 현황 분석**

1. 당신은 어느 도시에서 청소년상담자로 일하는가?

2. 당신이 상담자로 일하는 도시에 어떤 청소년들이 거주하고 있는지 〈표 4-2〉~〈표 4-4〉를 참고하여 분석해 보라.

3. 당신이 상담자로 일하는 도시에 당신의 상담서비스 제공 대상청소년을 〈표 4-5〉, [그림 4-4]를 참고하여 추정해 보라.

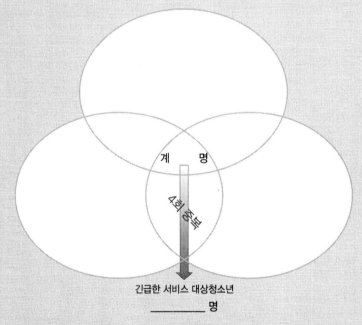

계 명

4회 청소년

긴급한 서비스 대상청소년

_____ 명

3-1. 지역 내에서 발견되는 주된 청소년문제가 무엇인가?

3-2. 주된 대상청소년에게 어떤 지원을 위한 준비가 되어야 하는가?

※ 지역사회 자원 분석

1. 당신은 어느 도시에 거주하는가?

2. 당신이 거주하는 도시에 어떤 자원이 있는지 조사하고 〈표 4-7〉~〈표 4-8〉을 참고하여 〈표 4-9〉와 같은 목록을 만들어 보라.

〈표 4-7〉

구분	명칭	위치	관련 내용 등
공공 자원			
민간 자원			

〈표 4-8〉

범주	자원의 유형		지원 내용
	기관명	분류	
심리상담			
위기개입			

〈표 4-9〉

범주	기관명	분류	담당자	연락처	비용	활용	지원 내용
심리 상담							
위기 개입							

3. 당신이 거주하는 도시를 [그림 4-1]~[그림 4-3]를 활용하여 분석해 보라.

4. 당신이 거주하는 도시에 설립 또는 설치되어 있는 공공자원을 [그림 4-5]처럼 도식화하여 당신이 일하는 사무실 벽에 붙여 보라.

5. 지역사회를 분석하면서 느끼게 되는 현실적 한계가 있는가? 이론이나 말과는 다른 특이점을 알게 되었는가? 그것에 대해 생각해 보고 대처방안이나, 이 책에서 수정·보완해야 하는 내용이 있다면 글로 써서 자신의 지식을 확장시켜 보자.

5장

청소년상담지원체계
만들기

1. 우리나라 청소년상담지원체계

앞 장에서 서비스가 필요한 대상청소년을 추정하고, 지역 내 연계 가능한 자원들을 발굴하여 목록화하였다. 지역사회를 기반으로 일하는 청소년상담자들은 대부분의 청소년문제를 상담하는 데 탁월한 역량을 발휘하는 전문가들이다. 청소년상담자들은 석사, 박사과정을 이수하면서 정신역동, 인지행동치료, 인지치료, 인간중심주의 상담전략, 표현예술치료, 집단심리치료, 가족상담 등을 배우고 실습한다. 그리고 자기가 선호하는 특정 이론에 대해서는 개별적인 훈련 과정을 거치기도 한다. 그래서 웬만한 청소년문제에 대해서는 능숙하게 상담해 내는데, 그것이 그들이 상담 전문가인 까닭이기도 하다.

하지만 청소년상담자가 단독으로 해결하기 어려운 문제들이 있다. 앞 장에서도 여러 번 언급했지만 다시 예를 들어 보겠다. 자살시도, 사고와 재난, 폭력사태, 범죄피해 등 심리상담 이외에도 의료지원, 법률지원 등 긴급한 개입이 필요한 위기상황일 때, 그리고 만성적인 경제적 빈곤, 가정해체, 가정 내 아동학대, 학업중단과 가출, 임신, 인터넷 중독 등이 복합적으로 영향을 미치는 상황이 그렇다.

이런 문제들에 부딪치게 되면 청소년상담자는 머뭇거리지 않고 모종의 역할을 하고자 하지만, 심리상담 중심으로 훈련을 받은 상담자들은 역할에서의 한계에 부딪치게 된다. 이런 한계를 어떻게 극복할 것인가 하는 것은 청소년문제 해결에 골몰하는 청소년상담자에게 고심일 수밖에 없다.

지역사회를 기반으로 일하는 청소년상담자가 청소년들이 당면하고 있는 어려운 문제를 해결하는 데 기여하지 못한다면 지역사회에서 외면받고 말 것이다. 그러나 그렇다고 해서 모든 청소년문제를 상담 전문가가 해결사처럼 다 다룰 수는 없는 노릇이다. 법적 지원이 필요하다고 해서 청소년상담자가 사법고시를 준비하고, 범죄문제를 다루기 위해 경찰관이 되고, 긴급구조를 하기 위해 소방관이 되고, 복지문제를 해결하기 위해 사회복지사가 되고, 법을 제정하기 위해 국회의원이 되고, 예산을 확보하기 위해 기획재정부 공무원이 될 수는 없는 노릇이다. 그렇다고 해서 '나의 일이 아니다.'라고 손 놓고 있을 수도 없는 일이다. 바로 이런 상황이 다른 전문 영역과 협력하게 만든다.

지역사회에는 청소년문제 해결에 관심을 가지고 있거나 실제로 참여하고자 하는 많은 전문가들과 지역주민들이 있다. 예를 들어 학원 원장, 변호사, 경찰, 소방사, 사회복지관 직원, 지방의회 의원, 지방자치단체 공무원, 목사, 수녀, 교사, 마트 사장, 의사 등등 각종 분야에서 일하는 사람들이 기꺼이 자원봉사하고자 하는 의지를 보인다는 것이다. 우리나라가 전통적으로 공동체 정신을 중요시하는 문화를 가지고 있기 때문이다. 그래서 정말 순수하게 이웃을 돕고자 나서는 이들이 많다. 이렇게 다양한 영역의 전문가들과 협력한다면 청소년상담자가 부딪치는 한계를 극복할 수 있을 것이라는 기대가 연계, 협력, 협업을 만들어 냈다.

연계, 협력, 협업을 위해 지역사회가 함께 나설 때, 참여하는 사람들은 당연히 '내가 어떤 역할을 해야 하고' '역할을 수행한 결과가 어떤 성과로 지역사회에 나타나게 될지'를 알고 싶어 한다. 즉, 무엇을 위해 연계하고, 협력하고, 협업하는지를 알려 주어야 한다는 것이다. 청소년상담 전문가는 예상되거나, 지향해야 할 협력의 결과를 토대로 청소년지원에 참여하는 이들을 이끌어서 지역사회 내에 청소년을 위한 안전망이 촘촘하게 구축되도록 해야 한다.

이렇게 다양한 전문가, 지역주민들과 협력하는 것이 청소년상담지원체계이고 청소년사회안전망이다. 이 장에서는 우선 현재 우리나라에서 청소년상담지원체계로 활용하고 있는 지역사회청소년통합지원체계를 살펴보고, 이후 이 책에서 예로 들고 있는 소망시를 염두에 두고서 청소년상담지원체계 구축에 대해 설명하고자 한다.

1) 청소년상담지원체계의 의미

청소년상담지원체계는 지역사회를 기반으로 하는 청소년상담 영역의 하드웨어다. 지역사회를 중심으로 청소년상담사업을 진행할 때 심리상담 이외의 다양한 서비스 확보를 위해 지역의 관련 전문가들로부터 협력을 이끌어 내기 위한 것이다. 달리 표현한다면, 지역사회에서 도움을 필요로 하는 청소년을 찾아서 상담으로 안내하고, 위기청소년 발생 시에 각기 보유한 자원을 가지고 협력하며, 청소년을 변화시키는 데 필요한 역할을 함께하기 위한 협력망이다.

청소년상담지원체계가 구축되면 여기에 참여하는 각각의 전문기관에서는 자신의 전문 영역을 위한 협력망으로 이 지원체계를 활용하게 된다. 필자가 '청소년상담지원체계'라고 명명한 것은 이 책이 지역사회기반 청소년상담에 관한 것이기 때문이다. 위센터 입장에서는 학교상담지원체계라 할 수 있고, 비행예방센터에서는 비행청소년상담지원체계라 할 수 있으며, 드림스타트에서는 취약아동지원체계라고 할 수 있고, 쉼터에서는 가정밖청소년지원체계라고 할 수 있다.

우리나라에서 지역사회를 기반으로 하는 청소년상담지원체계의 대표적인 모델이 '지역사회청소년통합지원체계(청소년안전망)'다. 이 청소년상담지원체계는 이 책 3장에서 살펴본 바와 같이 「청소년복지지원법」 제4장에 규정되어 있다. 청소년안전망의 운영 목적은 '지방자치단체 책임하에 지역사회 내 청소년 관련 자원을 연계하여 학업중단, 가출, 인터넷 중독 등 위기청소년에 대한 상담·보호·교육·자립 등 맞춤형 서비스를 제공하여 청소년의 건강한 성장 및 복지증진을 도모하는 것'이다(여성가족부, 2021, p. 96). 청소년안전망은 위기청소년을 조기에 발견하고 상담으로 안내하며 청소년에게 맞춤형 서비스를 제공하기 위한 청소년상담모형이면서 동시에 개입전략이다.

2) 청소년상담지원체계의 조직

청소년상담지원체계가 제대로 기능하려면 이를 총괄 조정하고 실행하는 조직이 필요하다. 특히, 위기청소년을 지원하기 위해 다양한 자원이 모이고 재배분되는 과정에는 상당한 업무가 발생한다. 따라서 이를 실행하기 위한 조직이 구성되기 마련이다. 하지만 이런 일을 위해 별도의 기관을 만드는 것은 또 다른 어려움을 야기할 수 있다. 그러면 어떻게 해결할 수 있을까? 청소년안전망에서는 심의기구와 허브기관 등을 두는 것으로 이런 문제들을 해결하고 있다.

<표 5-1> 지역사회청소년통합지원체계의 서비스 흐름

발견	• 상담채널: 1388 청소년 전화, 문자, 사이버상담 • 찾아가는 거리상담(아웃리치), 청소년쉼터, 청소년자립지원관, 청소년회복지원시설, 경찰서, 학교, 보건소 등	
개입	• 긴급구조 및 일시보호 • 심리검사, 사례판정회의를 통한 필요 서비스 도출 • 전문상담사 또는 청소년 동반자 개입	
통합 서비스 제공	가출	• 의식주 지원: 청소년쉼터 • 가정·사회 복귀지원: 청소년자립지원관 등
	학교밖청소년 지원	• 학업복귀, 직업체험: 학교밖청소년지원센터 • 학업중단숙려제 운영
	인터넷 중독	• 인터넷·스마트폰 치유학교 운영 • 인터넷·스마트폰 과의존 상담 전담인력 배치
	학교폭력	• 또래상담 프로그램 운영
	경제적 지원	• 학비, 생활비 등 청소년 특별지원

※ 출처: 여성가족부(2017). 2017년도 청소년 사업 안내. p. 340.

　　청소년안전망은 중앙심의기구인 '운영위원회', 공공기관 중심의 '필수연계기관', 실질적인 협업이 이루어지는 '실행위원회', 자발적인 주민 모임인 '1388청소년지원단'을 하부 조직으로 두고 있다. 이 가운데 '운영위원회'와 '필수연계기관'은 법에 의해 지방자치단체가 구축하여 운영하도록 규정되어 있고, '실행위원회'와 자발적 주민 모임인 '1388청소년지원단'은 위기청소년 발굴과 연계지원을 위해 청소년상담복지센터가 허브기능을 하도록 정부 주무부처의 지침으로 규정하고 있다. 청소년안전망은 지역 내에서, ⓐ 위기청소년 발견, ⓑ 상담개입, ⓒ 통합서비스 제공이라는 세 가지 체계의 운영 모듈을 가지고 있는데, 이 세 가지 모듈을 효과적으로 운영하기 위해서 하부 조직을 두고 있는 것이다.

지역 내 위기청소년 발견체계는 전화와 사이버 등을 통해 청소년과 지역주민들이 쉽게 도움을 청할 수 있도록 상담채널을 다양하게 마련하는 것과 주민들의 자발적인 참여로 위기청소년을 발굴해 내기 위한 것이다. 이 책 4장 [그림 4-4]에서 대상청소년을 7,050명으로 추정했었는데, 추정인원인 7,050명을 발굴해 내기 위해 지역사회가 발 벗고 나서는 것이라 할 수 있다. 개입체계는 긴급구조, 일시보호, 진단, 상담개입을 위한 것이다. 통합서비스 제공은 가출, 학교밖청소년지원, 인터넷 중독, 학교폭력, 경제적 지원 등 위기문제 유형에 따라 필요한 서비스를 지역사회 내 기관들이 협력하여 종합적으로 제공하기 위한 것이다.

(1) 청소년상담지원체계 구성의 근간

청소년상담지원체계의 근간은 지역사회에서 청소년문제 해결에 필요한 자원을 기꺼이 제공하기 위해 협력하는 기관·단체·주민과 전문가들이다. 어찌 보면 지역 내에서 청소년을 지원하고자 하는 모든 사람이 청소년상담지원체계의 근간이 된다. 청소년안전망을 예로 살펴보고자 한다.

① 필수연계기관

앞 장에서 살펴본 바와 같이 「청소년복지지원법」에는 청소년안전망 안에서 연계 의무를 부여받고 있는 지역 내 공공기관과 시설이 명시되어 있다. 이를 필수연계기관이라고 한다. 필수연계기관은 청소년안전망에 참여하는 기관들로부터 위기청소년을 지원하기 위하여 협력을 요청받을 경우 의무적으로 지원을 해야 한다. 그 내용은 이 책의 3장에서 다루었으며, 필수연계기관별 역할은 이미 〈표 3-10〉으로 정리하여 제시하였다. 필수연계기관에 참여하는 기관들은 청소년안전망을 조직화하는 데 중요한 토대가 된다. 왜냐하면 대부분의 필수연계기관이 청소년안전망 운영위원회와 실행위원회를 구성하기 때문이다.

또한 필수연계기관은 지역 내에서 청소년을 지원하기 위한 공적 콘텐츠를 대부분

보유하고 있다. 따라서 필수연계기관이 서로 협력하고 협업하기만 한다면 웬만한 지원방안들이 도출될 수 있다. 이 필수연계기관들은 다른 지원체계에서도 동일한 역할을 맡는 경향이 있다. 그만큼 지역사회 내에서 특정 역할 수행을 기대받고 있는 것이다. 청소년상담지원체계를 구축하고자 할 때 필수연계기관처럼 협력을 의무적으로 해야 하는 공공서비스 지원기관이 법으로 명시되는 것은 매우 고무적인 일이다.

② 자발적 주민 참여 모임

자발적 주민 참여 모임은 지역사회 내에서 위기청소년을 지원하기 위하여 다양한 자원을 가지고 참여하는 자발적인 지역주민들의 모임이다. 이 모임을 청소년안전망에서는 '1388청소년지원단'이라고 한다. 1388청소년지원단이라는 명칭은 청소년안전망의 게이트웨이(gate-way)인 '청소년전화 1388'을 명칭에 활용한 것이다.

〈표 5-2〉 1388청소년지원단 구성

하위 지원단	구성 현황
발견·구조	• 운수업체, 목욕장업체, PC방 등 발견구조에 참여할 개인과 단체
의료·법률	• 병·의원, 의사 개인, 약국, 의료 단체 등 약품·의료 서비스 제공기관, 법률회사, 변호사 개인, 변리사 등
복지	• 복지관, 푸드뱅크, 후원사 연결 등 복지 관련 서비스를 제공하는 기관 • 쉼터 등 사회적인 보호 서비스를 제공할 수 있는 시설과 기관 • 직업훈련 지원, 취업지원, 학습지원, 경제적 지원이 가능한 기관 • 상인연합회, 종교기관, 개인사업가 등 복지적 지원이 가능한 개인과 단체
상담·멘토	• 상담을 전공한 자원봉사자, 상담전공 대학원생, 학습지원 가능한 대학생, 또래상담자, 여러 영역의 전문가 등으로 개인적 지지체계를 구성할 수 있는 개인 또는 단체

출처: 여성가족부(2021), 2021년도 청소년 사업 안내, p. 107.

1388청소년지원단에는 단체나 개인들이 참여하는데, 특정 대상이 정해져 있는 것은 아니다. 지역사회에서 청소년을 지원하는 데 필요한 서비스를 제공할 수 있으면 누구나 참여할 수 있다. 1388청소년지원단은 공적서비스를 보유한 필수연계기관들이 미처 제공할 수 없는 서비스의 한계를 극복하도록 하는 데 매우 중요한 역할을 하게 된다. 1388청소년지원단은 발견과 구조에 참여하는 지원단, 의료와 법률지원을 제공하는 지원단, 복지서비스를 제공하는 지원단, 상담·멘토에 참여하는 지원단으로 분류하고 있다. 그 내용은 〈표 5-2〉와 같다.

상담자들에게 익숙하지 않은 것 중 하나가 지역의 인적자원과 협력하는 방식의 업무다. 그런데 앞에서 이미 언급한 바와 같이 청소년상담을 개척하고 현장에서 발전시켜 온 청소년상담자들은 지역주민들의 참여를 유도하고, 협력하고, 인적자원으로 개발하는 일을 적극적으로 해 왔다. 그런 자세는 오늘날 청소년상담이 지역사회에 뿌리를 내리고 다양한 개입전략을 활용할 수 있도록 한 원동력이 되었다. 따라서 어느 영역에서든 바운더리를 가진 지원체계를 구성하고자 한다면 영역 내 인적자원을 상호협력하는 파트너로 참여시키는 지혜가 필요하다.

필자가 안양시청소년상담복지센터 소장으로 재직할 당시 안양시장의 적극적인 지원으로 4층 단독 청사를 신축했다. 그리고 3층과 4층에 안양시 청소년들을 위한 드롭인센터(drop-in center)를 설치하고 위기지원팀을 추가하여 운영했다. 첫 해 운영을 기획하면서 매일 청소년이 100명씩 방문하고, 10명 가량이 일시보호소를 이용할 것을 예상하여 많은 예산을 세웠다. 운영을 개시하자 기대보다 많은 청소년들이 몰려왔는데, 놀라운 것은 지역사회 주민들의 기부물품도 몰려오는 청소년만큼 몰려들어서 당초에 세웠던 예산을 너무 많이 남겼던 기억이 있다. 바람직한 의도로 손을 내밀면 기꺼이 손을 내밀어 주는 사람들이 얼마나 많은지 모른다.

(2) 청소년상담지원체계의 운영 구조

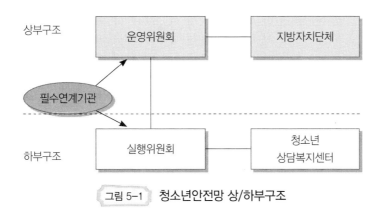

그림 5-1 청소년안전망 상/하부구조

다양한 전문가와 기관들이 협력망을 구성하게 되면 이를 운영하기 위한 조직이 필요하게 된다. 하지만 앞에서 언급한 바와 같이 운영을 위해 또 다른 조직을 만들어낼 수 없는 경우에는 대개 심의기구 등을 두게 된다. 청소년안전망은 이중구조를 두어 이를 해결하고 있는데, 상부구조와 하부구조로 나눈 것이 그것이다. 상부구조는 '청소년안전망 운영위원회'로 참여기관 간 연계협력을 강화하기 위한 방안을 논의하고, 법에서 정한 사항들을 의결하는 심의기구다. 하부구조는 '청소년안전망 실행위원회'로 위기청소년을 지원하기 위한 구체적인 방법을 논의하고 실행하는 모임이다.

① 상부구조: 운영위원회

운영위원회는 청소년안전망의 원활한 운영을 위하여 구성하는 상위조직이다. 청소년안전망 운영위원회는 지역에서 청소년을 지원하는 데 필요한 기관의 관리자와 특정 영역의 전문가, 그리고 학부모 대표 등으로 구성하는데, 그 예는 다음과 같다.

〈운영위원회 위원 구성의 예〉

- 소망시 주민생활지원국장(당연직/위원장)
- 소망시청소년상담복지센터 소장(당연직)
- 소망교육지원청 중등교육과장(당연직)
- 소망시 청소년통합지원체계 1388청소년지원단장(당연직)
- 소망경찰서 생활안전과장
- 소망시고용센터 청년취업지원실장
- 소망대학교 대학병원 사회사업실장
- 소망시정신건강복지센터장
- 소망청소년쉼터 소장
- 소망대학교 교육학과 상담주임 교수
- 새이룸 법률사무소 변호사
- 자녀지킴이 학부모 연대 대표

운영위원회에서는 지역사회 내 위기청소년 지원에 관한 사항들을 의사결정하는데, 그 내용이 「청소년복지지원법」에 명시되어 있고 이 책 3장에서 설명한 바 있다.

〈운영위원회의 기능〉

- 위기청소년의 가족 및 보호자에 대한 여비 등 실비 지급
- 특별지원 대상청소년 및 선도 대상청소년 선정
- 통합지원체계 운영 실태 점검 및 활성화 방안
- 필수연계기관 간 위기청소년 지원 연계 활성화 방안
- 위기청소년의 발견 및 보호와 관련된 정책, 조례 · 규칙의 제 · 개정 제안
- 기타 지역사회에서 필요로 하는 사항

운영위원회는 청소년상담지원체계가 가동되도록 하는 원동력이다. 지역사회에서 다양한 기능을 수행하고 있는 각각의 전문기관들이 협력하기 위해서는 소통이 원활해야 하는데, 중간관리자 이상인 사람들이 모여서 협력하기로 의견을 모으는 것만으로도 청소년상담지원체계 운영을 원활하게 만들기 때문이다. 따라서 지역사회를 기반으로 상담지원체계를 운영하고자 할 때는 지역 내에서 협력이 필요한 기관들과의 긴밀한 소통방식을 마련해야 한다. 「청소년복지지원법」에서는 CYS-Net 운영위원회와 필수연계기관을 지방자치단체에서 구축하고 운영하도록 명시하고 있는데, 이는 지역사회 내 공공기관들 간 소통을 활성화하여서 결과적으로 연계협력을 강화하기 위한 조치다. 따라서 지역사회 내에 재난 등으로 위기청소년이 발생하게 되는 경우 총괄 조정자로서 지방자치단체의 능동적인 역할이 매우 중요하다.

② 하부구조: 실행위원회

실행위원회는 청소년안전망 활성화를 위하여 운영위원회에서 의결한 사항들을 실행하는 운영위원회 산하의 실무자급 모임이다. 실행위원회는 청소년상담복지센터에서 구성하여 운영하도록 하고 있는데, 대체로 위기청소년의 조기 발견 및 통합

서비스 제공을 위해 20명 이내의 위원으로 구성하도록 하고 있다. 실행위원회의 기능은 법이 아닌 정부 부처의 사업지침에 의해 규정하고 있다.

〈실행위원회의 기능〉

- 위기청소년을 지원할 수 있는 기관 등의 조사 및 발굴
- 위기청소년 사례의 발굴·평가 및 판정
- 위기청소년의 특성에 따른 연계방안 모색
- 청소년안전망의 유용성 평가

실행위원회는 실질적인 일을 수행하는 모임이다. 따라서 실무자급의 사람들이 모여서 지역 내 위기청소년을 지원하기 위한 협력방안을 실제적으로 논의하고 실행할 수 있어야 한다. 지역 내에 위기문제가 발생하여 운영위원회가 개최된다면, 실행위원회도 거의 동시에 개최되어서 위기대응에 필요한 절차와 역할 등이 논의되어야 한다.

청소년상담지원체계를 구성하고자 할 때 반드시 상부구조와 하부구조를 구분해야 하는 것은 아니다. 청소년안전망의 경우 각종 긴급사안에 대해 지역 내 공적서비스 지원기관들이 협력하도록 설계하고 있기 때문에 상부구조를 두어 지방자치단체가 운영하도록 한 것이다. 만약 필요로 하는 서비스 제공이 원활하기만 하다면 이중구조를 가지지 않아도 된다. 의사결정과 서비스 선택 및 실행이 즉각적으로 이루어지도록 단일구조를 가지는 것도 의미가 있다.

③ 청소년상담지원체계 구조의 허브기관

청소년안전망은 각 구조별로 허브기능을 수행하는 기관이 지정되어 있다. 운영위원회는 지방자치단체가 허브기관이고, 실행위원회는 청소년상담복지센터가 허브기관이다. 지방자치단체와 청소년상담복지센터가 허브기관으로서 기능하도록

하기위해 누가 허브기능을 수행할지에 대해서도 지정하고 있다. 운영위원회는 지방자치단체의 국장급 이상 공무원(위원장)과 담당 과장(간사)이 허브기능을 수행하도록 하고 있다. 지역 내 공적서비스 간 연계·협력이 가능하도록 조치한 것이다. 실행위원회는 청소년상담복지센터 센터장(위원장)과 담당 팀장(간사)이 허브기능을 수행한다. 이런 장치는 지역 내 다양한 자원 간 연계·협력을 원활하게 유지하는 것과 위기청소년을 변화시키고 실질적으로 문제를 해결해 내는 성과를 극대화하기 위한 것으로 이해할 수 있다. 이처럼 청소년상담지원체계가 의도에 맞게 실질적인 문제해결을 위해 제대로 기능하도록 하려면 실제적인 지원을 총괄·조정하는 권한을 청소년상담기관이 가지도록 설계하여야 한다.

(3) 청소년상담지원체계의 활용

청소년상담지원체계는 지역 내에서 상담을 필요로 하는 대상을 발굴하고, 사례 개념화 후에 맞춤형 서비스를 설계하여 제공하며, 일정 성장기까지 지속적으로 추후관리하는 데 유용하다. 지역 내에서 도움을 필요로 하는 청소년에게 다양한 서비스를 체계적으로 제공하면서 청소년 시기를 건강하게 지내도록 지역사회가 동행하는 것이다.

청소년상담지원체계는 지역의 다양한 기관과 단체, 주민들이 망라된 '인간조력망'

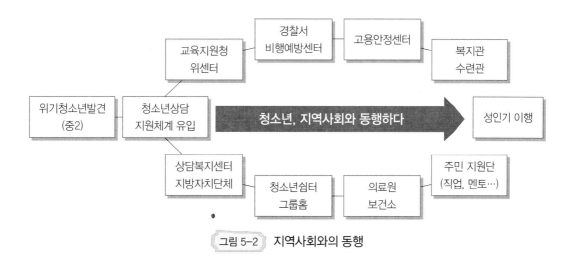

그림 5-2　지역사회와의 동행

이다. 그래서 이 장 3절에서 기술하고 있는 상담지원인력, 상담보조인력, 상담사업 인력이 확보되는 효과도 가지고 있다. 청소년상담지원체계는 위기에 대응할 때 더 더욱 기능을 발휘한다. 지역 내 위기상황은 모든 가용 자원이 망라되어 협력해야 하기 때문인데, 청소년상담지원체계에는 지역 내 유용한 자원들이 총망라되어 있다.

〈우리나라 긴급구조 시스템〉

우리나라 119시스템은 긴급한 구조를 위해 잘 준비된 출동체계를 운용하고 있다. 필자는 2017년 11월에 아들과 함께 일출을 찍기 위해 마포대교 위에 올라간 적이 있다. 생각보다 바람이 무척 세게 불고 추운 날이었다. 패딩을 입고 해가 떠오르기를 기다리고 있는데 멀리서부터 엉엉 울면서 다가오던 20대 초반의 여성이 마포대교 난간 위에 설치해 둔 철선을 붙들고 그 사이로 몸을 넣어 투신하려 했다. 아들과 함께 달려가서 끌어내린 뒤에 울부짖는 여성을 달래며 사정을 듣고 위로하며 긴급하게 개입했다. 그러다가 이 여성이 지쳐서 주저앉는 틈을 이용해서 119로 구조 요청을 했다. 정말 놀랍게도 4~5분 만에 경찰차량 한 대와 119구조차량 두 대가 도착했고, 마포대교 아래 한강에는 119 쾌속선이 달려왔다. 그들은 여성을 부축해서 병원으로 이송시켰다. 이 이상 더 완벽한 대처가 있을까 하는 감동이 밀려오면서 청소년 상담 영역도 이렇게 대처할 수 있는 조직과 인력이 있었으면 좋겠다는 생각이 들었다. 내 생각을 이야기하니까 고등학생이던 아들은 "아버지. 저렇게 잘 대응하는 경찰관과 소방관에게 도움을 청하면 되지, 굳이 새로 만들 필요가 있을 까요?"라고 말했다. 아차 싶었다. 청소년상담지원체계를 구축하여 사전에 준비한다는 것은 모든 것을 청소년상담자가 해낸다는 것을 의미하지 않는다. 이미 각 분야별로 일하고 있는 전문가들이 긴밀하게 협조체계를 맺고 협업하는 것을 의미하는 것이다.

2. 미국의 위기지원체계

　미국 캘리포니아주, 콜로라도주 등에서는 학교 내 총기난사 사건 등에 대한 대책으로 위기대응팀(Crisis Response Team: CRT)을 운영하고 있다. 위기대응팀은 학교수준, 구(district)수준, 지역(regional)수준, 주정부(state)수준 등으로 구성되어 있다. 우리나라 청소년상담복지센터나 위센터와 유사한 체계라고 할 수 있는데, 우리나라의 조직이 상설조직이라면 미국의 위기대응팀은 위기상황이 발생했을 때 긴급하게 팀을 구성하여 인력을 투입하는 식으로 운영된다(이동훈, 명소연, 정보영, 강은진, 2017).

　미국에서는 위기대응팀을 효율적으로 운영하기 위해서 지역사회 내의 상담자, 사회복지사 등을 중심으로 인력풀을 구성하여 이틀간의 집중교육을 통해 위기개입 전문요원으로 활용하고 있다. 또한 지역사회의 의사, 간호사, 변호사, 경찰이나 학교보안관 등이 긴급하게 협력하도록 협의체를 구성하여 운영하고 있다. 이런 준비를 통해 학교 내에서 총기사고가 발생하거나, 지역 내에서 대규모 산불이 발생했을 경우에 위기개입요원과 상황대응에 필요한 전문가들을 호출하여 위기대응팀을 구성하고, 현장에 파견한다.

　위기개입요원에게 이틀 정도의 필수교육을 요구하는 것은 이들이 이미 상담자이거나 사회사업실천요원들이거나 심리사들이어서 기본적으로 사람을 조력하고 지원하는 역량이 되기 때문이다. 우리나라의 경우에도 심리적 외상개입 전문가들을 양성하고 관리하고 있는데, 교육에 참여할 수 있는 기본 요건으로 상담 관련 자격증을 요구한다. 그래서 기초부터 교육하는 데 소요되는 과도한 예산과 시간이 절약되는 것이다.

　미국의 위기대응팀은 학교에서 총기사고와 같은 위급상황이 발생하면 언론중재, 모든 관련인들에 대한 정보 소통, 현장에서의 위기개입 총괄, 전체 구성원들에 대해 위기수준에 맞는 개입 등을 진행한다. 그리고 중장기적으로 심리적 외상에 대한 개입과 사망자에 대한 추모행사 등을 개최하여 지역사회에 미칠 위기의 영향을 최소화하고 빠른 시간 내에 사건 전의 정상적인 삶을 회복하도록 지원한다.

　미국의 위기대응모형은 일본에도 영향을 미쳤다. 일본은 야마구치현의 이케다 초등학교에서의 칼부림 사건으로 8명의 학생이 사망한 사건이 계기가 되어 긴급하게 전문가를 팀으로 구성하여 위기에 대응하도록 하였다가 2003년에 미국과 같은 형태의 위기대응팀(CRT)를 구성하였다. 일본에서도 미국에서와 같이 사건, 사고가 발생했을 경우 의사, 임상심리사, 사회복지사, 상담자 등으로 구성된 팀을 투입하여 신속하게 구성원 전체에 대한 개입을 진행하도록 하고 있다. 미국이나 일본의 위기대응팀(CRT)은 위기요소 제거, 의료적 치료와 함께 심리적 위기에 대해 긴급하게 개입함으로써 사건 직후 피해자를 보호하고 모든 구성원들이 경험할 이차적 피해를 예방하는 것에 초점을 두고 있다. 미국의 CRT와 우리나라의 청소년안전망은 비슷한 점도 있지만, 몇 가지 차이점도 있다.

첫째, 미국의 CRT는 총기사고 등으로 발생하는 위기에 대한 대응체계지만, 우리나라 청소년안전망, 위프로젝트는 청소년을 종합적으로 지원하는 체계다. CRT는 사고 등에 대응하기 용이하도록 경찰, 의료진, 법률가, 상담자, 국가안전 관련 전문가들이 협력한다. 이에 비해 청소년안전망은 지역사회를 기반으로 해서 청소년을 지원하기 위한 협력망이기 때문에 지방자치단체와 청소년상담복지센터, 교육지원청과 위센터, 경찰서와 비행예방센터, 학교밖청소년지원센터와 쉼터 등의 역할이 두드러진다는 차이점이 있다.

둘째, 미국의 CRT는 긴급한 위기에 투입되는 위기대응조직인 데 반해 청소년안전망은 지역사회의 모든 청소년을 지원하는 협력체계다. CRT는 철저히 위기상황에 대응하는 것을 목적으로 하는데, 청소년안전망은 긴급한 위기상황에 대한 개입부터 예방적 상담, 진로정보제공과 같은 평이한 활동까지도 사업 내용에 포함하고 있다. 이것은 위기상황이 발생했을 때 신속한 대응을 어렵게 만드는 요인이 되기도 한다.

셋째, 미국의 CRT는 청소년안전망처럼 상근 전담인력과 시설이 갖추어진 것이 아니다. 그래서 만약 위기상황이 발생하지 않는다면 자칫 문서에만 존재하다가 사장되기 쉽다. 물론 위기상황이 발생하지 않는다면 더없이 좋을 것이다. 이 때문에 모든 주, 모든 카운티에 다 설치하기 어렵다. 긴급대응 역시 서류에서처럼 상담자조직이 신속하게 모여서 투입되는 데는 어려움이 발생할 수 있다. 각자 일하던 사람들이 하던 일을 멈추고 위기대응팀 구성에 반응하려다 보면 예상 밖의 장애요소들이 있을 수밖에 없다. 이에 비해 청소년안전망은 시·군·구 단위까지 상근인력이 배치되어 있다. 비록 충분한 인력은 아니더라도 근거리에서 지원이 가능한 인력이 상시 배치되어 있다는 것은 CRT가 갖지 못한 강점이라고 할 수 있다.

미국의 CRT는 총기사고 등이 발생했을 때 학교 현장의 전문가들과 원활한 협력이 이루어지도록 노력하는 것을 중요하게 다루고 있다. 그만큼 협조가 어려울 수 있음을 시사하는 것이다. 우리나라는 청소년상담복지센터나 위센터 모두 서비스 전달체계로 구축되어 있다. 행정적인 전달체계뿐만 아니라, 전문적으로 대응하는 기관까지 전달체계로 구축되어 있어서 사전 논의를 통해 광역 차원에서 시·군·구를 지원하거나, 위센터에서 개별학교를 지원하는 것이 비교적 용이하다는 이점을 가지고 있다. 이를 충분히 활용하는 것이 중요하다.

넷째, 청소년안전망이 CRT처럼 위기대응에 신속하려면 이를 위한 하부 조직이 필요하다. 비록 청소년안전망에 전담인력이 있다고는 하지만, 위기상황에 대한 대응만을 전담하는 것이 아니다 보니 신속한 대응에 한계가 있다. 따라서 앞 절에서 살펴본 청소년안전망 조직 중에서 실행위원회를 '사례판정위원회'와 '긴급대응팀'으로 운영하는 것을 고려해 볼 수 있다. 사실 청소년안전망 실행위원회에는 의료진, 법률 전문가, 사회복지사, 상담자, 경찰, 노동 관련 전문가 등 미국이나 일본의 CRT에 참여하는 유형의 전문인력이 대부분 포함되어 있기 때문에 그들보다 더 수월하게 팀으로 개입할 수 있다.

미국의 위기지원체계인 CRT와 우리나라 청소년상담지원체계인 청소년안전망을 비교해 살펴보면 두 체계에 모두 필요한 한 가지를 시사점으로 얻을 수 있다. 바로 긴급한 대응을 위한 전담인력 배치에 관한 것이다. 우리나라 청소년상담지원체계에 긴급지원을 위한 대응 전담인력을 배치한다면 다양한 위기상황에 시의적절하고 효과적으로 대응할 수 있을 것이다. 그런데 지역사회청소년지원체계가 가동되어야 할 만한 위기상황은 생각보다 빈번하지 않기 때문에 모든 시·군·구에 배치하는 것은 수용되기 어렵다. 따라서 모든 시·군·구 단위에 배치하기보다는 광역 시·도 단위에 배치하여 위기상황 발생 시 광역 시·도 중심으로 지원하는 방안을 검토할 수 있다. 또는 전국 수준이라 할 수 있는 한국청소년상담복지개발원과 위프로젝트 특임센터 등에 전문팀과 인력을 배치하여 상황 발생 시 즉시적으로 개입하도록 하는 것도 고려해 볼 수 있다.

3. 청소년상담지원체계 구성

앞에서 지역사회청소년통합지원체계(청소년안전망)를 하나의 예로 청소년상담지원체계에 대해 설명하였다. 이제 자신이 거주하고 있거나 일하고 있는 지역사회에서 청소년상담지원체계를 구성하는 연습을 해 보겠다. 이 절은 당초에 '학습을 위한 질문' 코너로 빼려고 했으나, 본문에 넣어서 바로 연습해 보도록 하는 것이 나을 것 같아 이곳에 배치했다.

1) 청소년상담지원체계 구성 연습

연습은 바로 앞 절에서 설명한 청소년안전망의 틀로 해 보겠다. 다른 틀이 있다면 얼마든지 사용 가능하리라고 보인다. 하지만, 이 책에서는 청소년안전망을 가장 잘 구조화된 지원체계로 전제하고 당신이 예로 사용하기에 가장 용이할 것이라고 판단되어 그 내용을 따라 해 보려고 한다.

다음을 따라 청소년상담지원체계를 구성하기 위한 준비를 해 보자.

첫째, 당신이 거주하거나 일하고 있는 지역을 선택하라.

둘째, 이 책의 4장 '학습을 위한 질문과 과제' 코너에서 작성했던 자료들을 책상에 펼쳐 놓고 복습하듯 살펴본다. 그리고 컴퓨터를 켜고 인터넷을 연결해서 더 필요한 정보를 검색하고 4장에서 정리한 내용을 보강한다.

- 지역사회 청소년 현황(질문1~3번)
- 지역사회 자원(질문1~4번)

셋째, 최종 정리한 결과를 토대로 운영위원회 구성표를 완성한다. 〈표 5-3〉은 청소년 안전망을 예시로 연습하는 것이다. 운영위원회라는 용어를 사용하기보다 더 나은 용어가 있다면 얼마든지 사용해도 된다. 만약 당신이 현재 특정 지역사회의 청소년상담자로 취업을 준비하고 있거나 또는 이미 특정 지역에서 청소년상담자로 일하고 있다면 해당 지역의 운영위원회 구성 현황을 확인하여 활용해도 무방하다.

〈표 5-3〉 운영위원회 구성표

구분		기관 및 직책	담당자	
			성명	연락처(전화번호/이메일)
위원장		지자체 청소년 업무 담당 국장		
간사		지자체 청소년 업무 담당 과장		
위원	당연직	청소년상담복지센터 소장		
		교육지원청 중등교육과장		
		1388청소년지원단 단장		
	임명직	경찰서 청소년 담당 부서장		
		고용센터 청년 취업 부서장		
		국공립 병원 진료 담당 부서장		
		보건소(정신건강복지센터)소장		
		학교밖청소년지원센터장		
		청소년비행예방센터장		
		청소년쉼터 소장		
		상담전공 교수 등 청소년 전문가		
		법률 전문가		
		학부모 대표		

넷째, 이 전의 "둘째" 과제를 검토하라. 책상 위에 펼쳐 놓은 자료를 토대로 실행위원회, 즉 실질적으로 협력할 지역 전문기관의 중간간부 또는 실무자로 구성표를 완성한다. 만약 지역사회기반 청소년상담자로 취업을 원하거나 또는 이미 취업한 상태라면 해당 지역의 실행위원회 구성 현황을 확인하여 활용해도 무방하다.

〈표 5-4〉 실행위원회 구성표

구분	기관 및 직책	담당자	
		성명	연락처(전화번호/이메일)
위원장	청소년상담복지센터 센터장		
간사	청소년상담복지센터 담당 팀장		
위원	지자체 청소년 담당 팀장		
	청소년쉼터 팀장		
	교육지원청 담당 장학사		
	경찰서 여성청소년팀장		
	보건소 담당자 또는 병의원 의사		
	청소년비행예방센터 팀장		
	고용센터 팀장		
	학교밖청소년지원센터 팀장		
	법률 전문가		
	기타 1		
	기타 2		

다섯째, 꼭 필요한 공적 연계기관을 정리한다. 청소년안전망에서는 이를 필수연계기관이라고 하였다. 필수연계기관을 참고하여 지역사회에서 함께 협력해야 하는 공적서비스 제공기관들을 정리한다. 만약 지역사회기반 청소년상담자로 취업을 원하거나 또는 이미 취업한 상태라면 해당 지역의 공적연계기관 구성 현황을 확인하여 활용해도 무방하다.

〈표 5-5〉 연계가 필요한 공적서비스 제공기관

기관	담당자		제공 서비스
	성명	연락처	
상담기관			• 상담, 예술치료
청소년쉼터			• 일시, 단기, 중기보호
학교밖청소년지원센터			• 학습, 자립지원
지방자치단체			• 복지지원 • 법률지원
교육청 또는 교육지원청			• 전학, 학습, 멘토지원
지방경찰청 또는 경찰서			• 법률, 긴급구조

공공보건의료기관 또는 보건소			• 의료지원
청소년비행예방센터			• 상담, 교육지원
지방고용노동청 및 지청, 고용지원센터			• 자립, 자활지원
기타 1			
기타 2			
기타 3			
기타 4			

여섯째, 지역사회 내 청소년들이 경험하는 어려움을 극복하도록 돕기 위하여 활용 가능한 민간자원들을 정리한다. 민간자원들은 앞의 〈표 5-2〉에서 살펴본 바와 같이 발견·구조, 의료·법률, 복지, 상담·멘토로 분류하려고 한다. 활용 가능한 민간자원이라고 해서 많은 단체와 개인 전문가들을 포함해야 하는 것은 아니다. 내가 일하는 지역사회 내 청소년들에게 필요로 하는 자원들이 무엇인지를 먼저 분석하고 이에 맞게 민간자원을 확보해야 한다. 또한 민간자원은 지역사회에서 봉사하고자 하는 주민들로 구성하기 때문에 생업을 침해하거나 사적 권리를 무시하는 무리한 요구를 해서도 안 된다. 만약 지역사회기반 청소년상담자로 취업을 원하거나 또는 이미 취업한 상태라면 당신이 일하고 있는 기관의 대표적인 민간자원 구성 현황을 확인하여 활용해도 무방하다.

〈표 5-6〉 협력을 위한 민간자원 구성표

분류	기관(담당자)/성명	연락처
발견·구조		
의료·법률		

복지		
상담 · 멘토		

일곱째, 지금까지 정리한 구성표를 중심으로 업무협약을 진행한다. 또는 이미 맺어져 있는 업무협약의 내용을 확인한다. 우리나라의 경우 이미 기초자치단체까지 지역 사회청소년통합지원체계가 구성되어 있다. 당신이 청소년상담자로 청소년상담복지센터나 교육지원청 위센터, 지역건강가정지원센터 등에 취업하면 이미 구성되어 있는 이 지원체계를 통해 청소년상담을 수행하게 될 것이다.

2) 청소년상담지원체계를 궤도에 올리기 위해 유념해야 할 것들

청소년상담지원체계를 구축하는 계획을 세워 보았다. 이것은 청소년상담을 위한 하드웨어를 구축하고 매뉴얼을 구비했음을 의미한다. 이제 한 걸음 더 나아가서 이 지원체계가 궤도에 오르도록 할 차례다. 그렇게 하기 위해서는 몇 가지 유념해야 할 것들이 있다.

첫째, 청소년상담 전문가들이 상담지원체계 전체를 기획하고 관리해야 한다. '구슬이 서 말이라도 꿰어야 보배다.'라는 속담이 있다. 아무리 많은 사람이 모여서 협력하려고 해도 누군가가 총괄해 주지 않으면 꿰이지 않은 구슬에 불과할 수가 있다.

청소년상담지원체계를 효율적으로 운영하는 것은 쉬운 일이 아니다. 전문가와 지역주민들이 의기투합해서 위기청소년을 지원하자고 의지를 불태우는 것은 쉽다. 하지만 실제로 상황이 벌어졌을 때, 'ⓐ 어떤 청소년에게, ⓑ 누가, ⓒ 무엇을, ⓓ 언제, ⓔ 어떻게 지원하느냐' 하는 것을 정하는 것은 쉽지 않다.

위기청소년을 돕겠다고 나선 사람들은 자기 분야에서는 전문가이고, 모종의 자원을 가지고 있지만 실제로 위기청소년을 상담하는 주체는 청소년상담 전문가일 수밖에 없다. 그러므로, 'ⓐ 지원받을 청소년을 판별하고, ⓑ 누가 지원을 해야 하는지를 결정하고, ⓒ 무엇을 제공하는 것이 적합한지를 논의하고, ⓓ 언제가 좋겠다고 조언하며, ⓔ 어떤 방법으로 청소년을 지원할 것인지'를 주도적으로 이끌어 가야 하는 사람이 바로 청소년상담 전문가다.

운영위원회, 실행위원회, 필수연계기관, 1388청소년지원단에 참여하는 지역의 전문가와 주민들은 청소년에 대한 관심과 돕고자 하는 열정을 가지고 지원하는 사람들이다. 따라서 그들이 가진 자원을 잘 이해하고, 적합한 방식으로 청소년에게 전달되도록 계획해야 한다. 청소년의 심리적, 정서적, 행동적, 대인관계적, 인지적 측면에 대한 변화를 이끌어 내는 것은 청소년상담 전문가다. 청소년상담 전문가의 전문성을 신뢰하면서 각 분야의 전문가들과 주민들이 팔을 걷고 나선 것이라는 것을 분명히 인식해야 한다. 이 책 3장에서 소개한 CYS-Net의 경우만 보더라도 지방자치단체가 운영위원회 허브역할을 맡고 있지만, 청소년상담복지센터장과 교육청(위센터) 담당자를 당연직 위원으로 정해 놓은 것도 청소년상담자의 전문성에 대한 기대라고 이해할 수 있다.

둘째, 청소년상담지원체계는 지역사회에서 함께 활용하는 공동의 것이어야 한다. 청소년을 돕겠노라고 나서서 구성한 이 모임에서는 청소년상담 전문가도 체계의 일원이다. 따라서 청소년상담 전문가로서 체계를 잘 활용하는 것도 중요하지만, 다른 기관에서 지원체계를 활용하고자 할 때 적극 협력해야 한다. 예를 들어, 경찰서에서는 지역 내에 구성되어 있는 청소년상담지원체계를 '입건청소년 선도위원회'로 활용할 수 있고, 교육지원청 위센터에서는 '학교안전망'으로, 지방자치단체에서는 '청소년정책 전문가위원회', 청소년쉼터에서는 '가출청소년 자립지원체계', 비행예방센터에서는 '재범방지를 위한 지원체계'로 활용할 수 있다.

이런 관점을 가지게 되면 청소년상담지원체계는 지역 내에서 다양하게 활용되는 전문가 모임이 될 수 있다. 간혹 지원체계에 참여하면서 타 기관들로부터 도움을 받을 때는 몹시 당당하게 권리를 누리는 듯한 태도를 보이다가도 내가 누군가에게 도움을 줘야 할 때는 몹시도 인색할 때가 있다. 하지만 청소년상담지원체계를 지역사회에서 함께하는 체계로 인식하게 되면 서로서로를 지원하면서 겸손해지고, 신중해지며, 남발하지 않게 되고, 기꺼이 협력할 줄 알게 된다.

셋째, 지역사회에서 발생하는 청소년문제에 민감하게 반응하는 지역 내에서 발생한 사건이나 사고에는 청소년이 관련되어 있기 쉽다. 이런 상황에서 청소년상담지원체계가 침묵하면 안 된다. 청소년이 피해자, 가해자, 가족으로 연관되어 있는 경우 지역의 청소년 전문가들이 나서서 적절한 지원을 해야 한다.

넷째, 청소년상담지원체계는 위기청소년을 지원하기 위한 체계임을 잊어서는 안 된다. 운영위원회, 실행위원회, 필수연계기관, 자발적인 지역주민 모임 등을 구성하고 협업하는 것이 모두 이 때문이다. 깜빡 목적을 잊어버리고 모임에 급급해하면서 단지 모이는 재미에 빠지면 청소년이 잊힌다. 그래서 청소년상담지원체계가 지역사회 체육대회, 중년들의 등산 모임, 다른 목적을 가진 이들의 계 모임처럼 전락할 수도 있음을 잊어서는 안 된다.

청소년상담지원체계는 지역사회 내 위기청소년을 지원하기에 적합하게 구성되어야 한다. 이것은 이 책의 3장에서 청소년상담자들이 제일 먼저 해야 할 일이 지역사회 내 청소년 동향을 분석해야 한다고 언급한 것과 관련이 있다. 청소년 동향을 분석하고, 빈번하게 출현하는 위기청소년을 지원할 수 있는 전문가들과 자원을 확보해야만 청소년상담지원체계가 제대로 작동할 수 있다. 그것은 청소년상담지원체계가 적합하게 구성되었느냐 하는 질문과도 매우 관계가 깊다. 이렇게 되면 지원체계에 참여하는 전문가와 주민들이 역할에 따라 참여하는 정도가 당연히 달라진다. 거의 매주 도움을 청해야 할 만큼 아주 빈번하게 협력해야 하는 전문가와 주민들이 있을 수 있고, 연중 1~2회 정도 참여할 만큼 역할이 아주 적은 전문가와 주민들도 있을 수 있다. 이를 명확하게 설명해 주고 협조와 양해를 구하는 것도 필요하다.

4. 청소년상담지원인력 개발

지역사회를 기반으로 일을 하다 보면 늘 사람이 부족하다. 현실적으로 표현하면 상담은 사람이 하는 일이기 때문에 상담자 수와 내담자 수는 비례하기 마련이다. 그래서 늘 전문가가 부족하다. 연계체계가 활성화되어서 위기청소년 발굴이 수월해지고, 또한 상담을 받고자 하는 청소년과 부모가 많으면 많을수록 청소년상담기관에서는 늘 사람을 아쉬워한다. 이뿐만이 아니다. 지역사회 전역에 서비스를 제공하기 위해 거시적인 프로그램을 기획하고 운영하려면 이를 보조해 줄 인력도 필요하게 된다. 인력이 필요할 때마다 충분한 인건비를 주고 전문가를 채용할 수 있다면 얼마나 좋을까? 그러나 이 또한 현실적으로 가능하지 않은 일이다. 그래서 상담인력 뿐만 아니라 사업을 보조할 인력을 개발하는 것 역시 지역사회를 기반으로 일하는 청소년상담자의 고민이다.

이런 현실이 청소년상담자로 하여금 다양한 인력 개발 프로젝트를 시작하게 만든다. 대체로 청소년상담자는 세 가지 분야에서 인력 개발을 도모한다. 상담인력, 사업보조인력, 위기청소년 지원에 협력할 수 있는 인력이 그것이다. 이 중 세 번째 위기청소년 지원에 협력할 수 있는 인력에 대해서는 이미 '우리나라청소년상담지원체계 이해하기'와 '청소년상담지원체계 구성하기'에서 자세히 설명하였다.

1) 필요한 청소년상담인력 예측

청소년상담인력 확보에 대한 계획은 지역사회 내에서 상담을 필요로 하는 청소년 현황에 대한 분석에서 출발한다. 상담을 요청하는 청소년들을 보면 간단하게 대응하는 것으로도 충분한 경우에서부터 여러 전문가들이 협력해서 지원해야 하는 긴급위기까지 매우 폭이 넓다. 결국 지역 내 모든 청소년과 모든 부모가 상담 대상이 된다. 하지만 정보요청, 하소연 중심의 속풀이 등에 대해서 '굳이 상담 전문가가 투입되어야만 도움이 되는 것인가?' 하는 의문이 들게 한다. 물론 '기왕이면 다홍치마'라는 속담도 있듯이 간단하든, 복잡하든 상담 전문가가 도움을 준다면 좋을 것이다. 그러나 간단한 정보제공에 상담 전문가를 투입하다 보면 정작 고도의 전문성을 요하는 위기청소년 개입에는 인력이 모자라는 일이 발생하게 된다. 따라서 이를 적절히 분석하고 안배하고자 하는 노력이 따르기 마련이다.

지역사회 내 청소년 현황을 분석하는 방법은 이 책의 4장에서 설명하였고, 분석 결과는 〈표 4-4〉, [그림 4-4]와 같이 정리하였다. 앞 장에서 소개한 가상의 도시인 소망시의 경우 19세 이하 청소년은 81,800명인데(〈표4-4〉 참조), 다양한 정보를 분석한 결과 긴급하게 개입해야 하는 청소년은 7,050명으로([그림4-4] 참조) 추정되었다. 청소년상담기관에서는 7,050명을 찾아 우선적으로 상담하는 일에 관심을 기울이게 된다. 그러나 동시에 전체 청소년인 81,800명과 그들의 부모가 가지고 있는 요구를 고려하지 않을 수는 없다.

이렇게 서비스 대상이 많고, 요구되는 수준에 차이가 나는데, 정작 상담 전문가가 부족하다면, 청소년상담자는 어떤 방식으로 대응을 하게 될까? 청소년상담자가 가

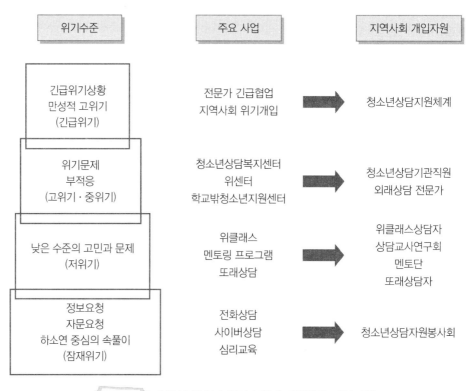

그림 5-3　소망시 청소년 위기수준과 지역사회 개입자원

장 일반적으로 취할 수 있는 방법이 지역사회 내 문제를 수준별로 분류해 보는 것이다. 우선 가장 낮은 수준으로 '잠재위기: 정보·자문 요청, 하소연 중심의 속풀이', 그다음 수준으로 '저위기: 낮은 수준의 고민과 문제', 그리고 '고·중위기: 위기문제 및 부적응', 가장 높은 수준으로 '긴급위기: 긴급위기상황, 만성적 고위기'를 배치한다. 이렇게 문제수준을 분류한 후 전문가가 맡아야 하는 고객군이 누군인지 가정해 볼 수 있다.

[그림 5-3]은 소망시에 거주하고 있는 청소년들의 위기수준과 지역사회에서 활용 가능한 인적자원들을 정리한 것이다. [그림 5-3]을 보면 소망시의 청소년상담 전문가는 서비스가 필요한 대상을 4단계 위기수준으로 구분하고 각각에 대하여 어떤 사업과 인력으로 대응할지를 정해 놓고 있다. 긴급위기상황과 만성적 고위기 대상은 청소년상담지원체계에서 담당하고, 위기문제와 부적응은 청소년상담 전문가

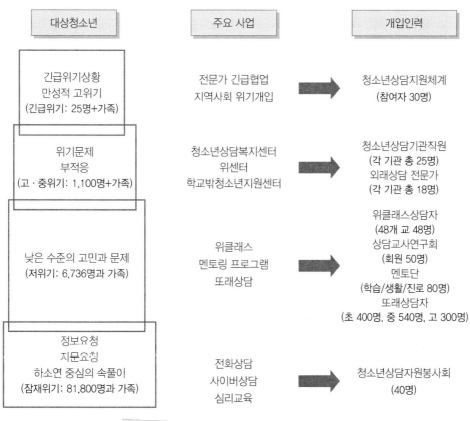

그림 5-4 소망시 청소년지원 필요인력 산출

가 맡으며, 저위기와 잠재위기는 조력 프로그램에 참여하는 인력이 맡는 것으로 구분하고 있다. 이것은 하나의 예이기 때문에 지역사회에 따라서는 담당 인력이 바뀔수도 있을 것이다. 그러면 소망시에는 위기수준별로 대응할 수 있는 인력이 얼마나있을까?

[그림 5-4]는 소망시에 거주하는 청소년들을 효율적으로 지원하기 위해 필요한인력을 가정한 것이다. [그림 5-3]을 토대로 해서 각 위기수준별로 대상청소년 수와 개입인력 현황을 추가하였다. [그림 5-4]를 대상청소년과 대응해 줄 인력을 연결 지어서 다음과 같이 소망시의 청소년문제에 대한 대응을 설명할 수 있다.

> "소망시에는 긴급위기상황 또는 만성적 고위기로 인해 긴급위기를 경험하는 청소년이 연간 25명 정도 출현될 것으로 예상되며, 이들 청소년과 가족에게 개입을 실행할 지역 내 인력풀은 청소년상담지원체계에서 긴급개입팀에 참여하는 상담자, 변호사, 경찰, 의사, 교사, 청소년지도자 등 30명의 전문가입니다. 고·중위기청소년은 1,100명으로 추산되는데, 이들 청소년과 가족을 도울 청소년상담 전문가는 소망시청소년상담복지센터, 소망교육지원청 위센터, 소망시학교밖청소년지원센터에 있는 청소년상담 전문가 25명과 각 기관에 소속되어 있는 외래상담자 18명입니다. 저위기청소년은 6,736명으로 추정되는데, 이들을 현장에서 다룰 전문가는 48개학교 내 위클래스에 배치되어 있는 전문상담교사 48명과 상담교사연구회 소속 학교 교사 50명, 그리고 학습·생활·진로 멘토로 참여하는 대학생·전문직 멘토단 80명이 있습니다. 또한 낮은 수준에서 정서적 지지와 동료애를 통해 어려움에 처한 친구를 도울 또래상담자 1,240명이 양성되어 있습니다. 그리고 지역 내 81,800명의 청소년과 가족이 청소년 관련 정보를 필요로 할 때 전화·문자·사이버를 통해 응대해 줄 청소년상담자원봉사회 회원 40명을 준비하였습니다."

이렇게 상담 관련 인력을 갖추려면 청소년 현황에 대한 분석을 토대로 위기수준별로 개입이 가능한 인력을 확보하는 노력을 기울여야 한다.

2) 청소년상담인력 확보

(1) 청소년상담 전문인력 확보하기

지역 내에서 상담을 요청하는 고·중위기수준 정도의 청소년들은 청소년상담 전문가들이 상담하게 된다. 하지만 상담을 요청하는 내담자를 다 받아들이기에는 지역 내 청소년상담복지센터, 위센터, 위클래스 청소년상담자를 다 합하여도 턱없이 부족한 것이 현실이다. 이런 와중에 긴급한 위기상황이라도 발생하게 되면 이미 수행중인 업무로 인해서 신속한 위기대응에 발목 잡히기도 쉽다. 따라서 지역사회를 기반으로 활동하는 청소년상담자는 이에 대비하는 것이 필요하다. 만약 예산을 충분히 확보해서 많은 수의 상담인력을 증원할 수 있다면 좋겠지만, 경제적인 측면과 효율성을 고려하는 예산배분 담당자들은 현장에서 일하는 상담자와 생각이 다르기 때문에 쉬운 일은 아니다. 그렇다고 청소년상담자들이 자기 지역에서 일어날 문제가 충분히 예상되는데도 예산이 확보되기만을 기다릴 수는 없다. 우선적으로 청소년상담기관에 직원으로 채용되어 있는 상담자의 역량을 다양한 분야에서 최대로 끌어올리는 노력을 기울이고는 있으나 이 역시 물리적 한계를 극복하는 데는 무리다. 따라서 지역사회를 기반으로 일하는 청소년상담자는 전문인력 확보를 위해 관심을 가지고 노력하게 된다.

① 위기개입 전문가

지역사회를 기반으로 청소년상담자로 일하다 보면 절실하게 요구되는 인력 중 하나가 위기개입 전문가다. 지역에서 긴급한 위기상황에 대처할 수 있는 위기개입 전문가는 일반 상담자 양성과정으로 배출되지 않는다. 그래서 생각만큼 주변에서 찾는 것이 쉽지 않다. 따라서 지역 내에서 발생하는 위기상황에 대응할 수 있도록 긴급개입 절차와 방법, 트라우마에 대한 개입 등을 훈련받은 전문가 풀을 유지하는 것도 필요하다.

경기도청소년상담복지센터, 경상북도청소년상담복지센터, 충청남도청소년상담복지센터에서는 청소년상담복지센터 직원, 교사, 위센터 상담자, 사회복지기관과 청소년기관 종사자로 구성된 심리지원단을 양성하여 관리하고 있다. 경기도청소년상담복지센터는 연평도 포격사건과 경기도 내 청소년 자살사건 등을 다루면서 심리적 외상에 대한 개입의 필요성을 느끼고 100여 명의 심리적 외상개입 전문가를 양성했다. 이런 선제적인 노력으로 2014년에 세월호 사고가 일어났을 때 종합대책본부의 지휘하에 안산시청소년상담복지센터를 중심으로 하는 청소년 심리지원에 기여할 수 있었다. 경상북도청소년상담복지센터는 경상북도 내 잦은 지진으로 트라우마에 대한 개입의 필요성을 느끼고 '안구운동 민감소실 및 재처리요법'(Eye Movement Desensitization and Reprocessing: EMDR[1])을 도입하여 20명의 전문가 풀을 운영하고 있다. 경상북도청소년상담복지센터는 2016년 경주지진과 2017년 포항지진 시에 EMDR 자격을 보유한 전문가들을 현장에 파견하여 청소년 외상지원에 기여하도록 했다. 충청남도청소년상담복지센터도 외상개입 전문가 260여 명을 양성하여 도내 위기문제에 대응하도록 하고 있다. 충청남도청소년상담복지센터는 충청

| 유순덕 전 센터장 | 배영태 전 센터장 | 이미원 전 센터장 |
| (경기도청소년상담복지센터) | (경상북도청소년상담복지센터) | (충청남도청소년상담복지센터) |

사진 5-1 광역단위 심리지원단을 구축했던 청소년상담복지센터장들

---

1) EMDR 기법은 렘(REM) 수면상태에서 뇌가 눈동자를 좌우로 움직이면서 기업과 감정, 정보를 처리해 가는 원리를 응용한 것으로, 트라우마를 겪는 사람들이 아픈 기억과 감정을 처리하도록 하는 트라우마 치료 기법으로 행동치료 방법이다. EMDR은 노출치료의 한 형태 또는 상상 홍수법이나 인지적 재구조화로도 볼 수 있다(Corey, 2013).

남도 내 재난이나 사고에 대응하기 위하여 '외상대응 프로세스'를 마련하였는데, 이런 노력으로 지방자치단체로부터 예산 지원을 이끌어 내기도 하였다.

② 외래상담자

상담기관에서 일하는 상담 전문가들은 상담자이면서 동시에 기관의 직원이다. 이런 까닭에 전문적인 상담제공 외에도 다양한 사업을 수행해야 한다. 그러다 보면 특정 영역의 문제나 특정 유형의 상담기법을 가지고 내담자를 상담해야 하는 상황이 발생했을 때 유연하게 대처하기가 어려운 경우가 생긴다. 그래서 청소년상담기관이 선택하는 방법 중 한 가지가 외래상담자를 확보하는 것이다.

외래상담자는 기관에서 요구하는 자격조건을 갖춘 상담 전문가를 모집해서 청소년내담자를 배정하는 방식으로 활용할 수 있다. 이런 조건 때문에 외래상담자는 흔히 '시간제 상담자' '파트타임 상담자'라고도 한다. 모든 업무를 수행해야 하는 직원이기보다는 오로지 내담자를 대상으로 개인상담 또는 집단상담만 수행하도록 할 수 있기 때문에 특수한 기법을 요하는 분야에서 채용하는 경향이 있다.

예를 들어, 놀이치료사, 미술치료사, 음악치료사 등이 그 대표적인 경우다. 청소년상담기관에서는 외래상담자 전용 공간을 마련하고, 요일과 시간대를 정하여 근무표를 작성하고 채용계약서의 내용대로 사례를 지급하게 된다. 급여는 계약서에 기초해서 상담시간에 비례하여 지급한다. 외래상담자는 주 4시간 정도를 근무하면서 3사례를 담당하는 것이 보통이다. 'A상담자는 화요일 오후 타임(2시~6시)에 근무하는데, 2시에 출근해서 30분가량 상담을 준비하고, 2시 30분, 3시 30분, 4시 30분에 상담을 진행하며, 5시 30분부터 30분가량 상담을 정리한 후 퇴근'하는 식이다. 만약 2회 외래근무라면 월요일 오후 타임과 금요일 오후 타임에 근무하는 방식으로 일하는 것이다. 대개 외래상담자는 내담자의 방문이 수월하거나 또는 상담요청이 빈번한 시간대에 배치하게 된다.

(2) 청소년상담 조력자 확보하기

일반적으로 상담을 받기 원하는 일반인들은 상담이 무엇인지 잘 모른다. 그래서 정보를 구하는 아주 짧은 면담도 상담이라고 부른다. 문자를 주고받는 것도 문자상담이라고 하고, 부동산 정보에 대해 듣는 것도 상담이라고 하고, 시청 민원실에서 서류 작성에 대해 문의하는 것도 상담이라고 한다. 그러다 보니 청소년문제와 관련해서 전화나 인터넷으로 간단하게 문의하는 것도 청소년상담이라고 생각한다. 실제로 그런 유형의 요청이 많은 것도 사실이다. 이때 이런 문의에 대해 상담 전문가가 다 대응하는 것은 업무 효율성을 저하시킬 수 있다. 또 반드시 전문가가 답변해야만 하는 것도 아니다. 만약 그런 정도의 대응을 위해 도와주는 사람들이 있다면 위기수준에 따라 지역의 청소년과 보호자에게 적합한 서비스를 제공하는 데 도움이 될 것이다.

① 청소년상담 자원봉사자

지역사회 내에는 청소년상담 봉사를 희망하는 사람들이 있다. 자녀문제로 상담자를 만나서 도움을 받다가 감동을 받아서 청소년상담과 관련된 일이라면 기꺼이 봉사하겠다는 사람들이 지역사회에 있다. 간혹 결혼과 함께 일을 그만둔 사람들 중엔 상담 전문가도 있다. 또 교사, 간호사, 약사, 성직자, 공무원, 사회복지사 등으로 일하던 사람들 중에 결혼 등으로 직업을 그만두고 지내다가 어느 정도 자녀가 성장한 후에 지역사회에 기여하고자 하는 욕구를 가지게 되는 사람들도 있다. 이런 사람들은 사람을 돌보던 직업을 가졌던지라 상담에 상당히 매력을 느끼는 경향이 있다. 이들은 지역사회가 보유한 인적자산이다. 이런 뜻있는 사람들을 모아 청소년상담자원봉사회를 결성하게 되면 훌륭한 청소년상담지원체계의 한 축으로 기능하게 된다.

청소년상담 자원봉사자는 청소년에 대한 발달적 이해, 대화 기술, 기본적인 심리검사 활용방법, 전화상담 및 사이버상담 방법, 상담이론 등의 교육을 받고 임명되며, 매년 보수교육과 사례지도를 받으면서 활동하게 된다. 청소년상담자원봉사회를 조직하여 운영하면 전화상담과 사이버상담을 활용한 정보제공, 하소연 중심의 속풀이 등에 수월하게 대응할 수 있다. 만약 상담 전문가로 일했던 사람이 있다면 약간의 재교육 후 사례를 배정할 수도 있다. 또 교사나 사회복지사, 간호사 등으로 일한 경력이 있다면 약간의 재교육 후에 이전 전공 영역을 살릴 수 있도록 심리검사, 집단교육 프로그램, 심리교육 등을 맡길 수도 있다.

② 인턴십, 청소년상담 멘토

지역사회 내에 대학이 있거나, 이웃 도시에 대학이 있는 경우에는 상담을 전공하는 대학원생이 실습 또는 현장경험을 목적으로 자원봉사를 요청하는 경우도 있다. 이들은 지역사회의 청소년상담기관엔 중요한 자원이 될 수 있다. 상담을 전공하는 대학원생이기 때문에 상담자원봉사에 대한 욕구도 높지만, 상담의 전문성을 발휘하고자 하는 태도가 늘 유지되기 때문이다. 석사 3학기 정도 되면 자격증 소지 여부와 수련정도를 평가한 후에 집단상담이나 각종 프로그램에서 멘토로 활용할 수도 있다. 또 해당 자격증 소지 여부에 따라서는 소정의 급여를 지급하고 심리평가, 또래상담자 양성 및 슈퍼비전 등을 맡길 수도 있다.

3) 상담사업 보조인력 확보

(1) 또래상담자

청소년들은 학교에 가장 많다. 더 정확하게 표현하면 교실에 가장 많이 모여 있다. 지역사회에는 하루 낮 시간의 대부분을 교실에서 보내는 청소년이 대다수이기 때문이다. 그래서 교실 내 지원은 매우 중요하다. 하지만 상담인력은 늘 한정되어 있다. 학교마다 위클래스를 두고 전문상담교사를 배치한다고 해도 한 학교에 상담교사가 한 명임을 생각해 보면 학생 1,200~1,800명당 상담자는 한 명인 셈이다. 위센터를 추가로 설치하고, 청소년상담복지센터를 확대해도 상담전문가는 늘 턱없이 부족하다.

그런데 앞에서 설명한 바와 같이 청소년들은 매번 상담 전문가로부터 전문적인 상담을 받아야만 하는 것은 아니다. 자기의 고민을 누군가가 들어만 줘도, 누군가

자기 이야기를 듣고 안타까워해 주고 함께 눈물 흘려 주는 것만으로도 어려움을 극복하는 경우도 많다. 이런 여건을 마련해 줄 수 있는 것이 또래상담 프로그램이다. 교실마다 또래상담자가 양성되어 있으면 문제 초기에 예방적 개입이 가능하다. 또한 위기에 처한 청소년에게 도움을 받을 수 있는 방법을 제안할 수 있다. 조기에 위기청소년을 발견하여 전문가에게 연계하는 것이 가능하다는 것이다.[2]

학교뿐만이 아니다. 학교 다음으로 청소년들이 많이 모이는 교회, 성당, 청소년 이용시설 등에도 또래상담 프로그램을 적용할 수 있다. 청소년에 국한할 필요도 없다. 지역사회에서 조력이 필요한 그룹이 있다면 연령에 제한받지 않고 또래상담을 활용할 수 있다.

(2) 청소년상담사업 조력자

지역사회 청소년상담기관에는 상담인력만 필요한 것이 아니다. 그것은 이미 청소년상담지원체계를 만드는 과정을 공부하면서 충분히 인지했을 것이다. 청소년상담을 지원하는 체계에는 법률, 복지, 의료, 학습, 자립 등 다양한 영역이 포함된다. 이런 지원은 지역사회 자원과 연계하는 것을 통해 해결한다. 하지만 그런 물적자원 외에 상담사업을 보조하는 인력을 확보하는 것도 필요하다. 가장 많이 필요로 하는 지역사회기반 청소년상담기관은 아마도 학교밖청소년지원센터일 것이다. 학교밖청소년지원센터는 학교를 그만둔 청소년들을 지원하기 때문에 심리적인 측면에 대한 상담적 지지와 더불어 성공적 자립을 지원해 주는 다양한 조력활동을 해야 하기 때문이다. 학교밖청소년들은 상담 이외에도 검정고시 준비, 자격증 준비, 취업 준비, 창업 준비, 특정 직업에 대한 멘토링 등의 지원을 필요로 한다. 그래서 학습 멘토, 생활관리 멘토, 직업진로 멘토 등을 발굴하여 운영하게 된다. 가장 손쉽게 멘토를 확보하는 방법 중 하나는 대학의 자원봉사 학점과 연계하는 것이다. 그리고 지역사회의 직업인 중 자원봉사를 희망하는 사람들을 모아 멘토단을 구성하는 것도 좋

---

2) 학교에서의 또래상담 적용에 대한 자세한 내용은 필자의 저서에 자세히 설명되어 있다. (노성덕, 학교또래상담 2판, 학지사, 2013)

은 방법이다.

개별지원을 위한 멘토 활용 외에도 청소년상담사업에는 많은 인력이 필요하다. 홍보성 아웃리치, 긴급구조, 진로탐색 주간, 청소년상담 주간 등을 운영할 때도 지원인력이 필요하다. 이런 인력을 개발하고 유지하는 것은 지역사회에서 건강한 영향력을 끼치는 사람들을 많이 만들어 내는 것이기도 하다.

학습을 위한
질문과 과제

※ 아래 질문에 대해 깊이 생각하고 자신의 생각을 발표해 봅시다.

1. 청소년상담지원체계가 필요한 이유가 무엇인가?

2. 청소년상담지원체계 구축의 기준은 무엇이어야 한다고 생각하는가?

3. 청소년상담지원체계가 제 기능을 하도록 하기 위해 청소년상담자인 당신이 유념해야 할 것들은 무엇인가?

4. 이 장에서 제시한 청소년상담지원체계보다 더 기능적이고, 효율적인 협력체계에 대해 고민해 보고 글로 표현해 보라. 그것을 점점 더 발전시켜서 저자보다 더 매끄럽고, 쉬우면서도 지역사회에 적합한 모델을 만들고, 보고서를 작성해 보자. 후에 책으로 출판할 것을 고려해서 글을 써 보라.

5. 청소년상담기관을 지원할 인력의 유형을 제시하고, 인력을 개발 또는 확보할 수 있는 방안에 대해 말해 보라.

6장

상담!
청소년상담자의 핵심역량

−지역사회를 기반으로 하는
청소년상담의 과정

1. 상담! 청소년상담자의 핵심역량이자 기본역량

지역사회를 기반으로 일하는 청소년상담자의 핵심역량은 두말할 나위 없이 상담역량이다. 그 외의 역량들은 결국 청소년들을 효과적으로 또는 효율적으로 상담하기 위해 필요한 것들이라고 할 수 있을 만큼 말이다. 이것은 매우 분명하다. 이것은 의사에게 교육과 연구와 마케팅을 요청하는 상황이 되더라도 의사의 핵심역량은 환자를 성공적으로 치료하는 능력인 것과 마찬가지다. 변호사에게 법무법인 운영과 후배양성이 요청되는 분위기가 아무리 강하게 조성된다 해도 변호사의 핵심역량은 고객을 잘 변호하는 것과도 같은 맥락이다.

청소년상담자는 대학원 과정과 전문가 자격취득 과정에서 문제이해와 진단 및 평가, 상담이론, 상담방법, 상담연구 등을 집중적으로 교육받고 실습한다. 상담을 전공으로 석사 및 박사학위를 취득하고, 국가나 학회로부터 상담 전문가 자격을 취득하고, 현실요법이나 대상관계이론과 같은 특정 이론을 추구하는 모임에 소속되어 해당 이론의 전문가 과정을 훈련받기도 한다. 따라서 청소년상담자가 되었다는 것은 이미 상담 전문가로서의 자격을 인정받았다는 의미다. 이렇게 보면 청소년상담자가 상담을 잘 수행한다는 것은 핵심역량이기보다는 기본역량이라고 하는 것이 더 맞을 것이다.

그래서 이 장에서는 청소년상담의 과정에 초점을 두고 이야기를 하려고 한다. 청소년상담과정에서 진행되는 실제적인 절차들을 다섯 개의 모듈로 구분하여 제시했다. 청소년상담자인 당신에게 이론과 기법 등에 대해서 이곳에 언급하는 것은 그야말로 '다시 언급'하는 셈이 될 것이기 때문에 생략한다. 다만, 상담자가 제각기 훈련받은 이론들은 청소년과 보호자를 상담하는 데 있어서 근간을 이룬다는 것을 보여주기 위해서 청소년상담자들이 많이 활용하는 상담이론을 개괄해서 표로 제시했다. 청소년상담의 절차 가운데 위기개입이 차지하는 비중은 매우 크다. 청소년상담과정에서 자주 다루어지기 때문이다. 위기개입과정은 7장에서 더 상세하게 다루기 때문에 이 장에서는 간략하게만 소개했다. 이 장의 내용에다가 상담 전문가로서 당신의 지식과 경험을 더한다면 꽤 괜찮은 학습이 될 것이라 기대한다.

2. 지역사회를 기반으로 하는 청소년상담의 과정

지역사회를 기반으로 하는 청소년상담의 내용에 대해서는 이미 이 책 1장에서 다룬 바가 있다. [그림 1-2]에서는 위기수준에 따른 지역사회기반 청소년상담의 내용의 예를 제시하였고, 〈표1-1〉에서는 지역 청소년상담복지센터의 주요 사업을 제시하였다. 이 장에서는 이와 같은 내용을 조금 더 상세히 설명하고자 한다. 다만 이 책 1장에서 제시한 것과 같은 순서와 비중과는 다르게 설명될 것이다. 이 책 1장에서는 주요 내용으로 '전통적인 상담' '위기개입' '찾아가는 상담' '청소년상담 프로젝트' '지역 전체 주민을 위한 상담사업' 등을 열거하였다. 이 장에서는 이 가운데 청소년상담기관이 제공하는 상담서비스에 초점을 맞추어 이를 청소년상담의 과정이라는 맥락에서 다루었다.

1) 지역사회기반 청소년상담의 과정

지역사회를 기반으로 하는 청소년상담의 전체 과정은 [그림 6-1]과 같다. 청소년이나 보호자가 전화, 사이버, 직접방문을 통해 상담을 신청하거나, 타인으로부터 상담에 의뢰되거나, 또는 위기상황에서 발견되면 청소년상담이 시작된다. 청소년상담자는 접수면접과 평가를 토대로 사례배정회의를 하고, 내담자를 적합한 서비스에 배치한다.

적합한 서비스에 배치할 때 내방상담에 배치하는 비중이 가장 높다. 내방상담이 진행되면 상담자를 지정한 후에 초기상담을 거쳐 전문적인 개입을 실시하게 된다. 청소년상담자는 내담자 문제해결을 위해서 적합한 상담개입전략을 활용하고, 이 과정에서 필요하다면 부모와 가족에 대한 개입을 진행하며, 내담자를 특별한 프로그램에 배치하기도 한다. 이런 개입을 통해 상담목표가 달성되면 상담을 종결하고, 종결 시에 계약을 통해 추후상담을 진행하기도 한다.

상담신청 당시 긴급한 상황에서는 위기개입을 실시하고, 내방하기 곤란한 경우에는 찾아가는 상담을 실시한다. 만약 기관에 적합한 유형의 내담자가 아니라면 다른 전문기관에 의뢰한다.

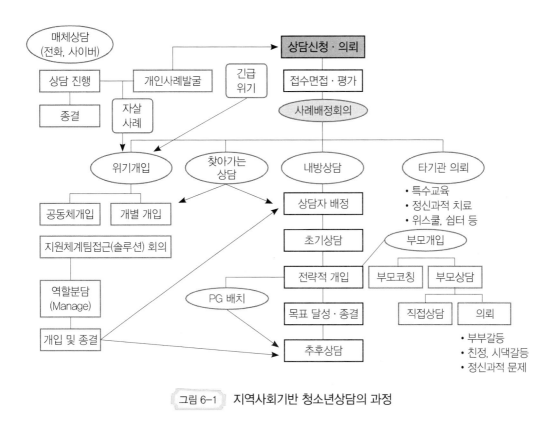

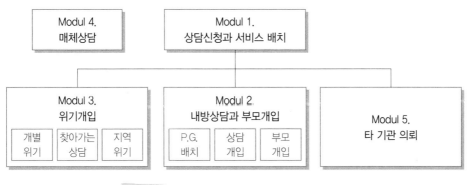

그림 6-1　지역사회기반 청소년상담의 과정

2) 청소년상담 모듈

이와 같은 과정을 범주화하면 상담신청 및 의뢰, 접수면접과 평가, 매체상담, 위기개입, 찾아가는 상담, 내방상담, 부모개입, 프로그램 배치, 타 기관 의뢰 등으로

그림 6-2　지역사회기반 청소년상담의 각 모듈

구분할 수 있다. 이렇게 구분되는 영역을 이 장에서는 모듈로 제시하였다. 그것은 [그림 6-2]와 같다.

각각의 활동을 모듈로 정리하면 지역사회기반의 청소년상담은 「상담신청과 서비스 배치(모듈1)」 「내방상담과 부모개입(모듈2)」 「위기개입(모듈3)」 「매체상담(모듈4)」 「타 기관 의뢰(모듈5)」로 구분할 수 있다. 「상담신청과 서비스 배치(모듈1)」는 상담을 신청하거나 의뢰된 내담자를 사례평가를 통하여 적절한 서비스에 배치하는 것이다. 「내방상담과 부모개입(모듈2)」은 청소년과 보호자가 상담기관을 방문하여 상담받는 경우를 말한다. 여기에는 기관 상담자의 개인상담개입, 집단상담이나 특별 프로그램에의 배치, 부모에 대한 개입 등이 포함된다. 「위기개입(모듈3)」은 개별적인 위기와 지역사회 전반에 영향을 미치는 위기, 그리고 찾아오지 못하는 상황의 내담자를 찾아가서 상담하는 것 등이 포함된다. 「매체상담(모듈4)」은 전화, 인터넷 등의 매체를 이용하여 접근의 어려움이나 이용시간의 한계를 극복하고 서비스를 제공하는 것을 말한다. 「타 기관 의뢰(모듈5)」는 해당 상담기관에서 다룰 수 없는 내담자를 적합한 서비스 제공기관에 의뢰하는 것을 말한다.

이처럼 모듈로 비교적 간단하게 정리한 [그림 6-2]와 청소년상담 전체 서비스 과정을 표현한 [그림 6-1]을 겹쳐서 보면 [그림 6-3]처럼 표현할 수 있다. 이제 지역사회를 기반으로 하는 청소년상담의 과정을 각각의 모듈로 구분하여 설명하고자 한다.

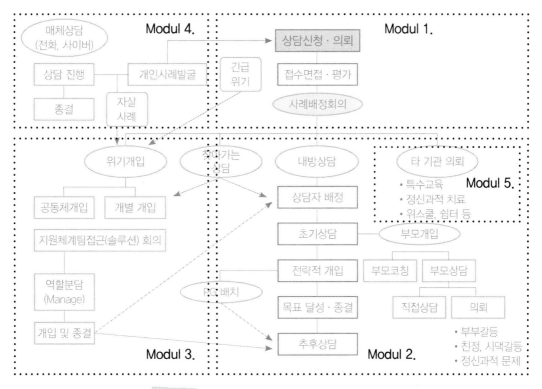

그림 6-3　지역사회기반 청소년상담의 모듈별 과정

3. 모듈 1: 상담신청과 서비스 배치

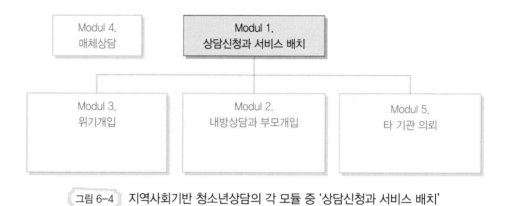

지역사회기반 청소년상담의 각 모듈 중 '상담신청과 서비스 배치'

1) 상담신청과 상담계약

(1) 상담신청

① 사전 예약

청소년이나 보호자가 직접 전화로 상담을 신청하거나 방문해서 상담을 요청한다. 청소년상담기관에서는 사전 예약을 매우 중요하게 여기는데, 상담자가 다른 상담을 하고 있거나, 프로그램 또는 프로젝트 운영 중이거나, 교육이나 회의를 진행하는 경우가 많아서 사전 예약 없이 방문하게 되면 즉시 상담해 주는 것이 어렵기 때문이다. 상담은 은행이나 관공서 민원실에서 면담해 주는 활동과는 다르다. 대개 은행이나 관공서 민원실에서는 서류를 작성하거나 통장을 개설하는 것 등의 업무를 진행하기 때문에 짧은 시간 내에 방문자의 요구사항을 해결해 줄 수 있다. 하지만 상담은 보통 대화내용에 대해 비밀이 보장되는 공간에서 면대면으로 50~100분씩 진행되기 때문에 사전 예약을 하지 않으면 안정적인 공간과 상담시간을 확보하기 어렵다. 이런 이유로 인해 대부분의 상담기관에서는 사전 예약을 가장 이상적인 상담개시 형태로 꼽는다.

상담신청서

작성자	본인 · 보호자

1. 기본 정보

※작성된 내용은 '상담' 진행 시에만 활용되며, 기타 다른 자료로는 활용되지 않습니다. (해당 내용을 기록하거나 ○표 해 주세요)

	이름			성별	남 · 여		신청일	년 월 일
상담 대상	생년월일	년 월 일		연락처	휴대 전화			
	나이				E-mail			
	현주소				집 전화			
					비상 연락번호			
	동행자 이름				동행자 연락처 (동행자의 관계)			

	이름	관계	연령	직업	동거여부	종교
가족 사항						

학교 · 학업	학교: 학교 학년/학교에 다니지 않음	결석일수: 일(학년 기준으로)
	성적: 상 · 중 · 하	공부에 대한 흥미: 많다 · 보통이다 · 없다
	현재 교사와의 관계: 좋다 · 보통이다 · 나쁘다	
	전학경험: 있다 · 없다	가출경험: 있다 · 없다 ・ 아르바이트: 하고 있다 · 하지 않다

2. 상담신청 내용

• 상담을 권유한 사람은 누구입니까?: 본인, 부모, 교사, 기타( )

• 상담을 신청한 이유는 무엇입니까? 아래 내용 중 겪고 있는 어려움에 ∨ 체크하거나, 기록해 주세요.

가족	일탈 및 비행	학업 및 진로	성	성격
□ 부모-자녀 간의 갈등/폭력	□ 가출	□ 학업흥미부족	□ 성지식/정보부족	□ 소극적
□ 부모의 가족구성원 간의 갈등	□ 학교폭력(가해)	□ 학습능력부족	□ 성욕구/성충동	□ 공격적
□ 부모의 자녀학대/방임	□ 도벽	□ 시험불안	□ 성폭력	□ 우유부단
□ 결손/재구성 가정 적응문제	□ 음주	□ 학교생활부적응	□ 성피해	□ 자기중심적
□ 부모 간의 갈등/폭력	□ 늦은 귀가	□ 진로변경 및 전환	□ 성매매	□ 완벽
□ 기타( )	□ 비행친구와 어울림	□ 진로의식부족	□ 임신/낙태	□ 고집
	□ 기타( )	□ 진로정보검색	□ 기타( )	□ 기타( )
		□ 기타( )		
정신건강	대인관계	컴퓨터 및 인터넷 사용	생활습관/외모	그 외 기록되지 않은 것
□ 우울	□ 따돌림/왕따	□ 게임 과다	□ 나태한 생활	□
□ 위축	□ 친구관계	□ 채팅 과다	□ 소비생활문제	□
□ 강박	□ 이성교제	□ 쇼핑 과다	□ 외모불만족	□
□ 불안	□ 교사와의 관계	□ 음란물 과다	□ 기타( )	
□ 반항성 및 품행성 문제	□ 학교폭력(피해)	□ 사이버 범죄		
□ 자해 및 자살충동	□ 기타( )	□ 스마트폰 과다		
□ 주의력결핍과잉행동(ADHD)		□ 기타( )		
□ 기타( )				

양식 6-1 상담신청서 양식의 예(앞면)

출처: 한국청소년상담복지개발원 서식

② 예약 없이 방문(walk-in)

그렇지만 많은 이용자들은 사전 예약에 대한 이해가 부족하다. 사실 사전 예약은 직원들이 상담을 운영하는 데는 매우 중요하지만 이용하는 청소년과 보호자 입장에서는 잘 이해되지 않는 것이기도 하다. 그래서 '내가 급해서 찾아왔는데 사전 예약이라니….'라고 불만을 토로할 수밖에 없다. 이 때문에 청소년상담기관에서는 사전 예약 없이 찾아오는 고객을 위해서도 상담신청 절차를 마련해서 운영하고 있다. 상담신청실과 대기실을 갖추고 사전 예약 없이 찾아오는 사람에게 상담신청서 작성과 면담 등을 진행하고 접수면접 시간을 약속하는 과정을 진행한다. 하지만 위기사례가 아닌 이상 곧바로 정식상담을 진행하기는 어렵다.

급박한 위기상담의 경우에는 예약 없이 방문하는 경우가 더 많다. 자살을 시도하던 청소년을 부모가 급히 데리고 찾아오는 경우, 폭력 피해청소년이 급하게 도망쳐 오는 경우, 임신을 숨기고 있던 청소년이 고민 끝에 찾아오는 경우 등 매우 다양하다. 이럴 경우에는 곧바로 가용인력을 동원하거나, 진행 중이던 다른 사업인력을 차출하거나, 아주 위급한 경우에는 다른 일을 중단하고 위기개입을 진행하게 된다. 위기개입과 관련해서는 다음 장에서 좀 더 자세히 다루도록 하겠다.

청소년상담기관의 규모에 따라서는 신청실 전담직원을 배치하기도 하고, 직원들이 상황에 따라 신청실 업무를 맡기도 한다. 상담신청 시에는 신청서를 작성하도록 하고, 상담 진행 방식에 대한 설명, 위기수준 평가, 내담자문제에 대한 정보 수집 등을 진행한다. 보통 30분 이내로 상담신청을 받는데, 경우에 따라서는 더 길어질 수도 있다.

③ 전화상담, 사이버상담 진행 중 사례로 발굴

전화상담이나 사이버상담을 진행하다가 상담사례로 발굴되는 경우도 있다. 이것은 전화 또는 사이버로 상담을 진행하던 상담자가 내담자의 문제상황을 평가하고 개인상담을 권유하는 경우이다. 이때는 이미 전화나 사이버 상에서 비대면 상담이 진행된 후이기 때문에 개인상담을 위해 필요한 추가정보를 습득한 후 바로 상담을 예약하게 된다. 즉 상담신청 절차를 별도로 가질 필요가 없다는 것이다. 따라서 전화나 사이버상담 후 개인상담사례로 발굴될 때는 담당자가 상담예약 과정을 진행하면 된다. 만약 상담신청 담당자가 별도로 있다면 매체상담 진행 내용을 첨부하여 신청 담당자에게 연결해 줄 수도 있다. 그것은 당신이 일하는 청소년상담기관의 업무절차에 맞게 하면 된다.

④ 프로그램 운영 중 사례로 발굴

아웃리치나 학생 대상 교육, 집단상담 등을 진행하다가 상담사례를 발굴하는 경우도 있다. 청소년이 현장에서 개인상담을 문의할 수도 있고, 상담자가 필요에 의해 권유할 수도 있다. 이런 경우에는 내담자에게 상담신청 전화를 알려 주어서 상담신청 약속을 하게 할 수도 있고, 현장에서 상담신청서를 작성하게 한 후에 접수면접 시간을 정할 수도 있다. 이 또한 당신이 일하는 청소년상담기관에서 정한 바에 따라 진행하면 된다.

⑤ 타 기관으로부터의 의뢰

타 기관으로부터 상담사례로 의뢰되어 상담신청을 받을 수도 있다. 학교, 보호관찰소, 경찰서, 아동보호전문기관, 청소년보호시설, 타 상담기관으로부터 의뢰되는 경우다. 기관과 시설로부터 사례가 의뢰될 때는 의뢰기관의 담당자가 방문하여 의뢰서를 전달한다. 의뢰서에는 기본적인 정보와 함께 직전까지 진행되었던 개입내용이 첨부되어야 한다. 그리고 필히 이 책 3장에서 논의한 바 있는 개인정보 취급에 대한 동의가 포함되어 있어야 한다. 타 기관으로부터 의뢰된 경우에는 완전한 사례 의뢰인지, 타 기관에서 사례를 관리하면서 특정 상담 프로그램만을 요청하는 것인지, 상담 종료 후에 의뢰한 기관에 다시 청소년의 사후관리를 요청해야 하는 것인지, 학교나 법원 등에서 상담을 명령받은 사례로 '상담확인서'가 필요한 것인지 등에 대한 확인이 필요하다. 즉, 의뢰한 기관의 입장을 명확히 알아야 한다는 것이다. 많은 경우에 협력 차원에서 상담을 요청하는 경우가 있기 때문이다. 이럴 때는 의뢰한 기관이 사례를 관리하면서 청소년상담기관에 '심리상담'만을 요청하기 때문에 이에 적합하게 역할을 해 주는 것도 필요하다. 그리고 역할에 대해서는 의뢰한 기관 담당자와 명확하게 논의하여야 한다.

⑥ 거점시설에서의 사례발굴: 군포시청소년상담복지센터 '틴터' 사례

청소년상담사례는 거점시설 운영을 통해서도 전략적으로 발굴할 수 있다. 청소년 밀집지역에 청소년들이 쉽고 편하게 이용할 수 있는 시설을 마련하면 지역 내 위기청소년을 비롯해서 쉼이 필요한 청소년들이 자유롭게 드나들게 된다. 이때 청소년상담 전문가들이 오가는 청소년들을 상대하면서 위기수준을 판별하고 사례로 발굴할 수 있다. 이런 시설이 청소년을 보호하고 자연스럽게 사례로 발굴되는 장이 되도록 하기 위해서는 도심지에 교통이 편리한 장소를 정하여 청소년들이 자유롭게 모일 수 있는 공간으로 만들어서야 한다. 그리고 상담 전문가가 상주하여 이용하는 청소년들에 대한 평가와 심리적 돌봄이 자연스럽게 이루어지도록 해야 한다.

사진 6-1   군포시청소년상담복지센터에서 운영하는 '틴터'

군포시청소년상담복지센터에서 운영하는 '틴터'는 그 좋은 예다. 틴터는 군포의 중심지역인 산본역에서 도보로 3분 거리에 위치해 있다. 매주 화요일에 휴관하는 것을 제외하고는 공휴일에도 운영한다. 틴터는 중학생 연령 이상 24세까지 이용할 수 있으며 140평 규모의 넓은 공간에 청소년이 원하는 다양한 활동을 자유롭게 할

수 있도록 개방하여 모든 유형의 청소년들이 방문하는 효과를 가져오고 있다. 틴터는 공간을 나누되, 물리적으로 나누어진 공간을 지양하고, 청소년들이 원하는 경우 즉시적으로 원하는 공간으로 바꾸어 사용할 수 있게 하고 있다.

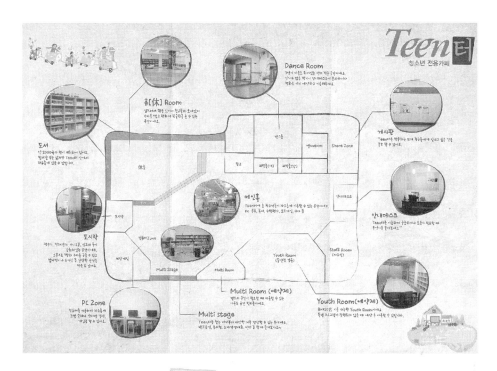

사진 6-2 틴터(산본) 공간배치도

※ 군포시청소년상담복지센터 브로서 스캔

- Mulit stage: 동아리공연, 게릴라콘서트, 토크콘서트, 마술공연 등 누구나
- Dance room
- Youth room: 반 단합대회, 수행평가 모둠활동, 시험기간 공부방 등
- 휴(休) room: 난방이 되는 온돌에서 책 읽고 쉬고 낮잠도…
- 메인 홀: 독서, 숙제, 보드게임, 수다 떨기 등
- PC zone
- Share zone: 또래 친구들에게 알리고 싶은 것 홍보
- 도시락 zone: 정수기, 전자레인지, 미니오븐, 싱크대 등 이용

'틴터'에서는 자연스럽게 청소년들을 지원하면서 사례발굴을 위해 세 가지 모드를 '보이지 않는 틴터의 중요한 세 가지 기능'으로 정하고 있다(군포시청소년상담복지센터, 2017, p. 8). 이 세 가지 기능을 직원들이 숙지하도록 하고 있다.

- Being Mode(있어 주기): 청소년들이 여가시간을 즐겁고 편안히 보낼 수 있는 공간을 제공하기. 청소년 카페답게 쾌적한 공간을 유지하면서 친절, 배려, 수용, 공감의 태도로 청소년 만나기
- Supporting Mode(도와주기): 자율성과 창의성을 발휘할 수 있는 장을 제공하기. 청소년들이 필요로 하는 것들을 제공하고, 도움 요청 시 적극적으로 개입하며, 함께 즐겁게 놀아 주기. 청소년들이 다양한 활동을 직접 주도하고 경험할 수 있도록 도와주기. 요청 시 심리검사나 집단 프로그램 서비스 제공하기
- Caring Mode(돌봐 주기): 건강한 성장을 돕기 위한 전문적인 서비스 제공. 위기상황에 처해 있는 청소년이 있을 경우 적극적으로 개입하여 어려운 상황에서 벗어날 수 있도록 돕기(심리상담, 위기개입, 기관연계, 보호자 상담 등)

군포시에서는 '틴터'를 지역 내 청소년 이용공간 마련 및 위기청소년 발굴 거점으로 활용하기 위해서 청소년 밀집지역을 중심으로 세 곳에 설치하여 운영하고 있다. 그중 '산본틴터'에만 하루 평균 300명 이상의 청소년이 방문하고 있다.

(2) 상담계약

상담신청에 의해 공식적인 상담절차에 들어가기 위해서는 계약이 필요하다. 지역사회를 기반으로 하는 청소년상담뿐만 아니라, 개업한 개인상담자에 의한 상담이든, 다른 연령을 대상으로 하는 상담이든 모두 공적인 계약에 의해 이루어진다. 상담계약에는 상담시간, 상담에서 내담자가 가져야 할 태도, 개인정보보호에 관한 사항, 비밀유지에 관한 사항 등이 포함된다. 개업 상담자들은 계약서를 작성하면서 상담비용에 대한 합의를 포함하여 진행한다.

상담계약서

내담자 _____와 상담자 _____는 [첨부1], [첨부2], [첨부3]의
내용을 숙지하고 동의하였으며, 아래와 같은 내용에 대해 계약합니다.

□상담기간:　　　년　월　일 –　　　년　월　일(　주)
□상담장소:
□상담비용: 회기당　　　　　　　　　원
–지불방법: 월 단위 선불 지급
*사전 협의 없이 상담 불참 시 환불되지 않음을 유의해 주세요.

내담자 _____ (서명) _____ .
보호자 _____ (서명) _____ .
상담자 _____ (서명) _____ .

※첨부1. 개인정보 수집 및 활용 동의서
※첨부2. 비밀유지 및 비밀유지 한계 안내서
※첨부3. 상담에서 내담자의 역할에 대한 안내서

양식 6-2　상담계약서의 예

(3) 개인정보 습득과 「개인정보보호법」 준수

청소년상담기관에서 청소년과 보호자를 상담하기 위해 상담신청서를 작성하게
할 때 필연적으로 개인정보를 습득하게 된다. 성명, 거주지역과 연락처, 생년월일,
재학 중인 학교와 학년, 개인병력이나 가족사항 등이 모두 개인정보에 해당한다. 이
런 개인정보 없이 상담을 진행하기는 어렵다. 물론 전화상담이나 사이버상담처럼
익명을 전제로 정보를 제공하고, 문제해결방안 등을 단회로 코치해 줄 때는 굳이 개
인정보를 취득할 필요가 없다. 하지만 개인상담이나 집단상담 또는 가족상담의 경
우 깊이 있게 문제를 다루기 위해서 일정 기간 동안 상담이 진행되기 때문에 거주지
와 연락처, 학교, 가족정보 등을 요청하게 된다. 그리고 문제를 해결해 나가는 데 필

요한 개인적인 정보들을 습득하게 되는 것이다. 이때 개인정보를 습득하고 활용하는 것은 모두 법에 정한 바에 따라야 한다.

이 책 3장에서 이미 다룬 바와 같이 「개인정보보호법」 제15조 1항에는 개인정보를 수집하고 이용하고자 할 때 당사자의 동의를 받도록 규정하고 있다. 이에 따라 상담기관마다 개인정보동의서를 구비하고 있는데, 상담자들은 내담자로부터 개인정보 수집과 이용에 대한 동의를 구하는 것을 잊어서는 안 된다.[1] 또한 동의서에 정해진 목적 이외의 용도로 정보를 사용하거나 유통해서는 안 된다.

개인정보 수집과 이용에 대해 동의를 구할 때 한 가지 꼭 주의해야 할 사항이 있다. 이 책 3장에서 이미 기술하였으나, 빈번하게 중요한 이슈로 대두되기 때문에 이곳에서 한 번 더 강조하고자 한다. 그것은 만 14세 미만인 청소년을 상담하는 경우이다. 「개인정보보호법」 제22조 5항에는 만 14세 미만인 자의 개인정보를 처리하기 위하여 동의를 받아야 하는 경우 법정대리인의 동의를 받도록 명시하고 있다. 따라서 부모 등 법적보호자의 동의를 받는 것을 기억해야 한다.

2) 접수면접

(1) 접수면접의 의미

접수면접(intake interview)은 '상담신청'과 '정식상담'의 다리 역할을 하는 절차라고 할 수 있다. 즉, 내담자와 본격적으로 상담하기 전에 내담자가 가지고 있는 호소문제를 파악하고 관련된 정보를 탐색하는 과정을 말한다. 따라서 접수면접의 주된 기능은 상담에 필요한 기초정보를 수집하고 위기상황 여부 등을 평가하여 상담자 배정, 필요한 심리검사 결정, 향후 적정하게 배치할 지원방법(개인상담, 위기개입, 찾아가는 상담, 집단상담, 타 기관 의뢰) 등을 결정하는 것이다.

---

1) 개인정보 수집과 활용에 관한 동의서 양식의 예는 이 책 3장에 있는 [양식 3-1]을 참고하면 된다.

(2) 접수면접자의 태도와 접수면접 대상

내담자의 입장에서 볼 때 접수면접은 상담이라는 상황을 경험하는 첫 장면일 수 있다. 따라서 상담에 대해서 긍정적인 인상이 남도록 한다. 상담자의 전문적인 언행, 따뜻하고 수용적이면서 친절한 태도 등이 필요하다. 접수면접은 특성상 문제와 관련한 정보를 수집해야 하기 때문에 딱딱하고, 집요하게 느껴질 수도 있다. 특히, 대인관계에 아직 적응이 잘 되지 않는 청소년들은 조사를 받는 듯한 느낌을 받을 수도 있다. 상담자는 이런 점을 고려해서 친밀감을 느낄 수 있는 태도로 질문하고 정보를 얻는 것이 중요하다.

접수면접을 시작하면서 간단하게 오리엔테이션을 한다. 내담자에게 접수면접이 무엇인지, 접수면접의 목적은 무엇인지, 접수면접에서는 어떤 내용을 다루게 되는지를 알기 쉽게 설명해 준다.

많은 경우에 청소년상담에서의 접수면접에는 청소년과 보호자가 함께 오는 경향이 있다. 이때 청소년만 면담할 것인지, 청소년과 보호자를 함께 면담할 것인지, 아니면 각각 따로 할 것인지, 만약 따로 한다면 청소년을 먼저 할 것인지, 보호자를 먼저 할 것인지를 정해야 한다. 초등학교 저학년이라면 청소년과 보호자를 함께 면담하는 것이 좀 더 나은 방법일 것이다. 중학생이라면 청소년과 보호자를 다 면담하되 따로 하는 것이 좋고, 이때 청소년을 먼저 하면서 시간을 더 할애하고, 뒤에 보호자를 면담하는 것이 좋다. 고등학생 연령이라면 경우에 따라서는 청소년만 면담할 수도 있다. 보호자는 나중에 전화나 별도의 시간을 내어 면담할 수도 있다. 이것은 고등학생 연령인 청소년의 자존감과 독립성을 최대한 보장하면서 문제해결의 주체임을 암묵적으로 보여 주는 것이다. 하지만 누구를 대상으로 어떤 방식으로 접수면접을 해야 하는지에 대한 정답은 없다. 청소년의 연령, 호소문제, 위기정도 등에 따라 상담자가 적절하게 결정해야 한다.

접수면접 기록지

내담자		상담자		일시: . . .__:__-__:__(　회)

※접수면접 시 아래 항목을 반드시 탐색하여 기록해 주시기 바랍니다./사례가 위기일 경우 위기영역을 반드시 확인.

• 내담자의 첫인상 및 행동 관찰	외모, 옷차림, 머리상태, 특이한 행동, 말할 때의 억양이나 습관 등
• 내담자가 상담을 신청한 경위	
• 내담자 기대 사항	
• 내담자의 행동발달 수준/건강상태	

양식 6-3　접수면접지 양식의 예(앞면)

출처: 한국청소년상담복지개발원 서식

(3) 접수면접에서 수집하는 정보

청소년상담기관에서는 접수면접 양식이 별도로 준비되어 있다. 접수면접을 기록하기에 앞서 상담자는 신청서의 내용을 우선 활용한다. 접수면접에서 수집하는 정보는 상담신청서에 이미 기록되어 있는 내용을 보충하고 심화시키는 것이 좋다. 물론 그렇다고 해서 접수면접에서 수집하는 정보가 상담신청서의 내용을 벗어나면 안 된다는 것은 아니다.

① 기본정보

접수면접에서는 상담을 위해 필요한 기본적인 정보를 파악한다. 대체로 접수면접 기록 양식에는 접수면접 일자, 접수면접자 이름, 내담자 이름 등을 기록하도록 하고 있다. 내담자에 대한 기본적인 인적사항은 이미 상담신청서에 기록되어 있기 때문에 이를 참고한다.

기본정보에는 접수면접 시간에 관찰을 통해 확인한 것들을 추가로 기록한다. 내담자 옷차림, 두발 관리상태, 표정이나 말할 때의 특징, 시선의 적절성, 특이하거나 습관적인 몸짓, 행동, 태도 등에 대한 관찰 결과를 기록해 두면 내담자 평가에 도움이 된다.

② 호소문제

내담자의 호소문제와 관련된 내용을 폭넓게 탐색한다. 호소문제가 발생한 시기와 당시 배경, 이후 문제가 지속되어 온 역사와 영향을 미친 요인들에 대해 탐색한다. 문제를 발생시키고 지속시키는 데 영향을 미친 요인들은 대체로 생물학적 요인, 대인관계적 요인, 환경적 요인, 스트레스의 원인이 된 사건이나 상황 등으로 분류할 수 있다. 이 정보를 통해 접수면접자는 내담자가 호소하는 문제와 문제의 역사를 정리할 수 있다. 또한 현재의 고통에 영향을 미치는 요인들과 보호요인들을 분석해 낼 수 있다. 호소문제 관련 내용을 탐색하면서 과거 상담경험이나 정신과 치료경험 등도 확인하는 것이 필요하다. 그리고 이전에 심리검사를 실시한 적이 있다면 그 결과를 확인하는 것도 필요하다. 만약 최근에 심리검사를 했거나 병원에서 진단받은 것이 있다면 그것을 참고하는 것이 도움이 된다. 호소문제는 한 가지에 국한되지 않고 여러 가지 문제들이 진술될 수 있다. 상담자는 내담자가 호소하는 여러 가지 이슈들을 파악하고, 호소문제 간 관계에 대해서도 파악한다.

③ 가족관계 탐색

내담자의 호소문제와 관련된 내용을 탐색하다 보면 자연스럽게 가족관계에 대해 묻게 된다. 상담신청서에는 동거하는 가족만 기재하는 경향이 있기 때문에 누락된 정보는 질문을 통해 보강해야 한다. 상담자는 내담자의 문제를 중심으로 가족 간 역동과 영향을 탐색한다. 필요하다면 부모의 원가족관계도 탐색하고, 가계도로 표현할 수도 있다. 가속에 대한 정보 수십은 내남자문제를 정확히 이해하기 위해서이다. 내딤자의 문제가 부모의 원가족관계에 뿌리를 두고 있는 경우에 가족사의 관점에서 문제를 이해할 필요가 있기 때문이다. 부모의 원가족에 대해 이해할 필요가 있는 경우에는 부모와의 면담시간을 별도로 가지는 것이 도움이 된다.

④ 심리검사

접수면접에서 심리검사 실시 여부는 청소년상담기관의 운영방침에 따라 달라질 수 있다. 어느 청소년상담기관에서는 상담신청이나 접수면접을 할 때 의무적으로 MMPI-A를 실시하기도 한다. 면담을 통해서 내담자가 호소하는 문제는 이해할 수 있으나, 내담자의 심리상태를 정확하게 판단하는 데는 한계가 있다고 판단하기 때문이다. 앞에서도 잠깐 언급했듯이 만약 상담센터를 방문하기 전에 실시한 심리검사 결과지가 있다면 그것을 활용할 수도 있을 것이다.

하지만 접수면접에서 심리검사를 반드시 실시해야 하는 것은 아니다. 많은 경우에 호소문제를 중심으로 내담자 정보를 탐색하고, 심리검사의 필요성을 판단하여 접수면접 기록지에 적어 둔다. 왜냐하면 접수면접을 하면서 심리검사까지 실시하기에는 시간이 부족하기 때문이다. 그래서 내담자에게 필요하다고 판단되는 심리검사 유형을 적어두고, 이후에 진행되는 상담에서 상담자가 판단하여 진행하도록 한다.

(4) 접수면접에서의 평가

접수면접을 담당하는 상담자는 확보한 각종 정보를 활용하여 내담자의 상태와 문제수준에 대해 잠정적으로 평가한다. 접수면접자의 평가 결과는 이후 상담과정에 매우 중요한 영향을 미칠 수 있다. 물론 상담자가 배정된 뒤에도 내담자에 대한 평가가 이루어지기 때문에 접수면접자의 평가가 최종적인 것이라고 할 수는 없다.

① 주 호소문제 확인

내담자로부터 상담을 신청하게 된 배경과 함께 호소문제를 들으면서 주 호소문제가 무엇인지를 확인한다. 주 호소문제는 내담자가 상담을 통해 해결하고자 하는 주된 문제를 말한다. 주 호소문제를 확인하면 주 호소문제를 중심으로 내담자가 언급한 여러 가지 호소문제들을 재정리한다. 그리고 내담자가 호소하는 문제의 심각성 정도를 평가하고 예견되는 내담자의 심리적 상태에 대해 접수면접자의 의견을 기록한다. 위에서 언급한 것처럼 심리검사를 추가로 할 필요가 있다면 이를 추후 검토의견으로 제시한다.

② 위기정도 평가

내담자의 위기정도를 평가한다. 상담신청서와 접수면접에서 수집한 정보를 토대로 내담자가 자신이나 타인을 해칠 가능성에 대해 탐색한다. 만약 위기상황이 확인된다면 다음과 같은 조치를 취한다.

- **자신을 해할 가능성**

  a. 상담이 가능한 수준이라면 자살방지계약서 작성 후 상담개입(부모 등 보호자에게 고지)

  b. 현장에서 개입해야 할 상황이라면 위기지원팀 호출 및 긴급개입

  c. 불안이나 다른 위험요인들이 가중되어 심각한 자살충동과 행동이 나타나는 상황이라면 부모와 교사 등 보호자와 긴급하게 논의하여 병원 입원(내담자를 보호하기 위해 119, 경찰 등에 신고하는 등의 선조치 후 보호자 연락)

- **타인을 해할 가능성**

  a. 상담이 가능한 수준이라면 상담 중 타인을 해치지 않겠다는 계약서를 작성한 후 상담개입

  b. 현장에서 통제가 어려운 상황이라면 위기지원팀을 호출하여 개입하고, 긴급한 상황에서는 경찰에 신고

  ※ 내담자의 보호자, 피해자의 보호자, 피해가 예상되는 인물 등에게 알림

※ 타살 가능성에 대한 '고지의 의무' 범위 'Tarasoff 사례'(미국)

캘리포니아 버클리 대학의 한 대학원생이 상담자에게 여자 친구가 헤어지자고 했기 때문에 죽일 것이라고 말함. 상담자는 두 명의 동료와 의논하고 학교 경찰에 신고. 학교 경찰은 그를 감금했지만, 여자 친구가 멀리 떨어져 거주한다는 것을 확인하고 풀어 주었는데, 여자 친구와 가족들은 경고를 받지 못했으며, 두 달 후 여학생이 남학생에게 피살당함. 캘리포니아 대법원은 상담자가 '피해자에게도' 알릴 의무가 있다고 유죄 판결.

자살위험에 대해서는 다음과 같은 평가질문을 활용한다.

〈자살위험 수준 평가질문〉

"지금까지 ○○님의 이야기를 듣다 보니 죽고 싶을 정도로 많이 힘든 것 같아요. 자살생각이 들 정도로 많이 힘들다니 잠깐 ○○님의 심리적인 어려움에 대해서 몇 가지 물어보았으면 하는데 괜찮을까요?"

① 자살생각의 빈도, 내용을 탐색하기 위한 질문
   - 최근 1주 동안 자살에 대해 몇 번 생각해 보았어요?
   - 얼마나 자주 자살에 대해 생각했어요?
   - 언제 자살에 대해 생각했어요?
   - 어떤 상황에서 자살에 대해서 생각했어요?
   - 왜 지금 자살을 하려고 하죠? 무슨 일이 있었어요?
   - 자살에 대한 생각을 스스로 조절하기 힘든 상황인가요?
② 자살계획을 탐색하기 위한 질문
   - 지금 자살할 계획이 있나요?
   - 언제 자살을 하려고 했나요?
   - 어디서 자살을 하려고 하나요?
   - 어떻게 자살을 하려고 하는지 구체적인 방법을 생각해 본 것이 있나요?
   - 자살하기 위해서 준비한 것이 있나요?
③ 자살시도를 탐색하기 위한 질문
   - 지금까지 자살을 시도한 적이 있었어요?
   - 언제 자살을 시도해 보았어요?
   - 어떤 방법으로 자살을 시도해 보았어요?
   - 가장 최근에 자살을 시도한 때는 언제였나요?
   - 자살시도 후 어떤 심정이 들었어요?
   - 자살을 시도했다가 구조되었을 때 어떤 느낌이었나요?
④ 위험요소를 탐색하기 위한 질문
   - 최근에 자살을 생각할 만큼 힘든 일이 있었나요?
   - 현재 술을 먹고 있나요?
   - 현재까지 정신적인 어려움으로 병원에 가거나 약을 드신 적이 있었나요?
   - 정신장애, 우울증이나 약극성장애와 같은 기분장애가 있나요?
   - 가족 중 자살했던 사람이 있나요?
   - 관계의 상실, 사회적, 직업적 상실 또는 재정적 손실이 있었나요?
   - 신체적으로 질병이나 불편한 부분이 있어요?
   - 자살사이트에 가입해서 활동 중에 있나요?
   - 현재 충동성을 억제하기 힘들다고 느껴지나요?

사진 6-3 자살위험 수준 평가질문(장혜아, 노성덕, 2011, p. 62)

청소년상담복지센터에서는 위기정도를 평가하기 위하여 위기스크리닝 척도를 사용하고 있다. 위기스크리닝 척도와 같은 도구를 사용하여 위기수준을 고위험, 중위험, 저위험으로 분류하는 것도 유용한 방법이다. 위기스크리닝 척도는 '초등학교 4학년 이하용'과 '초등학교 5학년 이상용'으로 구분되어 있다(여성가족부, 2021).

〈Part 1〉 위험요인 영역(초등학교 5학년 이상)

영역	현재 내담자의 상태를 기준으로 합니다	예	아니오	미확인
개인 영역	1. 자신의 외모에 대한 자존감이 낮다.			
	2. 자신의 능력에 대한 자존감이 낮다.			
	2. 우울해하고 목표의식이 없다.			
	3. 불안하고 두려움이 많다.			
	4. 중독(알코올, 약물, 인터넷, 스마트폰, 도박 등) 문제가 있다.			
	5. 지능이 낮다(경계선급 지능 수준).			
	6. 성적 관심(예, 음란물 등)이 과도해 일상생활에 지장이 있다.			
가정 영역	1. 가족원 간의 폭력과 갈등이 심하다. '예'로 응답한 경우: 부모 간( ) 부모와 내담자( ) 형제와 내담자( ) 기타( )			
	2. 부모가 사망하였거나 별거 혹은 이혼했다. '예'로 응답한 경우: 누구와 함께 살고 있는가?( )			
	3. 가출을 했거나 비행문제가 있는 형제가 있다.			
	4. 부모에게 중독(알코올, 약물, 인터넷, 도박 등)문제가 있다.			
	5. 부모에게 정신질환(우울, 불안, 환청 등)문제가 있다.			
	6. 가족이 이웃 및 친족과 왕래가 없다.			
	7. 가정에 경제적인 문제(채무, 빈곤, 실직)가 있다.			
	8. 가족이 이웃, 친족과 왕래가 없다.			
또래 및	1. 지속적으로 술, 약물흡입(본드, 부탄가스), 도박을 하는 친구가 있다.			
	2. 친한 친구나 선배 중에 폭력 서클에 소속된 친구가 있다.			
	3. 친한 친구 중에 조건 만남(성매매)을 하고 있는 친구가 있다.			
	4. 친구가 없이 따돌림 당하고 있다.			

양식 6-4 위기스크리닝(Part 1)의 예(여성가족부, 2018)

또 위기스크리닝은 〈Part 1〉과 〈Part 2〉로 구성되어 있는데, 〈Part 1〉은 영역별 위험요인을 탐색하기 위한 것이고, 〈Part 2〉는 현재 내담자가 경험하고 있는 위기 및 문제행동을 평가하기 위한 것이다. 위기스크리닝의 두 영역을 평가하여 일정 점수 또는 위기상태가 평정되면 고위험군, 위험군, 잠재군 등으로 분류할 수 있다. 〈Part 1〉에서는 4개 영역에서 전체점수가 10점 이상이거나, 한 영역에서 4점 이상이면 고위험군으로 분류한다. 〈Part 2〉는 위기상태를 평가하기 때문에 9개 영역 16개 항목에서 '예'로 표시되는 항목이 한 개만 있어도 고위험군으로 분류한다.

〈Part 2〉 위기 및 문제행동 영역(초등학교 5학년 이상)

영역	현재 내담자의 상태를 기준으로 합니다	예	아니오	미확인
인터넷 중독	게임, 인터넷, 또는 스마트폰 사용으로 인해 일상생활(예: 학업, 대인관계 등)을 제대로 하지 못하고 있다.			
학업중단	학교를 그만두었고 학업을 계속할 계획이 없는 상태이다.			
학교폭력	친구 또는 선후배에게 폭행을 당하고 있다.			
	친구 또는 선후배에게 폭행을 가하고 있다.			
	같은 반 친구들에게 심하게 따돌림이나 괴롭힘을 당하고 있다.			
	같은 반 친구를 심하게 따돌리거나 괴롭히고 있다.			
가정폭력	같이 사는 가족 구성원 중 내담자에게 자주 심한 욕설이나 신체적 폭력을 가하는 사람이 있다.			
	가족 구성원 중에 내담자가 자주 심한 욕설이나 신체적 폭력을 가하는 사람이 있다.			
아동 학대	가정에서 보호자로부터 방임(먹을 것을 주지 않거나, 병원에 데려가지 않는 등)을 당하고 있다.			
	가정에서 보호자가 내담자의 형제를 심하게 때리거나 방임(먹을 것을 주지 않거나, 병원에 데려가지 않는 등)한다.			

양식 6-5 위기스크리닝(Part 2)의 예(여성가족부, 2018)

위기정도를 평가하기 위한 척도는 이외에도 다양하다. MMPI, 정서행동장애진단검사 등 진단검사도구를 활용하는 것은 아주 일반적인 방법이다. DSM, CBCL과 같은 도구를 사용하기도 한다.

③ 신고의무 사항에 대한 검토

접수면접을 진행하면서 신고의무와 관련된 사항을 점검하고 적합한 조치를 취한다. 적합한 조치에는 기관의 관리자에게 보고하는 것도 당연히 포함된다. 조치 후에는 그 결과를 접수면접지에 기록한다. 우리나라에서 청소년상담자들이 법적으로 신고의무를 부여받고 있는 몇 가지 사항은 다음과 같다. 상세한 내용은 이 책 3장에서 다룬 바 있다.

- **청소년 대상 성범죄에 관한 신고의무**: 경찰에 즉시 신고
  ☞ 「아동청소년의 성보호에 관한 법률」 제34조, 「성폭력방지 및 피해자보호 등에 관한 법률」 제9조
- **아동학대에 대한 신고**: 경찰 또는 아동보호전문기관에 즉시 신고
  ☞ 「아동학대범죄의 처벌 등에 관한 특례법」 제10조
- **학교폭력에 대한 신고**: 학교 등 관계기관에 즉시 신고
  ☞ 「학교폭력 예방 및 대책에 관한 법률」 제20조
- **청소년근로보호 관련 신고**: 고용노동부장관이나 근로감독관에게 신고
  ☞ 「청소년기본법」 제52조의 2

상담을 진행할 때 신고의무와 관련해서는 흔히 두 가지 이슈가 발생한다.

첫째, 내담자의 동의여부에 관한 이슈이다. 상담을 진행하면서 내담자는 지극히 개인적인 경험들을 비밀보장을 전제로 상담자에게만 공개하는데, 이를 내담자 동의 없이 신고할 경우 더 이상 상담관계가 지속될 수 없다는 것이 그 이유다. 그리고 상담자에게 알린 개인적 고민들이 외부에 알려진다고 오해하게 되면 청소년과 부모는 상담을 받으러 오는 것을 꺼리게 될 것이라는 우려가 있다. 김현민(2017)이 대학생과 대학원생 90명을 대상으로 연구한 바에 의하면 비밀보장 예외항목을 고지받은 사람들은 고지받지 않은 사람들에 비해서 상담이용 의도, 자살이나 타살에 대한 의도를 공개하지 않는 것으로 나타났다. 연구결과 두 집단 간에 통계적으로 유의미한

차이가 있었다. 이런 상황이다 보니 상담자에게는 신고의무와 관련된 사항들을 고지하는 것이 매우 곤란한 이슈가 될 수도 있다. 따라서 상담신청 시간에 신고의무 사항에 대해 고지할 때, 현행법상 신고의무를 규정하고 있는 것들은 내담자를 보호하기 위한 것임을 명확히 알려야 한다.

둘째, 신고자 보호에 관한 이슈이다. 성범죄 또는 아동학대의 경우 상담과정에서 사실이 인지되어 신고되기 때문에 자칫 신고자인 청소년상담자가 노출될 우려가 있다. 그래서 「특정범죄 신고자 등 보호법」에서는 상담자가 경찰서 등 해당기관에 관련 사실을 신고할 경우 경찰서 등 관계기관에서 신고자를 보호하도록 의무화하고 있다. 뿐만 아니라 각각의 신고의무와 관련된 사항을 관할하고 있는 경찰, 학교와 교육청, 아동보호전문기관, 청소년상담복지센터 등 관계기관 종사자는 의무사항과 관련된 일체의 내용을 비밀유지하도록 법에 규정하고 있다. 만약 필요하다면 상담자는 법에 의거하여 신고자 보호를 요청하는 것도 좋은 대처가 된다.

□ 신고자 보호 관련 법 내용: 아동학대 신고의 예

「아동학대범죄의 처벌 등에 관한 특례법」 제10조의 3(아동학대범죄 신고자 등에 대한 보호조치): 아동학대범죄 신고자 등에 대하여는 「특정범죄 신고자 등 보호법」 제7조부터 제13조까지의 규정을 준용한다.

「특정범죄 신고자 등 보호법」 제7조부터 제13조

• 범죄 신고자 인적사항을 다른 사람에게 알려 주거나 공개 또는 보도 금지
• 범죄 신고자 또는 그 친족 등이 보복을 당할 우려가 있는 신원관리카드 열람 금지
• 신고자의 인적사항을 신원확인, 증인선서, 증언 등 모든 과정에서 공개 금지
• 신고자에 대한 신변안전장치(특정시설에서 보호, 신변경호, 귀가 시 동행, 주거지에 대한 주기적 순찰이나 폐쇄회로 설치 등으로 보호)

④ 적합한 서비스 배치에 대한 검토

접수면접자는 내담자에게 제공해야 하는 적합한 서비스가 무엇인지에 대해 평가한다. 그리고 적합한 서비스에 대해 의견을 제시한다. 만약 소속기관에서 다룰 수 없는 문제라면 다른 전문기관에 의뢰하거나 소개하도록 기록한다. 상담을 중심으로 한 통합개입이 필요하다면 소속 상담기관에서 위기개입, 찾아가는 상담, 내방상담, 집단상담 또는 프로그램 등에 배치하도록 기록한다. 하지만 특수교육이 필요하다든지, 외과나 정신과적 치료가 필요하다든지, 경제적 지원을 중심으로 한 복지서비스가 필요하다면 관련 전문기관이나 시설에 의뢰절차를 밟도록 의견을 기록한다.

소속 상담기관에서 서비스를 제공할 내담자로 평가되었을 경우 상담 전체 절차에 대해 안내한다. 그리고 상담에 용이한 요일과 시간대, 선호하는 상담자 유형(성별, 연령, 전문분야 등) 등에 대해 확인한다. 접수면접을 마무리하면서 접수면접 기록지 양식에 따라 정보를 기록하고, 접수면접자의 소견을 기록한다.

□ 접수면접자의 소견에 포함되어야 하는 내용
- 내담자에 대한 접수면접자의 평가 및 이를 뒷받침하는 정보, 관찰 내용
- 내담자 호소문제와 적합하다고 판단되는 상담개입전략에 대한 의견
- 상담배정의 시급성 정도에 대한 의견
- 자신이나 타인을 해칠 가능성에 관한 평가(상황에 따라: 조치 및 조치 결과)
- 신고의무 해당사항이 있을 경우 해당 내용과 조치 내용
- 특정 심리검사가 필요한지의 여부에 대한 기록
- 상담자 배정에 필요한 정보

서비스 연계 동의서				
청소년 인적사항	이름		생년월일	
	주소		연락처	
연계기관 및 요청 서비스 내용	요청기관		대상기관	
	☐ 학교, 교육청(또는 WEE센터) ☐ 경찰서 ☐ 지방노동관서 ☐ 국·공립병원 ☐ 보건소 또는 정신건강복지센터 ☐ 청소년쉼터 등 보호시설 ☐ 청소년상담복지센터 ☐ 학교밖청소년지원센터 ☐ 기타		☐ 학교, 교육청(또는 WEE센터) ☐ 경찰서 ☐ 지방노동관서 ☐ 국·공립병원 ☐ 보건소 또는 정신건강복지센터 ☐ 청소년쉼터 등 보호시설 ☐ 청소년상담복지센터 ☐ 학교밖청소년지원센터 ☐ 기타	
	인계자　　　　　　　　　(서명) (소속, 성명)		인수자　　　　　　　　　(서명) (소속, 성명)	
	요청 서비스 내용			

위 본인은 보다 전문적인 상담·보호·교육·의료·자립 등의 청소년지원서비스를 받기 위해 지역사회청소년통합지원체계의 필수연계기관으로 인적사항 및 요청 서비스 항목 등을 제공하는 것에 동의합니다.

년　　　　월　　　　일

본인(또는 보호자):　　　　　　　　　(서명)
관계(보호자의 경우):

양식 6-6　서비스 연계 동의서의 예

출처: 한국청소년상담복지개발원, 2016, p. 17.

3) 사례판정회의와 서비스 배치

상담신청과 접수면접을 통해 신청접수가 완료된 사례들은 사례판정회의를 통해 재평가하고 적합한 서비스에 배치한다.

(1) 사례판정회의

신청접수자, 접수면접자의 면담 결과를 토대로 이루어진 사례평가 결과를 재검토한다. 사례판정회의에는 상담기관에서 지정한 직원들과 외부 전문가가 공동으로 참여한다. 여건에 따라서는 사례 의뢰가 빈번한 기관 종사자가 함께 참석하는 것도 좋은 방법이다. 예를 들어, 청소년상담복지센터 사례판정회의에 상담복지센터 소장 및 상담지원팀장, 상담신청접수자 및 접수면접담당자, 위센터 상담팀장, 학교밖청소년지원센터 사례관리팀장 등이 참석할 수 있다. 이렇게 다양한 기관의 담당자가 참여하게 되면 각 기관에서 의뢰받을 필요가 있는 사례가 있는지의 여부까지도 함께 검토할 수 있다. 사례판정회의에서는 신청접수자와 접수면접자의 보고를 듣고, 심리검사 결과에 대한 소견을 들은 후 내담자 문제유형 및 위기수준에 대한 평가, 기관사례로 진행하는 것의 적절성 및 타 전문기관 의뢰여부 등을 재검토한다.

(2) 서비스 배치 결정

사례판정회의를 통해 내담자를 가장 적합한 서비스에 배치한다. 서비스 배치 시, 제일 먼저 판단해야 할 것은 청소년상담기관에서 상담이 가능한 문제인지를 확인하는 것이다. 만약 청소년상담기관에서 다룰 수 없는 문제유형이라면 타 기관에 의뢰하는 절차를 밟는다. 사례판정위원회에 참여했던 위원들의 기관에서 다룰 사례의 경우엔 즉시적으로 의뢰절차를 밟을 수 있다.

기관에서 상담서비스를 제공할 내담자는 기관 내의 적합한 서비스에 배치한다. 가장 일반적인 서비스는 내방상담이다. 내방이 어려운 내담자는 찾아가는 상담서비스에 배치한다. 그리고 위기청소년에게는 위기개입을 실시한다.

(3) 상담자 배정

내담자 중에는 자신이 편안하게 상담받기 위해 더 선호하는 상담자를 요청하는 경우가 있다. 개인적으로 겪어 온 아픔 때문에 남자상담자를 더 선호하거나, 여자상담자를 더 선호할 수 있고, 나이가 많은 상담자 또는 적은 상담자를 더 편하게 생각하여 요청할 수 있다. 상담기관은 개별상담자들의 연령, 전공영역, 훈련받은 주된 상담이론, 잘 다루는 문제 영역, 기타 상담에서의 개인적 기호 등을 파악하고 있다. 이를 활용하여 기관의 사례배정 담당자는 내담자와 상담자가 잘 매칭되도록 배정한다.

〈모듈 1. 상담신청과 서비스 배치〉는 청소년상담기관에 상담을 요청했거나, 타 기관으로부터 의뢰되거나, 청소년상담 전문가가 현장에서 발굴한 사례에 대해 초기에 어떤 절차에 따라 서비스를 제공하는지에 대한 내용이다. 지역사회를 기반으로 하는 청소년상담과정에서 도입에 해당된다.

4. 모듈 2: 내방상담과 부모개입

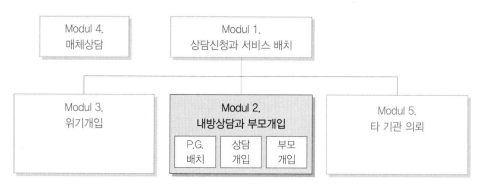

그림 6-5 지역사회기반 청소년상담의 각 모듈 중 '내방상담과 부모개입'

상담자가 배정되면 전화, 문자 또는 SNS, 이메일로 내담자 또는 보호자와 상담요일과 시간 등을 약속한다. 그리고 첫 면담을 진행하게 된다. 흔히 이 단계를 본격적인 상담이 시작되는 단계라고 이야기 한다. 상담은 흔히 상담 초기, 상담 중기, 상담 종결 및 추후상담 등으로 구분한다.

1) 상담 초기 과정에서 다루는 내용

(1) 상담관계 형성

상담 초기에는 상담관계 형성에 주의를 기울인다. 상담관계는 상담자가 전문적인 인간관계 기술을 사용하여 내담자가 행동, 인지, 정서 면에서 스스로 변화하고 성장해 나가야겠다고 결심하고 변화를 추진해 나갈 수 있도록 도와주는 의도적이고 전략적인 인간관계를 말한다. 로저스(C. R. Rogers)는 이를 촉진적 관계라고도 표현했다. 내담자가 안전하다고 느끼고 자신의 내면을 솔직하게 표현할 수 있는 편안하고 신뢰로운 분위기를 형성하여 문제해결에 몰입하도록 하기 위한 관계를 의미한다. 촉진적 관계를 형성하고 문제해결에 몰입하도록 하기 위하여 로저스는 공감적 이해, 수용적 존중, 일관된 진솔성 등을 강조했는데, 대체로 청소년상담자들은 이 것에 매우 익숙한 편이다.

역동적 접근을 중시하는 이론에서는 촉진적 관계와 유사한 용어로 치료동맹(therapeutic alliance) 또는 작업동맹(working alliance)이라는 용어를 사용한다. 치료동맹이란 상담자가 내담자의 건강한 측면과 손잡고 내담자의 병리적인 측면을 치료해나간다는 것을 강조하기 위하여 사용하는 말이다. 이것은 내담자의 건강한 자아의 측면과 상담자의 분석적이고 치료적인 자아의 측면이 서로 결합하여 상호협력하는 것이다.

상담관계는 단회 또는 짧은 시간에 형성되는 것은 아니다. 물론 그럴 수도 있지만 청소년상담에서는 본인 스스로 상담을 받으러 오기보다 의뢰되어 오는 내담자가 더 많기 때문에 자발성이 떨어진다. 따라서 상담관계를 형성하는 데 어느 정도 시간이 소요될 수 있음을 사전에 고려하고 전략을 세워야 한다.

(2) 상담구조화

내담자에게 상담에 대해 안내해 주는 것을 상담구조화라고 한다. 상담에 대한 오리엔테이션이라고 할 수도 있다. 내담자는 상담신청과 접수면접을 경험했지만, 본격적인 상담이 어떻게 이루어지는지는 모르는 상태로 상담에 참여하게 된다. 따라서 상담자는 내담자에게 상담에서 필요로 하는 것들에 대해 설명해 준다.

① 상담에 대한 일반적인 정보 안내

상담구조화에서는 상담신청 시간에 다루고 작성했던 계약에 대해 다시 논의한다. 상담일정, 상담기간, 상담방법, 심리검사 실시, 부모와 교사 등 보호자 참여 여부 등에 대해 논의한다. 또한 비밀보장 등과 같은 내담자 보호에 관한 내용을 설명하고, 동시에 비밀보장의 한계, 신고의무에 해당하는 내용들에 대해서도 다시 한 번 확인한다. 상담신청 시에 작성했던 계약서가 있다면 내용을 확인하여 내담자와 보호자가 상담에 대해 명확한 인식을 가지도록 돕는다. 만약 공공 상담기관이 아닌 개업상담센터의 경우라면 상담료 지불방법 등에 대해서도 확인한다.

② 내담자의 역할에 대한 안내

청소년 연령의 내담자들은 처음으로 상담이라는 상황을 경험하는 경향이 있다. 그래서 상담시간에 자신이 어떤 역할을 해야 하는지 궁금해한다. 때로는 상담에 대해 오해하고 있기도 하다. 상담자가 마술을 걸어서 내담자의 마음을 바꾸어 놓는다거나, 현미경으로 들여다보듯 내담자의 속을 상담자가 꿰뚫어 본다는 등 여러 가지 오해를 하기도 한다. 이런 오해를 하고 있으면 내담자로서 어떤 역할을 해야 하는지도 당연히 알지 못한다. 그래서 상담을 통해 내담자가 기대할 수 있는 것이 무엇인지, 또 상담시간에 내담자가 어떻게 자기 문제를 이야기해야 하는지, 문제를 해결하기 위해 내담자가 어떤 태도를 가져야 하는지 등을 알려 주고 논의하는 것도 상담구조화의 중요한 내용이다.

대체로 상담구조화는 상담 초기에 진행하지만, 중간에도 내담자가 상담에 대해 비현실적인 기대를 가지거나 녹음, 녹취, 내용기록 그리고 비밀보장에 대해 불안해할 경우 필요에 따라 다시 구조화를 할 수 있다.

(3) 진단과 평가 결과 확인

상담자는 상담 초기에 상담신청담당자와 접수면접자가 정리해 놓은 진단검사 결과를 확인한다. 그리고 접수면접자의 소견 등을 종합해 보고 필요하다면 접수면접담당자와 사례에 대해 의견을 나눈다. 또한 초기상담을 진행하면서 상담자 자신이 잠정적으로 파악한 문제들과 비교하면서 내담자문제에 대해 실제적인 개입을 위한 평가를 종합적으로 실시한다. 이 평가를 위해 추가적인 심리검사를 실시할 수도 있다.

(4) 사례개념화

사례개념화는 사례에 대한 일종의 "가설"이라고 할 수 있다. 상담신청, 접수면접, 초기면담 등을 통해 얻어진 정보들을 상담자가 통합해서 상담자의 이론적 지식과 상담경험을 토대로 내담자 문제의 성격과 원인에 대한 이론적 설명, 즉 하나의 가설을 세우는 작업을 의미하기 때문이다.

상담자는 사례개념화를 통해 내담자의 주 호소문제가 무엇인지, 문제의 발생과 현재 상태에 영향을 미치는 요인들이 무엇인지, 상담목표를 무엇으로 정할 것인지, 문제해결을 위해 상담계획을 어떻게 수립할 것인지를 정하게 된다.

□ 상담 초기, 사례개념화를 돕는 질문들
• 상담자가 파악한 내담자문제의 성격은 무엇인가?
• 문제가 생기게 된 경로나 발달사적 요인은 무엇인가?
• 내담자문제의 원인은 무엇인가?
• 무엇이 내담자의 문제를 지속시키는가?
• 문제를 강화시키는 요인과 약화시키는 요인은 무엇인가?

상담자는 초기에 얻어진 정보를 토대로 사례개념화를 하지만, 추가적인 정보에 따라 지속적으로 내용을 수정하고 보완해 나간다. 동일한 내담자의 호소문제에 대해서도 상담자가 사용하는 상담이론과 상담경험에 따라 사례개념화의 형식과 구체적인 내용은 다소 달라질 수 있다.

(5) 상담목표 설정

상담목표를 정하고 기술하는 방식은 상담자가 취하는 상담이론에 따라 차이가 있다. 그러나 이론적 차이가 있음에도 불구하고 청소년상담자들은 가급적 청소년의 연령과 특성을 고려하여 구체적이고 확인 가능한 목표를 설정하는 경향이 있다. 이것은 청소년내담자에게 성공을 경험하게 하고, 부모나 교사 등 보호자에게 상담을 이해시키며, 상담결과를 명확하게 고지하는 것에도 매우 유용하다. 상담목표 설정은 다음과 같은 절차에 따라 진행한다.

첫째, 상담신청, 접수면접, 초기상담 자료의 내용을 가지고 사례개념화를 진행한다. 사례개념화를 통해 이해한 내담자문제를 통찰하면서 잠정적으로 목표를 도출해 낸다.

둘째, 상담목표 설정의 목적과 필요성에 대해 내담자와 보호자에게 설명해 준다. 상담목표가 무엇인지, 왜 설정해야 하는지, 목표 달성을 위해 상담자, 내담자, 보호자가 어떤 역할을 해야 하는지에 대해 논의한다.

셋째, 내담자와 보호자 또는 상담의뢰인이 원하는 목표와 상담자가 사례개념화를 통해 잠정적으로 도출해 낸 상담목표를 두고 논의한다. 내담자가 해결하고자 하는 문제 또는 변화시키고자 하는 것을 정하는데, 만약 여러 가지가 있다면 그중 가장 우선시되어야 할 목표를 정한다.

넷째, 이 과정에서 내담자 또는 보호자가 최종 결정된 목표에 합의하는지 확인한다. 합의하여 결정한 상담목표를 달성하기 위해서 모두가 주체적으로 책임감을 가지고 노력해야 함에 대해서도 이야기를 나눈다.

다섯째, 상담목표 달성이 가져다줄 이점과 손실을 검토하고 목표 달성에 장애가 될 수 있는 요인을 정확하게 파악한다. 내담자가 문제로 인해 얻고 있는 이차적 이득 때문에 상담목표에 대해 '접근 대 회피 갈등'을 경험하고 있다면 이차적 이득이 무엇인지 확인한다. 이는 향후 문제해결에 중요한 요소가 될 수도 있다.

여섯째, 필요한 경우 목표 실행 과정에서 원래 정한 목표를 수정하여 새로운 목표를 설정할 수도 있다. 이 때에도 내담자와 합의하여 문제해결의 주체가 내담자임을 인식하게 한다.

(6) 상담계획 세우고 실행하기

상담신청, 접수면접, 사례개념화, 목표 설정 등을 마치고 나면 그것을 토대로 상담 전반에 대한 계획을 세우게 된다. 상담계획은 상담자에게 일종의 '상담 진행 청사진'이라고 할 수도 있다. 상담자는 내담자문제를 해결하기에 가장 적합하다고 여겨지는 상담방식을 계획한다. 우선은 개인상담이 주가 되겠으나 가족상담이나 부모개입이 필요한지, 집단상담이나 다른 프로그램에 참여시키는 것이 필요한지 등을 검토한다. 상담자는 문제해결에 최적이라고 여겨지는 상담이론을 정하고, 이론에 따라 구체적인 개입전략(WDEP, 역할연습, 자기분석일지, 자기주장훈련, ABCD, 빈의 자기법 등)을 선정한다. 만약 상담자가 훈련받은 상담이론이 한 가지로 특정되어 있다면 그에 맞추어 상담계획을 세우게 될 것이다. 상담자에 따라서는 2~3가지 상담이론을 훈련받는 경우가 많은데, 이런 경우에는 문제유형과 내담자 특성에 맞게 개입전략을 선택할 수 있다.

상담계획에는 문제를 해결하는 데 소요되는 상담의 전체기간이 포함될 수 있다. 특히, 개업 상담자의 경우에는 상담기간과 횟수가 상담비용에 영향을 미치기 때문에 신중하게 고려해야 하는 것이기도 하다. 대체로 경험이 많은 상담자는 내담자문제를 평가하면서 상담이 몇 회기 정도 진행될지를 예견하게 된다. 물론 상담을 진행하면서 변동될 수는 있다. 상담이 시작된 후 몇 회기까지를 상담 초기라고 할지 단정지어 말할 수는 없다. 다만, 상담 초기에는 문제를 이해하고 수립된 계획에 따라 상담을 진행하면서 내담자에 대한 깊이 있는 탐색과 개입을 하게 되는데, 이 과정에서 내담자와 라포가 형성되고, 문제를 깊이 있게 탐색하며, 문제해결을 위해 상담자와 내담자가 협력하는 분위기가 형성되면서 자연스럽게 상담 중기로 넘어가게 된다.

2) 상담 중기 과정에서 다루는 내용

상담 중기는 상담목표를 달성하기 위하여 상담자가 본격적으로 개입하는 단계다. 상담 중기는 상담자가 훈련받은 상담이론과 내담자에게 맞게 구성한 개입전략에 따라 다양한 양상으로 전개된다. 이 절에서는 각각의 상담이론과 각 상담이론에 따라 선택할 수 있는 기법이나 개입방법에 대한 설명은 생략했다. 모든 상담이론을 소개하기보다는 지역사회를 기반으로 하는 상담과정에 초점을 두고 있기 때문이다. 다만 〈표 6-1〉에서 청소년상담자들이 주로 교육받고 활용하는 것으로 알려져 있는 상담이론에 대해 간략하게 제시하는 것으로 이해를 돕고자 한다.

상담이론은 개인마다 선호하는 바가 다르기 때문에 우열을 가려서 '어떤 이론이 더 청소년상담에 적합하다'라고 말할 수는 없다. 혹자는 상담이론 중에서도 청소년상담에 보다 더 적용이 용이한 것이 있다고 주장하기도 한다. 하지만, 그 역시도 상담이론의 특성 외에 상담자의 숙련정도, 내담자의 준비된 정도에 따라 크게 영향을 받기 때문에 적용의 용이성을 객관적으로 나열하기도 쉽지 않다. 만약 상담자 자신이 아직 특정 상담이론에 익숙하지 않다고 한다면 다음의 책을 읽고 자신에게 더 적합한 이론을 찾은 후 관련기관, 연구소, 그 분야 전문가로부터 도움을 받을 것을 권한다.

- 상담심리학(김계현, 학지사)
- 심리상담과 치료의 이론과 실제(Corey 저, 천성문 등 공역, 학지사)
- 상담이론과 실제-상담학총서-(양명숙 등 공저, 학지사)
- 현대 심리치료와 상담이론(권석만, 학지사)
- 상담의 이론과 실제(김춘경 등 공저, 학지사)

각각의 상담이론에 따라 상담 중기에 수행해야 하는 과제에 다소 차이가 있을 수 있다. 하지만 상담이론의 차이에도 불구하고 대체로 상담자가 고려해야 하는 상담 중기의 과제는 다음과 같다.

첫째, 내담자로 하여금 자신을 깊이 있게 탐색하도록 돕는다.

둘째, 내담자가 자기탐색과 상담개입에 대해 저항하는 것을 다룬다. 내담자의 저항을 다룰 때는 다음의 몇 가지 관점에서 살피는 것이 필요하다. 우선 저항이 무의식에 접근하는 것에 대한 두려움의 표현일 수 있다. 또는 변화를 수용함으로써 내담자가 얻어 온 이차적 이득을 상실하는 것에 대한 거부감일 수도 있다. 이렇게 내담자에게 저항의 원인이 있는 경우에는 각 상담의 이론에서 배운 바대로 저항을 다루어 주면 된다. 그런데 혹여 내담자의 저항이 상담자의 미숙함에 대한 불만의 표시일 수 있다는 것도 기억해야 한다. 그리고 상담자 자신의 무의식적 갈등에서 기인하는 역전이가 내담자로 하여금 저항을 불러일으킬 수 있음에도 주목한다. 이런 경우에는 슈퍼바이저의 도움을 받는다.

셋째, 내담자가 자신의 문제에 대해 자각하게 하면 상담장면에서 문제해결을 위해 관련 내용들을 다루게 된다. 내담자가 상담에서 주도적인 역할에 눈을 뜨게 되는 것이다.

넷째, 내담자로 하여금 자각한 내용과 상담을 통해 학습한 것을 생활에서 실천하게 한다. 내담자가 성공적으로 수행할 수 있는 수준의 과제를 제시해서 일상생활에서도 실천 가능하도록 돕는다.

다섯째, 다양한 생활 영역에서 상담을 통해 배운 것들을 반복적으로 실천하도록 강화하기 위한 전략들을 세운다. 이 과정에서 청소년내담자를 모니터링하고 도와줄 부모, 교사, 또래상담자 등을 협력자로 삼는다.

여섯째, 일상에서의 실천 중에 나타나는 변화에 대한 저항을 다루어 준다.

이제 청소년을 대상으로 상담하면서 전략적이고 효과적 개입을 위해 필요한 방법 네 가지를 제시하고자 한다. 전략적 개입을 위한 상담이론, 매체를 활용한 개입, 청소년상담에서 매우 유용하게 활용되는 부모에 대한 개입, 집단상담을 비롯하여 다양한 프로그램에 내담자를 참여시키는 전략 등이 여기에 포함된다.

3) 상담 중기 전략: 상담이론, 매체활용, 부모개입

(1) 전략적 개입을 위한 상담이론

상담자가 이론에 근거해서 서비스를 제공하는 것은 당연한 일이다. 상담자는 치료효과 등이 입증된 상담기법이나 개입전략 등을 사용해야 한다. 앞에서도 언급했다시피 상담이론은 상담장면에 따라 기호에 차이가 있다. 미국의 경우 상담자들이 일하는 장면은 대체로 지역사회상담장면이나 학교 등 공공서비스 또는 개업(흔히 상담심리학자, 또는 상담자라고 부른다), 병원(흔히 임상심리학자라고 부른다) 등으로 구분할 수 있다. 샤프(Sharf)가 조사한 바에 의하면 상담심리학자와 임상심리학자는 통합적 접근, 인지적 접근, 정신역동, 행동치료, 관계중심적 이론 순으로 선호하고, 상담자는 인지적 접근, 통합적 접근, 인간중심접근, 정신역동과 실존주의 이론순으로 선호하는 것으로 나타났다(Sharf, 2013).

우리나라 청소년상담자들이 선호하는 바와 크게 차이가 나는 것 같지 않다. 상담이론은 상담자들이 일하는 장면뿐만 아니라, 상담자 개인의 기호에 따라 다양하다. 〈표 6-1〉은 우리나라 청소년상담자들이 활용하는 상담이론들을 대표상담자, 기본가정, 상담목표, 주요 개념, 주요 기법으로 나누어 정리한 것이다. 표에 정리한 이론들은 선호하는 이론순은 아니다. 크게 정신역동–행동치료–인지치료–현상학적 접근순으로 정리하려 했다. 그러나 각각의 이론을 분야별로 범주화하는 것 자체가 임의적이기 때문에 순서에 구애됨 없이 우리나라 상담자들이 주로 학습하고, 훈련받고, 적용하는 이론들이라고 이해하면 된다.

상담이론은 심리치료이론이라고 부르기도 한다. 상담과 심리치료라는 용어는 해묵은 논란의 소지가 있으나 대체로 동의어로 사용하는 경향이 있다. 일하는 장면에 따라서 의사는 주로 심리치료 또는 치료라는 용어를 사용하고 대상자를 환자라고 부르는 데 반해 청소년상담자나 학교상담자는 상담이라는 용어를 더 사용하고 대상자를 내담자라고 부르는 경향이 있다는 보고도 있으나, 이 책에서는 상담이라는 용어와 심리치료라는 용어를 구분하지 않고 있으며, 가급적 상담이라는 용어로 통일하여 사용하였다.

〈표 6-1〉 상담이론 개괄

상담이론	대표상담자	기본가정	상담목표	주요 개념	주요 기법
정신분석	프로이트 (S. Freud) 〈자아심리학〉 안나 프로이트 에릭 에릭슨	인간의 외적인 행동이나 감정 혹은 생각은 정신 내적인 원인에 의해 결정되며 모든 정신현상은 그 이전에 일어났던 현상의 결과로 일어남	• 내담자가 갖는 심리적 문제의 근본적 원인을 찾으며 해소하는 것 • 무의식적 감동을 의식화시켜서, 개인의 성격 구조를 재구성하는 것	• 정신적 힘(추동): 리비도, 타나토스 • 의식의 수준: 의식, 전의식, 무의식 • 정신구조: ID, Ego, Superego • 불안: 현실적 불안, 신경증적 불안, 도덕적 불안 • 성격발달: 구강기-항문기-남근기-잠복기-생식기 • 방어기제: 억압, 부인, 투사, 치환, 반동형성, 퇴행, 고착, 합리화, 승화, 동일시, 보상, 주지화 • 콤플렉스: 오이디푸스, 엘렉트라 • 불안: 현실적 불안, 신경증적 불안, 도덕적 불안	• 자유연상 • 꿈의 분석 • 전이와 저항 분석 • 해석 • 훈습
개인 심리학	아들러 (A. Adler)	인간은 사회적 소속을 원하며, 한 인간행동을 결정짓는 것은 가치, 믿음, 태도 등과 같은 내적 요인	• 개인이 자신을 이해하고 자신의 인생에 대해 보다 현실적, 공동체적 견해를 가지게 하기. 세부목표로는 - 사회적 관심 가지게 하기 - 패배감 극복, 열등감 감소시키기 - 잘못된 동기 변화시키 도록 돕기 - 타인과 동등하다는 인식 가져 주기 - 사회의 구성원으로 참여하고 기여	• 창의성, 우월감 추구의 원천으로서의 열등감 • 생활양식: 지배형, 기생형, 회피형, 사회적 유용형 • 공동체감과 사회적 관심 • 삶의 과제: 사회, 일(일과 여가), 성(사랑과 결혼) • 허구적 목적: 개인의 행동을 이끄는 마음 • 추구하는 목적 • 가족구도와 출생순위	• 마치 ~인 것처럼(as if 행동하기: 내담자가 마치 자신이 그런 상황에 있는 것처럼 상상하고 행동하도록 하는 역할극 • 수프 엎지르기: 지료자가 보는 앞에서 어떤 행동의 유용성을 감소시킴으로써 부적절한 개념을 종식시키는 기법 • 단추 누르기: 내담자에게 의도적으로 유쾌한 감정이나 불유쾌한 감정을 갖도록 하고, 그런 경험에 수반되는 감정에 대해 토론 • 역설기법: 바라지 않거나 바꾸고 싶은 행동을 의도적으로 반복 실시하게 함으로써 역설적으로 행동을 제거하거나 벗어나게 하는 기법 • 꿈의 분석

상담이론	대표상담자	기본가정	상담목표	주요 개념	주요 기법
대상관계 이론	클라인(Klein) 코헛(Kohut) 페어베언 (Fairbairn) 말러(Mahler) 볼비(Bowlby) 위니컷 (Winnicott) 그린버그 (Greenberg) 등	생애 초기에 보호자와의 상호작용에 따라 성격구조의 형성과 발달이 좌우됨	• 온전한 대상관계 형성 • 자아기능 강화 • 자신과 타인에 대해 현실적, 수용적인 태도 습득	• 대상: 생애 초기에 유아가 중요한 타인들과의 관계를 통해 경험한 것이 정신적인 표상과의 상호작용이 틀로 내면화되는 것 • 표상: 자신과 대상에 대해 가지는 정신적 이미지 • 내면화: 함입(incorporation), 내사(introjecton), 동일시 • 클라인의 대상관계발달: 편집-분열 입장 → 자아-우울적 자리 • 페어베언의 발달단계: 유아적 의존단계→과도기적 단계→성숙한 의존단계→ • 말러의 발달단계: 자폐단계→공생단계→분리-개별화 단계 • 볼비의 애착: 아이가 엄마와 맺는 최초의 관계가 평생 동안 아이의 정서적, 정신적 생활을 좌우	• 상담자의 태도: 버텨 주기, 비지시적 태도 • 해석 • 지금·여기에서의 작업 • 역전이 활용
교류분석	에릭 번 (Eric Berne)	인간은 자율적이고 자유로운 존재이기 때문에, 인간은 자신의 행동을 선택하고 책임질 수 있으며, 언제든지 재결단을 통해 행복한 삶을 살 수 있음	• 어린 시절에 형성된 '초기결정'을 이해하고, 보다 바람직한 방향으로 새로운 결단을 하도록 돕는 것 • 각자의 자아, 즉 어른 자아, 아버지 자아, 어린 자아가 적절하게 기능하도록 함	• 자아: 어버이 자아, 어른 자아, 어린이 자아 • 자아의 상태: 혼합, 편견, 망상, 이중혼합, 배타 • 이고그램 • 4가지 생활자세 • 심리적 욕구: 자극욕망, 인정욕망(스트록, 구조욕망(철회, 의식, 잡담, 활동, 게임, 친교) • 의사거래: 상보적 의사거래, 교차적 의사거래, 암시적 의사거래 • 인생각본 • 라켓과 스탬프 • 게임: 라켓감정을 유발하는 이면교류	• 구조 분석: 자아상태에 대한 분석 • 라켓과 게임 분석 • 각본 분석

상담이론	대표상담자	기본가정	상담목표	주요 개념	주요 기법
분석 심리학	융 (C. G. Jung)	인간은 끊임없이 개별화를 추구하며, 개별화 과정에서 장애에 부딪쳤을 때 증상처럼 문제가 나타난다고 봄	• 개별화(individualization), 즉 자기실현 -무의식 안에 내재되어 있는 콤플렉스와 그 핵심을 이루는 원형의 작용을 탐색함으로써 내담자가 자신을 찾아가도록 돕는 것	• 그림자(shadow): 자아의 어두운 측면, 열등의식 등을 나타내는 원형 • 페르조나(persona): 환경의 요구에 적응하는 개인의 공적 얼굴 • 아니마(anima): 남성의 내부에 있는 여성성 • 아니무스(animus): 여성의 내부에 있는 남성성 • 자기원형(self): 모든 의식과 무의식의 주인으로 전체로서의 성격의 조화와 통합을 위해 노력하는 원형 • 개별화(individualization): 자기실현 • 성격의 태도(외향형/내향형)와 기능(사고/감정, 감각/직관)	• 꿈의 분석 • 적극적 상상: 무의식으로부터 콤플렉스 및 콤플렉스와 관련된 정서적 요소들을 의식으로 떠오르도록 하는 것 • 다양한 창의적 기법: 댄스, 시, 공예 작품, 모래상자 심리치료 등
행동수정	파블로브 (Pavlov) 스키너 (Skinner) 반두라 (Bandura) 프리맥 (Premack) 울페(Wolpe) 등	인간의 행동은 거의 모두가 학습된 것이며, 학습과정을 통해 변화시킬 수 있다고 전제	학습이론에 기초하여 내담자가 이전의 바람직하지 못한 행동을 버리고, 적응적인 행동을 학습하게 돕는 것	• 고전적 조건 형성: S-R 형성 • 조작적 조건 형성: 강화와 강화물 • 강화 제공 원리 -강화는 즉각적으로 주어야 함 -강화는 목표행동에 맞게 제공해야 함 -강화는 일관성이 있어야 함 -강화는 충분하게 제공해야 함 • 반두라의 사회적 학습이론: 모방학습, 대리학습, 관찰학습 • 울페의 상호제지이론: 양립되는 두 감정은 공존할 수 없음 → 체계적 감감기법	• 정적강화 • 조건강화: (예)마일리지, 쿠폰 등 • 소거 • 간헐강화: 고정 vs 변동, 간격 vs 비율 • 용암법(fade out): 변별 반응을 가르칠 때 자극을 점진적으로 조절하여 궁극적으로 변화된 자극 또는 새로운 자극에 의해 반응하도록 하는 방법 • 행동형 성법(shaping): 현재 하지 못하는 행동을 하게 하기 위하여 점차적으로 행동을 조형해 주는 방법 • 행동연쇄법(chaining): 일련의 행동이 연속적으로 단계에 따라 앞 단계와 뒷단계가 서로 자극-반응으로 연쇄(chain)되어 일어나도록 하는 방법 • 벌: 타임아웃, 반응대가(예: 과태료, 연체료 등)

상담이론	대표상담자	기본가정	상담목표	주요 개념	주요 기법
					• 벌: 타임아웃, 반응대가(예: 과태료, 연체료 등) • 자극통제(규칙, 모델링, 신체적 지도, 상황유도): 특정 자극에 대해서 반응이 일어나고, 다른 자극에 대해서는 반응이 일어나지 않게 하는 것 • 토큰강화 • 체계적 감감: 공포와 불안을 제거하기 위하여 불안과 양립할 수 없는 이완 반응을 끌어낸 다음, 불안을 유발시키는 경험을 상상하게 함으로써 자극의 영향을 감소시키는 방법 (불안 위계목록 작성, 근육이완 훈련, ※ 비교·노출치료 홍수법(flooding)) • 사고중지기법(thought stopping): 내담자가 원하지 않는 생각을 억제하도록 하는 기법
인지치료	벡 (A. Beck)	역기능적 신념이 부정적 사고의 토대가 되어 인지적 왜곡을 일으켜 우울과 정서장애에 초래	역기능적 신념을 기능적인 신념으로 변화시켜 우울을 극복하고 건강한 삶을 살도록 조력	• 자동적 사고: 어떤 일에 접하게 되면 자동적으로 떠오르는 생각으로 자동적 사고가 부정적이면 심리적 문제 초래 • 인지삼제(cognitive triad): 자기에 대한 비관적 생각, 미래에 대한 염세적 생각, 세상에 대한 부정적 생각 • 역기능 인지도식 • 인지적 왜곡: 흑백논리, 과잉일반화, 선택적 추상화, 의미확대 또는 의미축소, 부정적 예측, 독심술, 낙인찍기, 개인화	• 절대성, 양자택일적 사고에 도전하기 • 재귀인 • 장점과 단점 목록화하기 • 문제축약: 다양한 문제증상들을 호소했을 때, 몇 가지 중요한 것들로 묶어서 다루는 방법 • 빈틈 메우기: 내담자가 경험하는 스트레스와 그 결과 경험하는 정서적 혼란 사이의 빈틈을 확인하여 제거하는 방법 • 칸 기법: 문제상황·정서적 결과 사이에 자동적 사고를 확인하여 기록

상담이론	대표상담자	기본가정	상담목표	주요 개념	주요 기법
합리적 정서적 행동치료	엘리스 (A. Ellis)	인간은 합리적이고 이성적인 신념을 가질 수도 있고, 비합리적이고 비이성적인 신념을 가질 수 있는 존재. 비합리적 신념을 가질 경우 문제 발생	자기파괴적이고 비합리적인 신념을 줄이고 현실이며 이성적이고 생산적인 합리적 신념을 갖게 해주는 것	• 비합리적 신념: 융통성, 현실성, 기능적 유용성에서 떨어지는 신념 • ABCDE모형	• 논박 • 유머 사용하기 • 숙제 활용하기 • 인지적, 정서적, 행동적 기법들
개인구념 이론	켈리 (G. Kelly)	잘못된 구념을 현실에서 고집할 때 심리적 부적응 발생	잘못된 개인 구념을 재개념화	• 구념(constructive): 우리가 여러 사상들 간의 유사성과 차별성을 확인하는 방식 • 11가지 추론: 구성개념, 개별성, 조직화, 이분법, 선택, 범위, 경험, 조절, 분열, 공통성, 사회성	• 자기 성격 묘사: 내담자가 제3자의 관점에서 자기 자신의 특성에 대해 서술 • 매과토리 적자: 개인구념 개념으로 만들어진 메트릭스 활용 • 고정역할 치료
인간중심 상담	로저스 (C. R. Rogers)	스스로 타고난 가능성과 잠재력을 발견하지 못하고 외적으로 부여된 가치 조건들에 맞춰 살려고 할 때 심리적 증상 발생	내담자가 자기를 실현하고 충분히 기능하는 사람으로 살도록 돕기	• 자기실현 가능성: 자신의 잠재력과 가능성을 실현하려는 유기체가 타고난 경향성 • 지금·여기: 지금·여기에서 사람이 어떻게 생각하고 느끼느냐가 행동을 결정하는 요소 • 충분히 기능하는 인간(fully functioning person) • 가치 조건 • 자기와 경험 간의 불일치	• 진솔성: 상담자가 내담자와의 관계에서 감지되는 바를 왜곡하거나 부정하지 않고 있는 그대로 경험하는 것 • 무조건적 긍정적 존중 • 공감적 이해
실존치료	빈스방거(Binswanger) 보스(Boss) 프랭클(Frankl) 롤로 메이(Rollo May)	실패의 두려움으로 인해 성취를 향한 노력의 과정에서 불안을 경험. 상담자의 역할은 내담자가 세계를 충분히 이해하고 자신의 결정을 내리는 데 책임을 지도록 격려하는 것	• 내담자가 의식적으로 자신에 대한 책임감을 수용하도록 지지 • 내담자로 하여금 선택을 피하려는 자신의 모습을 보게 하고 위험을 무릅쓰고서라도 선택을 하도록 지지	• 세계 내 존재 • 실존방식: 주변세계, 공존세계, 고유세계, 영적세계 • 자유, 선택과 책임: 인간은 여러 선택 가운데서 선택할 수 있는 자유를 가진 자기 결정적인 존재 • 불안과 죄책감 • 삶과 죽음	• 역설적 의도: 내담자가 가지고 있는 예기불안(anticipatory anxiety)을 제거함으로써 강박증이나 공포증과 같은 신경증적 행동들을 줄임 치료

상담이론	대표상담자	기본가정	상담목표	주요 개념	주요 기법
	얄롬(Yalom) 등		내담자의 자각을 최대화함으로써 내담자가 삶의 의미와 목적을 스스로 발견하도록 돕고 확고한 방향 설정과 결단을 내리도록 조력	• 이미와 무의미 • 자기 초월 • 진솔성 추구	• 역반영, 방론, 반성 제거: 내담자의 과도한 주의나 자기관찰이 오히려 행동장애의 원인이 될 수 있다고 보고, 내담자 과도한 주의를 내담자가 자신의 바으로 문제를 돌려 무시하도록 함으로써 긍정적이고 생산적인 사고로 전환할 수 있게 돕는 방법
게슈탈트	펄스 (F. Perls)	인간은 현상학적이며 실존적 존재로서 자신에게 가장 긴급하게 필요한 게슈탈트를 끊임없이 완성해 가며 살아가는 유기체	• 내담자가 성숙하여 자신의 삶을 책임지고 접촉을 통해 게슈탈트를 완성하도록 조력 • 내담자가 느끼는 분할 부분으로 삶의 여러 부분으로 융합하고 처리하도록 조력하는 것	• 게슈탈트: '형태' 또는 '전체'라는 뜻의 독일어로, 부분들의 단순한 합 이상의 것 • 전경(자각의 중심 부분에 떠올려지는 부분)과 배경(관심 밖에 있는 부분) • 알아차림: 개체가 생겨나고, 느끼고, 감지하고, 행동하는 것을 인식하는 과정 • 접촉: 전경으로 떠온 게슈탈트를 해소하기 위해 환경과 상호작용하는 행위 • 접촉경계: 신체 경계, 가치 경계, 친숙성 경계, 표현성 경계 • 접촉경계 장애: 접촉경계에 혼란으로 접촉 불능상태에 떨 발생하는 장애 ※ 다섯가지 패턴: 내사, 투사, 반전, 융합, 편향 • 미해결과제: 완전하지 않은 혹은 해소되지 않은 게슈탈트 • 신경증층: 피상층·연기층·난국층·내적파열층·폭발층 • 지금·여기: 현재의 순간을 온전히 음미하고 경험하는 학습을 강조	• 욕구와 감정: 신체, 환경, 언어, 책임 자각 • 실험: 빈의자 기법, 대화게임, 반대로 하기, 과장하기, 실연 등 • 현재화 기법: 과거 사건을 마치 지금 여기에서 일어나는 사건인 것처럼 체험하게 해 줌으로써 과거 사건과 관련된 내담자의 생각이나 감정, 욕구, 환상, 행동 등을 다루는 것 • 현실검증: 현실이 내담자가 상상하는 것을 얼마 해줌으로써 현실감각을 키워 주는 방법 • 직면: 진실을 회피하거나 하기 위해 돕는 것 • 머물러 있기: 내담자로 하여금 자신의 미해결 감정들을 회피하지 않고 직면하여 견뎌 냄으로써 이를 해소하도록 돕는 기법 • 알아차림 연속: 지금 여기에서 자신과 환경에 일어나는 모든 것을 그대로 연속해서 알아차리는 것

상담이론	대표상담자	기본가정	상담목표	주요 개념	주요 기법
현실요법	글래서 (W. Glasser)	정신병 개념을 거부, 과거가 아니라 현재에 초점을 맞추며 모든 문제는 자기가 원하는 것을 얻는 것에 비현실적으로 도전하여 좌절한 것에서 기인한 것으로 봄	내담자가 진정으로 원하는 것이 무엇인지를 그의 기본 요구를 바탕으로 파악하도록 한 후, 자신이 책임질 수 있고 또 만족스러운 방법으로 그 바람을 달성할 수 있도록 조력하는 것	• 인간의 기본 욕구: 소속감, 힘, 즐거움, 자유, 생리적 욕구 등 5가지 욕구 • 좋은 세계(quality world): 사람들 각자가 욕구를 충족시키기 위해 가장 적당한 방법이라고 생각하는 특별한 바람이나 열망. 자기에게 생각하며 특별하다고 생각하는 사람들, 장소, 사물, 신념 그리고 생각에 대한 이미지나 표상이 간직되어 있는 세계 • 선택이론: 자기의 행동을 통제할 수 있는 사람은 바로 자기 자신 • 책임감 등 3R: 책임감(responsibility), 현실(reality), 옳거나 그름(right or wrong)	• 상담자의 태도: 내담자의 변명을 수용하지 않으며, 처벌이나 비판을 하지 않음. 포기하지 않고 조력하는 태도를 유지 • 질문하기: 내담자의 내적세계로 들어가기, 정보 얻기, 정보 주기, 내담자가 보다 효과적인 통제를 하도록 조력하기 • 직면하기: 긍정적 태도를 유지하면서 변명을 수용하지 않음. 직면하기를 통해 내담자가 선택한 행동에 대해 책임을 지도록 함 • 유머 사용하기 • 변화를 일으키는 대화 절차 WDEP: 바람 파악(wanting)—현재의 행동 파악(doing)—평가(evaluating)—계획하기(planning)
해결중심 상담	김인수	문제에 대한 원인 분석이 아닌 미래지향적인 해결방안 구축에 관심	상담자는 내담자가 자신의 문제를 해결하기 위한 자원을 가지고 있다고 믿고 내담자가 가지고 있는 지식을 사용하여 해결할 수 있도록 조력	• 내담자 유형: 고객형, 불평형, 방문형 • 상담목표 설정의 원리 –내담자에게 중요한 것을 목표로 설정 –작은 단위로 목표 설정 –구체적이고 행동적인 것을 목표로 설정 –부정적인 것보다는 긍정적인 것을 목표로 설정 –내담자가 현실적으로 성취 가능한 것	첫 상담 전에 일어난 변화에 관한 질문 예외질문 기적질문 척도질문 대처/극복질문

(2) 전략적 개입방법으로서의 매체활용

청소년상담에서는 특정 문제를 가진 대상자에게 서비스를 제공하기 위하여 상담 전략으로서 매체를 활용하는 창의적 노력들이 계속해서 확대되고 있다. 대표적으로 놀이, 미술, 음악, 사진, 영화, 무용 등을 활용하는 것을 들 수 있다. 이런 노력들은 심리적 어려움을 겪는 청소년내담자가 다양한 매체를 통해 자신을 탐색하고, 상담에 적극적으로 참여하도록 하기 위한 것이다.

① 놀이 · 미술 · 음악 활용

사진 6-4 놀이치료실, 미술치료실

청소년상담에서 놀이, 미술, 음악을 활용하는 것은 어느 정도 자리를 잡아 가고 있다고 할 수 있다. 이 영역은 각각 학회를 구성하여 자격증을 발급하고, 특정 대학의 대학원 과정에 전공이 개설될 만큼 상담에서 중요하게 자리매김하였다. 이 매체를 사용하는 전문가들은 놀이치료사, 미술치료사, 음악치료사로 불리는데, 자격증 이름에서 엿볼 수 있듯이 각각의 영역에서 어느 정도 전문적 활동이 가능한 사람이어야 한다. 놀이치료는 각각의 소품을 다루어서 스토리를 전개해 나갈 줄 알아야 하고, 미술치료사는 미술에 상당한 수준의 지식을 갖추어야 하며, 음악치료사는 악기를 연주하고 각종 음악을 이해하고 있어야 한다. 그러니까 각각의 영역에서 이미 전문가 수준을 갖춘 사람이 상담을 전공하여 이를 융합하는 형태라고 할 수 있다. 그래서 미술치료사는 미술 관련 학과를 전공한 경우가 많고, 음악치료사는 음악 관련 학과를 전공한 경우가 많다. 그냥 상담만 전공해서는 매체를 능숙하게 활용하기 어렵다는 것을 의미한다.

놀이치료, 미술치료, 음악치료는 상담에 참여하는 청소년내담자가 자신의 심리적 상태를 매체에 투사함으로써 자신의 무의식적 갈등과 바람을 구체화하고, 그 과정을 통해 문제를 명료화하여 해결방법을 찾도록 돕는다. 그런데 많은 경우에 자신의 심리적 상태를 투사하면서 구체화하다 보면 그 자체가 카타르시스를 유발하여 정서적 억압과 갈등이 해결되는 경험을 한다. 한참 감수성이 민감한 청소년기엔 이를 통해 긍정적 변화를 경험하도록 할 수 있다는 점에서 매우 유용한 개입방법이다.

② 사진, 영화, 무용, 이야기 등 활용

사진, 영화, 무용, 이야기를 매체로 활용하는 시도도 활발하다. 하지만 놀이, 미술, 음악을 활용하는 치료만큼 자리매김하지는 못한 상태다. 이런 접근 방법 역시 청소년들에게 유용하다. 사진이나 영화, 무용, 그리고 이야기 구성을 통해 심리적 억압과 갈등을 구체적으로 인식하고 카타르시스를 경험하도록 할 수 있기 때문이다. 그러나 이런 방법이 청소년의 문제를 해결하는 데 상담적인 요소와 얼마만큼 융합할 수 있는지에 대해서는 향후 더 많은 분석과 연구가 있어야 할 것으로 보인다. 이야기치료는 심리적 외상을 극복하는 데 효과가 있다는 많은 연구가 있음에도 불구하고 자기표현에 적극적이지 않은 청소년에게 적합한지 여부에 대해서는 여전히 의문을 던져 주고 있다. 그러나 그럼에도 불구하고 이러한 노력은 청소년상담의 지평을 넓혀 주고, 청소년내담자를 위해 최적의 개입전략을 구성하는 데 풍부한 자원이 된다는 데는 의심의 여지가 없다.

③ 보드게임 · 게임 활용

보드게임이나 게임을 상담에 매개로 활용하는 것은 아동이나 청소년상담에서 자연스럽게 이루어진다. 성인과 달리 상담에 쉽게 흥미를 느끼지 못하는 대상이다 보니, 집단상담을 진행할 때도 게임(ice-breaking)을 활용하는 것이 매우 보편화되어 있다. 이런 추세를 반영이라도 하듯 보드게임이나 게임을 활용하는 방법을 소개하는 책이 출판되어 있기도 하다. 보드게임 등의 매체를 활용하는 가장 현실적인 이유는 청소년들이 쉽게 상담에 접근하도록 하기 위해서이다. 그리고 특정 청소년들, 예를 들어 매우 경쟁적인 태도를 가지고 있거나 사회성이 부족한 청소년, 또는 충동조절이 잘 안되거나 문제해결방법이 세련되지 못한 청소년에게 게임이라는 도구를 통해 그런 태도들을 다루도록 돕는 데도 활용된다. 왜냐하면 청소년내담자들이 재미있어하는 게임에 참여하기 위해서는 게임의 규칙을 서로 지켜야만 하는데 이를 통해서 자기통제, 인내, 결과에 대한 승복, 팀에의 협력행동 등을 받아들이고 수용하는 것을 경험하도록 하기 때문이다.

그러나 이 방법도 하나의 독립적인 '청소년상담방법'이라고 하기에는 한계가 많다. 청소년상담을 위해 보조적으로 활용되는 매개활동 정도로 이해할 수 있다. 따라서 이를 좀 더 전문화하기 위해서는 상담적인 요소들을 더 개발하고, 내용을 보강하기 위한 노력이 따라야 한다. 변화를 가져올 수 있다고 해서 지식의 내용이 없이 다 상담방법이라고 할 수는 없기 때문이다. 하지만 청소년상담의 지평을 넓히는 데는 분명 강점을 가진 것이라고 할 수 있기 때문에 여러 학문 또는 다른 상담이론과의 통섭을 통해 지속적으로 발전시켜 나갈 필요가 있다. 이 또한 청소년 고객을 배려하는 맞춤형 서비스의 한 요소가 될 수 있기 때문이다.

이 외에도 종교적인 심성을 가진 청소년들을 위하여 '기도' '참선' '명상' 등을 활용하는 시도를 하기도 하고, '노작(勞作)' '화훼(花卉)' '반려동물' '무예' 등을 활용하는 시도를 하기도 한다. 이런 시도들은 다양한 영역에서 청소년내담자를 위해 창의적인 접근 방법을 도모한다는 점에서는 매우 의의가 있다. 다만, 어느 활동 뒤에 '상담' 또는 '치료' '치유' '개입' 등을 붙인다고 해서 그것이 다 청소년상담이 될 수는 없다는 것을 명심해야 한다. 그런 시도가 상담일 수 있는 근거와 설득력을 제공할 수 있는 연구, 상담이라는 학문과의 개연성, 융합될 수 있는 지적인 내용 등 모든 측면에 대해 치열하게 고민하고, 연구하고, 논리를 전개해 가는 노력이 필요하다. 그리고 상담학회와 같은 공식적인 전문가 그룹과의 논쟁과 토론을 통해 인정받는 노력도 있어야 한다. 이런 노력들은 결국 청소년내담자를 위한 것이다.

(3) 전략적 개입방법으로써 부모에 대한 개입

청소년상담에서는 부모에 대한 개입을 필연적으로 하게 되는 경우가 많다. 이것은 청소년시기에 부모 등 보호자의 영향을 크게 받기 때문이다. 그래서 아동이나 청소년을 상담하는 기관에서는 부모에 대한 개입을 중요하게 여기며 권장하기도 한다. 이때 부모는 청소년을 보호하는 친권자를 의미한다. 현재 우리나라 상황을 보면 청소년을 보호하고 양육하는 사람이 부모 이외의 대상으로 점차 확대되어 가고 있다. 따라서 부모 외에도 조부모나 친척이 보호자인 경우도 있고, 보호시설의 장이 보호자인 경우도 있다. 하지만 이 절에서는 청소년을 보호하는 이들을 부모라고 칭하고자 한다. 부모에 대한 개입은 부모코칭, 부모상담, 부모교육 등으로 흔히 구분한다.

청소년상담자가 부모에게 개입하기 위해서는 사전에 학습해야 하는 것들이 있다. 부모형태(친부모, 양부모, 조부모, 한부모, 재결합부모 등)에 따른 부모와 청소년 자녀와의 관계에서의 특징, 청소년 발달시기에 따른 부모 양육방식의 특징, 부모 연령에 따른 특징, 가족에 대한 이해와 가족상담 이론 등이 그것이다.

보호자가 친부모, 편부모, 양부모, 조부모인지에 따라 부모개입의 방법과 수준이 달라져야 하고, 청소년과 부모 연령에 따라 각각의 역할에 차이가 크게 다를 수 있기 때문이다. 또한 부모의 양육태도가 자녀에게 어떤 영향을 미칠 수 있는지에 대한 연구결과들을 바탕으로 개입해야 하고, 가족의 역동을 이해하면서 접근하도록 돕는 가족상담 이론에도 익숙해야 한다. 이런 내용을 토대로 하여 청소년문제 해결을 위해 부모개입을 전략적으로 활용할 수 있다.

① 부모자문

부모에 대한 개입 중 가장 많은 비중을 차지하는 것이 부모자문이다. 부모자문이란 청소년기 자녀를 양육하는 데 필요한 정보를 제공하거나 기술을 가르쳐 주고, 부딪쳐 있는 어려움을 극복하는 방법에 대해 조언해 주는 것을 말한다. 대체로 부모자문은 부모의 요청에 의해 이루어지는 경우도 있지만, 청소년상담자가 청소년내담자의 변화를 위해 필요한 내용을 준비하여 부모에게 제공하기도 한다. 부모자문은 부모코칭, 자녀 양육에 대한 오리엔테이션, 정보제공 등으로 불리기도 한다. 부모자문은 보통 두 가지 수준으로 진행된다.

첫째, 정보제공 수준의 자문이다. 상담 도중 청소년 양육에 필요한 정보들을 부모에게 제공하여 자녀 양육에 대해 가졌던 오해 또는 그릇된 정보를 수정하도록 돕는 것이다. 특히, 청소년들이 발달특성상 경험하게 되는 현상들에 대해 부모가 정확한 정보를 가지지 못한 상태에서 과도하게 정서적 반응을 보임으로써 문제가 심각해지는 경우에 매우 유용하다. 청소년상담을 하다 보면 간혹 부모들에게서 자녀의 대인관계 문제들, 자위행위와 성적호기심 같은 성에 대한 청소년의 관심, 청소년문화, 진로·진학과 관련된 적성과 취미 등에서 오해로 인해 사녀지도를 잘못하는 경우가 있는데 그런 경우에 적합하다. 또한 가족관계에서의 응집성과 경계, 가족규칙, 가족구조와 하위체계, 가족 간 의사소통 유형, 삼각관계 등과 같은 가족상담 개념들도 부모가 자신의 태도를 변화시켜야 함을 자각하도록 돕는 중요한 지식으로 활용될 수 있다. 가족상담의 개념들을 정보로 활용하다 보면 뜻밖에 부모의 자각을 불러일으켜서 강력한 상담의 효과로 나타나기도 한다.

둘째, 문제해결을 위해 상담자와 부모가 협력하는 수준의 자문이다. 청소년내담자가 가지고 있는 문제를 해결하기 위하여 상담자와 부모가 협력하는 것이다. 이때 상담자는 청소년의 문제해결에 도움이 되는 방법들을 부모와 함께 모색하고 이를 체계적으로 실행함으로써 청소년내담자의 적응과 삶에서의 각종 과업 수행을 향상시킬 수 있다. 이뿐만 아니라, 부모의 자녀 양육과 관련된 역량을 키워 줄 수 있다. 이른바 "두 마리 토끼를 다 잡는다."는 속담에 비할 수 있다. 이런 경우 상담의 효과는 가정으로 확대되어 지속적인 문제예방과 특정 어려움에 대한 즉각적 대응에도 도움이 될 수 있다. 왕따경험으로 인한 대인관계 형성의 어려움, 인터넷이나 스마트폰에 과의존하는 생활습관, 가정 학습 태도 형성, 부모와 자녀 간 갈등 해결, 훔치기나 거짓말 같은 비행 행동 등 다양한 영역에서 상담자의 부모자문이 효과를 발휘할 수 있다. 혹자는 이 두 번째 자문의 수준을 '부모상담'이라고 칭하기도 한다.

② 부모상담

부모상담은 청소년내담자인 자녀문제와 연관되어 있는 부모의 심리적, 정서적, 대인관계적, 행동적 문제를 다루는 것을 의미한다. 한마디로 부모의 부정적이고 그릇된 영향력을 교정함으로써 청소년내담자가 문제를 효율적으로 해결할 수 있도록 돕는 개입이라고 할 수 있다. 부모는 부모이기에 앞서 인간이고, 성인이다. 부모가 자신의 부모나 가족으로부터 받았던 깊은 상처들, 살아오면서 경험했던 아픔들, 실패와 좌절들이 미해결과제로 남아서 자녀와의 관계나 자녀 양육태도에 부정적 영향을 미치는 일이 있다. 청소년상담자는 청소년을 상담하면서 부모의 이러한 부정적 영향력을 발견했을 때 이를 확인하고, 부모와 논의하게 된다. 만약 부모문제가 자녀에게 미치는 영향을 청소년상담자가 인지하고도 이를 방치한다면 소위 "상담실에서 고쳐 놓은 청소년내담자, 집에 가서 다시 망가진다."라는 우스갯소리를 마음 아프게 반복해야 한다.

우리나라에서 부모상담은 수월하지만은 않다. 청소년상담자가 부모에게 신뢰감을 웬만큼 얻지 않고서는 부모들이 상담에 쉽게 응하지 않는 문화적 특성이 있기 때문이다. 자칫 "애를 상담하라고 했더니 문제가 다 부모에게 있다고 말하는 것이 말이 됩니까? 다 부모 탓입니까?" 하는 분노에 찬 항의에 부딪치게 된다. 그래서 "부모의 문제를 다루고자 할 때는 청소년상담자의 노련함이 요구된다."라고 하소연하는 상담자가 많다. 청소년상담자는 부모에게 자녀문제 해결의 시급성과 중대성, 부모가 미치는 영향, 상담자의 전문성 등을 설명하여 부모가 상담에 참여하도록 독려해야 한다. 이때 청소년상담자는 부모상담의 횟수와 다룰 수 있는 영역 등을 명확하게 알리고, 비록 청소년인 자녀문제로 상담을 한다 하더라도 청소년 자녀가 상담회기에서 말한 내용은 비밀을 유지해 주어야 함도 인지시켜야 한다. 자칫 청소년내담자와 부모를 같은 상담자가 진행하면서 정보를 교차시키는 실수를 범하게 되면 비밀보장의 원칙에도 위배될 뿐만 아니라, 상담회기 종료 후 가정에 돌아가서 다툼이 벌어지는 원인 제공을 하게 될 수도 있기 때문이다. 만약 그렇게 된다면 상담자가 공격의 대상이 되고, 상담관계는 깨질 것이다.

부모상담을 진행하고자 할 때 같은 상담자가 청소년 자녀와 부모를 상담할지, 아니면 상담자를 다르게 배정할지에 대해서는 논의를 통해 결정하는 것이 좋다. 한 가족에 대하여 복수의 상담자가 팀으로 개입하고자 한다면 상담자를 다르게 배정하는 것도 도움이 될 것이지만, 상담을 통해 얻은 정보를 통합하고 효율적으로 적용한다는 측면에서는 같은 상담자가 진행하는 것도 좋을 것이다. 또한 청소년상담자가 미혼이면서 연령이 상대적으로 어리다고 한다면 부모상담을 다른 상담자가 진행하도록 할 수도 있을 것이다. 결혼, 출산, 자녀 양육경험이 청소년상담의 필수조건은 아니지만, 아직 부모를 상담하는 것에 대한 준비가 되어 있지 않은 상담자에게 억지로 참아 내면서 부모를 상담하도록 할 필요는 없기 때문이다.

청소년상담기관에서 다룰 수 있는 문제 영역이 아닌 경우에는 전문기관에 부모를 의뢰하는 것도 매우 중요한 일이다. 부부갈등, 심각한 고부갈등, 부모 어느 한쪽의 정신과적 실환, 경제적 빈곤, 사고 등으로 인한 장애문제 등 청소년상담기관에서 다룰 수 없는 주제가 많다. 이런 경우에는 부모와 논의하여 부모를 지역 내 전문 기관에 안내하고, 필요한 경우 청소년내담자의 동의하에 정보를 주고받으면서 청소년상담의 효과를 증진시키기 위해 노력해야 한다.

〈표 6-2〉 지역사회 내 프로그램의 예

대표기관 및 단체	운영 프로그램
위센터, 상담복지센터	의사소통훈련 프로그램, 인터넷 중독 치유캠프, 스마트폰 중독 가족 치유캠프, 자기성장 집단 프로그램, 대인관계 향상 프로그램, 자기탐색 프로그램, 진로의사결정 프로그램, 비행예방 프로그램, 자살예방 프로그램 등
학교밖청소년지원센터	진로탐색 프로그램, 학습 클리닉, 자립지원 프로그램 등
청소년수련관	자기성장 집단 프로그램, 진로탐색 프로그램, 청소년캠프, 봉사활동 등
정신건강복지센터	약물남용예방 프로그램, 자살예방 프로그램 등
건강가정지원센터	가족캠프, 가족성장 집단 프로그램 등
여성회관	성격이해 프로그램, 가족 의사소통 프로그램, 봉사활동 등
YMCA, 흥사단 등	청소년캠프, 봉사활동 등

③ 부모교육

부모교육은 부모에게 체계적이고 구조화된 교육이나 훈련 프로그램을 제공하는 것을 말한다. 부모교육은 부모자문이나 부모상담의 연장선상에서 이해할 수 있다. 개별적으로 자문하거나 상담하는 것보다 일정 기간 프로그램에 참여하는 것이 필요하다고 판단될 경우 부모와 협의하여 부모교육 프로그램에 참여시킬 수 있다. 현실적으로 청소년상담을 진행하면서 부모에게 개별적인 교육을 프로그램으로 제공하기는 어렵다. 이 때문에 청소년상담기관에서는 '부모-자녀 관계 증진 프로그램' '청소년 자녀 이해하기' '가족관계 개선을 위한 MBTI 집단검사' '대화기술' 등 다양한 교육 프로그램을 개설하고 있다. 시기에 맞춰 교육 프로그램에 참여하도록 함으로써 청소년상담 효과에 긍정적인 영향을 미치게 할 수 있다.

부모교육에의 참여는 굳이 같은 상담기관 내로 국한할 필요는 없다. 지역 내 다양한 기관에서 운영하는 교육 프로그램에 참여하도록 안내하는 것이 부모에게 더 도움이 될 수도 있다. 지역 내 청소년수련관, 여성회관, 교회나 성당 등에서 부모교육 프로그램을 상설로 운영하는 곳이 많다. '아버지학교' '어머니학교' '부모교실' '자녀의 힘을 북돋우는 대화 프로그램' 등이 대표적이다. 만약 부모에게 시간적인 여유가 있다면 비교적 시간을 요하는 프로그램인 '효율적인 양육을 위한 체계적 훈련(Systematic Training for Effective Parenting: STEP)' '적극적 부모 훈련(Aactive Parenting: AP)' '부모 효율성 훈련(Parent Effectiveness Training: PET)' 등을 권할 수도 있다.

(4) 프로그램 참여 활용

청소년들을 상담하다 보면 특정 프로그램에 참여시킬 필요가 있다고 느낄 때가 있다. 어떤 청소년은 인간관계 기술이 부족하여 학교나 가정에서 부적응을 초래하는 경우가 있는데, 이런 경우에는 대인관계 기술을 훈련시키는 집단상담 프로그램에 참여하도록 하는 것이 도움이 된다. 인터넷 중독 같은 문제는 일정 기간 중독에 영향을 미치는 기기로부터 떠나서 자기를 관리하는 훈련을 받도록 할 필요도 있다. 이런 경우에는 상담개입의 한 방법으로 인터넷 중독을 치유하기 위하여 운영되는 집단 프로그램 등에 참여하도록 하는 것도 좋다. 프로그램에 참여하도록 하려면 지역사회 내 다양한 기관에서 운영하고 있는 프로그램에 관한 정보에 익숙해야 한다. 대체로 지역사회에서는 〈표 6-2〉와 같은 프로그램들이 상설로 또는 일정 기간 동안 운영된다. 이를 파악하여 정리해 두면 청소년을 상담하면서 활용할 수 있다. 물론 상담자가 일하고 있는 기관에 해당 프로그램이 있다면 여러모로 편리하다. 대체로 청소년상담기관에서는 지역사회 내 청소년들에게 빈번하게 발생하는 문제들을 집단으로 다룰 필요가 있는 경우에 특성화된 프로그램을 운영한다. 이에 대해서는 이 책 8장에서 조금 더 소개하고자 하였다.

집단상담 등 프로그램을 활용할 때는 청소년내담자의 문제를 정확하게 파악하고, 문제해결에 집단 프로그램이 도움이 됨을 내담자와 보호자에게 명확하게 설명하여 동의를 구해야 한다. 또한 집단 프로그램을 운영하는 기관이나 지도자에게 해당 학생을 프로그램에 참여시키는 목적을 설명하여 내담자가 집단 프로그램을 통해 상담목표를 달성하는 데 도움을 받도록 하는 것이 필요하다. 집단 프로그램에 참여하는 동안, 또는 그 이후에도 상담자가 이를 개인상담 회기 중에 충분히 다루어 주어야 한다.

4) 상담종결과 추후상담

(1) 상담종결이란?

상담목표가 달성되면 내담자, 보호자 등과 합의하에 상담을 마치게 된다. 이를 상담종결이라고 한다. 내담자와 합의하에 상담을 종결하기 때문에 합의종결이라고도 한다. 때론 합의되지 않은 상태에서 종결되는 경우도 있다. 목표가 채 달성되기도 전에 내담자 신변에 문제가 생김으로 인해 준비되지 않은 상태에서 비정상적으로 상담이 마쳐지기 때문에 조기종결 또는 드롭아웃(drop out)이라고 한다.

(2) 상담종결기의 주요 과제

상담종결기가 되면 상담목표의 달성 정도를 파악하고 종결에 대해 내담자와 협의한다. 종결기에는 내담자가 다양한 감정을 경험할 수 있는데, 특히 청소년의 경우에는 상담자와 헤어짐에 대해 이별의 슬픔을 호소하는 경우가 많다. 따라서 이별과 헤어짐의 임상적 의미를 다루어 주는 것이 필요한데, 특히 내담자의 주 호소문제가 개별화, 분리, 의존, 애착문제 등과 연관이 있을 때는 좀 더 신중하게 다루어야 한다.

목표 달성을 평가하는 데는 내담자의 행동변화에 긍정적으로 작용했던 요인들을 찾고 일상에서 이것이 지속될 수 있도록 강화하는 것이 중요하다. 또한 상담목표 달성에 있어 다소 미진했던 행동상의 변화 부분이 있다면 이를 평가해 보고 향후 무엇을 어떻게 할 것인가에 대해 논의한다. 필요하다면 구체적으로 행동목표를 세분화하여 연습의 기회를 가져 보는 것도 좋다. 그리고 내담자, 보호자와 함께 상담종결 시점을 정한다.

상담종결 시에는 추후상담에 대한 논의와 추후상담을 계약하는 절차를 진행한다. 모든 내담자에게 다 추후상담이 필요한 것은 아니다. 추후상담은 내담자나 보호자의 요청에 의해 논의될 수도 있고, 상담자가 판단할 때 추후상담이 필요하다고 여겨지는 경우에 제안할 수도 있다. 추후상담은 반드시 상담종결 전에 내담자 및 보호자와 계약되어야 한다. 상담종결 후 사전 계약 없이 내담자에게 유무선 전화 등을 통해 연락을 하게 되면 개인정보 오용이나 사생활 침해 등이 될 수 있기 때문이다. 대체로 내담자들은 자기 아픔을 나누었던 상담자에게 감사한 마음을 가지기는 하지만, 일상으로 돌아갔을 때 사전 고지 없이 전화해도 되는 사적관계로 유지하기를 원하지는 않는다. 그것은 상담의 효과 면에서도, 윤리적인 면에서도 적절하지 않다. 따라서 추후상담은 진행시기, 진행횟수, 진행방법 등에 대해 사전에 계약한 후 진행한다. 개업한 상담자라면 추후상담에 따르는 비용에 대해서도 미리 논의해야 한다.

(3) 추후상담 진행

추후상담은 언제, 어디에서, 어떤 방법으로, 몇 회에 걸쳐 진행할지를 사전 계약에 정한 바에 따라 진행한다. 추후상담에서는 주로 다음과 같은 내용을 다룬다.

① 내담자 행동변화가 지속되는지 점검

추후상담에서 가장 많은 비중을 차지하는 것이 행동변화의 지속여부에 대한 점검이다. 상담을 통해 달성된 행동변화가 지속적으로 유지되고 있는지를 점검한다. 이때 잘하는 것을 강화해 줌으로써 행동변화가 장기적으로 지속되어 삶의 일부가 되도록 한다. 상담을 통해 학습한 문제해결방법들이 다른 영역에까지 확대되고 있는지 확인하고 이런 긍정적 변화의 주체가 내담자임을 확인시켜 준다. 혹여 삶의 다른 영역에서 쉽게 성공하지 못하는 부족한 것이 있다면 보완방법을 찾도록 도와주되 상담자에게 의존하지 않도록 주의한다.

② 상담에 대한 평가

내담자의 행동변화가 지속되는지를 점검한 후에는 진행된 상담에 대해 평가한다. 내담자가 경험한 상담이 문제해결에 도움이 되었는지, 특히 도움이 된 것이 무엇인지, 문제해결과정은 적합했었는지 등에 대해 평가한다. 상담에 대한 평가는 상담자 자신의 상담실행에 대한 평가이자, 내담자로부터의 피드백이다.

③ 내담자와 상담자의 관계 마무리

추후상담은 내담자에게 관계를 맺고, 관계를 마무리하는 것을 가르칠 수 있는 좋은 기회가 되기도 한다. 상담은 여느 관계에 비해 짧은 시간에 깊이 있는 이야기를 나누면서 정서적 공유를 크게 경험하게 해 준다. 그래서 종결기에 내담자는 복잡한 정서적 혼란을 경험할 수 있고, 종결기에 몇 회기에 걸쳐 이에 대해 다루어도 여전히 정서적 혼란이 남아 있을 수 있다. 추후상담을 통해 상담자와 내담자 간에 남아 있는 정서적 여운을 정리하여 내담자가 일상에서 새로운 출발을 할 수 있도록 도와준다.

5. 모듈 3: 위기개입

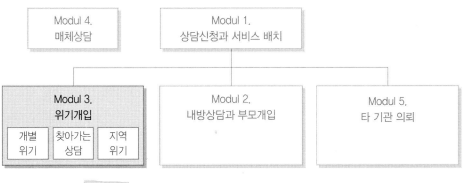

그림 6-6　지역사회기반 청소년상담의 각 모듈 중 '위기개입'

위기개입은 지역사회를 기반으로 하는 상담과정에서 세 번째 모듈을 구성한다. 위기개입은 개별적인 위기와 공동체 위기로 구분된다. 위기개입은 상담자의 개입을 위시로 해서 지역사회의 여러 전문가들과 조직이 참여해야 하는 특수성을 가진다. 그래서 개인적인 접근 위주의 상담이론으로 훈련받은 상담자들이 위기개입에서 당황하는 경우가 많다. 지역사회를 기반으로 하는 청소년상담에서는 이미 이 책의 4장과 5장을 통해 소개한 청소년상담지원체계를 통하여 신속하게 위기개입을 실행할 수 있어야 한다.

위기개입의 핵심은 개별 내담자들의 안전과 치유다. 이를 위해 필요한 서비스를 선정하고, 개입해야 하는 전문가들이 팀을 구성하여 활동하게 된다. 필요에 따라서는 지역사회가 협력하여 광범위한 개입을 하기도 한다. 또 문제양상에 따라서는 상담자의 개입이 부수적이 되기도 한다. 경제적, 의료적 지원이 우선시될 때도 있다. 이때는 상담자들이 주도적으로 상담적 개입을 하기보다는 다른 그룹을 지원해 주는 역할을 하기도 한다. 따라서 위기개입에 대해서는 다루어야 할 내용이 많다.

위기개입은 이 책 '7장. 위기개입: 지역공동체 협력의 정점'에서 자세하게 다루려고 한다. 이 장에 개략적으로 소개하는 것은 지역사회를 기반으로 하는 청소년상담의 과정 중 일부임을 표현하기 위해서이다.

6. 모듈 4: 매체상담–청소년 고객을 위한 맞춤형 서비스

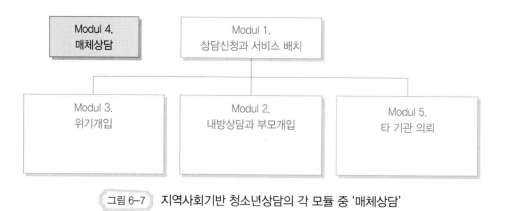

그림 6-7　지역사회기반 청소년상담의 각 모듈 중 '매체상담'

1) 매체상담의 의미

(1) 매체상담의 발달

매체상담은 장소와 시간에 구애됨 없이 폭넓게 상담서비스를 제공할 목적으로 개발되었다. 매체를 활용하여 상담을 진행하기 때문에 매체상담이라고 한다. 매체상담은 면대면상담의 한계를 극복하면서 상담의 영역을 확장하는 데 기여해 왔다. 자기를 노출하기 싫어하는 내담자, 말보다는 행위를 통해 감추어진 감정과 생각들을 드러내야 하는 내담자, 상담실에 방문하기가 적합하지 않은 내담자, 사회적으로 노출하기 곤란한 문제를 조용히 자문받고 싶어 하는 내담자, 자기의 생각을 통합해서 진술하기 어려워하는 내담자, 충격과 상처를 언어로 표현하기 어려운 내담자들을 위해 매체상담은 다양한 방법을 발전시키기도 하였다.

매체상담 가운데 기술 발달과 함께 발전한 컴퓨터, 스마트폰, 보드게임, 인터넷 공간 등을 활용하는 방법은 청소년들을 대상으로 하면서 더욱 발달했다. 청소년기의 특성상 새로운 기기에 빠르게 익숙해지고, 활용을 능숙하게 한다는 점에서 시공간의 제약을 극복할 수 있고, 흥미를 통해 상담에 대한 동기를 유발시키는 데 매우 유용하기 때문이다. 이런 점에서 매체상담은 청소년 고객을 위한 맞춤형 상담으로 자리매김하고 있다고 해도 과언이 아니다.

매체상담은 접근 방법과 활용도구에 따라 여러 영역으로 발전되어 왔다. 접근 방법은 내담자가 상담자와 접촉하는 방법을 의미한다. 대표적으로 전화상담과 사이버상담이 있다. 활용도구는 상담의 보조도구로 시작되었는데 놀이치료, 음악치료, 미술치료, 이야기치료 등으로 자리매김하였다.

매체를 활용하는 매체상담은 내담자의 특성에 맞는 창의적 방법들을 많이 적용할 수 있는 상담방법이다. 초기 대상관계이론과 분석심리학자들에 의해 시도된 미술치료와 놀이치료는 음악치료, 동작치료, 연극치료 등으로 발전하였고, 오늘날에 이르러서는 이야기치료, 독서치료, 영화치료, 사진치료, 보드게임치료 등으로 다양하게 시도되고 있다. 그래서 이 책에서는 매체를 도구로 활용하는 매체상담을 '상담 중기에서의 전략적 개입'이라는 측면으로 앞 절에서 기술하였다. 이 절에서는 접근 방법으로서의 매체상담인 전화상담과 사이버상담에 대해 이야기하고자 한다.

매체상담의 출발점은 서신상담과 전화상담이다. 전화상담은 처음에 자살 등 긴급위기에 대해 개입하기 위해 시작하였다. 전화상담은 사이버상담이 대두되면서 활용이 줄어들 것이라고 예측하기도 하였는데, 스마트폰 개발 및 보급으로 오히려 사이버와 결합된 매체로 발전해 가고 있다. 서신상담은 공학적 발달과 함께 이메일 상담으로 발전하였다. 사이버상담은 스마트기기의 발달로 모바일을 활용한 문자상담, 채팅상담과 웹기반 반응형 상담 등으로 발전해 가고 있는데, 4차 산업혁명 시대의 주요 콘텐츠로 발전할 가능성이 매우 높다.

(2) 매체상담과 단회상담

단회상담은 1회기로 상담을 진행한 후 종결하는 상담이다. 단회상담은 단기상담 모델과 함께 시도되고 있는데, 전화상담과 매체상담 등이 대체로 단기로 진행되는 특징이 있기 때문에 매우 유용하게 활용될 수 있다. 김계현(2002)은 우리나라에서 최초로 단회상담의 원리를 제시하였다. 그가 제시한 원리는, ⓐ 단회여부의 재빠른 결정, ⓑ 내담자가 원하는 것 발견, ⓒ 원함 및 상담목표의 논의와 합의, ⓓ 능동적인 대화과정 조절, ⓔ 융통성과 단호함의 겸비, ⓕ 내담자의 문제해결 동기 유지, ⓖ

탈이론적 융통성과 주체성, ⓗ 직면의 기술적 사용, ⓘ 단회에서 결과나 성취를 얻도록 하기 등이다. 이후 문창희(2008)는 여러 전문가들의 단회상담에 대한 견해를 비교하면서 단회상담의 원리를 제시하였다. 그것은, ⓐ 핵심문제 신속하게 파악, ⓑ 내담자 강점 부각, ⓒ 단회상담 가능 사례 여부 신속 판단, ⓓ 내담자 중심적인 상담 등이다. 핵심문제를 신속하게 파악한 후 내담자의 강점을 부각시켜서 내담자 입장에서 해결 가능한 방안을 탐색하기에 매우 적합한 원리다. 이것은 전화상담과 사이버상담자들이 활용하기에 매우 유용한 단회상담 원리다. 김계현 등(2011, pp. 330-331)은 단회상담모형을 다음과 같이 제시하였다.

첫째, '상담관계 확립'
내담자가 제시하는 내용에 담긴 감정과 생각, 의도와 노력 등을 반영하여 가능한 단시간에 상담협력관계 구축

둘째, '문제 규명 및 강점 · 자원 확인'
문제 발생과 유지 · 지속에 영향을 미칠 수 있는 내담자의 강점과 자원을 발견하고 이를 내담자와 확인

셋째, '목표 설정 및 메시지 창출'
내담자와 함께 실천 가능한 목표를 설정하고 그것을 달성하기 위해 내담자가 인식한 것을 메시지로 전달

넷째, '요약 및 과제 제시'
상담과정을 내담자가 요약하게 하고 이를 격려하면서 메시지 실천을 과제로 제시

전화상담이나 사이버상담이 전문적인 상담방법으로 자리매김하는 데 단회상담이라는 관점은 매우 시사하는 바가 크다. 단회상담절차를 모형화하여 상담내용을 분석하고, 내담자에게 긍정적 영향을 미치는 요소들을 분석해 내면서, 상담의 효과를 검증해 내는 일이 누적된다면 미래에 발전적인 스마트기기를 활용하는 상담방법으로 각광받게 될 것이다.

2) 전화상담

지역사회를 기반으로 하는 청소년상담기관에서는 태동기부터 전화상담을 주요한 방법으로 활용해 왔다. 당시에는 상담기관의 수가 적었기 때문에 많은 청소년들이 상담을 활용하도록 하기 위해서 상담전화를 설치하고 적극적으로 홍보했다. 상담전화는 전국에 청소년상담기관이 확대 설치됨에 따라 회선 수가 증가하였는데, 현재는 몇 가지 대표적인 번호로 통합되어 활용되고 있다. 청소년전화 1388, 학생상담전화 1588-7179, 학교폭력 신고전화 117 등이 그것이다.

(1) 전화상담의 특징

전화상담은 전화라는 도구를 사용함으로 인해 익명성, 신속성, 원격성, 단회상담 등의 특징을 가지고 있다.

① 익명성과 비대면성

전화상담은 익명성과 비대면성이라는 특징을 가지고 있다. 대개 상담은 얼굴을 마주 보고 진행되기 마련이다. 하지만 전화상담은 얼굴을 볼 수 없다. 얼굴을 볼 수 없다는 것은 내담자의 인상착의 등에 대한 정보를 확보하기 어렵다는 것을 의미하기도 한다. 또한 전화상담에서는 상담신청서 작성 없이 진행되기 때문에 기본적인 정보 없이 상담이 이루어진다. 이 때문에 자신을 노출하기 싫은 사람들이 전화상담을 통해 도움을 청하는 경향도 나타난다. 청소년기에는 성문제, 이성친구 문제, 가족문제, 성적문제 등 얼굴을 마주하고 꺼내기 쑥스러운 주제들로 고민하는 경우가 많다. 또 비행문제나 패륜 등의 주제로 도움을 받고자 하는 부모 입장에서도 면대면보다는 사전 정보제공 없이 도움을 받을 수 있는 전화상담을 선택하는 경향도 있다.

② 신속성과 원격성

전화상담은 신속성과 원격성이라는 특징을 가지고 있다. 이용자에게 전화기만 있으면 어떤 상담방법보다도 신속하게 도움을 청할 수 있다는 것이다. 더구나 오늘날 대부분의 사람들이 스마트폰을 소유하고 있기 때문에 신속성은 극대화되었다고 할 수 있다. 한편 원거리에서 상담자를 찾아 이동하지 않아도 되기 때문에 자신이 있는 곳에서 원격으로 신속하게 도움을 요청할 수도 있다.

③ 단회상담 위주

전화상담은 단회적이라는 특징을 가지고 있다. 물론 전화상담의 경우에도 여러 번에 걸쳐 도움을 연속해서 받을 수도 있다. 하지만 전화상담은 대체로 단회상담으로 진행되는 경향이 있다. 내담자도 사적 정보를 제시하지 않지만, 상담자 역시도 사적 정보를 제공하지 않는 상태에서 서비스를 제공하기 때문에 내담자가 특정 상담자와 반복상담을 하기 어렵다는 것이다. 따라서 전화상담에서는 단회기로 다루기에 적합한 목표를 설정하고 상담을 진행하게 된다. 지속해서 상담이 이루어져야 한다면 내방상담으로 안내하는 것이 좋다. 만약 지속상담이 필요함에도 불구하고 내담자의 거부로 내방상담이 어렵다면 전화상담 담당자와 시간을 정하여 여러 회에 걸쳐 상담을 진행하기도 한다. 이때는 상담자 역시도 익명의 상대방으로부터 보호받을 권리가 있기 때문에 실명이나 핸드폰 번호 등 사적 정보를 제공하기보다는 별칭을 사용하고, 특정 시간을 정하여 전화상담실로 전화를 하도록 해야 한다.

(2) 전화상담에서의 주의사항

전화상담은 전화라는 매체를 통해 실시간으로 상담을 진행하기 때문에 상담자의 즉각적인 대처능력이 요구된다. 따라서 전화상담자는 내담자가 원하는 정보를 쉽게 확인할 수 있는 인터넷 도구나 청소년들의 호소문제와 관련된 데이터베이스를 전화상담실에서 쉽게 이용할 수 있도록 준비해 놓아야 한다. 그리고 전화 통화를 하면서 관련 정보를 다루기 위해서 헤드셋과 같은 핸즈프리 도구가 필수적으로 준비되어야 한다.

전화상담은 음성에 의존하여 상담을 진행한다. 그러다 보니 음성을 변조하여 장난을 치는 경우들이 종종 있다. 그래서 음란전화, 음주 후 언어폭력, 반복적인 거짓말 등으로 전화상담자를 괴롭히는 경우도 있다. 이런 내담자들 중에는 간혹 도움을 요청하고 싶으나 여러 가지 이유로 상담에 응하는 것에 익숙하지 않아서 거짓말이나 장난하는 것처럼 상담자에게 인식될 수도 있다. 때문에 전화상담자는 이런 상황에 의연하게 대처하면서 내담자가 어떤 도움을 받고자 하는지를 탐색할 필요도 있다. 그러나 상담을 통해 도움받고자 하는 목적 없이 음란전화나 언어폭력 등을 행사하는 경우에는 녹취 등의 증거를 확보하여 경찰에 신고하는 조치가 필요하다. 장난전화나 음란전화 등은 긴급한 도움을 요청하거나, 당장 정보를 확인하여 모종의 상황에 대처해야 하는 내담자들이 도움받을 기회를 잃게 만든다. 또한 지역사회 내의 청소년과 보호자에게 건강하게 서비스를 제공해야 하는 청소년상담자들을 소진시킨다. 이런 행위에 대해서는 지역사회 내 청소년들과 청소년상담자를 보호하기 위하여 강력하게 대처하는 것이 필요하다.

(3) 전화상담에서 다루어지는 주요 내용

지역사회를 기반으로 하는 청소년상담기관의 전화상담에서 다루어지는 내용은 대체로 청소년 발달과 청소년기에 부딪치는 문제유형과 매우 관련이 깊다. 전화상담의 편의성과 익명성보장이라는 특징 때문에 매우 쉬운 정보를 즉시적으로 확인하기 위해 전화를 이용하거나, 위기상황에서의 도움 요청, 그리고 면대면으로 털어놓기 어려운 문제를 호소하는 것이 대표적이다.

첫째, 전화상담에서 다루어지는 주요 내용을 빈도별로 살펴보면 가장 많은 것이 정보요청이다. 청소년과 보호자는 매우 다양한 주제에 대해 정보를 얻기 위해 전화상담을 이용한다. 따라서 전화상담실에는 정보검색이 가능한 컴퓨터와 빈번하게 요청하는 주제에 대한 매뉴얼이 구비되어 있어야 하고, 전화상담자는 정보를 다루고 전달하는 데 익숙해져야 한다. 전화상담실에서 요청받는 정보의 유형에는 성적 이슈에 대한 정보, 자녀 발달수준에 대한 정보, 진로와 진학에 대한 정보, 청소년을 위한 지역 내 서비스 제공기관과 단체에 대한 정보, 청소년활동에 대한 정보, 청소년이 주의해야 하는 법률정보 등이 주를 이룬다.

둘째, 전화상담은 긴급한 위기상황에 놓여 있는 내담자들이 자신의 고통을 호소하거나 또는 도움을 요청하는 수단으로 이용한다. 자살, 가출, 폭력 피해 등에 대해서 긴급한 도움을 요청하는 경우가 있다. 특히, 자살의 경우에는 자살시도 행위 전후에 전화로 상담을 요청하는 경우가 있는데, 상담자는 내담자가 희망을 가지도록 적극적으로 대처하고, 즉시적인 구조가 가능하도록 지역사회 내 자원을 활용해야 한다. 청소년상담기관에서는 위기상황을 접하게 되었을 때 대처할 수 있는 방안들을 사전에 마련해 두어야 한다. 전화상담실을 운영하는 청소년상담기관에서는 경찰, 119 등과 3자 통화 시스템을 구축하여 즉시적인 대응이 가능하도록 하여야 하는데, 이 책 4장과 5장에서 설명한 청소년상담지원체계를 통해 협력하여 대응하는 방안이 사전에 마련되어야 한다. 긴급한 위기개입에 대해서는 이 책 7장에서 상세하게 다루었다.

셋째, 발달과정상의 문제를 해결하기 위해 상담을 요청하는 경우도 많다. 따라서 청소년 내담자의 특성과 발달단계, 그리고 부모됨의 발달수준을 중심으로 생애주기에 맞는 문제 대처방법을 익혀 두어야 한다. 사실 이러한 내용은 전화상담만을 위해 별도로 학습해야 한다기보다는 상담자들이 개인상담이나 집단상담 혹은 심리교육을 위해 훈련받은 모든 내용들을 응용하면 된다. 발달과정상의 문제의 범위는 보통 내담자들이 요청하는 호소문제의 범위를 거의 망라한다. 왜냐하면 청소년이나 청소년 자녀로 인해 도움을 청하는 보호자의 문제는 청소년이나 부모의 발달과정과 관련이 깊기 때문이다. 청소년상담에서 주로 다루어지는 학습과 진로, 대인관계, 성격, 성 문제, 비행 및 일탈행위, 가족문제 등의 호소문제는 발달적 맥락에서 이해할 때 문제의 원인과 해결방법이 명확해지는 경향이 있다는 것이다. 다만, 전화상담에서는 오랜 시간 또는 여러 회기에 걸쳐 상담을 진행하기 어렵기 때문에 주된 호소문제를 찾고 삶의 장면에서 실제로 적용 가능한 수준의 구체적인 부분을 다루어 주게 된다.

넷째, 전화상담을 이용하는 내담자들 중에는 문제해결방법이나 관련 정보를 요청하는 경우도 있지만 자신의 고통을 하소연하고 위로를 받고자 하는 내담자들도 있다. 이런 경우에는 내담자가 호소하는 내용을 들어 주면서 공감해 주고, 지지해 주는 것이 필요하다. 이런 내담자들은 상담을 통해 도움을 받아 본 경험이 있거나, 이미 다양한 방법을 사용해 본 사람일 가능성이 높다. 그렇기 때문에 문제해결에 지나치게 초점을 맞추어 섣불리 해결방법을 제시해 주기보다는 내담자의 감정을 이해해 주고 정서적 경험에 함께 머물러 주는 것에 비중을 두는 것이 좋다.

전화상담자		전화상담 시간	~
청소년 이름	□ 남 □ 여	청소년 상태 및 학력	
상담 대상자	□본인(청소년) □학부모 □ 부모 외 가족 □ 지도자 □일반인		
주 호소문제			
상담내용			
		기록 여부 확인	

양식 6-7　전화상담 기록지의 예

다섯째, 전화상담에서 다루는 내용 중에는 의뢰도 중요한 비중을 차지한다. 전화라는 매체를 통해 문제해결을 지향하기에는 현실적인 한계들이 많다. 따라서 개별상담 또는 집단상담을 통해 도움을 더 받을 수 있다면 내담자에게 이를 알려 주고 사례로 발굴한다. 만약 호소하는 문제가 해당기관에서 다룰 수 있는 범위를 벗어난다면 지역사회 내 다른 전문기관을 안내해 준다. 대체로 전화를 이용하는 내담자들은 개인정보를 밝히기 꺼려 하기 때문에 적극적으로 개인정보를 파악하여 다른 기관에 전화상담자가 직접 의뢰하는 데는 한계가 있다. 그렇기 때문에 오히려 내담자가 잘 활용할 수 있도록 찾아갈 기관에 대한 정보를 구체적으로 알려 주는 것이 필요하다. 해당기관이나 시설의 위치와 연락처, 주로 제공하는 서비스 유형, 서비스를 받는 방법 등을 포함하여 안내해 주어야 내담자가 이를 활용할 수 있다. 이것은 이 책 4장에서 제시한 〈표 4-9〉를 참고하면 된다.

(4) 전화상담의 진행과정

전화상담은 면대면이 아닌 전화를 통해 목소리로 첫 인사를 나누게 된다. 따라서 따뜻하고 친절한 어투로 반갑게 맞이하는 것이 필요하다. 대개 전화상담은 발신음이 두 번 정도 울린 후 받는 것이 좋다. 울리자마자 받게 되면 상대방이 당황할 수 있기 때문이다. 전화를 받으면서 기관 소개를 한다.

"안녕하세요? ○○청소년상담센터입니다. 무엇을 도와드릴까요?"

전화상담 초기에는 내담자와 촉진적 관계를 형성하고 발전시키는 전략이 필요하다. 자신의 어려움을 해결하기 위해 전화를 걸어 준 용기와 적극성을 격려하고, 전화상담의 내용이 외부에 노출되지 않는다는 것에 대해 설명해 준다. 또 긴급상황이 아니라면 전화상담 이용 제한 시간과 내담자의 능동적 참여 등에 대해 구조화해 준다. 전화상담은 20~40분 정도를 1회기로 운영하는 것이 통상적이다. 상담자는 내담자의 고민을 듣고 이해하는 반응을 해 주면서 내담자가 자신의 고민을 자유롭고 폭넓게 이야기하도록 촉진한다.

전화상담 중기로 접어들면서 상담자는 내담자가 호소한 내용을 요약해서 정리해 주고, 전화상담을 통해 해결하고자 하는 것을 선택하여 목표를 설정한다. 목표 설정 후에 상담자가 제일 주의해야 하는 것은 '섣부른 충고와 정보제공'이다. 오히려 내담자가 문제해결을 위해 어떤 노력을 했는지 탐색하고, 기존의 노력을 격려해 주면서 동시에 기존에 사용했던 대처전략의 유용성을 평가하는 것이 좋다. 그 후에 문제를 해결하기 위해 내담자가 취할 수 있는 행동이나 사고의 변화 등 대안을 탐색한다. 탐색된 대안을 어떻게 실행할지에 대해 논의하고 전화상으로 연습해 본다.

전화상담은 단회적 특성이 있기 때문에 대안실행에 대해 전화로 연습하는 것까지 하게 되면 이제 실제 생활장면에서 실천하는 것에 대해 약속하고 상담을 종결하게 된다. 상담종결 시에는 언제든 도움이 필요할 경우 다시 이용할 수 있음에 대해 안내해 준다. 이때 상담자는 개인정보를 내담자에게 제공하지 않는다. 또한 동일 상담자가 매번 같은 전화를 받을 수 없음에 대해서 안내하고, 다른 상담자가 전화를 받더라도 동일한 서비스를 받을 수 있음을 알려 준다.

3) 사이버상담

사이버상담은 스마트기기의 발전으로 날개를 달았다. 과거 인터넷 사용이 데스크탑 중심일 때는 가정이나 PC방에 가야만 청소년상담기관에 접속할 수 있었으나 이제 사이버상담은 스마트폰, 태블릿 등에 얹혀서 시공간의 제약을 뛰어넘었다. 스마트기기의 발전은 전화상담과 사이버상담을 구분하는 것조차 곤란하게 만들고 있다. 스마트기기에 기능이 모두 통합되었기 때문이다. 이뿐 아니라, 스마트기기를 통해 앞으로 응용될 상담방법은 예측하기 어려울 만큼 다양하게 발전해 갈 것이다. 4차 산업혁명 시대에 접어든 만큼 스마트기기와 인공지능(A.I.)까지 결합된다면 전통적이고 보수적인 방식의 상담은 상당한 도전에 직면하게 될 것이다.

(1) 사이버상담(Cyber Counseling)의 의미

가상의 공간이라 일컬어지는 사이버공간에서 이루어지는 상담을 사이버상담이라고 한다. 사이버상담이 처음 등장했을 때는 데스크탑 컴퓨터에서 이루어지는 것으로 국한되어 있었다. 하지만 전자기기와 인터넷의 발달로 사이버공간이 데스크탑에서 노트북으로 확대되더니 곧이어 스마트폰이라는 이름으로 핸드폰까지 확장되었다. 거의 전화상담과 동시에 진행이 가능한 형태가 되었다는 것이다. 그래서 청소년들의 접근이 더 활발해졌다.

(2) 사이버상담의 특징

처음 사이버상담이 등장했을 때는 컴퓨터를 활용했기 때문에 기대보다도 이용이 다소 주춤했었다. 하지만 노트북과 스마트폰으로 사이버공간이 확장되면서 사이버 상담은 청소년상담의 중요한 영역으로 자리매김하고 있다. 이동형인 스마트폰에 인터넷이 탑재되다 보니 전화와 사이버공간이 결합되어, 채팅상담, 실시간 문자상담 등이 가능해졌다. 사이버상담은 전화상담과 마찬가지로 시간과 공간의 제약을 벗어나면서 동시에 내담자가 자신의 정보를 제공하지 않고도 상담이 가능하다는 편리함이 있다. 그러면서 사이버상담에서는 전화상담의 한계인 면대면상담의 어려움이 점차 극복되고 있다. 기기에 탑재되어 있는 카메라를 이용해서 화상채팅과 화상대화가 가능하기 때문이다. 또 채팅이나 화상대화를 하면서 필요한 정보들을 주고받을 수 있는데, 사진이나 문서 등을 전달해 주고 즉시 확인한 후 대화를 이어갈 수 있는 장점도 가지고 있다.

현재 인터넷은 스마트폰에서 자유자재로 활용되는 수준에 이르렀는데, 미래에는 더 다양한 매체를 통해 지금보다 훨씬 자연스러운 개별상담 수준도 가능하게 될 것으로 예측된다. 따라서 청소년상담에서는 인터넷공간을 활용한 사이버상담을 4차 산업시대가 도래하는 사회에 맞게 창의적으로 다양하게 개발해 나갈 필요가 있다.

(3) 사이버상담의 과정

사이버상담의 과정은, ① 내담자 맞이단계, ② 변화전략 계획단계, ③ 변화촉진과 유지단계, ④ 종결단계 등 4단계로 볼 수 있다.

① 내담자 맞이단계

'내담자 맞이단계'는 사이버공간에서 처음 내담자를 맞이하는 것을 말한다. 우선 가식적이지 않은 진정성 있는 표현으로 내담자를 환영하는 마음을 보여 주는 것이 필요하다. 사이버상담의 큰 장점 중 하나는 일단 '내담자가 자발적으로' 상담을 요청했다는 것이다. 따라서 자발적으로 변화를 찾는 자세를 충분히 격려하고 지지해 주는 것이 좋다. 하지만 자발적이라고 해서 변화의 속도를 재촉해서는 안 된다. 내담자의 변화 속도와 보조를 맞추어야 한다. 이메일로 상담할 경우에는 진부한 표현보다는 핵심 감정이나 문제를 정확하게 파악하여 적절하게 제시하고 대응하는 것이 필요하다. 채팅상담이라면 채팅창에서 상대방이 긴 글을 다 쓰기까지 기다리기보다 '음' '아하' '저런' '그렇군요' 등의 추임새를 사용하여 경청하고 있음을 보여 주는 것도 필요하다.

마지막으로 상담을 구조화한다. 이메일상담의 경우에는 글을 통해 내담자가 어떻게 자신의 문제를 드러내야 효과적인지를 안내해 준다. 또한 메일 내용은 비밀 보장이 되고, 주고받은 메일이 어떻게 관리되는지에 대해 안내해 준다. 채팅상담의 경우에는 상담 진행 방식, 상담시간과 기간, 채팅자료 보관에 대한 안내가 필요하다. 채팅상담의 경우 단회상담의 성격이 강하기 때문에 여러 가지 문제를 나열할 경우에는 가장 중요한 문제를 집중적으로 다룬다는 사실에 대해서도 알려 주는 것이 필요하다.

② 변화전략 계획단계

'변화전략 계획단계'는 내담자의 호소문제를 파악하고 변화를 위한 상담계획을 세우는 단계다. 변화를 위한 개입전략을 계획하기 위해서는 먼저 내담자의 문제를 파악하는 것이 필요하다. 이메일상담에서는 메일에 적혀 있는 단편적 정보만으로는 내담자의 문제를 온전히 파악하는 데 한계가 있으나, 문제해결에 도움이 될 만한 단서를 찾아서 이를 중심으로 계획을 세운다. 만약 정보가 지나치게 빈약하다면 답신메일을 통해 추가적인 내용을 요청할 수도 있다.

채팅상담은 생각보다 단회적일 때가 많다. 따라서 기본적으로 내담자가 원하는 것을 단회로 해결 가능한지 상담자가 판단하고 계획을 세워야 한다. 물론 여러 회기로 진행할 수도 있으나 현실적으로는 어렵다. 기관마다 여러 상담자가 교대로 채팅상담을 진행하기 때문에 면대면상담에서처럼 여러 회기로 계획하기에는 한계가 있다. 상담계획을 세우게 된다는 것은 자연스럽게 사례개념화가 진행되었음을 의미한다. 이메일과 채팅상담의 특성상 다소 정보가 빈약하기 때문에 면대면상담에서처럼 사례개념화가 구체적으로 이루어지기는 어려우나, 주 호소문제를 파악하고, 상담을 통해 해결할 목표를 정한 후, 목표 달성을 위해 가능한 개입전략들을 계획하는 수준에서 진행한다.

③ 변화촉진과 유지단계

'변화촉진과 유지단계'는 내담자가 문제해결을 위해 변화를 시도하도록 하고, 긍정적인 변화를 유지하도록 지지하는 단계이다. 변화를 촉진하기 위하여 내담자가 기존에 노력해 온 대처전략을 분석한다. 그 후 새로운 대안을 탐색하게 되는데, 이메일상담이라면 기존 노력을 검토한 후 몇 가지 대안을 제시한다. 채팅상담에서는 즉시적으로 글을 통해 의견을 주고받을 수 있기 때문에 내담자에게 적합한 대안을 함께 탐색한다. 변화촉진에는 인지적, 대인관계적, 행동적, 정서적 변화를 촉진하는 다양한 접근을 활용한다. 이러한 접근은 상담자가 훈련받은 상담이론 또는 상담개입방법들이 토대가 될 것이다. 변화를 촉진하면서 동시에 변화를 유지시키도록 돕는 방법들을 제시한다.

변화를 유지하도록 하는 방법도 상담자가 훈련받은 상담이론의 영향을 받게 된다. 상담자는 자신이 훈련받은 이론에 근거해서 내담자의 변화를 지지해 줄 수 있는 사람을 주변에서 찾아 도움을 받도록 권할 수도 있다. 또는 긍정적 변화에 대해 매일 자기점검을 하고 이런 행동이 지속될 수 있도록 하는 강화 계획을 세우도록 돕는다. 또는 변화를 저해하는 요인들을 탐색하고 이에 대응할 수 있는 전략들을 함께 모색한다. 이런 노력들은 단회적인 사이버상담이 가지는 한계에도 불구하고 도움을 요청한 내담자가 즉시적으로 활용할 수 있도록 안내함으로써 내담자 스스로 자기문제를 분석하고 해결방법을 찾아 실천하도록 돕는다.

④ 종결단계

'종결단계'에서는 추수상담이 가능하다는 것을 알려 주어야 한다. 이때 현재의 상담자가 지속적으로 상담을 하지 못한다는 것에 대해서도 알려 주어야 한다. 만약 내담자가 동일한 상담자로부터 서비스 받지 못하는 것을 불평한다면 '모든 상담자가 전문가이기 때문에 동일한 양질의 서비스를 받을 수 있을 뿐 아니라, 다른 상담자에게 자문을 구함으로써 또 다른 시각에서 자신의 문제를 볼 수 있는 강점이 있음'도 설명해 줄 필요가 있다. 그럼에도 불구하고 집중적으로 한 상담자에게 도움 받기를 원한다면 면대면상담을 안내하여 사이버상담의 한계를 벗어나서 개인상담을 받도록 한다.

7. 모듈 5: 타 기관 의뢰

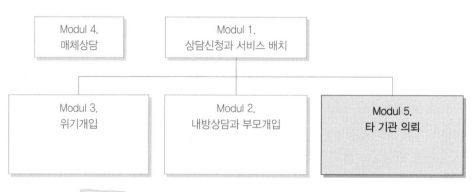

그림 6-8 ┃ 지역사회기반 청소년상담의 각 모듈 중 '타 기관 의뢰'

상담자는 내담자가 심리적인 문제와 관련된 행동적, 인지적, 정서적 문제들을 해결하도록 돕는 전문가이다. 상담자는 이 영역에 대해서 문제를 호소하는 내담자를 도울 수 있다. 이 외의 문제에 대해서는 상담자가 다루기 어렵다. 그러나 상담자가 다룰 수 있다고 여겨지는 문제의 경계가 명확하지는 않다. 이 때문에 상담자가 자신의 역할을 명확하게 하지 않을 경우 법적인 문제가 야기될 수도 있다. 상담자들은 내담자문제에 대한 예방적 개입, 심리적 문제해결을 위해 훈련받은 상담개입을 한다.

그런데 지역사회를 기반으로 상담을 하다 보면 지역사회에서 상담자의 역할을 오해해서 모든 유형의 '도움을 필요로 하는 사람'을 다 의뢰하는 경우가 간혹 발생한다. 대표적인 경우가 수업료나 전기요금 등 경제적 지원, 지적장애나 자폐 등 특수교육 대상, 수사가 필요한 범죄, 약물치료를 요하는 정신장애 등이다. 물론 이런 유형들의 내담자에게도 상담자가 부분적으로 개입할 수 있는 여지는 있다. 하지만 상담자가 이런 문제를 해결하기 위해 훈련받은 사람들은 아니다.

지역사회에는 이런 문제들을 해결할 수 있는 다른 전문가 그룹이 있음을 기억해야 한다. 복지관과 사회복지 전문가, 특수교육시설과 특수교육 전문가, 정신건강복지센터나 정신과 전문의, 경찰과 범죄심리학자 등이 있다. 만약 지역 내에 이런 전문가가 없다면 인근 지역의 전문가에 대한 정보를 파악해 두는 것도 필요하다. 내담자가 이들 전문가들에게 적합한 서비스를 받도록 의뢰하는 것은 궁극적으로 내담자의 권익을 위해 반드시 필요한 일이다.

 지역사회를 기반으로 일하는 청소년상담자는 이 책 4장과 5장에서 이미 학습한 내용에 따라 지역사회 내 유관기관과 전문가를 목록화하여 협업해야 한다. 또 인근 지역사회에 의뢰 가능한 기관과 전문가들이 있는지를 확인하고 사전에 협의를 통해 내담자를 의뢰할 수 있도록 해야 한다. 이런 의뢰체계는 상담 전문가의 역할을 상당히 넓혀 준다. 타 기관에 의뢰하는 것은 지역사회를 기반으로 하는 청소년상담에서 다섯 번째 모듈이 된다.

학습을 위한
질문과 과제

1. 지역사회를 기반으로 하는 청소년상담과정을 모듈별로 정리하여 요약해 보라.

1-1. 요약한 후, 각 모듈에서 추가되어야 하는 것이 있는지 모둠별로 토의해 보라.

1-2. 이 장에서 소개한 모듈별이 아닌 더 적합하게 청소년상담과정을 묘사할 수 있는 방법이 있을
지 생각해 보라.

1-3. 청소년상담의 전체 과정을 흐름으로 생각해 보고, 이해한 것을 설명해 보라.

1-4. 접수면접의 목적과 내용을 말해 보라.

1-5. 사례개념화의 의미와 내용을 말해 보라.

2. 상담과정 중 당신이 주의해야 할 사항들에 대해 정리하고 모둠별로 발표해 보라(아래의 질문을 포
함하라).

2-1. 법률적으로 반드시 고려해야 할 사항에는 무엇이 있는가? (필요하다면 이 책 3장을 다시 살
펴보라.)

2-2. 상담 진행 중 활용해야 하는 서류나 양식은 무엇인가?

2-3. 상담을 의뢰받거나 의뢰할 때 주의해야 할 점은 무엇인가?

3. 당신이 훈련받고 활용하는 상담이론은 무엇인가?

3-1. 어디에서, 누구로부터, 얼마 정도 훈련받았나?

3-2. 만약 훈련이 충분하다고 생각한다면,

　　① 청소년상담을 수행하는 데 그 이론으로부터 얻는 장점은 무엇이고, 한계는 무엇인가?

　　② 이론을 적용하여 청소년상담을 수행하는 데 어떤 성공경험이 있는가?

3-3. 만약 훈련이 부족하다고 생각한다면,

　　① 청소년상담을 위해 보강해야 하는 훈련이 무엇이 있을지 생각을 정리하고 자료를 적극적
　　　으로 찾아보라(학위 과정 지도교수 또는 선배들에게 조언을 구하거나, 한국상담학회, 한국
　　　상담심리학회와 같은 학술단체 홈페이지를 통해 관련 훈련 과정 등을 찾아보라. 한국청소
　　　년상담복지개발원, 한국교육개발원, 청소년상담복지센터 등에서 개설한 훈련 프로그램도
　　　검색해 보라).

　　② 훈련방법을 계획해 보라(훈련에는 책을 통해 배우는 것 등 스스로 학습하는 것을 포함한다).

4. 현재 담당하고 있는 청소년내담자를 효율적으로 상담하기 위해 어떤 개입을 계획할 수 있는가?

  4-1. 부모나 가족에 대한 개입을 계획해 보라.

    ① 부모나 가족에게 개입할 때 당신이 가지고 있는 강점을 찾아보고 어떻게 활용할지 정리해서 말해 보라.

    ② 부모나 가족에게 개입할 때 당신이 가지고 있는 단점이 무엇인지 찾아보고 어떻게 극복하거나 개선할 수 있는지 정리해서 말해 보라.

  4-2. 프로그램에 참여시킬 필요가 있는지 고려해 보고, 적합한 프로그램이 무엇인지 그 이유와 함께 설명해 보라.

5. 추후상담을 종결 전에 계약해야 하는 것의 중요성을 상담자 윤리의 관점에서 설명해 보라.

6. 사이버상담이 4차 산업시대에 발전할 수 있는 가능성을 생각해 보고, 새로 발전시킬 수 있는 상담방법에 대해 제한 없이 생각해 보고 자유롭게 말해 보라.

7. 청소년을 상담하면서 기존의 상담이론을 변형하거나 발전시킨 당신만의 아이디어가 있는가? 있다면 지속적으로 고민해서 글로 표현하고, 학회나 각종 세미나에 소개하면서 한국사회에 적합한 청소년상담모형 또는 청소년상담이론으로 발전시킬 계획을 가져 보라.

7장

위기개입:
지역공동체 협력의 정점

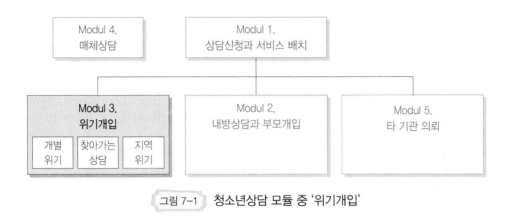

그림 7-1 청소년상담 모듈 중 '위기개입'

1. 지역사회 공동체 협력을 위한 준비

전문가들은 자신이 쌓아 온 전문성을 최대한 발휘하여 자신의 일을 해내고자 하는 열망을 가지고 있다. 그래서 전문가들은 끊임없이 자기를 개발하기 위해 노력하고, 고객에게 최상의 서비스를 제공하기 위해 지속적으로 학습하며, 자신이 제공한 서비스에 문제가 있을 경우 이에 대해 책임을 진다. 하지만 현대 사회에 이르러 사회가 복잡해지면서 복합적인 문제들이 발생함에 따라 특정 영역의 전문가 혼자 해결할 수 없는 상황들이 출현하고 있다.

상담자는 인간이 가지고 있는 심리적 고통을 해결해 주도록 훈련받은 전문가이다. 상담 전문가는 자기에게 의뢰된 내담자의 심리적 고통을 해결하기 위해 내담자의 거의 모든 면을 다 분석해 들어간다. 내담자는 태어나서 한 번도 꺼내 놓지 못한 속 이야기, 경우에 따라서는 기억 저편에 꽁꽁 묻어 두었던 무의식적 갈등의 내용들도 상담자 앞에서 끄집어 낸다. 이런 특수한 관계는 상담자와 내담자 간 치료동맹 또는 작업동맹 또는 상담관계라는 이름으로 불리우고, 이런 관계를 기초로 상담과 심리치료가 이루어지기 때문에 상담 전문가들은 깊이 있는 상담관계를 발달시키고, 유지하고, 심화시키는 훈련을 받는다. 이런 훈련은 내담자의 심리적 고통을 해결하는 데 필수불가결한 것이다. 그러다 보니 상담 전문가들은 내담자와 일대일 상담관계를 통해 문제를 해결하는 개입 방식에 익숙해져 있다.

그런데 현대 사회에 이르러서 근대 사회에선 미처 예측하지 못했던 복잡한 심리적 문제들이 점점 더 증가하고 있다. 그중 하나가 각종 위기문제다. 위기는 매우 복합적인 양상으로 전개될 뿐만 아니라, 생명을 구해야 하는 급박한 상황도 발생하기 때문에 신속하게 안전을 확보하고, 의료적인 치료도 제공하고, 의식주에 대한 긴급구호도 실시하고, 위험한 환경에 대한 복구도 지원하고, 심리적 외상에 대해 긴급한 개입도 실시해야 한다. 이런 위기상황은 어느 영역의 전문가라도 단독으로 개입해서 도움을 줄 수가 없다. 이런 상황은 여러 전문가들이 손을 잡고 협력해야만 극복이 가능하다.

청소년에게 발생하는 위기는 매우 복합적인 양상을 띤다. 청소년 위기에는 환경적인 문제가 대부분 중첩되기 때문이다. 탈무드에 배고픈 사람을 돕는 이야기가 나온다. 랍비가 제자에게 질문한다. "배고픈 사람이 있다. 생선을 줄 것인가, 물고기 잡는 방법을 가르쳐 줄 것인가?" 이 이야기가 기대하는 결론은 '물고기 잡는 방법'을 가르쳐 주는 것이다. 물론 옳은 이야기다. 궁극적으로는 스스로 살아가는 방법, 즉 차원 높은 생존방법을 가르쳐 주는 것이기 때문이다. 하지만 배고픈 사람이 누구냐에 따라 돕는 방법은 달라진다. 배고픈 사람이 성인이라면 '물고기 잡는 방법'을 가르쳐 주어야 한다. 그는 배고픔을 견디면서, 아니 오히려 배고픔을 벗어나기 위해서라도 악착같이 배워서, 낚시를 하든 그물을 던지든 기어이 물고기를 잡아 낼 수 있다. 하지만 배고픈 사람이 유아나 아동이라면 생선을 요리해서 주어야 한다. 낚시도구나 그물뿐 아니라, 살아서 펄쩍펄쩍 뛰는 생선을 주는 것마저도 그 연령에 맞지 않는다. 만약 배고픈 사람이 청소년이라면? 당장은 생선을 주어 먹게 하면서 '고기를 잡는 방법'도 가르쳐 주어야 한다. 배고픈 청소년에게는 생선을 제공해 주는 사람(복지 전문가), 생선을 먹기 좋게 가공하는 것을 가르쳐 주는 사람(요리 전문가), 위장장애를 치료해 줄 사람(의사), 과거 아픔과 심리적 상처를 다루어 줄 사람(상담 전문가), 물고기 잡는 방법을 가르쳐 주는 사람(자립지원 전문가) 등이 협력해야 하는 것이다.

청소년 위기에 대한 대처는 여러 전문가들, 나아가 지역사회가 다같이 손잡고 협력해야 하는 공동체 협력의 정점이라고 할 수 있다. 우리나라는 이런 상황에서 다 같이 협력하는 공동체 정신이 살아 있는 나라다. '한 아이를 키우기 위해서는 온 마을이 나서야 한다'라는 속담처럼 말이다. 위기개입은 이를 전제로 논의되어질 수 있다.

1) 위기에 대한 이해

(1) 위기의 의미

위기란 개인의 대처실패로 심리적 항상성이 심각하게 붕괴된 상태를 의미하는데, '개인이 현재 가지고 있는 자원과 대처기제로는 극복하기 어려운 사건이나 상황을 지각하거나 경험하는 것'(James & Gilliland, 2001)을 말한다. 위기는 스트레스 또는 심리적 외상을 초래하는 생활 사건에 대한 주관적 반응으로서, 전형적으로 사용하던 대처방법으로 해결할 수 없는 위험, 위협, 극도의 혼란상태에 대한 주관적 반응이다. 따라서 위기에는 스트레스나 기능적 손상의 증거가 존재하기 마련이다. 하지만 청소년에게는 반드시 기능적 손상이 발견될 만큼 심각한 스트레스 요인이 있어야만 위기인 것은 아니다. 객관적으로 볼 때 기능적 손상이 없다 하더라도 지속적으로 불편하고 불안한 상황에 노출되면 위기로 급변할 수 있다. 교실에서 반복해서 별명을 불리우는 것으로도 트라우마를 겪을 수 있는 것이다. 청소년상담기관에서는 이런 종류의 위기를 호소하는 청소년들을 어렵지 않게 만나게 된다.

위기는 다양한 영역에서 사용되는 용어다. 청소년상담과 같은 심리상담 영역 이외에도, 의료, 경제, 사회, 외교, 산업 등 전 영역에서 긴급한 상황이나 위험한 상황을 설명하는 단어로 사용한다. 영어의 위기(crisis)라는 단어는 그리스어 'krisis'에 어원을 두고 있는데, '결정' 또는 '전환점'이라는 의미를 내포하고 있다. 이것은 한자로 표현된 '위기(危機, 위험과 기회)'와도 의미가 통한다. 위험한 상황이지만 동시에 다른 대안을 통해 새로운 성장을 도모할 수 있는 기회라는 의미가 담겨 있다.

한편 위기는 개인에게 일어나는 일에만 국한되지 않는다. 사회적으로나 국가적으로 위기를 경험할 수 있다. 우리나라는 한국전쟁이라는 엄청난 규모의 위기를 불과 반 세기 전에 경험한 바가 있다. 한국전쟁이 가져다 준 트라우마는 반세기가 지났지만 여전히 우리 사회에 팽배해 있을 만큼 큰 영향을 끼친다. 2010년도에 북한의 연평도 기습 포격사건으로 연평도 주민들이 육지로 대피한 일이 있었다. 필자는 긴급하게 주민대피소를 방문했었는데, 한국전쟁을 경험했던 노인분들의 트라우마가 심각했다. 그들은 반세기 전에 경험했던 전쟁의 공포를 주관적으로 재경험하고 있었던 것이다.

사실 전쟁과 기아 같은 위급상황은 끊임없이 인류를 위협하는 긴급한 위기라고 할 수 있다. 하지만 위기는 이런 것에 국한되는 것이 아니다. 많은 사람에게 큰 충격을 주는 사고 역시 좁게는 한 개의 지역사회, 넓게는 국가적으로 큰 영향을 미친다. 우리나라에서 일어났던 삼풍백화점 붕괴사고, 성수대교 붕괴사고, 대구지하철 화재, 세월호 사고, 경주 및 포항 지진, 제천시 화재 등과 같은 사건 사고가 그 예일 것이다. 이런 사고들은 지역사회 또는 구성원들에게 심각한 심리적 외상을 초래하게 된다. 이 외에도 대중에게 노출된 폭력사건, 다수의 학생들이 목격하는 상황에서의 청소년 자살, 교통사고와 대형 화재 등 위기를 초래하는 사건과 사고 역시도 개인을 넘어서서 다수의 사람들에게 위기를 경험하게 한다.

(2) 위기수준

위기는 긴급한 위기상황과 심리적 외상(trauma)의 스펙트럼상에서 설명할 수 있는데, 칼라한(Callahan)은 응급상황과 위기상황, 그리고 심리적 외상을 [그림 7-2]와 같은 위기중복모델로 제시하였다.

'응급상황'은 즉각적 손상을 막기 위하여 매우 신속하게 대처해야 하는 긴급한 위기수준을 말하고, '위기상황'은 응급상황보다는 낮은 수준의 위기수준을 의미한다. 응급상황과 위기상황은 수준에 따른 분류라 할 수 있다. '심리적 외상'은 응급상황이나 위기상황을 경험했던 사람에게 나타나는 트라우마 증상을 의미한다. 응급상황과 위기상황은 즉각적이고 냉철한 개입이 필요하다. 이 개입은 어떤 사건이나 상황이냐에 따라 매우 다양한 접근이 필요한데, 상담과 심리치료뿐 아니라 주거와 음식 등 생필품, 의료, 보호, 법률 등 다양한 지원이 통합적으로 이루어져야 한다는 것은 공통적이다. 심리적 외상의 경우는 상담자가 개입하되 필요에 따라 의사, 변호사, 다른 분야의 상담자 등과 협력하는 팀접근 방식이 많이 활용된다.

위기를 상담개입의 관점에서 수준별로 정리하면 [그림 7-3]과 같다. 이 책 1장의 [그림 1-2]에서는 지역사회기반 청소년상담의 내용을 「잠재위기-저위기-중위기-고위기」에 따라 제시한 바가 있다. [그림 7-3]은 이를 위기개입이라는 측면에

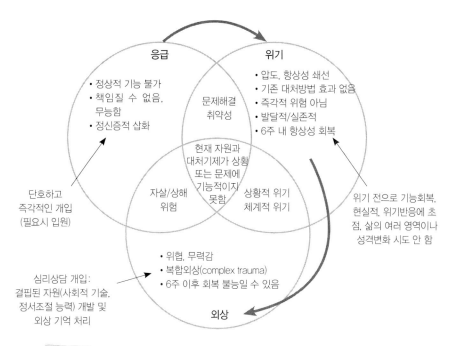

그림 7-2 위기의 중복모델(Callahan): 이은아(2014, p. 422) 그림 재인용

서 간략하게 표현한 것이다. '잠재위기'는 현재 위기상황은 아니지만 언제든지 위기 상황으로 전환될 수 있는 수준을 말한다. 물론 이것은 다분히 개념적 분류이기는 하다. 사실은 잠재위기와 일반적인 상태는 거의 동의어라 할 수도 있다. 그렇지만 잘 지내고 있는 일반 청소년에게 어떤 식으로든 내면에 잠재된 위기적 요소가 없다고 할 수 없기 때문에 잠재적 위기라 부른다. 이런 분류는 전문가들이 일반 청소년들을 상담 대상이 아니라고 마음 놓고 있기보다는 다양한 상황에서 언제든지 위기 전조 현상 수준으로서의 문제를 노출할 수 있는 대상으로 가정하고 대응할 수 있는 태세를 가지도록 돕는다. 그리고 실제로 상담기관에는 잠재위기라 할 수 있는 청소년들도 상담을 요청하고 있다. 잠재위기는 이 책 5장의 [그림 5-3] [그림 5-4]에서도 표현한 바 있다.

저위기부터 고위기까지는 위기상황이 발생한 경우를 말한다. 위기수준의 진단은 6장에서 설명한 바와 같은데, 청소년상담복지센터에서는 위기스크리닝 척도를 활용한다. 위센터나 사설 상담기관에서는 MMPI나 DSM 또는 각 기관에서 개발한 위기수준 평가척도를 활용하여 진단한다.

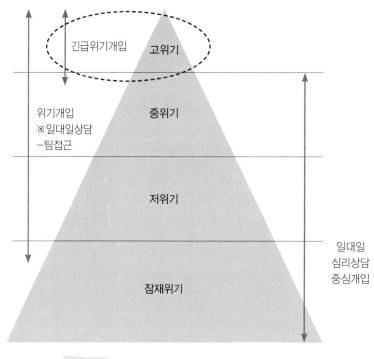

그림 7-3 위기수준과 상담개입(노성덕, 2017, p. 22)

대체로 잠재위기부터 중위기에 해당하는 사례에 대해서는 일대일 심리상담 중심의 개입이 이루어진다. 청소년의 호소문제에 따라 상담목표를 정하고 개입하게 되는데, 일대일 심리상담 중심의 개입 도중에 팀접근 방법이 필요하다면 즉시 위기개입으로 전환할 수 있다. 위기개입은 대체로 중위기 이상에서 진행되지만 경우에 따라서는 잠재위기의 일부부터 저위기 수준으로 진단된 사례에도 위기개입이 진행될 수 있다. 위기개입이라 하더라도 모든 사례에 대해 팀접근 방법이 활용되는 것은 아니다. 청소년이 호소하는 위기유형에 따라 개별 일대일 상담개입으로 진행할 수도 있고, 팀접근 방법을 선택할 수도 있다. 만약 팀접근 방법이 선택된다면 지역사회 내 전문가들과의 협력이 필수적이다.

고위기와 중위기 일부에서는 긴급위기개입을 필요로 하는 사례들이 있다. 이 경우 지역사회의 다양한 기관들이 협력해서 통합적으로 접근하는 개입방법을 선택하게 된다. 따라서 긴급위기개입에서는 지역사회 내 다양한 전문기관들이 문제해결을 위해 협력해야 한다. 지역사회에서 발생하는 위기문제는 곧 지역공동체의 문제가 되기 때문이다. 이런 점에서 보면 지역사회의 많은 기관과 단체가 함께 협력하고 있는 우리나라의 지역사회기반 청소년상담이 강점을 가지고 있다. 청소년상담복지센터와 위센터로 대표되는 우리나라의 청소년상담시스템은 앞서 여러 장에서 언급한 바와 같이 지역사회의 다양한 전문기관들과 협력하여 지역사회청소년통합지원체계라고 하는 청소년사회안전망을 구축하고 있기 때문이다.

긴급한 위기는 시간제한적인 특징이 있어서 대체로 4~6주 또는 6~8주 가량 지속된다(Studer, 2004). 이것은 외상후스트레스 증상의 경과에 대한 연구와도 관계가 있다. 외상후스트레스 증상은 외상사건 직후부터 3일이 경과하면 60%, 4주가 경과하면 17%로 감소한다(이주현, 2015, p. 41). 그러므로 이런 특징을 고려해서 위기대응을 위해 지역사회청소년지원체계의 기능과 역할을 계획하는 것이 좋다.

급성스트레스장애와 외상후스트레스장애 진단기준
(APA, DSM-5, 권준수 등 역, 학지사, 2015, 289-291 ; 300-301)

급성스트레스장애(Acute Stress Disorder)

A. 실제적이거나 위협적인 죽음, 심각한 부상, 또는 성폭력에의 노출이 다음과 같은 방식 가운데 한 가지(또는 그 이상)에서 나타난다.

1. 외상성 사건(들)에 대한 직접적인 경험

2. 그 사건(들)이 다른 사람에게 일어난 것을 생생하게 목격함

3. 외상성 사건(들)이 가족, 가까운 친척 또는 친한 친구에게 일어난 것을 알게 됨

※ 주의점: 가족, 친척 또는 친구에게 생긴 실제적이거나 위협적인 죽음의 경우에는 그 사건(들)이 폭력적이거나 돌발적으로 발생한 것이어야만 한다.

4. 외상성 사건(들)의 혐오스러운 세부 사항에 대한 반복적이거나 지나친 노출의 경험 (예: 변사체 처리의 최초 대처자, 아동학대의 세부 사항에 반복적으로 노출된 경찰관)

※ 주의점: 진단기준 A4는 노출이 일과 관계된 것이 아닌 한 전자미디어, 텔레비전, 영화 또는 사진을 통해 노출된 경우는 적용되지 않는다.

B. 외상성 사건이 일어난 후에 시작되거나 악화된 침습, 부정적 기분, 해리, 회피와 각성의 5개의 범주 중에서 어디서라도 다음 증상 중 9가지(또는 그 이상)에서 존재한다.

〈침습 증상〉

1. 외상성 사건(들)의 반복적, 불수의적이고, 침습적인 고통스러운 기억

※ 주의점: 아동에서는 외상성 사건(들)의 주제 또는 양상이 표현되는 반복적인 놀이가 나타날 수 있다.

2. 꿈의 내용과 정동이 외상성 사건(들)과 관련되는 반복적으로 나타나는 고통스러운 꿈

※ 주의점: 아동에서는 내용을 알 수 없는 악몽으로 나타나기도 한다.

3. 외상성 사건(들)이 재생되는 것처럼 그 개인이 느끼고 행동하게 되는 해리성 반응 (예: 플래시백)(그러한 반응은 연속선상에서 나타나며, 가장 극한 표현은 현재 주변 상황에 대한 인식의 완전한 소실일 수 있음)

※ 주의점: 아동에서는 외상의 특정한 재현이 놀이로 나타날 수 있다.

4. 외상성 사건(들)을 상징하거나 닮은 내부 또는 외부의 단서에 노출되었을 때 나타나는 극심하거나 장기적인 심리적 고통 또는 현저한 생리적 반응

〈부정적 기분〉

5. 긍정적 감정을 경험할 수 없는 지속적인 무능력(예: 행복, 만족 또는 사랑의 느낌을 경험할 수 없는 무능력)

〈해리 증상〉

6. 주위 환경 또는 자기 자신에의 현실에 대한 변화된 감각(예: 스스로를 다른 사람의 시각에서 관찰, 혼란스러운 상태에 있는 것, 시간이 느리게 가는 것)

7. 외상성 사건(들)의 중요한 부분을 기억하는 데의 장애(두부 외상, 알콜 또는 약물 등의 이유가 아니며 전형적으로 해리성 기억상실에 기인)

〈회피 증상〉

8. 외상성 사건(들)에 대한 또는 밀접한 관련이 있는 고통스러운 기억, 생각 또는 감정을 회피하려는 노력

9. 외상성 사건(들)에 대한 또는 밀접한 관련이 있는 고통스러운 기억, 생각 또는 감정을 불러일으키는 외부적 암시(사람, 장소, 대화, 행동, 사물, 상황)를 회피하려는 노력

〈각성 증상〉

10. 수면 교란(예: 수면을 취하거나 유지하는 데 어려움 또는 불안한 수면)

11. 전형적으로 사람 또는 사물에 대한 언어적 또는 신체적 공격성으로 표현되는 민감한 행동과 분노폭발(자극이 거의 없거나 아예 없이)

12. 과각성

13. 집중력의 문제

14. 과장된 놀람 반응

C. 장애(진단기준 B의 증상)의 기간은 외상 노출 후 3일에서 1개월까지다.

　※ 주의점: 증상은 전형적으로 이상 후 즉시 시작하지만, 장애 기준을 만족하려면 최
　　소 3일에서 1개월까지 증상이 지속되어야 한다.

D. 장애가 사회적, 직업적 또는 다른 중요한 기능 영역에서 임상적으로 현저한 고통이나
　손상을 초래한다.

E. 장애가 물질(예: 치료약물이나 알콜)의 생리적 효과나 다른 의학적 상태(예: 경도 외
　상성 뇌손상)로 인한 것이 아니며 단기 정신병적 장애로 더 잘 설명되지 않는다.

외상후스트레스장애(Posttraumatic Stress Disorder)

※ 주의점: 이 기준은 성인, 청소년 그리고 7세 이상의 아동에게 적용한다.

A. → 위 급성스트레스장애와 동일함

B. 외상성 사건(들)이 일어난 후에 시작된, 외상성 가건(들)과 관련이 있는 침습 증상의
　존재가 다음 중 한 가지(또는 그 이상)에서 나타난다.

　→ 1~3은 위 급성스트레스장애와 동일함

　4. 외상성 사건(들)을 상징하거나 닮은 내부 또는 외부의 단서에 노출되었을 때 나타
　　나는 극심하거나 장기적인 심리적 고통

　5. 외상성 사건(들)을 상징하거나 닮은 내부 또는 외부의 단서에 대한 뚜렷한 생리적
　　반응

C. 외상성 사건(들)이 일어난 후에 시작된, 외상성 사건(들)과 관련이 있는 자극에 대한
　지속적인 회피가 다음 중 1가지 또는 2가지 모두에서 명백하다.

　1. 외상성 사건(들)에 대한, 또는 밀접한 관련이 있는 고통스러운 기억, 생각 또는 감정
　　을 회피하려는 노력

　2. 외상성 사건(들)에 대한, 또는 밀접한 관련이 있는 고통스러운 기억, 생각 또는 감정
　　을 불러일으키는 외부적 암시(사람, 장소, 대화, 행동, 사물, 상황)를 회피 또는 회피
　　하려는 노력

D. 외상성 사건(들)이 일어난 후에 시작되거나 악화된, 외상성 사건(들)과 관련이 있는 인
　지와 감정의 부정적 변화가 다음 중 2가지(또는 그 이상)에서 나타난다.

1. 외상성 사건(들)의 중요한 부분을 기억할 수 없는 무능력(두부 외상, 알콜 또는 약물 등의 이유가 아니며 전형적으로 해리성 기억상실에 기인)

2. 자신, 다른 사람 또는 세계에 대한 지속적이고 과장된 부정적인 믿음 또는 예상(예: "나는 나쁘다." "누구도 믿을 수 없다." "이 세계는 전적으로 위험하다." "나의 전체 신경계는 영구적으로 파괴되었다.")

3. 외상성 사건(들)의 원인 또는 결과에 대하여 지속적으로 왜곡된 인지를 하여 자신 또는 다른 사람을 비난함

4. 지속적으로 부정적인 감정 상태(예: 공포, 경악, 화, 죄책감 또는 수치심)

5. 주요 활동에 대해 현저하게 저하된 흥미 또는 참여

6. 다른 사람과의 사이가 멀어지거나 소원해지는 느낌

7. 긍정적 감정을 경험할 수 없는 지속적인 무능력(예: 행복, 만족 또는 사랑의 느낌을 경험할 수 없는 무능력)

E. 외상성 사건(들)이 일어난 후에 시작되거나 악화된, 외상성 사건(들)과 관련이 있는 각성과 반응성의 뚜렷한 변화가 다음 중 2가지(또는 그 이상)에서 현저하다.

1. (자극이 거의 없거나 아예 없이) 전형적으로 사람 또는 사물에 대한 언어적 또는 신체적 공격성으로 표현되는 민감한 행동과 분노폭발)

2. 무모하거나 자기파괴적 행동

3. 과각성

4. 과장된 놀람 반응

5. 집중력의 문제

6. 수면 교란(예: 수면을 취하거나 유지하는 데 어려움 또는 불안정한 수면)

F. 장애(진단기준 B, C, D 그리고 E)의 기간이 1개월 이상이어야 한다.

G. 장애가 사회적, 직업적 또는 다른 중요한 기능 영역에서 임상적으로 현저한 고통이나 손상을 초래한다.

H. 장애가 물질(예: 치료약물이나 알콜)의 생리적 효과나 다른 의학적 상태로 인한 것이 아니다.

→ 아형 생략함

다음의 경우 명시할 것:

지연되어 표현되는 경우: (어떤 시작과 표현은 사건 직후 나타날 수 있더라도) 사건 이후 최소 6개월이 지난 후에 모든 진단기준을 만족할 때

(3) 위기단계

청소년들은 위기를 초래할 수 있는 사건이나 상황 속에서 대체로 3가지 단계를 경험한다. 위기가 진행되는 동안 개인에 따라 각 단계에서 해결책을 찾아내어 위기를 극복하고 일상으로 복귀하기도 한다. 그러나 각 단계에서 극복방안을 마련하지 못하면 마지막 단계까지 도달하게 된다.

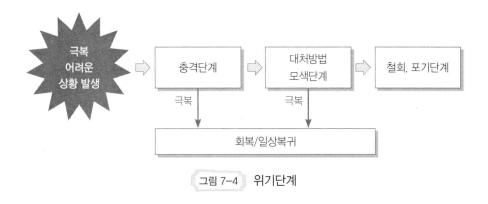

그림 7-4 위기단계

① 충격단계

첫 번째 단계는 충격을 받는 단계이다. 어떤 상황이 자신의 대처방식으로 극복할 수 없는 불행한 상황이라고 인식하면서 두려움과 불안, 무력감, 분노와 좌절 등을 경험한다. 하늘이 무너지고, 억장이 무너지고, 사방이 꽉 막힌 것만 같고, 공부하거나 훈련을 받는 모든 것이 무의미하다고 느끼게 된다. 이렇듯 특정 상황에서 충격을 받는 것은 주관적 정서경험의 비중이 크기 때문에 주변에 있는 사람들이 잘 알아채지 못하는 경향이 있다. 만약 이 시점에서 위기징후를 포착하여 적절한 도움을 줄 수만 있다면 청소년이 위기상황을 극복하는 데 매우 효과적일 것이다.

위기를 초래할 만한 상황이 발생했을 경우 충격을 받은 청소년들을 조기에 발견하기 위하여 다양한 장치를 마련해 두는 것이 중요하다. 학교에서는 교실에서 활동하는 또래상담자, 반장, 담임교사에 의해 이상징후가 포착될 수 있고, 가정에서는 가족에 의해 포착될 수 있다. 교통사고나 화재사고와 같은 상황에서는 구조대원이나 소방사에 의해 발견될 수도 있고, 범죄피해상황에서는 경찰이 제일 먼저 인지할 수도 있다. 이럴 경우 의료지원이나 법률지원도 필요하지만 청소년이 심리적 지지를 받을 수 있도록 상담 전문가에게 협력을 요청하는 것도 필요하다. 이 장에서 위기개입이 지역공동체 협력의 정점이라는 표현을 사용한 것도 이 때문이다. 충격단계에서 적절한 개입을 통해, 또는 충격을 받은 청소년이 가지고 있는 강점으로 인해 상황을 극복하게 되면 일상으로 복귀할 수 있다. 하지만 이 단계에서 극복되지 못하면 다음 단계로 넘어간다.

② 대처방법 모색단계

충격을 받은 상황에서 청소년은 이 당황스럽고 두렵고 불안한 상황을 극복하기 위하여 대처전략들을 모색하게 된다. 어떤 청소년들은 합리적이고 바람직한 생각이나 행동을 통해 충격적인 상황을 극복하기도 한다. 스스로 상담자나 교사를 찾아가서 문제해결을 위해 조언을 구한다든지, 책이나 인터넷 정보를 검색하여 해결방안을 모색하는 등의 방법을 사용해서 말이다. 어떤 청소년은 기도를 하고, 참선을 하고, 독서를 하고, 일기를 쓰면서 자신의 마음을 정리하고 긍정적인 태도를 발전시키기 위해 노력하기도 한다. 친구들이나 선후배를 만나서 어려움을 털어놓고 함께 새로운 활동에 참여하면서 힘을 얻기도 한다. 만약 이렇게 긍정적인 대처방법을 사용하여 충격적인 사건으로부터의 부정적인 영향을 이겨 낸다면 위기는 더 이상 악화되지 않고 극복될 것이다.

하지만 어떤 청소년은 상담 전문가 또는 교사등과 같이 적절히 도움을 줄 수 있는 사람을 찾지 않고 합리적이지 못한 대처방법들을 선택할 수도 있다. 두려움과 불안, 무력감, 분노와 좌절 등을 극복하기 위하여 주문을 외우거나, 인터넷게임에 몰두하거나, 약물을 복용함으로써 현실을 외면하려 할 수 있다. 비행청소년과 어울리거나 범법행위에 적극적으로 가담하여 충격을 준 친구나, 교사나, 부모 등에게 보복하려고도 한다. 그런데 이런 대처방법은 청소년이 충격적인 사건을 극복하도록 도움을 주기보다는 위기를 더욱 심화시키고, 또다른 위기상황을 초래할 뿐만 아니라, 주변 사람들까지 위험에 빠뜨릴 수 있다. 따라서 이들을 발견하고 전문가의 도움을 받도록 하는 것은 매우 중요하다. 만약 이 단계에서 적절한 해결책을 찾지 못하거나, 전문가로부터 적절한 도움을 받지 못하면 다음 단계로 이행된다.

③ 철회, 포기단계

몇 날 며칠 동안 남몰래 주문을 외우고, 밥을 굶고, 인터넷게임에 몰두하고, 수면제를 먹고, 보복하겠다고 범법행위에 가담하고도 심리적 고통을 해결하지 못하게 되면 모든 것을 중단하겠다고 마음먹고 실행에 옮기게 된다. 그 대표적인 표현이 자살이다. 더 이상 고통받지 않겠다는 마음으로 생을 마치고자 시도하는 것이다. 어떻게 보면 포기하는 것도 고통받는 청소년에겐 대처방법의 하나로 선택되어지는 것일 수도 있다.

이 글을 쓰다 보니 네 번째 자살시도로 끌려오다시피 어머니에게 붙들려 상담실을 방문했던 한 여고생이 떠오른다. 중학생 시절에 당했던 왕따로 인한 외상후스트레스장애가 심했던 여고생은 나와 3회기 상담 중에 '내게 고통을 안겨 주는 모든 사람들을 저주한다. 이렇게 고통받는 나 자신도 도무지 이해도 되지 않는다. 이런 바보 같은 상태를 끝내고, 아무런 생각도, 느낌도, 고통도, 고민도 없는 완전한 무 상태로 가고 싶다.'라며 울부짖었다. 고통을 극복하기 위해 아무것도 하지 않는 사람은 없다. 극복하고자 다양한 방법을 사용하는데 모두 실패하기 때문에 심리적 두려움이 오히려 가중되어 삶을 마감해 버리고 싶다는 절망 속에 갇혀서 잘못된 방법을 선택하는 사람이 있는 것이다. 다행히 그 여고생은 상담을 받고 자신의 심적 고통을 극복하는 바람직한 방법을 찾아서 후에 무사히 수능을 마치고 대학생이 되었다.

철회 또는 포기단계로까지 악화되기 전에 발견하여 도움을 주는 것이 가장 바람직한 개입방법일 것이다. 그러나 현실에서는 마지막 단계에 도달하여 주변인에게 인지되는 경우가 종종 있다. 이 단계까지 도달하면 청소년상담 전문가, 정신과 의사, 또는 응급구조사 혼자서 개입하기보다는 부모, 의사, 교사, 청소년상담자, 응급구조사, 병원응급실, 경찰 등과 적극적으로 협력하여 개입하는 것이 필요하다.

2) 일반적인 개입과정과 청소년상담자

(1) 일반적인 위기개입과정

일반적으로 위기개입은 다음과 같은 과정을 거친다. 물론 문제유형과 수준에 따라 더 세분화되거나, 일부가 생략될 수도 있고, 또는 다른 내용이 추가될 수도 있다. 이 과정은 개별 위기개입 또는 팀접근 방식에 유용하다. 그러나 지역사회를 기반으로 공동체가 협력하는 경우에도 개입의 근간을 이룬다.

① 첫 번째 단계: 문제 분석

위기의 유형과 수준에 대해 정확하게 분석하는 것이 중요하다. 이미 이 책에서 여러 번 언급했지만, 위기상황의 발생과 진행과정에 대한 이해와 더불어 관련된 사람들에 대해 파악해야 한다. 만약 개별 위기상황이라면 위기발생 원인이 무엇인지 빠른 시간 안에 파악해서 뒤따르는 또 다른 위험상황에 대비하도록 조치해야 한다. 자살과 관련된 사안이라면 실제 자살의 위험정도를 파악하여 긴급한 조치가 이루어지도록 해야 한다. 위기수준을 평가할 때 흔히 심리검사도구를 활용하도록 하는 것이 상식적이지만, 경우에 따라서는 그와 같은 도구를 활용할 시간이 없을 때도 있다. 그런 상황에서는 청소년상담자의 훈련과 경험에 기초하여 DSM-5 또는 위기유형에 따라 만들어져 있는 면접양식을 고려해서 질문하고 즉시적으로 판단한 후 조치하는 것도 필요하다. 자살평가 질문지의 예는 이 책 6장에서 [사진 6-4]로 제시하였다.

② 첫 번째 같은 두 번째 단계: 안전확보

무엇보다 가장 중요한 것이 청소년의 안전이다. 안전을 확보하는 것은 사실 두 번째 단계라고 할 수 없을 만큼 긴박하고 신속하게 진행되어야 한다. 청소년폭력, 사회적 재난, 대형 사고 등과 같은 위기상황에서 대상자뿐 아니라 관련된 모든 사람들의 안전을 확인하고, 필요한 조치를 취해 주어야 한다.

③ 세 번째 단계: 지지제공

위기를 경험하는 청소년은 심각한 불안과 공포, 우울과 좌절, 죄책감과 분노 등을 경험하게 된다. 또한 정상적인 수준의 사고와 판단에 문제가 발생하기 때문에 말과 행동에도 문제가 발생할 수 있다. 이런 상황에서는 절대적으로 지지해 주는 체계를 청소년에게 제공해 주는 것이 필요하다. 많은 연구자들은 가족만큼 강력한 지지체계가 없다는 것을 강조한다. 설령 가정이 해체된 상태라고 하더라도 위기상황은 오히려 해체된 가족을 재결합해 주는 계기가 되기도 한다. 그만큼 청소년의 위기에는 가족의 지지가 가장 중요한 역할을 하게 되는데, 이를 보호자인 부모와 형제와 친족들도 본능적으로 인식하기 때문에 청소년을 지지하는 심리적 안전망을 구축하게 되는 것이다. 만약 이런 지지체계가 부족하다면 상담자가 그 역할을 적극적으로 해 주어야 한다. 청소년상담복지센터, 위센터, 청소년쉼터, 정신건강복지센터, 건강가정지원센터, 학교상담교사 등이 팀으로 청소년을 지지해 주는 그룹을 형성하는 것도 좋은 방법이다. 이뿐 아니라 교회나 성당의 지도자들도 중요한 지지자가 될 수 있고, 또래상담자와 학급의 반장 역시도 위기청소년을 지지해 줄 수 있는 중요한 자원이 될 수 있다.

효과적인 지지제공은 위기를 경험하는 청소년으로 하여금 정서적 자기노출을 자연스럽게 하도록 한다. 이렇게 정서적 고통을 회피하지 않고 명확하게 인식하여 타인에게 표현하게 되면 정서적 카타르시스를 경험하게 되고, 아울러 타인으로부터 공감을 이끌어 내어 지지체계를 더욱 공고히 하게 된다. 이것은 긍정적으로 심리적 외상경험을 극복하고 성장에 이르도록 돕는다(송현, 이영순, 2017).

이 책 프롤로그에서 제시한 영희 사례에서도 화재로 모친을 잃고 혼자 응급실에 있었을 때 청소년상담자, 담임교사와 상담부장, 병원사회사업실 직원 등의 적극적인 지지가 영희에게 정서적 안정감을 제공해 주었다. 물론 소식을 듣고 찾아온 부친과 고모야말로 강력한 지지자들이었다 강력한 지지제공은 청소년이 심리저으로 안전하다는 확신을 가지게 하고, 자기의 정서적 고통을 노출하게 함으로써 부정적인 감정들이 해소되게 하며, 건강한 대안을 탐색할 수 있는 여유를 준다.

④ 네 번째 단계: 대안탐색 및 계획수립

위기를 극복하기 위한 대안들을 탐색하는 단계다. 현재 사용하고 있는 방법들을 평가해 보고, 문제를 극복하거나 해결하기에 적합한 대안적 방법들을 폭넓게 탐색한 후에 실천할 계획을 수립한다. 이 단계에서는 다양한 상담기법들이 활용될 수 있다. 또 지역의 자원을 적극적으로 활용하여 통합지원이 이루어지도록 하기도 한다. 대안탐색과 계획수립에 실패할 우려가 있다면 이를 다시 지역사회의 청소년상담지원체계에 상정하여 새로운 방식의 지원계획을 수립해야 한다.

⑤ 다섯 번째 단계: 종결 및 의뢰

대안적인 방법들을 적용하여 위기상황을 극복하게 되면 종결을 논의하게 된다. 위기개입에서의 종결은 개입이 종결되는 것을 의미하지만은 않는다. 물론 문제가 해결되었다면 완전히 종결할 수도 있다. 그렇지만 많은 경우에 위기상황은 극복되었으나 새롭게 떠오른 이슈들을 다루기 위해서 개인상담에 의뢰하거나, 특정 분야와 관련된 문제를 해결하기 위해서 전문기관에 의뢰하는 등의 절차를 밟게 된다. 이에 대해서는 6장에서 다루었다([그림 6-1] 참고).

위기개입 중에서도 심리적 외상(트라우마)에 대한 개입은 그린왈드(R. Greenwald, 정성훈 등 역, 2011)가 제시한 단계를 참고할 수 있다. 그린왈드는 심리적 외상에 대한 치료단계를 8단계로 제시했는데, ⓐ 평가단계(역량과 자원 및 정신과적 외상과 병력 포함), ⓑ 목표 설정단계, ⓒ 정신건강 교육단계, ⓓ 치료계약단계, ⓔ 사례관리와 부모교육단계, ⓕ 자기관리 기술교육단계, ⓖ 문제해결단계, ⓗ 호전강화단계, ⓘ 재발방지와 손실감소단계 등이다. 위에서 제시한 일반적인 개입단계를 조금 더 세분화한 것으로 이해할 수 있으며, 특별히 심리적 외상에 초점을 둔 개입단계로서 매우 의미가 있다.

(2) 위기개입과 청소년상담자

위기개입은 청소년상담자를 당황하게 만들고 소진시킨다. 특히, 긴급한 상황이 발생했을 경우에는 잘 훈련된 상담자라 하더라도 여러 가지 어려움에 부딪친다. 여러 전문가들과 팀을 이루어서 상담을 담당하게 된 경우에도 일반적인 상담장면과는 다르기 때문에 상담관계 형성 자체에 큰 어려움을 겪게 되고, 초보상담자 또는 위기상담의 초기일수록 상담자가 낙담하기 쉽다.

위기개입에 참여하는 청소년상담자는 자기가 모든 것을 다 해결해야 한다는 부담감에서 벗어날 필요가 있다. 만약 내담자가 심각한 외상으로 인한 혼란, 자살시도, 타인을 살해하겠다는 태도 등을 보인다면 기꺼이 112나 119, 의료진 등에 도움을 청해야 한다. 간혹 초보상담자는 자기가 감당해 낼 수 없는 것까지도 감당해 내기를 주변 사람들이 바란다고 생각하는 경향이 있다. 이 때문에 위기청소년이나 보호자를 다룰 때 당혹감과 부담감을 과도하게 경험하는 경우도 발생한다.

위기개입 시 청소년상담자는 복잡하고 당황스러운 상황이 전개 되더라도 다음과 같은 사항에 주목해서 명확하고 단호하게 자신의 역할을 수행할 준비를 갖추어야 한다.

첫째, 무엇보다 중요한 것은 안전에 대한 고려이다. 내담자의 안전확보, 안전에 문제를 일으킬 만한 소지가 있는 것들에 대한 점검, 상담자 자신의 안전 등을 중심으로 상황 판단을 한다. 자살이나 자해 등의 상황이어서 112 또는 119 등에 도움을 청한 상황이라면 그들이 도착할 때까지 내담자 곁에서 도움을 주어야 한다. 또 주변인이 극히 흥분해 있거나 폭력을 행사할 듯한 상황이라면 논쟁하거나 맞서서 싸우려 하거나 혼을 내려고 하지 말고 내담자와 함께 안전한 장소로 이동해야 한다. 상담자는 절대로 신체적인 수단을 사용하여 다른 사람을 제지하려 해서는 안 된다. 그것은 오히려 상담자와 내담자, 그리고 상담자와 내담자에게 도움을 주려고 하는 주변인들마저도 위험에 빠뜨릴 수 있음을 기억하고 경찰이나 의료진의 도움을 받아야 한다(김창대 역, 2006).

둘째, 위기개입 시 당황스러운 상황일수록 심호흡을 하면서 전문가답게 안정된 태도로 차분하고, 쉽고, 간단하고, 명확하고, 분명하게 표현한다. 위기를 경험하는 청소년과 보호자는 전문가인 청소년상담자가 짧고 명확하게 조언하고 지시해 주는 것을 잘 받아들이는 경향이 있다. 전문가로서 선행연구들과 임상적 판단에 근거하여 안전하고 긍정적인 결과를 가져올 방향을 명확하게 제시해 줌으로써 위기상황에서 벗어나도록 도울 수 있다.

셋째, 위기상황은 세간의 주목을 받는다. 따라서 청소년상담자는 비밀보장에 대한 내담자의 권리보호에 최선을 다해야 한다. 그런 태도와 모습은 내담자와 보호자가 상담자를 전문가로 신뢰하게 만든다. 뿐만 아니라, 청소년상담자가 「개인정보보호법」 「청소년복지지원법」에서 강제하고 있는 개인정보 및 기밀사항에 대한 규정을 위반하지 않도록 해 주는 것이기도 하다. 2015년도에 광주광역시에서 '출생 미신고 10남매' 사건이 발생한 적이 있다. 부모의 딱한 사정으로 출생신고도 하지 못한 자녀들은 미취학 상태로 10대가 되어 있었는데, 이들을 돕기 위해 광주광역시청소년상담복지센터를 중심으로 CYS-Net이 가동될 때 전문가들이 논의 끝에 취한 중요한 조치 중 하나가 언론자제 요청이었다. 언론에서도 사생활에 대한 폭로성 기사가 청소년을 지원하는 것에 도움이 되지 않고 오히려 방해될 수 있다는 점에 주목하여 사건발생 초기 이후에는 보도를 중단하고 지역사회에서 청소년과 가정을 지원하는 것에 집중하도록 협력하였다. 위기개입 시 청소년상담 전문가가 내담자를 보호하기 위해 협조를 요청하는 것에 대해 다른 영역의 종사자들 역시도 진정성 있게 수용한다는 것을 보여 주는 예라 하겠다.

넷째, 상담개입에 대해 다른 사람에게 자문을 구하는 것은 상담자들이 취하는 일반적인 행동이다. 위기개입이라면 더할 나위 없이 다른 이의 자문을 필요로 한다. 자신의 상급자나 지도교수, 해당 영역의 전문가로부터 도움을 받는다면 더 효율적으로 위기개입을 수행할 수 있다. 물론 비밀보장 등 내담자의 권익을 보장하는 것에 유의하면서 말이다. 자문을 구하는 것도 반드시 면담을 통해서만 해야 하는 것은 아니다. 긴급한 상황에서는 현장에서 전화나 SNS 등을 활용해서 자문을 청할 수 있다. 만약 내담자를 돕기 위해 전문가들이 팀을 구성한 상황이라면 '단체 카톡방' 등을 통해 의견을 나누면서 개입하는 데 매우 도움이 될 것이다. 이때도 역시 개인정보, 상담내용에 대한 비밀보장 등에 주의해야 한다. 내담자와 보호자에게 여러 전문가들이 협력해서 논의가 진행된다는 사실을 고지하고 허락을 받은 상황이어야 하고, 논의되는 내용이 유출되지 않도록 해야 한다. 팀에 참여하는 전문가들과는 이런 민감한 이슈를 다루는 것에 대해 사전 합의를 해 두어야 한다.

(3) 위기상황과 청소년상담기관 개입에서의 이슈

지역사회에서 위기상황이 발생했을 때 많은 전문기관과 전문가들이 있음에도 선뜻 개입과정이 실행되기 어렵게 만드는 점이 있다. 여기에는 몇 가지 이슈가 제기되는데 이것에 대해 이해하고 지역사회 차원의 대책을 마련해 둘 필요가 있다.

① 위기상황이 발생했을 때 청소년상담기관이 나설 것인가?

화재나 지진 같은 상황이 발생했을 때 청소년상담자가 나선다는 것이 선뜻 와닿지 않을 수도 있다. 하지만 청소년이 그런 재난이나 사고의 피해자에 포함되어 있다면 상황이 다르다. 당연히 지원해야 한다. 그런 의미에서 지역사회를 기반으로 일하는 청소년상담자는 재난이나 사고에 민감하게 주의를 기울이고 청소년을 위해 지원할 일이 무엇이 있는지를 선제적으로 탐색해야 한다.

2017년 12월 말에 충북 제천시에서 화재로 29명이 목숨을 잃는 사고가 발생했다. 이때 피해학생이 속한 학교에 대해서는 제천교육지원청 위센터가 개입하였고, 화재현장과 인접한 여자중학교에 대해서는 제천시청소년상담복지센터와 충청북도청소년상담복지센터에서 전교생을 대상으로 학급별 심리지원을 실시하였다. 인접한 여자중학교에는 희생자의 자녀, 화재 사고 목격자들이 상당수 있었던 데다가 겨울방학이 임박해 있었기 때문에 청소년상담복지센터, 교육지원청, 학교가 협의하여 즉시적으로 대응했던 것이다.

② 왜 위기상황이 신속하게 지역사회의 청소년상담지원체계에 포착되지 않는가?

위기상황에 처한 청소년을 포착하는 것을 소위 '발굴'이라고 표현한다. 상황이 발생한 후 빨리 발굴되면 발굴될수록 지역사회의 전문가들이 이를 분석하고 적합하게 개입할 수 있다. 어떻게 하면 빠른 시간 안에 지역사회에 구축되어 있는 '청소년사회안전망' 또는 '청소년상담지원체계'에 알려질 수 있을까? 사실 지역사회 내에 청소년사회안전망 또는 청소년지원체계가 구축되어 기능하고 있다면 빠른 시간 안에 알려질 수 있어야 한다. 왜냐하면 상황 초기에 인지하기 위해서 이런 지원체계가 구성되었기 때문이다.

예를 들어, 이 책 5장에서 언급한 '지역사회청소년통합지원체계'에서도 이를 설명할 수 있다. 지역사회청소년통합지원체계에는 지방자치단체 청소년사업 관련 국장을 위원장(과장-간사)으로 하고, 청소년상담복지센터, 경찰서, 교육청(위센터)과 학교, 노동지청, 의료원 또는 보건소, 청소년쉼터, 수련관, 비행예방센터, 지역 청소년전문가, 학부모대표, 시민단체대표 등이 참여하는 운영위원회가 있다. 운영위원회에 속한 기관과 단체들은 대부분 지역사회 내에서 청소년문제가 발생했을 때 제일 먼저 인지할 수밖에 없는 기관과 단체들이나. 시역사회에서 청소년에 대한 임무를 대부분 담당하고 있기 때문이다. 따라서 지역사회 내에서 어떤 형태로든 청소년문제가 발생하면 이를 최초로 인지한 기관이나 단체에서 긴급하게 운영위원회 개최를 요청하고 문제해결을 위해 협력하는 방안을 마련할 수 있다. 이런 경우에도 이슈가 생긴다. 개인정보보호에 관한 것이다. 개인정보를 공유하는 문제는 비단 「개인정보보호법」에 의해 제약받는 것만이 아니다. 경찰이 수사 중인 상황이라면 「형사소송법」에 의해 관련 사항들에 대한 기밀유지를 요구받게 되고, 학교폭력자치위원회 조사사항이라면 「학교폭력 예방 및 대책에 관한 법률」에 의해 비밀보장이 강력하게 요구된다. 청소년상담복지센터나 복지시설 등에서 다루어지는 사안은 「청소년복지지원법」에 의해 업무 중 습득한 기밀사항에 대한 비밀유지를 요구받는다. 이런 강제조항들은 궁극적으로 청소년들을 보호하기 위한 것이다. 그렇기 때문에 강제조항들로 인해 정보가 공유되지 않고 협력이 어렵다고 말하기보다는 법을 지키면서 협력하는 방법을 찾아야 한다. 성숙한 사회일수록 법을 지키면서 논의와 협의를 통해 방법을 찾는다. 미성숙하면 법을 만든 취지를 무시한 채 사안이 발생할 때마다 법 개정을 논하는데, 그러면 법과 법이 서로 상충되는 일들이 빈번해지고, 법이 법으로서의 기능을 못 하며, 법을 지키는 것에 대해 불신만 커질 수 있다.

청소년을 지원할 때 개인정보에 관한 모든 수준의 정보가 공유되어야만 청소년 문제를 다룰 수 있는 것은 아니다. 지역사회에서 위기상황이 발생했을 경우에 긴급하게 운영위원회 또는 심의위원회와 같은 상급기구를 가동하게 되면 수사 중이거나 조사 중이거나 상담 중이거나 한 사례에 대해 개인정보보호를 위반하거나 형사소송법을 위반해야 될 정도의 정보를 공유할 필요 없이도 도움을 주기 위해 협의할 수 있기 때문이다. 개인정보를 인지하는 수준의 정보 없이도 대략적인 상황에 대해 공유하고 이에 대해 지역의 각 전문기관들이 향후 어떻게 협력할 수 있을지 논의하는 것이 가능하다는 것이다. 만약 언론에 보도되거나 SNS에 떠도는 수준의 정보가 있다면 그 정보만으로도 협력을 위한 논의가 가능하다.

설령 약간의 개인정보가 다루어지는 상황이 벌어진다고 해도 이 책 5장에서 언급한 '지역사회청소년통합지원체계' 내의 운영위원회, 실행위원회에 참여하는 기관과 단체, 전문가들이 협의한다면 개인정보보호에 관한 사항이 오히려 안전하게 준수될 수 있다. 법에서 규정하고 명령한 공적인 협의체이기 때문이다. 2017년에 아산시에서 청소년폭력문제가 발생했을 때도 언론에 보도되기 전에 이미 지역사회에서 청소년들에 대한 지원이 이루어지고 있었다. 필자가 아산시청, 아산시청소년상담복지센터, 아산교육청(위센터), 아산경찰서, 학교밖청소년지원센터, 청소년 전문가 등이 참여하는 회의에 참석했을 때 각각의 전문가들은 청소년의 개인정보 등을 다 공유하지 않아도 논의를 통해 지원 가능한 방법으로 협력하고 있었다. 반드시 모든 참여자가 청소년의 주민번호와 이름과 소속 학교와 집 주소를 알아야만 지원할 수 있는 것은 아니다.

③ 발생한 청소년 위기문제에 대해 누가 총괄적인 지휘를 하고 책임을 질 것인가?

이 이슈는 현실적으로 매우 민감하면서도 중요하다. 놀랍게도 많은 경우에 이 이슈 때문에 문제가 왜곡되거나 협력이 안 되기 때문이다. 청소년문제가 발생하게 되면 다음의 두 가지 요건으로 총괄하는 기관이나 단체가 정해진다.

하나는 '누가 제일 먼저 인지했느냐' 하는 것이다. 아무래도 인지한 기관이나 단체에서 문제 발생의 주체인 청소년을 접촉하고 관련 정보들을 습득하기 때문이다.

따라서 먼저 인지한 기관과 단체에서 총괄적인 지휘를 하면서 책임을 지고 사례를 관리하는 입장이 되고, 지역사회의 다른 전문기관이나 단체 또는 전문가들은 각각의 기능에 따라 역할을 나누어 협력해야 한다. 예를 들어, 왕따문제를 위센터에서 인지했는데, 문제수준이 개인의 차원을 넘어서서 인터넷 불링으로 확대되어 있는 상황이라면 위센터가 사례개입을 총괄하고, 다른 전문기관들이 교실개입, 학교개입, 타학교 재학중인 학생에 대한 개입 등에 대해 협력해서 지원하는 방식이다.

다른 하나는 '문제의 성격이 어떠하냐' 하는 것이다. 위기청소년 발생 시에 발생한 문제가 어떤 유형, 어떤 수준이냐에 따라 이를 다룰 수 있는 전문기관이나 단체 또는 전문가에게 의뢰하게 된다. 이때 의뢰받은 기관단체나 전문가가 총괄적인 지휘를 하면서 책임을 지고 사례를 관리하는 입장이 되고, 지역사회의 다른 전문기관이나 단체 또는 전문가들은 각각의 기능에 따라 역할을 나누어 협력하는 입장이 된다. 예를 들어, 성폭력사건을 청소년상담복지센터가 인지했다면 경찰에 신고하게 되고, 이후 성폭력상담소와 해바라기센터 등이 문제를 총괄하면서 타 기관들의 도움을 받게 된다. 가출한 상태의 청소년문제라면 청소년쉼터가, 다문화청소년문제가 이슈라면 그에 맞는 기관이 총괄해야 한다. 이때 매우 중요한 것은 총괄하고 책임지게 되는 기관에 사례를 의뢰한 후 모른 척 등을 돌리면 안 된다는 것이다. 지역사회의 전문가들이 함께 나서서 지혜도 더해 주고, 자원도 더해 주고, 시간을 더해 주는 일엔 총괄과 서포트가 따로 없이 한마음이 될 필요가 있다. 지역사회의 위기상황이 개인의 특성에서 기인한 것이 아니라 지진이나 태풍과 같은 재난으로 발생하였고, 청소년에게 트라우마가 예상된다고 할 때는 국가 차원의 종합대책본부의 지휘하에서 청소년상담지원체계도 역할을 부여받고 참여해야 한다.

④ 긴급상황과 같은 위기문제가 발생했다고 하는데, 실제 위기상태가 어떠한가?

흔히 긴급상황은 112, 117, 119, 1388 등으로 신고되거나 신문과 방송 등을 통해 보도가 되거나 SNS상에 포스팅되면서 알려지기 쉽다. 이때 긴급상황과 같은 위기문제가 특정 집단의 이익을 위해 감춰지거나 축소되어져서는 안 된다. 하지만 마찬가지로 위기문제가 특정 집단의 이익을 위해 과장되거나 왜곡되어서도 안 된다. 지역사회 내 위기문제가 확대포장되어 소문으로 퍼져 있을 경우에는 그 파급력 때문에 사건을 정확하게 인지하기 어렵고 문제해결을 위해 재구성하는 데도 어려움을 당한다. 더 심각한 것은 과대포장된 소문이 2차 위기문제를 발생시킬 수도 있다는 것이다. 그래서 청소년상담 전문가는 상황을 확인할 때 보도나 소문과 같은 간접 자료도 참고하지만, 지목된 청소년과 청소년을 둘러싼 가정, 학교, 친구 등 주변에 대해 관련인 인터뷰 등을 통해서 정확히 이해하려는 노력을 기울여야 한다. 그런 노력을 바탕으로 문제가 정확히 분석되어야만 지역사회의 전문기관들의 역할이 정해지고 협력하는 것이 가능하기 때문이다.

3) 위기대응을 위한 지역사회 공동체의 사전 준비

자살, 인터넷 중독, 가출, 폭력, 빈곤과 질병, 예측 불허의 사고, 전쟁과 자연재해 등은 청소년 위기의 원인이 되기도 하고 결과가 되기도 한다. 지역사회에서 위기상황이 발생하면 지역 내 구성원들이 너나 할 것 없이 협력하게 되는데, 청소년 위기의 경우 지역에서 논의되는 구심점에 청소년상담 전문가가 있기 마련이다. 청소년상담자는 중심을 잡고 위기상황을 극복할 대안을 이끌어 내고, 참여하는 각 영역의 전문가들이 어떤 역할을 수행해야 하는지, 그 역할 수행이 청소년의 위기극복에 어떻게 기여하게 되는지 등에 대해 설명하고, 전체 개입을 지휘하는 스텝으로서의 역할에 참여해야 한다.

(1) 지역사회청소년상담지원체계 사전 구축

긴급상황 등에 대한 대응은 지역사회 공동체의 협력에 기반을 두게 된다. 그러므로 위기상황이 발생하기 전에 지역사회 공동체가 서로 협력할 수 있는 체계를 마련해 두어야 한다. 지역사회 공동체 협력체계의 예로 청소년상담지원체계 만들기는 이 책 5장에서 다루었다. 5장에서는 현재 우리나라의 대표적 지원체계인 지역사회청소년통합지원체계를 예로 하여 지역 중심의 협력체계 구축을 해 봤다. 이와 같이 지원체계를 사전에 구축하고 참여기관과 전문가 간에 위기대응에 관한 정보를 공유하는 것은 지역사회 공동체를 중심으로 위기개입을 실시하기 위한 토대가 된다.

꼭 긴급구조를 위한 출동이 아니더라도 위기개입을 위해서는 미국이나 일본에서처럼 CRT 형태의 긴급개입팀을 운영하는 것도 고려해 볼 만하다. 이 책 5장에서 이미 소개한 것처럼 미국은 학교 내 총기난사 사건, 일본은 학교에 외부인이 침입하여 흉기로 학생들을 살해한 사건이 계기가 되어서 경찰, 의료진, 상담자 등으로 구성된 CRT가 적용되고 있다. 우리나라엔 그런 수준의 사건은 아니더라도 학교 내 집단폭력, 교내에서의 자살 등이 매년 발생하고 있다. 만약 시·도청소년상담복지센터를 중심으로 또는 교육지원청 단위의 위센터나 광역교육청 단위의 위스쿨을 중심으로 CRT와 같은 긴급개입팀을 구성한다면 효율적인 위기개입이 이루어질 수 있을 것이다. 이 책 5장에서 설명한 것처럼 청소년상담복지센터는 청소년안전망 하부 조직의 허브기관이고, 교육청과 교육지원청은 청소년안전망에 참여하는 필수연계기관이다. 따라서 청소년상담복지센터나 위센터에서 CRT와 같은 긴급개입팀을 구성하게 되면 청소년안전망에 참여하는 다양한 전문기관과 단체가 협력하게 되기 때문에 긴급한 지원시스템으로 기능할 수 있다.

(2) 지역사회청소년상담지원체계 협력에 대한 사전 협의

지역사회 공동체 협력체계가 구축되어도 청소년을 지원하는 기관이 아닌 경우 무엇을 해야 하는지 알지 못한다. 그래서 연중 정기적인 모임을 가지고 협력방안에 대해 사전에 인지하도록 협의하는 것이 필요하다. 설령 사전 협의가 되어 있지 않다 하더라도 문제가 발생했을 경우 협력체계 가동 초기에 관련 기관과 전문가들이 모여서 문제에 대해 논의하고, 각 기관에서 해야 할 역할을 명확히 제시해 주어야 한다. 물론 사전 협의 시 모든 사안을 특정 기관 중심으로 다룰 필요는 없다. 지원체계에 참여하고 있는 모든 청소년기관들이 사안별로 중심기관이 되기도 하고 지원기관이 되기도 하는데 청소년상담기관도 마찬가지다.

청소년안전망에서는 운영위원회와 실행위원회를 정기적으로 개최하여 협력해야 할 사안에 대해 연중 논의가 진행되도록 제도화하고 있다. 청소년안전망 운영위원회는 반기별로 1회 이상, 연간 2회 이상을 운영하도록 하고 있고, 청소년안전망 실행위원회는 분기별로 1회 이상, 연간 4회 이상 회의체를 운영하도록 하고 있다. 운영위원회의 실행 여부는 행정안전부에서 실시하는 지방자치 정부합동평가지표에 포함하여 매년 모니터링을 하고 있고, 실행위원회는 여성가족부과 지방자치단체에서 매년 실시하는 현장점검과 매 3년마다 실시하도록 법제화되어 있는 청소년상담복지센터평가에 지표로 포함되어 있다. 이런 정기적인 모임은 지역 내에서 발생하는 다양한 사안들에 대해 전문기관과 전문가들이 어떻게 협력해야 하는지를 확인하고 모의 훈련하는 기회가 될 수 있다.

(3) 긴급상황에 투입할 전문인력 준비

① 심리적 외상 전문가 양성

지역사회에 위기상황이 발생한 뒤에 투입할 전문인력을 찾는 것은 이미 늦는 일이다. 위기상황이 없을 때부터 지역사회 내에서 이미 활동하고 있는 청소년상담인력들을 대상으로 긴급위기, 위기, 심리적 외상에 대해 개입할 수 있도록 역량강화 교육을 실시하고 이들을 관리해야 한다. 지역의 인구와 면적 등을 고려하여 적게는 10여 명, 많게는 100여 명씩 양성하고 관리하게 되면 상황이 발생했을 때 긴급하게 소집하여 이중 일부라도 우선적으로 투입할 수 있다. 전문인력을 준비해 두지 않은 채 문제가 발생한 후 유관 기관들로부터 전문가들을 차출하는 식으로 대응하게 되면 업무분장과 역할, 현장에서의 협력이 원활하게 이루어지지 않아 혼선이 빚어지기 쉽다. 이것에 대해서는 5장에서 청소년상담인력 확보라는 주제를 다루면서 경기도청소년상담복지센터, 경상북도청소년상담복지센터, 충청남도청소년상담복지센터의 활동을 예로 제시한 바 있다.

② 긴급대응 전담인력 확보

위기상황 발생 시 긴급하게 투입하여 상황분석, 의료지원 등 피해자 보호방안 마련, 긴급 스트레스장애 등에 대한 개입 등을 실시할 전담인력을 확보하는 것이 좋다. 그런데 이런 전담인력을 기초지방자치단체마다 수 명씩 배치할 필요가 있는지에 대해서는 의문의 여지가 있다. 그보다는 권역별 또는 전국 단위 수준에서 배치하는 것이 좋다. 긴급대응 인력은 평시에는 사고나 재난 등 긴급상황을 상시 모니터링하고 심리적 외상 전문가 양성과 보수교육을 실시하는 업무를 수행하게 한다. 그리고 상황이 발생하면 우선적으로 현장에 투입하여 해당 지역 청소년상담기관을 지원하도록 한다.

(4) 조례 제정과 예산 준비

만약 위기상황에 투입할 인력의 활동비와 제공될 서비스를 위한 예산이 마련되어 있다면 금상첨화일 것이다. 지역사회에서 인력과 예산을 확실하게 확보하기 위해서는 조례를 제정하여 근거를 마련하거나 민간기관들로부터 지원을 빌어야 한다. 조례가 제정되면 위기상황 발생 시 지자체의 예비비를 활용하도록 할 수 있는데, 청소년 위기상황만을 위해 조례를 제정하기에는 한계가 있으므로 지역사회 내 위기 관련 조례에 청소년 위기에 대한 조항을 포함시키는 것도 한 방법이 될 것이다. 조례에 관련해서는 이 책 3장에서 간략하게 소개하였다. 민간기관들로부터의 지원도 중요한 역할을 할 수 있다. 지역 내 사업체나 기관들이 매년 실시하는 사회공헌활동과 위기상황 대처를 연계하게 되면 청소년 위기상황을 극복하는 데 상호 원-윈하는 전략이 될 수 있다.

2. 지역사회기반 위기개입과정

　지역사회에서 위기상황이 발생했을 때 이 문제를 어떤 방법으로 다루느냐 하는 것을 결정하는 것은 상당히 중요한 문제다. 즉, 누가 어떤 방식으로 위기개입에 참여하느냐를 결정하는 것인데, 위기문제가 발생할 때마다 지역사회의 모든기관이 매번 다 나설 수는 없기 때문이다.

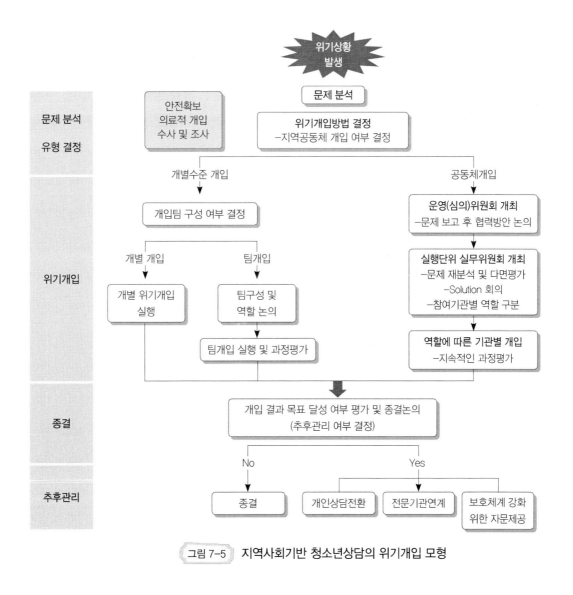

그림 7-5　지역사회기반 청소년상담의 위기개입 모형

앞 절에서 설명한 바와 같이 위기수준에 따라 개별 위기개입을 할 수도 있고, 팀 개입방법을 사용할 수도 있고, 지역사회 내 다양한 기관들이 협력해서 지역공동체 차원에서 개입하는 방법을 선택할 수도 있다. 그것을 그림으로 표현하면 [그림 7-5]와 같다. 지역에서 위기상황이 발생하게 되면 지역공동체가 나서야 하는 것인지를 먼저 판단한다. 만약 지역공동체가 나서지 않아도 되는 수준 또는 문제유형이라면 개별 위기개입을 선택한다. 개별 위기개입이 선택되면 상담 전문가가 개별 개입을 실시하게 될지, 아니면 2~3명의 전문가가 팀을 구성해서 개입할 것인지를 결정한다. 그 이후에는 목표를 정하고 개입한 후에 목표 달성 여부를 평가하고 종결하게 된다.

지역공동체가 나서야 하는 상황이라면 심의기구 수준의 위원회에 문제 분석 내용을 바탕으로 상황을 보고하고, 협력방안을 논의한 후에 실행단위 위원회를 구성하여 기관별로 역할을 수행한다. 이후 개입결과를 평가하고 종결하면서 추후관리로 연결하게 된다. 위기상황이 재난이나 대형사고 수준에서 비롯된다면, 경우에 따라서는 국가적인 차원의 개입이 이루어진다. 청소년 지원이 중심이 되는 위기상황이 아니라 지진이나 태풍처럼 전체 주민을 위태롭게 하는 재난인 경우라면 청소년 상담지원체계는 국가적인 종합대책의 일부분으로 편입되어 '재난 중 청소년 심리지원모드' 처럼 역할을 수행하게 된다.

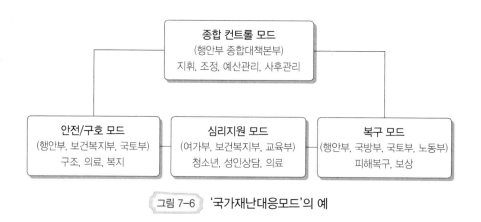

그림 7-6　'국가재난대응모드'의 예

1) 1단계: 위기상황 발생과 문제 분석

(1) 위기상황 발생과 안전확보 노력

지역사회에서는 끊임없이 청소년에게 위기상황이 발생한다. 잠재위기부터 고위기에 이르기까지 지역사회 곳곳에서 일어난다. 이 가운데 개별 개입으로 가능한 위기 문제의 경우에는 청소년상담복지센터, 위클래스와 위센터, 개업한 사설 심리상담센터, 아동청소년정신의학과, 정신건강복지센터, 건강가정지원센터 등으로 의뢰되어 상담이 진행될 것이다. 하지만 흔히 지역사회에서 '위기상황이 발생했다'라고 할 경우에는 개별 개입으로 해결하기 어려운 긴급상황인 경우가 많다.

위기상황이 발생하면 제일 먼저 고려해야 하는 것이 내담자와 관련인의 안전확보다. 청소년상담자 역시도 위기상황에 대처할 때 우선적으로 내담자 안전을 점검해야 한다. 안전확보에는 필히 의료적 개입이 포함되는 경우가 많다. 자살이나 타살, 폭력문제, 중독문제, 정신건강문제, 성폭력과 임신문제 등 위기에 수반되는 것이 신체적 외상 또는 내상일 가능성이 높기 때문이다.

위기상황이 수사가 필요한 사건이어서 경찰이 먼저 포착했거나, 학교폭력자치위원회에서 다루는 수준으로 확인 되었을 경우에는 관련법에 따른 절차에도 주의해야 한다. 「형사소송법」이나 「학교폭력 예방 및 대책에 관한 법률」 등에서 강제하고 있는 사항에 따라 처리되는 절차를 무시해서는 안 된다. 다만, 위법하지 않는 방법으로 경찰과 학교가 지역사회 공동체에 피해학생을 지원하기 위한 방안을 안건으로 상정하고 이를 논의한 후 개입할 수 있다.

(2) 문제 분석

상황 인지 후에는 위기상황을 분석해야 한다. 문제 분석에는 위기상황이 발생한 것과 관련된 맥락과 청소년이 가지고 있는 문제, 그리고 위기수준과 위기상태에 대한 평가 등이 포함된다. 위기상황을 분석할 때 지역사회를 기반으로 일하는 청소년상담자는 두 가지 유형의 역할을 할 수 있다.

① 전적인 개입에서의 문제 분석

청소년상담자가 일하고 있는 기관에서 문제 분석을 주도적으로 하는 경우다.

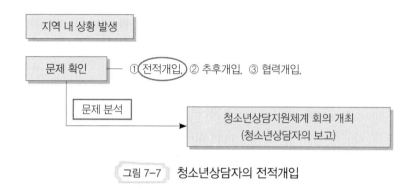

그림 7-7 청소년상담자의 전적개입

이 경우에는 위기 유형에 따라 정신과 전문의, 경찰서 프로파일러, 성폭력상담소, 가정폭력상담소 전문가의 조력을 받으면서 위기상황을 분석하게 된다. 청소년상담자는 다른 전문가의 의견을 종합하여 문제를 규명하고 보고할 수 있는 수준으로 정리해야 한다. 청소년상담자가 분석한 내용은 향후 지역사회청소년상담지원체계를 가동할지, 팀으로 위기개입을 할지, 개별 위기개입을 진행할지를 결정하는 중요한 근거가 된다. 이를 청소년상담자의 전적인 개입이라고 할 수 있다.

② 위기개입에 협력하는 경우의 문제 분석

이것은 다른 전문기관에서 문제 분석을 정확하게 진행하도록 조력하는 경우다. 위센터나 정신건강복지센터, 건강가정지원센터, 성폭력상담소 등으로부터 문제 분석에 대한 협조를 요청받을 수 있다. 이런 경우에는 해당기관이 주도적인 역할을 하고, 청소년상담자는 지원하는 역할을 하게 된다. 지역사회를 기반으로 청소년상담자가 일하는 경우 모든 문제해결에 대해 주도적인 역할을 할 수는 없다. 많은 경우에 측면에서 지원하면서 조연의 역할, 때론 엑스트라와 같은 역할도 기꺼이 수행해야 한다. 그래야만 지역사회에서 다양한 기관과 전문가들이 서로 협력해서 일할 수 있다.

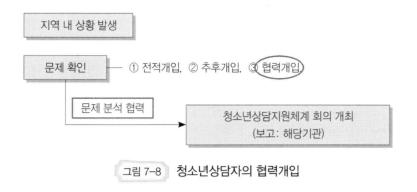

그림 7-8 청소년상담자의 협력개입

타 기관에서 주도적인 역할을 하게 되는 경우에는 위기상황이 청소년상담지원체계에 상정될 때 해당기관에서 문제 분석의 내용을 정리하여 보고하고 이에 따라 논의가 진행된다.

③ 위기 분석에 포함되어야 하는 내용

위기상황을 분석할 때는 기본적으로 다음과 같은 내용들이 포함되어야 한다.

첫째, 위기상황 발생에 대한 개괄적 이해가 기술되어야 한다. 위기상황이 언제, 어디서, 어떻게, 누구에 의해(또는 누구를 포함하여), 왜, 어떤 내용으로 발생하였는지를 정리한다. 시간 흐름에 따라 정리하는 것이 필요하다. 이때 위기상황의 제반 내용은 소문에 의해 과장되거나 축소된 내용이 아닌 사실 중심으로 확인되어야 한다.

둘째, 맥락에 대한 분석이 있어야 한다. 맥락은 위기상황이 발생하고 악화되게 만든 배경이라고 할 수 있다. 가정, 학교, 지역사회가 위기상황 발생에 미친 영향을 중심으로 분석이 진행되어야 한다. 또한 청소년과 관련된 주변인들에 대해서도 분석이 이루어져야 하는데 청소년과의 대인관계 또는 주변인 간 상호관계 등에서 나타나는 특징들을 분석할 필요가 있다.

셋째, 청소년에 대해 실제적인 정보에 입각한 분석이 필요하다. 청소년의 신체, 정서, 행동, 인지 상태가 어떠한지 확인해야 한다. 만약 가능하다면 심리평가를 실시하되, 이전 자료를 확보할 수 있다면 그 역시 중요한 참고자료가 된다. 만약 해당되는 사람이 다수라면 특성에 따라 분류해서 분석하는 것도 필요하다. 예를 들어 청소년폭력 문제라고 한다면, 피해청소년들, 가해청소년들, 방관자들 등으로 분류할 수 있다. 대중적인 장소에서의 자살사건이라고 한다면 자살청소년, 자살청소년의 가족, 자살청소년의 급우, 가해자로 지목된 청소년, 목격자들 등으로 분류할 수도 있다. 이들의 상태를 분석하고 정리하는 것이 필요하다.

넷째, 위기수준과 위기상태에 대한 평가다. 위기수준과 위기상태에 대한 평가는 심리검사로도 가능하지만, 여러 전문가들이 현장을 직접 보고, 대상청소년을 면담한 후에 임상적 경험에 근거하여 판단할 수도 있다. 한국아동청소년상담학회에서는 면접도구나 자기보고식 도구만을 사용했을 때 객관성에 문제가 있을 수 있음을 지적하면서 두 가지 도구를 함께 사용함으로써 편향을 줄일 수 있다고 제언하고 있다(한국아동청소년상담학회, 2017, p. 90). 긴급한 개입이 필요한 상황인지, 팀으로 위기개입을 할 것인지, 개별 위기개입상담으로 진행할 것인지를 결정해야 하기 때문에 위기수준과 위기상태에 대해서는 신중한 평가가 이루어져야 한다.

이상의 내용을 바탕으로 양식에 따라 문제 분석 내용을 정리한다. 위기상황을 분석한 결과는 문제 분석지에 정리하는 것이 필요하다. 이것은 사례개념화와도 유사하다. [양식 7-1]은 문제 분석 기록지의 예이다. 문제 분석에는 상황 분석과 더불어서 전문가의 견해가 포함되는데, 전문가의 견해에는 습득한 정보를 토대로 문제의 원인과 개입방안, 그리고 예후, 그리고 추후관리에 대한 내용이 포함된다.

○○ 사건에 대한 분석

■ 사건개요
1. 발생일
2. 발생장소
3. 관련인 (피해자 –   , 가해자 –   , 기타 –   )
4. 관련인 소속
5. 사건 주요 내용 (시간 흐름에 따라 정리)

■ 주변 환경
1. 가피해청소년 가정환경
2. 가피해청소년 학교생활 정도
3. 대인관계 특징

■ 심리평가 결과
1. 가해청소년 심리평가 결과(MMPI 등 심리검사, DSM 진단체계 분류코드 등)
2. 피해청소년 심리평가 결과(MMPI 등 심리검사, DSM 진단체계 분류코드 등)
3. 위기정도에 대한 평가(위기스크리닝 척도 등 위기수준 평가 근거)
4. 심리적 특성에 대한 종합소견

■ 문제의 원인과 개입방법에 대한 견해
1. 사건 발생 원인
2. 예상되는 개입방안
3. 참여가 필요한 기관 및 기관별 역할

■ 예후 및 추후관리에 대한 견해

작성자: 소속기관 및 성명 –
분석참여자: 소속기관 및 성명 – ①   , ②   , ③ ....

양식 7-1 문제 분석 기록지 양식의 예

2) 2단계: 지역공동체 개입 여부 결정

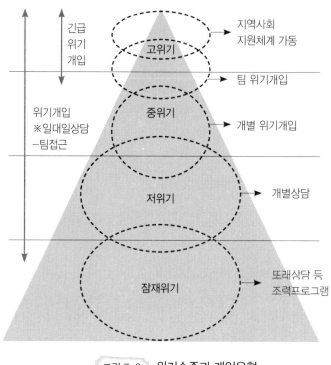

그림 7-9 위기수준과 개입유형

(1) 개별 위기개입 또는 팀개입 선택

문제 분석 결과 청소년상담지원체계를 활용하지 않아도 되는 사안으로 판정이
되면 개별 위기개입으로 진행하거나, 팀개입방법으로 진행하게 된다. 지역사회 청
소년상담지원체계를 활용하지 않는 사안이라는 것은 덜 위기라는 의미는 아니다.
문제양상이 긴급한 개입을 요하지 않거나, 복합적인 문제가 아니어서 다양한 기관
이 협력하지 않아도 문제해결이 가능한 사례를 말한다. 물론 개별 위기개입 또는 팀
개입으로 지원하는 경우라도 중고위기인 경우가 있기 때문에 신중하게 사례를 다
루어야 한다.

개별 위기개입의 경우에는 해당기관의 위기개입 매뉴얼에 따라 사례평가회의,
사례배정회의, 상급자 또는 고급 전문가의 슈퍼비전 등을 포함해야 한다는 수칙을

지켜야 한다. 자살이 주 호소인 경우, 센터에서 가장 숙련된 상담자부터 배정을 하는 것이 맞다. 예를 들면, 센터장, 부장, 팀장, 선임상담원 순으로 사례를 배정해서 전문적 개입이 이루어지도록 해야 한다는 것이다. 사례를 배정할 때 한 상담자에게 고위기사례가 집중되지 않도록 적절하게 안배하는 것도 필요하다. 사례배정회의를 통해 기관의 모든 사례를 살펴보고, 각각의 상담자에게 적합하게 사례가 배정되도록 조정해야만 상담자 소진을 예방할 수 있다. 그런 조치가 내담자 복지 향상에 기여한다는 것은 굳이 강조할 필요가 없다.

팀개입은 지역사회청소년상담지원체계 수준까지는 아니더라도 상담자 혼자서 개입하기에 적합하지 않은 경우에 활용된다. 예를 들어, 자살을 시도하다가 의뢰된 사례의 경우에는 상담자, 정신과 전문의 또는 정신건강복지센터 직원, 119 긴급구조사, 학교상담교사가 팀을 구성하여 개입할 수 있다. 자립을 위한 활동이 필수적으로 요구되는 사례는 상담자와 학교밖청소년지원센터 직원, 청소년이 희망하는 직업을 안내할 멘토 등으로 팀을 구성할 수 있다. 인터넷 중독이 심각한 사례의 경우 인터넷 중독 개입상담자와 수련관의 청소년지도사, 청소년동반자가 팀을 구성할 수 있다. 학교폭력 가해자는 상담자와 경찰이 팀으로 개입할 수 있다.

개별 위기개입과 팀개입은 상담자들에게 매우 익숙하다. 문제유형과 양상에 따라 지역사회 기관단체가 다 나서서 개입하지 않고도 상담 전문가가 단독으로 개입하거나 또는 소수의 전문기관이 협력하는 팀개입이 매우 빈번하기 때문이다. 사실 많은 경우에 위기사례는 해당 분야의 숙련된 전문가 몇 명이 협력하여 진행하는 것이 지역사회의 많은 기관들을 움직이는 것보다 훨씬 효율적이고 효과적이다. 개별 위기개입 또는 팀개입의 경우에는 앞 절에서 '일반적인 위기개입과정'으로 소개한 절차에 따라 진행하게 된다. [문제 분석 → 안전확보 → 지지제공 → 대안탐색 및 계획수립 → 종결 및 의뢰] 등의 과정이다. 이와 같은 과정은 [그림 7-5]의 좌측 '개별수준개입'의 절차와 같다.

(2) 지역공동체 개입 선택

지역사회에서 발생한 청소년 위기상황에 대하여 청소년상담지원체계를 활용할 필요가 있다고 판단되는 경우에는 지역공동체 개입을 선택하게 된다. 지역공동체 개입은 청소년상담지원체계에 참여하는 기관과 개인 전문가들, 주민들이 협력해서 문제를 해결하는 것이다. 3단계는 이에 대한 설명이다.

3) 3단계: 지역공동체 협력 위기개입

(1) 운영위원회 등 상급기구에 안건상정

지역공동체가 협력해서 위기개입을 하는 경우에는 1단계에서 준비된 문제 분석 내용을 상급기구에 보고한다. 이 책 5장에서 소개한 지역사회청소년통합지원체계의 경우에는 상급기구를 운영위원회라고 칭한다. 상급기구를 소집하기 위해서는 앞서 정리한 문제 분석의 내용을 지역사회 전문가들이 사전에 검토하고 보완해야한다. 이 과정에서 1차적인 개입방안이 먼저 검토될 수도 있다. 물론 이 과정에서도 내담자 및 관련인에 대한 의료지원, 법률지원, 보호조치 등의 안전확보가 선행되어야 한다는 것을 꼭 기억해야 한다.

지역사회청소년상담지원체계에 참여하고 있는 전문기관과 단체 또는 전문가의 요청이 들어오면 간사는 해당 내용을 검토하여 위원장에게 보고한 후 긴급하게 운영(심의)위원회를 소집한다. 운영(심의)위원회가 개최되면 개최를 요청했던 기관이나 단체의 전문가가 상황에 대해 보고를 하게 된다([양식 7-1] 참조).

운영위원회와 같은 상급기구에서는 문제를 해결하기 위하여 지역사회의 청소년상담지원체계에 참여하는 기관들이 어떻게 기능해야 하는지를 논의한다. 문제해결을 위해 지역사회청소년상담지원체계에 참여하는 각각의 기관과 단체가 가지고 있는 자원을 어떻게 활용해서 역할을 분담할지를 협의한다. 이렇게 의사결정이 진행된 후에 이를 실행단위인 실행(실무)위원회를 개최하도록 지시하여 구체적인 지원방안을 실행에 옮기도록 한다.

(2) 실행단위 실행위원회 또는 실무위원회 개최

운영위원회에서 협의한 내용을 토대로 실행단위인 실행위원회 또는 실무위원회를 개최한다. 운영위원회와 실행위원회를 개최하는 데는 시간 간격이 필요한 것은 아니다. 경우에 따라서는 오전 10시에 운영위원회를 개최하여 협의하고, 같은 장소에서 11시에 곧이어 실행위원회를 개최하기도 한다. 만약 문제 분석이 사전에 이루어져서 기관 간 공유가 된 상태라면 동시에 다른 장소에서 개최할 수도 있다. 또는 운영위원회에 앞서 위기상황을 분석하면서 실행단위의 전문가들이 모여 사실상 실행위원회 수준의 협의가 사전에 진행될 수도 있다. 순서가 반드시 중요한 것은 아니라는 것이다.

실행위원회에서는 위기상황을 보다 더 정확하게 평가하기 위하여 문제유형에 해당되는 기관이나 단체의 실무자 또는 개인 전문가들이 협력한다. 사전에 분석된 내용을 기초로 추가적인 정보를 습득하고, 재분석하면서 문제의 원인을 구체적으로 탐색한다. 이런 정보는 위기사례개념화[1]를 통해 스토리로 기술되고, 이 과정에서 개입목표를 정한다. 목표는 긴급상황에서 해결해야 할 것과 중장기적으로 고려해야 할 목표로 나누어 기술하고 각각의 목표를 달성할 수 있는 개입방안들에 대해 논의한다.

---

1) 위기사례개념화는 사례개념화와 같다. 다만 위기상황에 대해 분석하고 원인, 결과, 개입계획과 참여 전문가의 역할 등을 정리하는 것이기 때문에 일반 사례개념화와 구분하기 위해 사용한 것이다. 이 용어는 2017년 11월에 한국청소년상담복지개발원에서 주최했던 'CYS-Net과 긴급위기에 대한 개입방안' 세미나에서 경기도청소년상담복지센터의 임낙선 팀장이 맡았던 분임의 논의에서 나온 것을 인용한 것이다.

[제____차 솔루션 회의]

일 시: 장 소:
사회자: 참석자:

1 참석자 소개(기관별 소개)

2 인사말씀: 주최기관 및 기관별 기관장

3 솔루션 회의의 취지 및 일정 소개

4 사례현황, 사건 경과보고

5 해당기관의 기대: CYS-Net 기관 공동개입을 통해 기대하는 내용

6 지원 대상 및 지원 내용 논의

7 공동개입하는 기관별 지원 역할 및 내용 분담

8 공동 주의사항 논의(예: 언론관계, 비밀보장 등)

9 기타 논의: 연락망, 보고체계, 회의록 등

Ⅹ 차후 계획: 회의주기, 회의일시, 참석대상 등

양식 7-2   솔루션 회의 양식

※ 출처 : 경기도청소년상담복지센터, 2015, p. 28.

이 때문에 실행위원회 실무진들이 모여 문제를 해결하기 위한 실제적 방법들을 모색하고 역할을 나누는 것을 솔루션회의라고 부르기도 한다. 솔루션회의는 [양식 7-2]와 같이 진행할 수 있다.

○○ 사건에 대한 개입계획

■ 사건개요
  1. 발생일 및 장소
  2. 개입대상(피해자 −   , 가해자 −   , 기타 −   )
  3. 히스토리

■ 문제 원인 분석

  1. 사건 발생 원인

  2. 문제를 지속 또는 반복하게 만든 사건이나 상황 또는 인물 등

  3. 주된 원인과 상황에 영향을 미치는 부가 원인

■ 위기사례개념화

■ 목표기술

  1. 단기목표

    1)

    2)

    3)

  2. 중장기목표

    1)

    2)

    3)

■ 개입전략

  1. 긴급한 개입계획 (1~7일)

  2. 심리적 개입계획 (1단계: 30일 이내, 2단계: 3개월 이내)

  3. 환경에 대한 개입계획 (가족, 급우 또는 시설 내 친구, 거주지역 또는 학교)

  4. 중장기적 개입계획 (신체건강, 정신건강, 학업, 진로 또는 자립 등)

  5. 추후관리 계획

■ 개입전략에 따른 기관, 단체, 전문가별 역할 분담

영역	기관(담당자)	역할	시기 또는 기간

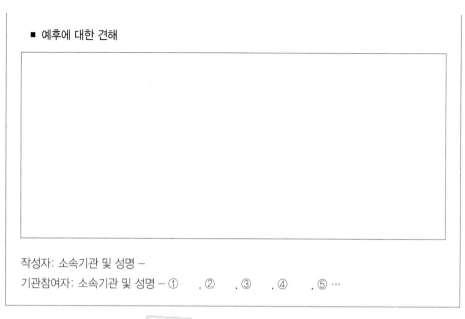

■ 예후에 대한 견해

작성자: 소속기관 및 성명 –
기관참여자: 소속기관 및 성명 – ①　　　, ②　　, ③　　, ④　　, ⑤ …

양식 7-3 기관별 역할 분담표의 예

솔루션회의를 통해 구체화한 개입방안에 따라 참여기관을 정하고, 기관별로 역할을 정한다. 그리고 역할에 맞게 실천한 후 실행위원회를 주1회 또는 주2회로 정례화하여 진행과정을 공유하게 된다. 실행위원회를 통해 점검한 내용은 일정 간격을 두고 운영위원회에 보고한다. 긴급한 사안이 발생하게 되면 실행위원회와 운영위원회 개최가 빈번해질 수 밖에 없다.

지역사회청소년상담지원체계와 같은 공동체 협력을 필요로 하는 위기문제는 매우 다양하다. 특히, 취약한 환경을 배경으로 가진 청소년을 지원하는 경우에는 더더욱 공동체의 협력을 필요로 한다. 재난과 같은 대형사건, 집단폭력, 심각한 학교폭력, 성폭력, 살인사건, 친족에 의한 학대, 앞에서 열거한 문제들의 결과로서의 자살, 앞에서 열거한 문제들에 기인한 트라우마 등으로 고통받는 청소년과 가족들은 상담 전문가, 경찰, 사회복지사, 교사, 의사 또는 특정 영역의 전문가가 혼자 나서서 도움을 주고 문제를 해결할 수 있는 상황이 아니다.

이런 각각의 문제들이 발생했을 때, 지역사회의 어떤 전문가들이 협력해야 하는지는 공식이 존재하지 않는다. 동종의 사안이라고 하더라도 문제 양상에 따라 협력해야 하는 기관과 전문가가 다를 수 있기 때문이다. 따라서 각 문제에 따라 그 지역에 있는 실행위원회 차원에서 머리를 맞대고 협력방안을 만들어 내는 것이 중요하다.

(3) 역할에 따른 기관별 개입

기관별로 역할이 정해지면 개입을 실행하게 된다. 이 모든 과정은 협력체계 안에서 이루어지기 때문에 기관별로 지원하는 내용은 실행위원회를 통해 검토되고, 지속적으로 논의되어야 한다. 이러한 검토와 논의는 과정평가라고 할 수 있다. 과정평가 없이 역할만 나누게 되면 목표를 상실하기 쉽다. 과정평가에서는 개입계획을 세울 때 전제했던 각각의 목표를 달성하기 위해서 얼마나 충실하게 기관별로 역할이 수행되었는지를 점검한다. 필요시에는 목표 수정과 추가적인 지원에 대해 논의한다. 이 책 프롤로그에서 엄마와 단둘이 사는 영희 이야기를 소개했다. 갑자기 찾아온 불행으로 고도의 위기에 봉착했던 영희를 위해서 청소년상담복지센터를 중심으로 협업했던 이야기를 그렸다. 그 이야기에서 1차 솔루션회의 때 역할을 분담하여 협력했던 기관들을 정리하면 〈표 7-1〉과 같다.

〈표 7-1〉 기관별 역할 분담의 예

※ 영희 사례[2]에 대한 1차 솔루션회의 후 역할분담표

영역	기관	역할	시기/기간
긴급 개입	시청(129)	장례비 등 지원	3일 동안
	학교, 상담자원봉사회	장례식장 지원	3일 동안
	쉼터	장례 기간 중 영희 보호	3일 동안
	병원 사회사업실	의료지원	3일 이내
	상담복지센터	긴급위기상담	1주일 긴급
상담	상담복지센터	청소년동반자 개입	3개월
환경 개입	경찰서	아버지 생존으로 추정하고 찾기	3일 이내
	시청(129)	주거문제: 장례식 후 그룹홈 입소	3일 이내
중장기 개입	학교, 상담복지센터	학교와 그룹홈 적응 지원, 지속상담	졸업 시까지
	병원 사회사업실	정기적인 의료지원	고교 졸업까지

---

2) 이 책 프롤로그 '소망시 청소년상담복지센터 소장의 주말' 사례다.

4) 4단계: 목표 달성과 종결 및 추후관리

(1) 목표 달성 평가 및 종결논의

① 목표 달성 평가

과정평가를 통해 목표 달성 여부를 지속적으로 점검하면서 최종적인 목표 달성 여부를 평가하게 된다. 위기개입에서 목표 달성이라는 단어가 가진 의미는 여러 가지다. 가장 일반적으로는 단기목표와 중장기목표 모두를 달성했는지 여부를 의미하는 것이다. 하지만 현실적으로 이는 매우 어려운 일이다. 단기목표와 중장기목표를 모두 달성하고자 한다면 수년이 지나도 공동체 차원의 집중적인 지원이 마무리될 수 없기 때문이다.

위기개입에서는 위기상황을 극복하는 것을 개입목표로 삼게 된다. 위기개입이라는 용어 자체가 사실은 이런 의미를 내포하고 있다. 위기상황으로부터 안전하게 보호하고 지원하여 보통 수준의 상황으로 이끌어 내는 것을 의미하기 때문이다. 이후 아픔을 딛고 더 성장하는 데까지 도움을 주는 것은 그 다음 단계가 된다. 따라서 지역사회를 기반으로 하는 위기개입에서는 실행위원회에서 목표를 수립할 당시 정했던 단기목표 달성을 최종목표 달성으로 보게 된다.

② 종결에 대한 논의

목표 달성에 대해 어느 정도 인정할 만한 시기에 도달하게 되면 종결에 대해 논의를 해야 한다. 종결에 대해 청소년 및 보호자와 논의할 시기, 종결 시기 등에 대해 준비가 필요하다. 일반적인 상담종결기의 주요 과제에 대해서는 이 책 6장에서 다룬바 있다. 그런데 위기개입에서의 종결은 위기상황의 해제를 의미하는 것이지 상담 자체를 종결하는 것이라고 볼 수 없다. 따라서 위기개입에서 종결을 논의하게 되면 위기상황의 해제를 확인함과 동시에 정상적인 삶으로 이행할 수 있도록 추후관리에 연결시켜 줘야 한다. 물론 위기개입을 통해 더 이상 지원이 필요하지 않을 정도로 문제가 해결되는 수도 있다. 그러한 경우에는 이 책 6장에서 설명한 바와 같이 내담자 및 보호자와 종결에 대해 논의하고 상담종결 즈음에 내담자가 경험하게 되는 여러 가지 정서적 이슈들을 다룬 후에 종결하면 된다.

만약 해결해야 하는 다른 문제가 남아 있다면 이후 추후관리를 어떻게 진행할 것인지에 대해 논의가 이루어져야 한다. 추후관리는 크게 '일반적인 개인상담으로의 전환' '전문기관 연계' '보호체계 강화를 위한 자문제공' 등으로 나누어진다. 어느 것이 적합한지에 대해서는 실행위원회를 통해 논의하고, 그 결과를 운영위원회에 보고하여 지역사회 차원에서 효율적인 후속조치가 가능하도록 하는 것이 필요하다. 물론 이 과정은 내담자인 청소년과 보호자의 동의를 전제로 한다. 이 책 6장에서 설명한 일반적인 상담과정에서와 마찬가지로 추후관리 계획부터 실행까지 내담자인 청소년과 보호자가 참여하여 의견을 개진하여야 하며 「개인정보보호법」이나 「청소년복지지원법」 등 각종 법에서 요구하는 바대로 적법하게 진행하여야 한다.

이 모든 과정이 마무리되면 이 문제를 다루기 위해 개최되었던 운영위원회, 실행위원회, 문제해결을 위한 TF팀 등은 공식적으로 역할을 종료하게 된다. 그리고 참여했던 기관들은 지원한 내용들을 정리하여 해당기관에 맞게 자료를 작성하고 보고함으로써 공식적인 활동을 종료하게 된다. 물론 향후 추후관리되는 상황은 필요시 운영위원회에 참석하여 보고받는다.

(2) 추후관리

위기개입 종료를 논의하면서 청소년과 보호자로부터 추후관리에 대해 동의를 구한다. 이 동의에는 추후관리 방법, 개입기간과 적합한 시간, 연락을 주고받는 방법 등에 대한 협의가 포함된다.

① 일반적인 개인상담으로의 전환

위기가 극복되고 난 후엔 필요에 따라 일반적인 개인상담으로 전환한다. '일반적인'이란 수식어를 붙인 것은 위기개입도 개별적으로 진행되는 개인상담 형식이 포함되기 때문에 구별하기 위해서다. 이 때의 개인상담은 위기가 극복된 후 다소 완화된 트라우마를 다루거나, 또는 일상으로 복귀 후에 겪을 수 있는 부적응 극복을 다루게 된다. 개인상담은 지역사회청소년상담지원체계에 사례를 의뢰했던 지역 내 상담기관의 상담자뿐 아니라 청소년기관이나 단체에 소속된 상담자가 맡을 수도 있다. 우리나라에는 청소년상담복지센터, 위센터와 위클래스, 학교밖청소년지원센터가 대표적인 청소년상담 전문기관이다.

이 외에도 청소년쉼터, 청소년수련관, 청소년문화의집 등에 청소년상담자가 배치되어 있는 경우가 많다. 더 나아가 건강가정지원센터, 정신건강복지센터, 고용지원센터, 사회복지관 등에도 상담자가 배치된 경우가 있으며, 지역 내 교회나 성당 또는 대학의 상담기관 등도 활용할 수 있다. 만약 청소년과 보호자가 원한다면 개업한 사설 상담기관에 추후관리 차원에서 유료상담으로 의뢰한다.

② 전문기관 의뢰

청소년이 위기를 겪게 했던 문제를 위기상황이 지난 후에도 지속해서 다루어야 할 필요가 있는 경우에는 그 문제를 다룰 수 있는 전문기관에 의뢰하게 된다. 양극성장애 또는 공황장애 등이라면 정신과 또는 정신건강복지센터에, 성폭력이나 임신 등과 관련되어 있다면 해바라기센터 또는 미혼모지원시설에, 학업중단문제라면 학교밖청소년지원센터에, 가출은 청소년쉼터, 취업훈련은 고용지원센터, 학교폭력은 위클래스, 비행은 비행예방센터 등으로 의뢰하는 것이 그 예이다.

전문기관 의뢰 후 진행되는 과정은 필요에 따라 지역사회청소년상담지원체계의 각 위원회에 보고하고 재평가가 이루어질 수도 있다. 물론 이런 절차가 진행되는 것에 대해서도 내담자인 청소년과 보호자의 동의를 필요로 한다.

③ 보호체계 강화를 위한 자문

부모, 교사, 시설의 청소년지도자 등이 내담자를 적절히 지원해 줄 수 있도록 자문하는 것도 추후관리 방법의 하나다. 어떤 영역에 대해 자문을 제공해야 하는지는 사전에 논의한다. 또 자문의 방식을 면대면으로 할지, 전화나 SNS를 사용할지, 아니면 필요한 자료를 제공해 주거나 교육에 참여하는 것으로 할지에 대해서도 논의한다.

　가장 일반적인 방법은 부모교육, 교사교육, 청소년지도자교육을 통해 필요한 정보와 기술을 습득하도록 도와주는 것이다. 개별적으로 시간을 내어 자문을 제공하는 것도 좋으나 청소년을 대하는 방법이나 청소년과 함께할 수 있는 활동 등은 교육이나 훈련을 통해 습득하는 것이 더 효과적인 경우가 많기 때문이다. 교육은 상담복지센터, 위센터 등 청소년상담 전문기관에서 직접 개설해서 운영할 수도 있지만, 지역 내 관련 기관들의 교육을 소개하여 참여하도록 하는 것도 매우 유용하다. 지역사회 내에서는 교회나 성당에서 운영하는 아버지학교, 어머니학교가 있고, 청소년수련관이나 예절교육관 또는 여성회관에서 운영하는 자녀와의 대화교실 등이 있으며, 이외에도 건강가정지원센터, 시청이나 구청 등 공신력 있는 기관에서 운영하는 교육프로그램이 있다. 이런 프로그램을 활용하게 되면 다양한 이슈로 고민하는 다른 부모들과도 정보를 공유하고 연대할 기회가 제공되기 때문에 자녀를 지지하기 위해 학습하고 노력하는 일이 지속성을 가질 수 있다는 강점도 있다.

3. 재난 등에 대한 긴급 심리지원 참여

1) 재난 및 사고 등과 청소년상담

재난이나 사고 등이 발생했을 때 지역사회 전체가 큰 충격에 빠지게 된다. 2014년에 전국을 큰 아픔에 빠지게 했던 '세월호 사고'의 슬픔은 오래도록 지속되고 있다. 거의 매년 반복되다시피 발생하는 '구제역과 조류독감(A.I.)'에도 농산촌 지역에 거주하는 사람들이나, 구제역과 A.I.로 동물 사체를 처리해야 하는 공무원들 및 그들의 가족 들은 심각한 심리적 외상을 호소한다. 2015년 '가습기 살균제'로 생명에 심각한 타격을 경험한 가족들 역시도 지속적인 괴로움을 호소한다. 2016년과 2017년에 발생했던 '경주와 포항 지진'은 개인이나 지역사회가 감당하기 어려운 불안감을 유발하고 어떤 이들은 외상후스트레스를 경험하게 만들었다.

이렇게 큰 규모의 재난이나 사고가 발생했을 때 청소년상담자들은 무엇을 할 수 있을까? 청소년상담자는 자기 지역에서 일어나는 재난이나 사고가 청소년에게 미치는 영향에 주목하게 된다. 따라서 재난과 사고의 피해자에 청소년이 포함되어 있거나, 포함되어 있을 것에 대비해서 선제적으로 역할을 모색하게 된다. 하지만 단독으로 또는 지역사회의 청소년상담지원체계가 앞장서서 개입하는 데는 한계가 있다. 왜냐하면 재난과 사고 등에 대해서는 범정부 차원에서 종합대책본부 등이 설치되어서 필요한 모든 지원방안을 마련하기 때문이다.

예를 들어, 지진이 발생하면 즉각적인 의료지원과 함께 피복, 식사, 주거, 피해복구 등에 대한 국가 차원의 지원이 선행되고, 뒤이어 심리지원과 재정지원 등이 순차적으로 마련된다. 이런 경우에는 청소년상담지원체계 역시 범정부 차원의 지원방안 중 하나로 참여해서 기능하게 된다. 이렇게 종합계획의 범위 안에서 특정한 역할을 수행하도록 역할을 부여받게 되면 준비된 청소년상담지원체계를 가동하여 즉각적이면서도 충분한 지원을 할 수 있는 태세가 갖추어져 있어야 한다. 그리고 범부처 차원의 종합대책본부에서는 재난에 대한 대응 매뉴얼에 청소년상담자들을 '청소년들의 심리적 외상에 개입하는 긴급심리지원단'으로 포함하여 현장에서 혼선이나 오해가 없도록 해야 한다.

2) 청소년상담지원체계의 재난심리지원 참여

재난과 사고 등에 대해 국가 차원의 긴급한 개입이 진행될 경우에 해당 지역사회 내 청소년상담지원체계는 종합계획하에서 기능하게 된다. 이때 청소년상담지원체계는 해당 지역의 체계뿐만 아니라, 해당 지역을 포괄한 광역단위의 지원체계가 대비태세를 갖추게 되며, 광역단위를 포괄하는 전국적인 지원체계 역시도 대비태세를 갖추게 된다. 그것을 그림으로 표현한 것이 [그림 7-10]이다. 이 그림은 국가차원의 종합대책 실행하에서 청소년에 대한 심리지원이 이루어진다는 것을 표현한 것이다.

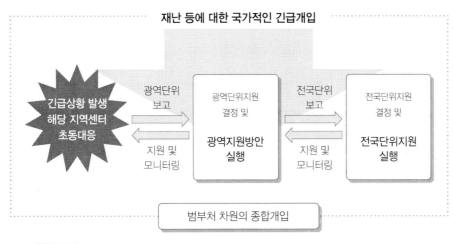

그림 7-10 재난이나 사고 등에 대한 긴급개입 모형 (노성덕, 2017, p. 37 재구성)

(1) 발생 지역센터의 초동대응

① 사건인지와 초기대응

지역사회 내에서 재난이나 사고 등 긴급상황이 발생한 경우에는 청소년들이 재난이나 사고에 관련되어 있는지를 신속하게 확인하고자 하는 노력이 필요하다. 이런 노력은 지역사회 내 다양한 사건사고에 대해 청년상담자들이 언제나 민감하게 반응하도록 해 준다. 큰 재난이나 사고인 까닭에 국가 차원에서 또는 지방자치단체 차원에서 종합대책본부와 같은 기구가 급히 구성이 되는데, 이때 청소년을 지원하기 위하여 지역사회청소년상담지원체계의 기구도 긴급하게 소집할 필요가 있다. 한 가지 주의해야 할 것은 단독으로 문제해결을 위해 뛰어들어서는 안 된다는 것이다. 지역사회에 설치된 종합대책본부의 지휘에 따라 청소년을 지원하는 역할을 수행해야 한다. 그리고 이 상황은 광역단위 청소년상담지원체계에서 인지할 수 있도록 보고해야 한다.

사고나 재난이 발생했을 경우 해당 지역의 청소년상담기관에서는 청소년에게 피해가 있는지의 여부를 파악하고, 종합대책본부 차원에서 지원되는 긴급구호 활동에 참여하면서 동시에 심리적 지원을 준비해야 한다. 이때 지역 내에 훈련되어 있는 긴급심리지원요원들을 소집하여 문제상황을 공유한다. 또한 필요한 도구와 예산 등을 긴급하게 점검한 후 이를 지방자치단체 또는 종합대책본부에 보고하여 청소년을 위한 심리지원 개입 시기와 방법 등에 대해 논의가 이루어지도록 한다.

미국의 경우에는 상황 발생 시 팀에서 위기개입을 실시함과 동시에 미디어, 지역사회와 의료진, 부모, 물리적 공간 등에 대한 접촉과 조정을 동시에 진행한다. 미디어 부분은 잘못된 정보로 인해서 오보가 전파되어 최악의 상황이 벌어지지 않도록 미디어 접촉자를 일원화하는 것이다. 지역사회 자원과 의료진의 지원상황에 위기개입팀이 연계되도록 하고, 부모들에게는 청소년 자녀를 위해 취해야 하는 행동을 교육하며, 물리적 대안 공간을 확보하여 위기에 처한 사람들이 교회와 같은 건물로 피신하도록 돕는 일들을 조정한다(Studer, 2004). 이런 기능이 초동대응을 위해 사전에 계획되었다가 상황 발생 시 가동되는 것은 매우 중요하다.

② 기본적인 개입준비

첫째, 위기상황이 발생하게 되면 해당 지역 청소년상담기관에서는 지방자치단체 또는 종합대책본부의 지휘하에 긴급한 지원을 우선적으로 실시한다. 특히, 사망사고나 심각한 부상과 같은 극단적인 상황이 발생한 경우 관련인 모두의 안전이 확보되도록 조치하여야 하며, 의료지원이 우선적으로 제공되어야 한다. 그리고 이와 동시에 심리적 외상을 긴급하게 다루어야 한다. 그리고 사건사고 직후부터 급성스트레스장애를 겪는 청소년 및 보호자에 대한 개입을 위해 청소년상담자는 의료진, 사회사업 전문가, 재활치료 전문가 등과 긴밀하게 협력하면서 일해야 한다.

둘째, 지역사회 사안에 대해서 청소년상담지원체계의 운영위원회 또는 실행위원회 등을 개최하고 논의하게 되면 전체적인 상황을 점검하게 되는데, 이때 지역사회 내 기관들의 협력으로 해결할 수 있는 것인지 아니면 그 이상의 지원이 필요한지를 검토할 수 있다. 만약 해당 지역 차원에서의 대응에 한계가 있다면 광역단위 기관에 지원을 요청하게 된다. 기초지방자치단체는 당연히 광역지방자치단체에 지원을 요청하게 되고, 이에 따라 청소년에 대한 심리지원에는 광역단위의 청소년상담기관들도 참여하게 된다.

셋째, 사고나 재난에 대한 복구가 진행되면서 심리적 지원이 본격적으로 논의되기 전부터 청소년상담자는 모든 청소년 관련인들을 위기수준별로 분류하여 개입할 수 있도록 준비해야 한다.

③ 개입계획의 예

첫째, 고위험군에 대한 개입. 학교에서 많은 학생들이 보는 가운데 청소년이 투신자살하는 사건이 일어났다고 한다면 숨진 학생과 절친한 친구들, 학급담임, 학생의 가족은 고위기군에 포함된다. 이들에게는 긴급한 의료지원과 심리치료가 실시되어야 한다. 그리고 투신하는 장면을 목격한 학생들과 교직원 역시도 고위험군으로 분류하여 긴급한 개입을 해야 한다.

둘째, 중위험군에 대한 개입. 그 외의 학생과 교직원은 비록 간접적으로 사건을 접한 것이지만 같은 교내에서 생활하는 사람들이기 때문에 충격이 클 수밖에 없다. 이들을 중위험군으로 분류하여 2차 피해가 발생하지 않도록 심리치료와 심리교육을 제공해야 한다. 심리교육은 4~5회기 길이가 적당한데, 이는 급성스트레스장애와 외상후스트레스장애의 증상 발현 시기를 고려한 것이다. 경기도청소년상담복지센터에서는 〈다독다독 톡 우리들의 이야기〉 프로그램을 개발하여 자살이나 사고 등으로 심리적 외상을 겪는 청소년들에게 적용하고 있다(강유임 등, 2016).

셋째, 중저위험군에 대한 개입. 재학생들의 부모와 가족들은 중저위험군으로 분류해서 자녀의 트라우마 또는 충격적 반응에 대해 적절한 태도를 보이는 방법에 대한 교육을 제공하고, 학교와 지역사회 전문가들이 취하고 있는 보호대책들에 대한 안내를 적극적으로 해 줘야 한다.

넷째, 저위험군에 대한 개입. 마지막으로, 학교 인근에서 학생들을 상대하는 사람들은 저위험군으로 분류하여 가능한 예방적 조치를 취해 준다. 이처럼 관련된 모든 사람들에게 서비스를 제공할 때는 앞 절에서 언급한 바와 같이 지역사회청소년상담지원체계 차원에서 기관별로 역할을 나누게 된다. 청소년상담기관에서는 기관마다 전문가 풀을 확인하여 위기수준별로 역할을 분담해 주고, 전체 지원현황을 종합대책본부에 보고하여 지역사회 내의 서비스가 큰 틀 안에서 지휘될 수 있도록 조율해야 한다.

(2) 광역단위 위기지원

재난이나 사고 등이 발생하게 되면 해당 지역에서 초동대응을 한다 하더라도 광역단위의 위기지원시스템 역시 해당 지역에 관심을 기울이고 정보를 공유하여야 한다. 실제적으로는 해당 지역의 센터로부터 보고가 있기 전이라도 사전에 대략적인 내용을 파악함과 아울러 해당 지역센터에 먼저 연락하여 대응현황을 점검하고 필요한 것이 무엇이 있는지를 확인하는 적극적 태도도 필요하다.

이때 권역별로 긴급대응 전담인력이 배치되어 있다면 우선적으로 전담인력을 해당 지역에 파견하여 초동대응을 총괄하는 청소년상담기관과 함께 위기개입을 실행하게 한다.

광역단위 위기지원체계는 광역 안에 있는 각 기초자치단체 수준의 청소년상담지원체계를 활용할 수 있기 때문에 추가로 필요한 예산과 인력을 투입할 수 있다는 장점을 가지고 있다. 광역단위 지원이 가능하도록 하기 위해서는 사전에 광역단위에서 위기지원 인력을 양성하고 수시로 보수교육하는 것이 필요하다. 우리나라의 경우 청소년상담복지센터는 기초단위인 시·군·구 청소년상담복지센터에서 초동대응을 하고 있고, 광역단위에서는 시·도 청소년상담복지센터에서 관내 시·군·구 청소년상담복지센터 및 지역사회청소년통합지원체계에 참여하는 상담·임상·복지 전문가들로 위기대응 인력을 구성하고 있다. 2017년에 포항에서 지진이 발생했을 때 포항시청소년상담복지센터가 현장에서 초동대응을 하고, 경상북도청소년상담복지센터 차원에서 지역 내 위기대응 인력을 지원인력으로 투입한 것이 그 예일 것이다.

광역단위에서 지원할 때 주의할 점은 이 역시 종합대책본부의 지휘하에 큰 틀 안에서 개입이 이루어져야 한다는 것이다. 예를 들어 「a시·군·구 지역」에서 사건이 발생한 경우 「a지역 내 청소년상담기관」이 초동대응을 하게 되고, 「a지역」을 포함하고 있는 광역행정단위인 「A시·도」가 광역 차원의 지원을 하게 된다. 이때 「A시·도」의 청소년상담기관은 종합대책본부의 지휘를 받으면서 「A시·도」 단위의 청소년지원체계와 논의하게 되는데, 「A시·도」 단위의 지원인력은 「a지역 청소년상담기관」의 지휘를 받으면서 지원활동을 해야 한다. 재난이나 사고 등 큰 사건에 대한 대응일수록 서비스 전달체계 또는 국가적인 위기대응 체계의 지휘에 따라야만 신속한 개입이 가능하고, 경우에 따라서는 2차 피해를 예방할 수 있다. 특히, 위기개입에 참여하는 전체 인력에 대해 종합대책본부와 「a지역 청소년상담기관」이 파악할 수 있도록 보고하여야만 만일의 상황에 대비할 수 있으며, 필요한 곳에 필요한 인력을 배치할 수도 있다는 것을 꼭 기억해야 한다.

(3) 전국단위 위기지원

광역단위에서의 지원에도 한계가 있을 경우 국가차원의 위기지원이 이루어지게 된다. 이런 경우에는 정부가 대책회의를 통해 각 부처별로 역할을 나누게 되는데, 청소년상담지원체계도 주어진 역할에 따라 과업을 수행하게 된다. 우리나라는 일본만큼 지진 피해가 있지는 않으나 최근 들어 규모가 큰 지진이 발생하고 있다. 따라서 지진과 같은 대형 재난상황이 발생할 경우 정부에서 설치한 종합대책본부의 지휘에 따라 긴급구호, 의료지원, 재난복구활동, 심리지원, 학습지원 등을 진행하게 된다. 이 지휘에 따라 청소년상담자들도 의무감을 가지고 자신의 역할을 충실히 수행해야 한다.

우리나라는 분단이라는 극단적 상황에 처해 있기도 하다. 만약 국지전 또는 전면전과 같은 전쟁이 발발한다면 청소년상담자는 국가에서 호출하여 활용하는 심리상담 전문인력의 일원으로 긴급구호, 복구, 급성 및 외상후스트레스 장애에 대한 심리지원 등에 참여할 수도 있다. 물론 전쟁과 같은 극단적인 상황이 발생하지 않아야 하겠지만 만약의 경우에는 청소년상담 전문가로서 자기 지역이나 광역단위 또는 국가 차원에서 주어진 역할을 적극적으로 수행해야 한다.

3) 애도와 상담 전문가 심리안정지원

(1) 애도

재난이나 사고로 인해 사망자가 발생한 경우에는 긴급한 대응 이후에 생존자로 하여금 충분히 애도할 수 있도록 해야 한다. 화재 등으로 재학생 사망자가 발생했다면 사망자의 종교에 따라 애도집회를 할 수 있는 시간을 주고 급우와 친구, 교사들이 국화꽃을 헌화하며 충분하게 감정을 토로하고 이별하는 장을 마련해 주는 등의 애도 행사를 가지는 것이 좋다. 송수지, 강영신(2017)은 인지행동기법을 기반으로 하는 애도집단상담 프로그램을 개발하고, 관계상실을 경험한 중학교 3학년 31명을 대상으로 적용한 바 있다. 연구결과에 따르면 프로그램에 참여한 집단은 다른 집단에 비해 '애도슬픔' '내재화 및 외현화 증상' '외상후스트레스 문제 점수' 등이 유의미하게 감소하였고, 그 효과는 프로그램 종료 후 4주 이후에도 유지되는 것으로 나타났다. 애도는 생존자들이 2차 피해를 겪는 것을 예방하고, 일상으로 복귀하는 것을 돕는 조치다.

(2) 긴급위기 대응 후 추후관리

긴급한 위기상황이 종료된 후에는 지속적으로 개입이 필요한 청소년에 대해서 앞 절에서 설명한 개별 위기개입, 팀개입, 지역공동체 협력개입 등을 선택하여 지원한다. 그리고 위기개입이 종료될 즈음에는 필요에 따라 부적응 극복을 돕는 조치로써 이 책 6장에서 소개한 상담개입으로 전환하여 추후관리에 들어간다.

(3) 긴급위기개입에 참여한 상담자에 대한 심리안정 제공

전국단위로 위기개입을 총괄하는 기구에서는 참여한 상담자에 대한 심리안정 지원계획을 수립해야 한다. 재난이나 사고 등의 상황에서 위기개입에 투입된 상담 전문가도 심리적 외상과 소진을 경험할 수 있기 때문에 이를 고려한 프로그램을 제공하여야 한다. 청소년상담자들의 심리안정을 도모하기 위하여 개인 분석과 정신과 진료, 힐링 프로그램 등을 제공함으로써 위기개입으로 얻게 된 심리적 외상이나 소진 등을 극복할 수 있도록 해야 한다.

4. 위기의 고객을 찾아가서 상담하기

위기에 처한 청소년이 상담기관에 찾아오는 일은 쉬운 일이 아니다. 부모 또는 교사에게 이끌려 내방하기도 하지만, 더 많은 경우에는 위기를 경험하는 현장에서 도움을 청하는 경우가 많다. 특히, 인터넷 중독이나 은둔형 외톨이, 학교폭력이나 성폭력 등의 피해자, 사람에게 상처받고 외상을 경험하고 있는 청소년 등은 상담기관에 방문해서 도움을 청하는 행동을 하지 않은 채 아픔을 키워 간다. 자기가 청소년 상담자로 일하고 있는 지역에서 이런 청소년이 방문 꼭꼭 걸어 잠그고 괴로워하는 걸 아는 청소년상담자가 있다면 도움을 줄 수 있는 방법을 찾기 위해 적극적으로 고민할 것이다. 이 때문에 지역사회를 기반으로 하는 청소년상담자들은 일찍부터 상담실 문을 열고 밖으로 나가서 서비스를 제공하는 일에 관심을 가져 왔다. 실제로 청소년상담자들은 아웃리치상담, 학교 또래상담, 전문직자원봉사자를 활용한 팀개입 같은 프로젝트, 지역사회청소년통합지원체계 등을 자기 지역에 맞게 발전시켜 오기도 하였다.

1) 찾아가는 상담의 의미

(1) 찾아가는 상담이란?

찾아가는 상담이란 어려움을 가지고 있는 청소년이 있는 곳으로 찾아가서 상담하는 것을 말한다. 여기에는 세 가지 필수적인 요소가 포함되는데, 첫째, 물리적 공간으로서 청소년이 있는 현장에 찾아가는 것이고, 둘째, 심리적 공간으로 청소년이 경험하는 주관적인 세계에 찾아가 머물러 주는 것이며, 셋째, 고객의 욕구에 맞추어 상담서비스를 제공해야 한다는 것이 그것이다.

위의 세 가지 필수적인 요소를 종합해 볼 때 찾아가는 상담이란 '대상자가 처한 물리적 공간에 상담자가 찾아가서 대상자의 심리적 공간에 찾아가 머무르며, 대상자에게 가장 적합한 상담개입을 실시해 주는 것'이라고 할 수 있다(노성덕, 2008, p. 22).

〈표 7-2〉 찾아가는 상담의 의미와 상담자의 태도 (노성덕, 2008, p. 21 재인용)

	물리적 공간	심리적 공간	고객의 욕구
찾아가는 상담의 의미	청소년이 처한 현장에 찾아가는 것	청소년의 주관적인 심리적 공간에 찾아가는 것	고객 맞춤형 상담서비스를 제공하는 것
찾아가는 상담자의 태도	발품을 팔 줄 아는 능동성	상담자로서의 전문성	창의성과 적극성

(2) 찾아가는 상담에서의 고려사항

지역사회를 기반으로 일하는 상담기관에서 찾아가는 상담을 하고자 할 때 다섯 가지 중요한 이슈가 다루어진다. 전문성, 찾아가는 대상 선정, 안전, 비밀보장, 협력 등이 그것이다.

① 전문성

찾아가는 상담에서 '찾아가는 행위'를 지나치게 강조하게 되면 전문성과 무관하게 잘 찾아다니는 사람이 찾아가는 상담활동에 적합하다는 인상을 줄 수 있다. 하지만 앞에서 살펴본 바와 같이 찾아가는 상담은 찾아가는 행위와 더불어서 전문적인 개입이 반드시 요구된다. 찾아가는 행위는 외향적이고 모험적이며 활동적인 사람이라면 큰 어려움 없이 할 수 있다. 하지만 찾아가서 전문적인 상담개입을 계획하고 실행하는 일을 하지 못한다면 찾아가는 상담이라고 할 수 없다.

특히, 지역사회기반 청소년상담기관에서 사람을 가정이나 학교로 파견했는데, 전문적인 상담서비스와 더불어 통합적인 서비스를 계획하고 실행하기보다 그 외의 것에 치중한다면 정체성을 상실하게 될 것이다.

'찾아가는 상담이 전문적인 상담적 개입이라는 인식'이 흐려지면, 찾아가는 상담을 마치 이벤트처럼 오해할 수도 있다. 예를 들어, 청소년들이 밀집해 있는 곳에 상담자들이 찾아가는 아웃리치를 찾아가는 상담이라고 너무 쉽게 오해하는 경우다. 만약 청소년 밀집지역에 부스를 차리고 현장에서 심리검사와 심리상담을 제공하면서 간단한 간식과 의약품을 제공해 준다면 이는 찾아가는 상담이라고 할 수 있을 것이다. 하지만 청소년 밀집지역에 청소년상담자들이 찾아가서 지역사회 내 다양한 청소년 이용시설과 기관들을 정리한 팸플릿 등 홍보전단지를 나누어 준다면 이는 아웃리치 활동이지, 찾아가는 상담은 아니다. 부스를 마련해서 금요일 저녁에 거리에서 가출이나 폭력 피해청소년 15명을 발견해서 긴급하게 구조하고, 위기개입 후 관련기관에 연계해 주었다든지, 또는 현장 부스에 찾아온 29명의 청소년들을 현장상담한 것은 찾아가는 상담이라고 할 것이다. 그러나 홍보전단지 5,000부를 사람들에게 나누어 주고 마치 현장에서 5,000건의 상담을 한 것처럼 말한다면 이는 전문성이 결여된 착각이라고 할 수밖에 없다. 찾아가는 상담에서 전문성이 이슈가 되는 것이 이 때문이다.

② 찾아가는 대상자 선정

찾아가는 상담이 중요하고 필요하다고 해서 모든 청소년을 찾아가서 상담하는 것이 도움이 되는 것은 아니다. 많은 연구결과들은 상담이 효과적이기 위해서는 내담자가 무엇인가를 지불해야 한다고 지적하고 있다. 쉽게 말해서 상담료를 지불하면 지불하지 않는 경우보다 더 상담에 집중하면서 문제해결에 민감해지고, 상담자의 제안을 잘 수용하기 때문에 효과를 가져오기 쉽다는 것이다.

지역사회를 기반으로 제공하는 청소년상담은 대부분 무료다. 하지만 청소년 개인의 관점에서 볼 때 무료인 것이지, 부모 입장에서는 이미 세금으로 상담료를 지불하는 것과 같다. 그러나 어쨌든 당장 눈앞에서는 무료상담으로 인식할 수밖에 없다. 무료이다 보면 상담약속을 잘 안 지키거나, 쉽게 상담을 중단하고, 상담에 수동적으로 임하는 경향이 나타날 수 있다. 그렇지만 상담기관으로 찾아가게 되면 청소년들은 상담료가 무료임에도 불구하고, 학교수업이나 학원수강 또는 자율학습, 놀고 쉬는 휴게시간과 같은 시간을 투자하고 상담센터까지 오가는 수고를 감수하기 때문에 심리적으로는 이미 무료가 아니다. 이런 인식은 청소년이 상담에 더 적극적으로 참여하도록 하는 계기가 된다. 그래서 할 수 있으면 상담센터로 내방해서 상담받도록 하는 것이 좋다. 위의 강점 이외에도 상담센터는 안전하고 편안하게 상담에 집중할 수 있는 시설이 갖추어져 있어서 상담자와 내담자 모두에게 더 유익하기도 하다.

그러나 이러한 강점을 무시하면서까지 찾아가서 상담해야만 더 효과를 가져올 수 있는 대상자에게는 찾아가는 상담서비스를 제공해야 한다. 이미 앞서 언급한 바와 같이 위기청소년일수록 상담실로 찾아오지 않기 때문에 현장으로 찾아가서 긴급하게 또는 밀도 있게 개입해 주는 것이 필요하다. 찾아가는 상담은 많은 시간과 에너지를 요구한다. 상담센터에서 내방상담자를 맞이하면 오후에 최대 4~5명을 상담할 수 있지만, 찾아가서 상담을 제공하는 경우에는 오후에 최대 1~2명 정도만 상담할 수 있다. 청소년상담에 최적의 효과를 가져오면서도 지역에서 상담을 요청하는 청소년에게 서비스를 최적으로 제공하기 위해서도 찾아가는 상담 대상자 선정이 적합하게 이루어져야 한다.

③ 안전

가정, 학교, 시설, 거리 등 현장에 찾아가다 보면 뜻하지 않은 상황이 발생할 수 있다. 예를 들어, 가정에 방문했는데 알콜중독 아버지가 침입자로 오해해서 위험한 도구를 휘두르거나 던질 수도 있고, 거리에서 청소년을 처음 만났는데 다른 여러 가지 문제로 화가 나 있던 청소년이 폭언과 거친 행동을 하는 돌발행위에 직면할 수도 있다. 따라서 찾아가는 상담을 실행하고자 하는 지역사회 청소년상담기관에서는 안전에 대한 지침을 마련하고 모든 직원들에게 숙지시켜야 한다. 찾아가는 상담에서의 안전문제는 비단 청소년상담자를 위한 것만은 아니다. 궁극적으로는 상담을 받고자 하는 청소년과 보호자를 위한 일이다.

첫째, 찾아가는 대상자를 선정하는 단계에서 찾아가는 장소와 시간에 대해 탐색이 이루어져야 한다. 안전에 문제가 없는지 확인하고, 만약 안전에 대해 우려되는 바가 있다면 협의를 통해 안전이 확보되는 장소로 상담장소를 변경할 필요가 있다. 청소년상담기관에서는 가정 외에도 대안적인 상담장소로 활용하기 위해서 도서관이나 박물관, 주민복지센터, 시·구청 민원실, 학교상담실, 또는 청소년들이 많이 이용하는 패스트푸드점 등과 협약을 통해 상담공간을 다양한 곳에 확보해 두고 있다.

둘째, 첫 방문 시 두 사람 이상이 방문하도록 하는 것이 필요하다. 대상자 선정 단계에서 안전에 대해 확인했다고 하더라도, 담당 상담자가 처음 방문할 때 다시 한 번 확인하는 것이 필요하다. 팀원급 상담자가 방문한다면 첫 상담 시에는 팀장이 함께 동행해서 안전에 대해 확인하고 가정방문으로 계속 진행할 것인지, 아니면 장소를 바꿀 것인지에 대해 검토하는 것이 좋다.

셋째, 찾아가는 상담 유형, 청소년의 호소문제, 방문장소에 따라 상담자를 배정할 때 상담자의 의견을 반영해 주는 것도 필요하다. 상담자도 안전문제에 대응해야 하기 때문에 본인의 준비 정도를 검토하고 현장을 방문해야 한다.

넷째, 청소년 밀집지역 등 특정 장소에 이동하여 상담사업을 진행하는 경우에는 경찰이나 청소년지도요원 등 다른 분야 전문가들과 협업해야 한다. 이동상담 시 청소년 유해환경, 유해시설 등의 종사자들과 갈등이 빚어질 수도 있고, 청소년성매매 조직이나 청소년을 유인하려는 범죄자를 인지하게 될 수도 있다. 이때 청소년상담자들이 영화의 주인공저럼 태권도복으로 갈아입고 그들을 제압할 수는 없다. 청소년 밀집지역에는 경찰이나 청소년지도요원 등이 상시 활동하고 있기 때문에 지역 경찰서와 논의하면 사전에 안전한 조치방법을 공유할 수 있고, 상담자들은 아웃리치상담에 전념할 수 있다.

다섯째, 청소년상담자들이 직장에 의무화되어 있는 4대보험 외에 추가로 차량보험이나 상해보험 등의 혜택을 받을 수 있도록 하는 것도 좋다. 만약 위기청소년을 발견하여 긴급하게 후송해야 할 필요가 있을 경우에는 가급적 경찰이나 소방의 도움을 받는 것이 좋다. 왜냐하면 경찰이나 소방에서 운용하는 차량은 필요한 모든 장비와 함께 보험이 적용되어 있을 뿐 아니라, 운전에 대해 믿을 수 있기 때문이다. 그럼에도 불구하고 청소년상담자가 기관 차량이나 개인 차량으로 청소년을 태우고 이동시켜야 하는 상황도 발생한다. 따라서 이에 대해서도 대비를 해 두어야 한다. 기관 차량은 당연히 동승한 청소년도 적용을 받을 수 있는 보험에 가입되어 있어야 한다. 만약 기관에서 빈번하게 개인직원 차량이 사용되는 상황이라면(가급적 피해야 하는 일이다), 해당 직원의 차량에 대해 기관에서 동승자까지 적용 가능한 보험 가입을 지원하는 것도 필요하다.

이 이에도 지역의 다양한 상황, 상담기관의 특성, 사업의 특징에 적합한 안전대책을 마련해서 청소년과 보호자가 안전하게 찾아가는 상담의 혜택을 볼 수 있도록 하는 것이 필요하고 청소년상담자 역시 안심하고 상담개입을 할 수 있도록 하는 것이 필요하다.

④ 사적 생활정보에 대한 비밀보장

찾아가는 상담을 하게 되면 일반 상담에 비해 상담자가 대상청소년의 사적 생활에 대해 많은 정보를 습득하게 된다. 내담자 입을 통해 얻게 되는 정보 외에도 상담자가 직접 보고, 확인하는 등 오감을 통해 자동적으로 습득하게 되는 정보가 많다는 것이다. 어찌 보면 대상청소년이 거주하는 삶의 근거지를 샅샅이 보게 되기 때문에 굳이 몰라도 되는 정보까지 다 습득하는 경우가 있다. 그래서 비밀보장에 대해 더 강조하게 된다. 내담자의 가정이나 학교를 방문함으로써 얻게 되는 모든 정보는 상담회기 중에 내담자를 통해 얻게 된 비밀처럼 잘 관리해야 한다. 개인정보, 업무상 습득하게 된 기밀사항 등에 대해 상담자가 어떤 태도를 가져야 하는지는 이 책 3장 3절을 다시 읽으면서 확인하기 바란다.

⑤ 협력

찾아가는 상담은 청소년상담기관에서 단독으로 수행하기 어렵다. 지역 곳곳에서 상담이 이루어져야 하는데 가정 이외의 장소를 상담장소로 확보하기 위해서는 다양한 기관의 협력이 필요하다. 앞에서 언급한 것처럼 도서관, 주민복지센터, 패스트푸드점 등 지역 내 뜻 있는 기관과 단체가 협력해 줄 때 찾아가는 상담이 더 효과를 발휘할 수 있다. 하지만 이런 협력은 법이나 제도로 지정할 수 있는 것이 아니라 그야말로 지역사회 협력의 차원에서 확보되어야 하는 것이어서 찾아가는 상담을 논의할 때 이슈가 된다.

또한 청소년 밀집지역에서 아웃리치상담을 실시할 때는 청소년상담복지센터, 청소년쉼터, 위센터, 청소년을 지원하는 각종 민간기관과 단체들이 협력해야만 인력과 물품의 문제가 해결될 수 있다. 이런 협력을 이끌어 내기 위해서 지역사회에 청소년상담지원체계, 지역사회청소년통합지원체계, 청소년지원네트워크 등이 구성되어 있지만 실제로 가동하고자 할 때는 협력을 위한 다양한 노력들이 뒷받침되게 된다.

2) 찾아가는 상담의 과정과 유형

(1) 찾아가는 상담의 과정

① 대상청소년 선정

찾아가서 상담을 제공하기에 적합한 대상청소년을 선정한다. 내방이 더 효과를 가져올 수 있는 청소년이라면 굳이 일부러 찾아가서 상담할 필요는 없다. 내방해서 상담하기 어려운 청소년, 찾아가서 상담하는 것이 더 효과를 가져올 것으로 판단되는 청소년을 대상자로 선정한다.

② 대상청소년 평가 및 개입계획 세우기

대상청소년을 평가하는 것은 일반적인 청소년상담에서의 평가방법과 동일하다. 심리검사와 면담을 통해 청소년의 심리적, 환경적 특성들을 다각도로 평가한다. 평가를 토대로 상담목표를 협의하고 개입계획을 세운다. 개별로 가정에 찾아가서 상담을 제공할 경우에는 청소년뿐만 아니라 가족구성원 전체에 영향을 끼칠 수 있는 개입계획을 수립한다.

③ 개입

합의된 상담목표를 달성하기 위하여 개입을 실시한다. 대상청소년의 심리적 변화를 도모하기 위한 상담개입과 더불어서 가정의 부적절한 요소들을 변화시키거나 제거할 수 있는 개입방법도 실행한다. 목표를 달성하기 위해 회기를 진행하는 것은 일반 상담과정과 동일하다.

④ 상담목표 달성평가

개입을 통해 상담목표가 어느정도 달성되었는지를 지속적으로 평가한다. 목표 달성에 대해 어느정도 확인이 되고, 상담자와 대상청소년이 합의하게 되면 종결하게 된다. 종결 수회기 전에 종결에 대해 논의하고 종결을 준비시키는 것도 일반 상담과정과 동일하다.

⑤ 종결 및 추후상담

종결 시에는 추후상담에 대한 논의도 이루어져야 한다. 이 역시 일반 상담과정과 같다. 특히, 가정방문의 경우 대상청소년의 가족들과의 정서적 이별에 대한 준비를 잘해야 한다. 구조적으로 결손이 있는 가정인 경우 정기적인 방문이 다른 가족 구성원들, 예를 들어 대상청소년의 할머니나 어린 동생 같은 구성원들에게 어떤 영향을 끼칠지를 민감하게 고려해서 종결과 추후상담을 진행해야 한다.

〈표 7-3〉 찾아가는 상담 시 주의사항 (노성덕, 2008, pp. 51-52 재인용)

■ 가정방문 시 주의사항

- 사전에 대상자 및 보호자와 약속 시간을 정하고 방문한다.
- 대상자에 대한 종합평가가 이루어졌더라도 방문 초기에는 2인 이상이 함께 방문하도록 한다.
- 상담자는 단정한 복장을 하고 친절한 태도로 대상자를 만난다.
- (대상청소년 주변인에 대한 상담이 필요한 경우) 대상자의 보호자와 관련인에 대해 정확히 파악하여 면담 대상을 정한다.
- 대상자의 보호자가 알코올중독 또는 가정폭력을 행사할 경우 대상자와 대상자의 또 다른 가족구성원과 협의하여 지역정신건강복지센터, 아동보호전문기관, 가정폭력상담소 등 적합한 기관과 연계하여 개입하는 것 등을 고려한다.
- 상담자는 대상자의 심리적 특성에서 비롯되는 대인관계 패턴 등을 잘 이해하여 대상자에게 결과적으로 불이익이 초래되는 태도를 보이지 않는다.
- 내담자 또는 내담자와 관계된 인물들과 성적 관계나 금전 관계 등 부적절한 관계를 맺지 않는다.
- 상담자는 대상자로부터 성적, 폭력적 행동을 유발하는 행위를 하지 않는다.
- 찾아가는 상담회기를 마친 후 그 결과를 기관의 상급자에게 보고한다.

■ 학교, 공부방, 청소년시설 등 방문 시 주의사항

- 대상자가 소속된 학교 등 기관 방문 시 사전에 대상자와 협의한다.
- 학교나 기관에서 대상자를 지도하는 교사 또는 지도자 등과 일시, 상담장소 등에 대해 사전에 협의한다.
- 방문 시 대상자에게 불이익이 되는 행동을 하지 않는다. 즉, 대상자가 상담 중이라는 사실을 공공연하게 알리거나 기관의 고유 시간(수업, 식사 등)에 대상자를 지목하여 불러내는 등의 행동을 하지 않는다.
- 기관에서 대상자를 상담하고자 계획할 때, 기관의 고유 활동을 침범하지 않도록 고려한다. 기관은 상담하는 것을 본래 목적으로 하지 않기 때문에 차후 방문이 어려워질 수 있으며, 상담 활동이 중단되는 상황이 초래될 수 있음을 기억해야 한다.
- 개인을 대상으로 하지 않고, 기관에 임시상담실 운영, 집단 프로그램 개설, 특별교육 프로그램 운영 등으로 상담을 실시하고자 할 때는 기관의 관계자와 충분히 협의하고 진행하여야 한다.
- 기관으로 찾아가는 서비스를 제공한 후 그 결과를 기관의 상급자에게 보고한다.

(2) 찾아가는 상담이 유형

상담 전문가가 개인적으로 내담자를 찾아가서 상담하는 형태가 찾아가는 상담의 가장 전형적인 유형이다. 유료든 무료든 상담 전문가가 자기의 전문적 기술을 활용해서 가정이나 학교를 방문하여 내담자를 변화시키는 것이다.

지역사회를 기반으로 일하는 청소년상담자들은 이런 전형적인 형태의 찾아가는 상담 외에 제도와 정책으로 발전시킨 사업들을 즐겨 활용한다. 그 한 예가 청소년동반자사업이다. 청소년동반자는 위기상황에 처해서 상담센터로 내방할 수 없는 청소년을 그가 생활하고 있는 장면 속으로 찾아가서 상담과 각종 지원을 통합해서 제공하는 상담 전문가이다. 청소년동반자 제도가 지역사회기반 청소년상담 영역에서 긍정적인 평가를 받으면서 다양한 영역이 이를 벤치마킹하고 있다. 청소년동반자 사업 이외에도 아웃리치상담, 긴급위기청소년에 대한 긴급구조, 학교 현장에서 위기학생을 조기에 발굴하고 개입할 수 있는 또래상담 프로그램 등이 대표적이라고 할 수 있다.

학습을 위한
질문과 과제

※ 지역사회 공동체 위기개입

1. 위기의 의미와 위기수준에 대해 논의해 보라.

2. 위기개입과정을 말해 보라.

3. 지역사회 공동체 차원에서 위기개입을 하기 위해 청소년상담자로서 사전에 준비해야 하는 것에 대해 정리해 보라.

4. [그림7-3]을 참고해서 개별 개입, 팀개입, 공동체개입 등에 대해 생각해 보고, 각각의 개입에 적합한 위기상황이 어떤 것인지에 대해 논의해 보라.

5. 위기개입을 위해 지역사회가 함께 협력하는 것이 무슨 의미가 있는지 말해 보라.

6. 위기상황 발생 시에 청소년상담자가 가장 우선적으로 해야 하는 것을 말해 보라.

7. 국가 차원의 위기개입이 진행되는 경우 청소년상담자로서 어떤 기여를 할 수 있을지에 대해 당신의 생각을 정리해서 말해 보라.

8. 이 장에서 소개하고 있는 위기개입 모형이나, 재난과 사고 등에 대한 개입 모형보다 더 효율적이고 효과를 가져올 수 있는 개입 모형에 대해 생각해 보라. 그리고 그것을 자신의 저술로 출판하기 위해 글쓰기를 시작해 보라.

※ 찾아가는 상담

1. 상담의 대상을 내담자(來談者)라고 지칭하는 것과 찾아가는 상담의 관계에 대해 생각해 보라. 찾아가는 상담에 어떤 영향을 미칠 수 있을지에 대해서도 생각해 보라.

2. 찾아가는 상담에서 유의해야 할 점들을 말해 보라.

3. 찾아가서 상담을 제공하는 것과, 내방으로 안내해서 상담하는 것에는 효과 측면에서 어떤 차이가 있을지 논의해 보라.

4. 찾아가는 상담의 유형에 대해 살펴봤다. 찾아가는 상담의 유형을 확대하는 것과 상담의 영역이 확대되는 것에는 어떤 관계가 있나?

5. 찾아가는 상담은 내방상담보다 어렵고 힘들다. 이 책에서 제시한 찾아가는 방법 말고도 외부에 자신을 노출하기를 꺼리거나 대인관계 기술이 부족하여 자발적으로 도움을 청하지 않는 청소년을 상담할 다른 방법에 대해 생각해 보라(단, 현재의 찾아가는 상담보다 더 안전하고, 효율적이며, 효과적이어야 한다).

8장

지역사회기반
청소년상담자의
기관 운영

1. 청소년상담자와 청소년상담기관 관리자

청소년상담자에게 상담역량 이외에도 다양한 역량이 필요하다는 것은 이 책 2장에서 자세히 다루었다. 이 가운데 상담기관을 관리하는 역량은 직장인으로서의 연차가 더할수록 중요성이 커진다. 만약 상담기관에서 일하지 않고 개인 상담연구소를 개업한다면 개업 시작 전부터 관리역량이 발휘되어야 한다.

상담기관의 관리자는 초급관리자, 중간관리자, 최고관리자 등으로 나누어진다. 초급관리자는 흔히 선임상담원이나 대리 또는 차장 등으로 불린다. 중간관리자는 팀장, 부장, 부센터장 등으로 불린다. 최고관리자는 소장, 센터장, 원장, 본부장, 이사장 등으로 불린다. 같은 관리자라고 하더라도 어느 수준인지에 따라 기관을 운영하는 것에 대한 시각이 다르고, 부여받은 권한에도 차이가 있다. 따라서 부여받은 직급에 맞게 역할을 수행하는 것 역시도 청소년상담자가 적응해야 하는 과업이 된다.

상담기관에서 일을 하다 보면 이러한 역할 수행에서 빚어지는 갈등과 부적응을 어렵지 않게 목격하게 된다. 사실 의사, 변호사, 교수와 교사, 목사와 신부, 상담 전문가와 임상 전문가 등 비교적 개인의 역량에 초점을 둔 전문직종에 종사하는 사람들의 공통된 특징 중 하나가 독립적이고 독자적으로 자신의 업무를 수행하고자 하는 욕구다. 자신의 역량을 자신의 전문성을 담보로 자신의 책임하에 발휘하고 싶은 욕구라고 할 수 있다. 실제로 이런 직종의 전문가들은 양성과정에서 그렇게 훈련받기도 한다. 상담 전문가들 역시도 이런 분위기에서 훈련을 받는다. 그러다 보니 조직의 구성원으로 취업을 하면 '상담을 통해 자기의 역량을 발휘하고 좋은 평판을 얻고 싶어' 한다. 그래서 자꾸 '상담'에 전념하고 싶어 하고 나아가 '상담만' 하고 싶다는 생각을 하게 된다. 경우에 따라서는 그렇게 할 줄 알고 취업하는 상담자도 있다. 하지만 조직의 일원이 되면 '상담'도 하지만 '상담과 관련된 업무'도 해야 한다. 아주 많은 경우에는 '상담'보다 '상담과 관련된 업무'에 몰두해야 하는 시간이 더 많다. 더욱이 간부가 되면 '상담'은 점점 적게 하고 '기관 운영과 관련된 업무' 비중이 커진다. 그래서 상담 전문가는 취업을 하면 비교적 짧은 시간 안에 회의를 느끼는 경향이 있다. 자신이 상담자로서의 정체성을 잃는 것만 같기 때문이다. 이로 인해 경험하게 되는 소진에 대해서는 이 책 2장에서 기술한 바 있다.

정도의 차이가 있지만, 이런 현상은 다른 전문 분야에서도 일어난다. 변호사는 '변호'만 하고 싶고, 교사는 '가르치는 것'만 하고 싶고, 목사는 '설교'만 하고 싶고, 의사는 '치료'만 하고 싶어 한다. 그러나 조직의 구성원이 되고, 개업해서 오너가 되면 곧 벽에 부딪치고 만다. 그래서 고민도 많이 하고 직업현장에 적응하기 위해 노력도 많이 한다. 상담 전문가 역시도 새로운 역할에 적응하는 것이 필요하다. 만약 상담 전문가들이 기관 운영 등에 대해 소극적이 된다면 상담기관임에도 불구하고 간부들은 경영이나 행정을 공부한 사람들의 몫이 되는 수가 있다. 상상해 보라. 상담을 전공하지 않은 사람들이 나의 상사로 앉아 있다면, 내가 하는 상담 전문가로서의 업무를 제대로 이해받을 수 있겠는가?

이런 고민은 현장에서 일하는 상담자의 몫으로만 돌려져서는 안 된다. 상담자를 양성하는 일을 담당하고 있는 대학의 전공학과에서도 지열하게 고민해야 한다. 청소년상담자로 어느 정도 일을 하다 보면 관리자가 되기 마련인데도 우리나라 각 대학원의 상담전공 석·박사과정에 기관 운영과 관련한 교과목이 개설되어 있지 않은 것은 무척 안타까운 일이다. 청소년상담자들이 행정과 경영에 대해 학습할 기회를 갖지 못하면 당연히 관리자로서의 역할을 어려워할 수밖에 없다. 지역사회를 기반으로 하는 청소년상담기관인 청소년상담복지센터, 위센터, 학교밖청소년지원센터 등이 전국적으로 자리 잡으면서 기관 운영에 관한 교육과 훈련이 점점 더 요구되고 있다. 위에서 설명한 것처럼 기관 운영은 최고경영자만 하는 것이 아니다. 조직의 일원이 되는 순간 기관 운영에 참여하는 것이고, 이후 관리자 등급에 따라 비중이 커지고 수준이 달라지는 것이다. 그래서 처음 상담이라는 학문에 입문하는 시기에서부터 상담기관 운영에 대한 학습이 시작되어야 한다. 현재는 각각의 상담현장이나 상담 관련 학회 등에서 직무연수 또는 특강의 형태로 진행되지만 조만간 대학원 과정에 상담기관 운영에 관한 과목 또는 세부 전공이 신설되리라 기대해 본다.

2. 청소년상담기관 운영의 실제

1) 청소년상담기관 운영방향 설정

(1) 청소년상담기관 운영방향의 근거

청소년상담기관의 운영방향을 설정하는 것은 기관 운영의 시발점이다. 운영방향은 기관의 존재 이유, 기관이 주되게 수행해야 하는 사업, 어떤 전문가들이 포진해야 하는지 등을 결정해 주는 초석이다. 청소년상담기관의 운영방향을 적합하게 세우기 위해서는 설립주체의 의도와 서비스 대상자의 요구를 잘 파악해야 한다.

① 설립주체의 의도 파악

기관 운영의 방향을 설정할 때는 기관을 설립한 주체의 의지를 확인하는 것이 중요하다. 기관 설립의 주체는 국가나 지방자치단체일 수도 있고, 재단법인이나 종교 단체일 수도 있다. 개업한 경우라면 설립주체가 자신일 수도 있다. 우리나라에는 지역사회를 기반으로 하는 청소년상담기관이 대부분 정부나 지방자치단체가 설립 주체인 경향이 있다. 그렇다면 기관 운영의 방향은 정부나 지방자치단체의 청소년 정책 방향과 긴밀하게 연계되어야 한다. 그것이 정부나 지방자치단체가 예산과 인력을 투입하는 이유이기 때문이다.

이 때문에 청소년상담기관은 정부의 '국정과제', 여성가족부의 '청소년기본계획', 교육부의 '교육기본계획', 도지사 또는 시장·군수의 '지방자치단체 운영방침', 교육 감이나 교육장의 '교육방침' 등을 기관 운영방향 설정의 근거로 삼는다. 만약 삼성 이나 LG에서 상담실을 세운다면 기업에서 추구하는 직원 복지지원 방향이 상담실 운영방향의 근거가 될 것이다. 같은 지역사회기반 상담기관이라 하더라도 설립주 체가 어디냐에 따라 주요 활동에서 차이가 날 수 있다. 청소년상담복지센터와 학교 밖청소년지원센터는 같은 여성가족부의 청소년정책에 기반을 두지만 전자는 상담과 각종 서비스를 청소년에게 제공하는 것에 초점을 두게 되고, 후자는 학교밖청소년에게 자립의 토대를 제공하는 것에 추점을 둔다. 건강가정지원센터는 여성가족부의 가정지원정책에 기반을 두고, 위센터는 교육부의 학생적응지원 관련 정책에, 정신건강복지센터는 보건복지부의 국민정신건강지원 관련 정책에 기반을 둔다. 따라서 설립주체가 어디에 방점을 두느냐 하는 것을 이해하는 것은 기관 운영방향을 설정하는 데 매우 중요하다. 청소년상담복지센터가 전 국민의 정신건강지원에 나서겠다고 사업방향을 설정한다면 이것은 오류다. 건강가정지원센터나 정신건강증진센터가 학교밖청소년 지원에 전념하겠다고 하는 것도 오류이고, 위센터가 모든 가족을 서비스 대상으로 삼겠다고 하는 것도 오류다. 왜냐하면 각각의 기관을 설립한 주체의 정책에 맞지 않기 때문이다.

사진 8-1   국정과제 요약표와 청소년정책기본계획서 표지(2018년부터는 6차 기본계획임)

② 서비스 대상자의 기대와 요구

청소년상담기관은 서비스를 받을 대상자들이 존재하기 때문에 설립된다. 서비스 대상자들이 청소년상담기관에 기대하고 요구하는 것은 곧 기관의 존재 이유와도 직결된다. 정부나 지방자치단체가 기관을 설립하거나, 설립된 기관에 정책사업을 위임하는 것도 지역사회에 거주하고 있는 서비스 대상자의 기대와 요구에 토대를 둔다. 따라서 지역사회를 기반으로 하는 청소년상담기관의 운영방향은 서비스를 받을 대상자인 청소년과 부모의 요구에 부응할 수밖에 없다. 서비스 대상자의 기대와 요구는 설문조사, 면접 등으로 확인해서 기관 운영방향의 근거로 삼는다.

(2) 청소년상담기관의 미션과 비전

기관의 운영방향은 미션, 핵심가치, 비전 등으로 표현된다. 미션은 기관이 궁극적으로 존재하는 이유를, 가치는 조직을 이끄는 원칙을, 비전은 미션과 가치를 달성해 내기 위한 중장기 방향이다. 이 세 가지는 기관 운영의 방향을 표현하는 가장 전형적인 개념이라고 할 수 있다.

① 미션

미션은 청소년상담기관의 존재 이유, 설립목적 등을 담아서 한 문장으로 표현한 것이다. 선언적 표현이라고 할 수도 있다. 그래서 미션은 비교적 오래도록 지속되면서 한 기관의 상징처럼 존재한다. 이 미션은 위에서 설명한 '청소년상담기관의 운영방향'을 압축하여 표현한 것이기도 하다. 따라서 미션은 거시적이고 추상적인 표현이 많다. 방향을 제시해 주는 것이기 때문이다. 미션을 흔히 '기관의 나침반'이라고 하는 것이 이 때문이다. 모든 구성원들은 기관이 나아갈 방향을 미션을 통해서 확인하고, 미션을 통해서 공유하며, 미션을 통해서 의기투합한다.

미션은 한 개의 문장으로 표현하는 경우가 많은데, 이 때문에 미션으로 사용할 문장을 만들어 내는 것이 쉽지는 않다. 하지만 몇 가지 사항에 주의한다면 구성원들이 머리를 맞대고 정의를 내릴 수 있다. 물론 미션의 근거는 앞에서 제시했던 설립주체의 의도와 서비스 대상자의 기대임은 잊어서는 안 된다. 효과적인 미션기술서는, ⓐ 단순하고 명확해서 구성원들이 쉽게 이해하고 공유할 수 있어야 한다. ⓑ 그러나 너무 단순하기보다는 설립의도를 포괄할 만큼의 기술임을 잊어서는 안 된다. ⓒ 미션은 기관의 존재 이유인만큼 장기적으로 사용할 수 있도록 기술해야 한다. 그리고 마지막으로, ⓓ 기관의 미션은 기관의 존재 이유를 기술하는 만큼 구성원들의 심금을 울려서 변화를 불러일으킬 수 있는 문장이면 좋다.

② 핵심가치

우리나라에서 지역사회를 기반으로 일하는 청소년상담자는 취업의 일환보다는 '청소년상담'이 좋아서 청소년상담기관을 선택하는 경향이 있다. 사실 여타의 전문 영역에 비해 청소년상남 분야의 저우 수준은 높지 않다. 그럼에도 불구하고 대학원에서 석사 또는 박사학위 과정을 마치고도 청소년상담 분야를 선택하는 것은 취업 이상의 어떤 의미를 추구하기 때문이다. 청소년상담 전문가들은 청소년을 상담하는 일에 상당한 의미를 부여하는 경향이 있다. 핵심가치는 바로 이것에 상응하는 개념이다.

기관에서는 핵심가치를 대개 단어나 구(句)로 표현한다. '존중' '배려' '창의성'과 같은 단어나 '세계 일류' '고객 지향' '최고의 전문성'과 같은 구가 그 예이다. 핵심가치는 미션이나 비전과도 맥을 같이한다. 어떻게 보면 미션이나 비전을 이루는 근간이 되기도 하고, 미션이나 비전을 실현하기 위한 지향점이 되기도 한다. 기관의 구성원들은 핵심가치를 통해서 자신의 발전상, 고객을 대하는 태도, 업무를 수행하는 자세 등을 점검하게 된다.

③ 비전

비전은 미션을 달성하기 위해 5~10년 정도의 안목을 가지고 정하는 일종의 모토다. 미션보다는 구체적인 방향제시이지만 1~2년 내에 가시적인 성과를 가져오는 것이 아니기 때문에 전략목표에 비하면 추상적인 표현이기가 쉽다. 하지만 기관의 구성원들은 비전을 통해서 기관의 미래에 대해 비교적 구체적인 그림을 확인할 수 있고, 각 부서별로 지향해야 할 사업전략과 부서목표를 기술하는 근거를 얻게 된다. 비전은 미션을 실현시켜 주며, 기관 내 각 부서의 전략목표를 달성하기 위해 인력, 예산, 시간 등을 배분하는 데 하나의 지침이 되는 것이다.

비전도 미션처럼 문장으로 기술된다. 비전문을 구성할 때도 몇 가지 사항만 주의한다면 구성원들이 서로의 심금을 울리게 할 문장을 만들어 낼 수 있다. 먼저 미션과 마찬가지로 비전은 설립자의 의도와 고객의 기대에 근거해야 한다. ⓐ 비전은 미션, 핵심가치와 일관성을 유지해야 한다. ⓑ 비전은 이해관계자 모두에게 호소력이 있어야 하며 정서적 감흥을 일으킬 수 있게 기술하는 것이 좋다. ⓒ 비전은 현실에 기반을 두고 실행 가능하게 기술해야 한다.

2) 상담사업관리

상담사업관리는 기관의 미션, 핵심가치, 비전과 맥락을 같이한다. 비전을 달성하기 위하여 기관의 모든 사업을 범주화하여 전략목표로 정리하고, 목표별로 성과지표를 도출하여 관리하게 된다.

(1) 지역사회 요구와 상담사업

지역사회를 기반으로 하는 청소년상담기관의 사업은 설립주체의 의도와 지역사회의 요구를 반영하여 구성된다. 청소년상담기관의 주요 사업은 〈표 8-1〉과 같다. 이 표에 제시한 주요 사업은 표준적인 것이다. 청소년상담기관에서 수행하게 될 상담사업들은 기관의 미션과 핵심가치, 비전의 맥락에 맞게 범주화한다. 청소년상담기관의 사업을 구분하는 가장 일반적인 범주는 '상담사업' '위기개입사업' '교육연수사업' '성과연구 및 프로그램 개발사업' '특성화 프로그램 운영사업' 등이다.

〈표 8-1〉 지역 청소년상담복지센터의 주요 사업

유형	주요 사업
상담사업	• 개인상담, 놀이치료, 미술치료 • 집단상담, 집단 프로그램 • 가족상담 • 전화상담
위기개입사업	• 긴급구조 및 일시보호 • 재난 및 사고 등에 대한 긴급개입
교육연수사업	• 시민 상담학교 • 교사대상 상담직무연수
성과연구 및 프로그램 개발사업	• 조사연구 및 세미나 • 상담성과연구
특성화 프로그램 운영사업	• 학교폭력 대응 또래상담 • 찾아가는 상담 프로그램 청소년동반자사업 • 인터넷 중독 청소년 지원사업 • 후기 청소년 자립지원사업 • 밀집지역 아웃리치

〈표 8-1〉의 표로 정리한 사업은 기관의 조직 구성과 업무배치에 영향을 미친다. 청소년상담기관에 기획전략부, 상담부, 위기개입부, 역량개발부 등 4개의 부서가 존재한다고 가정하자. 각 부서에 〈표 8-1〉의 사업 유형을 배치하면 다음과 같다.

- 기획전략팀: 기관 운영, 대외업무
- 상담팀: 상담사업, 특성화 프로그램
- 위기개입팀: 위기개입사업
- 역량개발팀: 교육연수사업, 성과연구 및 프로그램 개발

기관의 상담사업은 설립주체와 지역사회 주민들의 요구를 반영하고, 지역 내 환경을 고려하여 유형과 규모를 정하게 된다. 이 과정에서 가장 흔하게 사용하는 분석방법이 SWOT(strength, weakness, opportunity, threat)분석이다. SWOT 분석표를 작성하면 내부 환경과 외부 환경으로부터 강점과 기회, 약점과 위기를 분석하게 된다. 이를 토대로 강점과 기회를 극대화하고, 약점과 위기를 극복하기 위한 대처전략을 도출하게 되는데 이러한 분석은 청소년상담기관이 새로운 사업을 구상하는 데 도움이 된다.

	이점 Helpful	손해 Harmful
내부 Internal	강점 Strengths	약점 Weaknesses
외부 External	기회 Opportunities	위기 Threats

그림 8-1 SWOT 분석 양식

상담사업을 정하면 기관의 종사자들이 마음을 함께해서 각각의 사업을 통해 달성할 목표를 정하게 된다. 목표는 기관의 미션과 비전을 달성하기 위해 구체화한 것이다.

(2) 성과관리체계

기관에서 미션과 비전을 달성하기 위해 1년을 주기로 목표를 설정하고 부서 및 개인에게 목표 달성을 위한 성과지표를 부여하게 되는데 이것을 성과관리체계라고 한다.

① 전략목표

전략목표는 기관이 1년 동안 집중할 사업을 범주화한 것이다. 대체로 기관이 수행해야 하는 주요 사업 또는 수행하고자 하는 주요 사업을 유사한 범주로 모은 것이다. 기관이나 조직에서는 유사한 주요 사업을 모아 부서를 만드는 경향이 있다. 그래서 사업을 범주화한 것이 부서 구분이 되기도 하고, 때로는 부서별 특성대로 사업을 할당하기도 한다. 그러다 보니 부서별 사업목표가 전략목표가 되기도 한다. 이것은 가장 기본적인 형태다. 만약 조직 구성원 간 협업하는 분위기가 형성되어 있거나, 협력해야 하는 특성이 부서별 사업에 반영되어 있다면 2~3개 부서가 한 개의 전략목표를 공유할 수도 있다. 하지만 우리나라의 청소년상담기관은 규모가 그렇게 크지 않다. 규모가 좀 된다고 할 수 있는 시·도 청소년상담복지센터도 부서가 많으면 7개 정도다. 그래서 전략목표는 대체로 부서별로 할당되는 방식으로 시작하는 것이 좋다. 조금 익숙해지면 부서통합형 전략목표를 설정할 수도 있으나, 지표관리라는 측면에서는 어려운 점이 발생하기 쉽다는 것을 감안해야 한다.

② 전략과제

전략과제는 전략목표를 달성하기 위한 사업이다. 한 부서에서 담당하고 있는 꼭지사업들이 전략과제가 되는 경우가 많다. 대개 한 부서에는 매우 다양한 꼭지사업이 존재한다. 이들 사업들은 필요에 의해 그때그때 생겨나서 업무담당자에게 할당된다. 하지만 시간이 흐르다 보면 그다지 필요성을 느끼지 못하는데도 매년 해 왔기 때문에 가지고 있는 경우가 있다. 그렇게 몇 년 누적되면 한 부서에 매우 많은 꼭지사업이 존재할 수 있다. 성과관리 측면에서 보면 목표 달성에 저해가 될 뿐 아니라 부서 업무를 분산시키고 구성원들을 소진시킨다. 그래서 과감하게 사업들을 정리하려고 하는데 '누군가가 갑자기 그 사업을 찾을지 모른다.'는 불안감과 아쉬움 때문에 정리하지 못한다. 성과관리체계로 관리하게 되면 이 문제를 비교적 수월하게 다룰 수 있다. 청소년상담기관의 전체 전략체계의 관점에서 미션, 비전, 전략목표 달성을 가능하게 해 주는 우선순위를 정하고 관련성이 낮은 꼭지사업들을 과감하게 정리할 수 있기 때문이다. 미션과 비전, 그리고 전략목표는 설립주체와 지역주민들의 욕구를 반영하여 구성하였고, 논의를 통해 확정 지었으므로 전략적으로 꼭지사업을 정리하는 것은 매우 논리적이다.

전략과제는 전략목표를 달성하기 위해 선정하게 된다. 한 개 부서 또는 복수의 부서가 협업해서 전략과제를 선정할 수 있고, 1년 동안 모든 사업을 전략목표 달성에 맞게 추진하게 된다. 만약 누군가가 새로운 사업을 연중 제시해 온다면 이 전략체계 맥락에서 수용 여부를 결정한다.

③ 성과지표

성과지표는 전략과제 달성의 최종 결과를 표현한 것이다. 성과지표는 매우 구체적이며 수치로 확인 가능해야 한다. 성과지표는 계량지표와 비계량지표로 구분한다. 상식적으로 보면 계량지표는 수량화된 목표치이고, 비계량지표는 질적으로 평가해야 하는 목표지표다. 그러나 어떤 경우에는 계량지표를 메인지표라고 해석하고 비계량지표는 메인지표인 계량지표를 보완해 주는 지표로 해석하는 경우도 있어서, 반드시 수량화 가능 여부로 구분한다고 보기는 어렵다. 그러나 어찌되었든 성과지표는 수치로 확인 가능한 것이 좋다.

성과지표는 최종 달성 수준에 따라 투입지표와 산출(최종성과)지표로 구분하기도 한다. 예를 들어, 청소년상담기관에서 일 년 동안 지역 내 청소년 100명과 학부모 20명을 상담했다고 하자. 이것은 매우 중요한 성과다. 하지만 120명을 상담해 낸 것은 최종성과라기보다 투입지표라고 하는 것이 더 맞다. 지역 내 고객 120명에게 상담이라는 프로그램을 투입했기 때문이다. 그렇다면 산출지표는 무엇이 될 수 있을까? 청소년상담이라는 서비스를 투입해서 나온 '120명의 위기변화 정도' '서비스에 대한 만족도' 등이 산출(최종성과)지표가 된다.

성과지표는 팀성과지표와 개인성과지표로 나누어진다. 팀성과지표는 흔히 BSC(balanced score card)라 하고 개인성과지표는 MBO(management by objectives)라고 한다.

BSC는 조직의 미션과 비전, 전략목표, 전략과제를 기반으로 엄선한 성과지표들의 균형된 조합이라고 정의한다. 전체 전략관리체계를 표현한 개념이기도 하다. 이 때문에 시·군·구 수준의 청소년상담기관은 부서가 아니라 기관 전체의 성과관리체계를 BSC라는 개념으로 이해할 수도 있다. BSC는 전체 전략체계 간 연계를 중시하고, 전략목표 달성을 위한 지표들 간 균형을 기본으로 하며, 구성된 전략체계의 공유로 전체 조직 구성원 간 기관 운영에 대한 의사소통을 원활하게 한다는 특징을 가지고 있다(Niven, 2003).

MBO는 구성원 개인의 성과관리를 의미한다. MBO는 개별 구성원들이 전략목표, 전략과제에 맞게 개인의 성과지표를 정하고 관리하는 방식으로 운영한다. MBO 방

〈〈경영목표체계〉〉

미션	

비전	

공유가치	핵심가치				
	핵심가치				

전략목표				

전략방향				

전략과제				

양식 8-1 경영목표체계 양식의 예

식은 BSC 방식과 차이가 있는 듯하나, 많은 기관들은 조직관리를 할 때 BSC 관리체계하에서 개인성과관리 방식으로 MBO를 활용한다. 기관의 구성원들이 미션, 비전, 전략목표하에서 자기가 속한 부서의 BSC 성과지표 달성과 관련된 꼭지사업을 추진하면서 1년 동안 달성하고자 하는 목표를 설정하고 이를 관리해 가는 것이다. MBO로 구성원들이 설정한 목표가 달성되면 자연스럽게 팀성과지표가 달성되는 방식이다. 중간관리자인 팀장은 팀원의 MBO를 모니터링하면서 BSC 체계에 맞게 목표가 설정되고 달성되어 가는지를 관리해야 한다.

청소년상담기관의 미션, 핵심가치, 비전, 전략목표, 전략과제, 성과지표 구성에 대해 살펴보았다. 청소년상담기관은 미션부터 전략과제까지를 기관 경영관리체계로 도식화하여 홈페이지 등에 게시한다. 어떤 기관이든 효율적으로 사업을 관리한다는 것을 보여 주고 싶은 것이다. 이런 작업은 청소년상담자가 기관을 운영하면서 기관에서 진행하는 모든 상담사업을 관리하는 데 용이하다. 경영관리체계 양식은 [그림 8-1]과 같다. 이 양식을 참고하여 기관의 경영관리체계를 마련해 보자.

3) 인적자원관리

조직관리는 기관의 규정에 따라 객관적이고 합리적인 방법으로 해야 한다. 인적자원을 관리하기 위해서는 인사규정(선발, 부서배치, 훈련, 승진, 상벌 등), 복무규정(출퇴근, 업무처리, 출장, 출수강 등)을 만들고 규정에 정해진 바에 따라 진행하여야 한다. 재정관리, 문서 및 정보관리, 시설 및 재물관리 등도 기관의 규정에 따라 진행하여야 한다. 기관이 보유하고 있는 규정집을 숙지해 두는 것은 조직관리에서 가장 선행해야 하는 일이다.

(1) 채용과 업무배치

지역사회를 기반으로 하는 청소년상담기관을 운영하는 데 있어서 전문인력의 중요성은 새삼 강조할 필요가 없을 만큼 영향력이 막대하다. 아주 과장되게 표현하면 청소년상담기관은 전문가 관리에 기관의 운명이 달려 있다. 전문가들이 청소년과 부모를 만나서 상담하고, 지역사회 자원과 소통하며 협업하고, 지역사회에 적합한 특화된 프로그램을 청소년 변화를 위해 가장 전문적으로 활용하기 때문이다. 청소년상담기관에서 청소년과 학부모를 상담해 내지 못한다면 그곳을 청소년상담기관이라고 하지 않을 것이다.

① 채용

결원이 발생하거나, 정원이 증원되거나, 신규사업 확보로 사업인력을 얻게 되었을 때 직원을 채용하게 된다. 직원 채용은 청소년상담기관의 구성원이 될 역량을 갖춘 사람을 찾아내어 선발하는 과정이다. 전문가 관리가 청소년상담기관 운영의 성패를 좌우하는 만큼 직원 채용은 매우 신중하게 진행되어야 한다.

첫째, 언긴 직원 충원 계획을 세워 두는 것이 좋다. 내체로 연말이 되년 다음 해 사업의 윤곽이 드러나게 된다. 새로운 사업이 들어오거나, 정원이 증원되는 등의 계획이 수립되기 때문이다. 따라서 전체 사업 규모에 따라 채용계획을 마련하는 것이 좋다.

둘째, 인사위원회를 구성할 때는 반드시 외부인을 포함시켜야 한다. 외부 전문가가 포함된 인사위원회를 통해 채용 절차를 진행해야 객관적으로 기관에 적합한 인재를 채용하는 데 유리하다.

셋째, 상담직렬을 선발할 경우 공인된 자격증 보유자를 선발하는 것이 좋다. 청소년상담기관은 직원을 선발해서 곧바로 내담자를 배정하는 경향이 있다. 그것은 청소년상담복지센터든 위센터든 청소년상담기관들이 대개 병원의 응급센터처럼 그야말로 '밀려오는 내담자'를 다루어 내기에 인력이 넉넉하지 않기 때문이다. 공인된 자격증 보유자는 이론과 실습을 겸한 경우가 대부분이기 때문에 곧바로 상담현장에 투입하기에 용이하다.

넷째, 합격자를 임명하기 전에 기관의 업무, 신분과 급여 등 처우에 관한 내용을 정확하게 고지해야 한다. 그리고 고지한 내용은 계약서에 명시하여 채용을 공식화해야 한다.

② 업무배치

최종 합격자를 직원으로 임명한 후에는 기관에서 정한 수습기간을 거쳐 부서에 배치하게 된다. 수습기간에는 기관 전체 사업에 대한 오리엔테이션과 함께 일주일씩 전체 부서에 순환하며 업무를 습득하게 한다. 경우에 따라서는 하루씩 부서에 순환 배치할 수도 있다. 수습기간에는 기관의 전체 업무를 숙지하여 직원으로서 수행해야 하는 업무의 내용을 파악한다.

수습기간을 마치면 정규 업무에 배치한다. 업무배치와 함께 일정 기간 동안 선임자와 멘토-멘티를 맺어 준다. 신규채용된 상담자가 청소년상담에 익숙하지 않은 경우에는 멘토-멘티 제도를 통해 빠르게 적응하도록 도울 수 있다.

(2) 동기부여

상담은 쉽지 않다. 청소년상담기관에서 상담자로 일하는 것은 더 쉽지 않다. 지역사회를 기반으로 하는 청소년상담기관에서 상담 전문가로 일하는 것은 더더욱 쉽지 않다. 고객형 내담자보다는 비자발적으로 의뢰되는 내담자가 많고, 위기상담도 많으며, 청소년문제 추이에 따라 개발되는 상담사업도 많다. 그런 일들을 모두 소화해 내다 보면 쉽게 지친다.

사실 일에 지치는 것은 청소년상담만은 아니다. 모든 직종에서 일하는 모든 직업인들이 자기 일에 지친다. 단순하면 단순해서 지치고, 복잡하면 복잡해서 지치고, 반복되면 반복되어서 지치고, 변화가 심하면 변화가 심해서 지친다. 직업으로 하는 일이어서 그렇다. 골프도 취미로 하면 재미있지만, 직업으로 하면 지치고 지겨워지기 마련이다. 조직의 관리자는 직원들이 일정 수준 동기를 가지고 직무를 수행하도록 조율하는 능력이 필요하다. 그래서인지 조직을 이끄는 CEO가 되면 연설이나 인사말을 가지고도 직원들이 신급은 운리기 위해 고심한다. 책도 많이 읽고 연설도 연습한다. 말 한마디, 몸짓 하나로도 직원들이 하는 일의 가치를 존중해 주고, 그들이 하는 일이 가족과 이웃과 사회와 국가와 인류에 어떻게 기여가 되는지를 해석해 주려고 한다. 청소년상담기관의 관리자에게도 이런 노력이 필요하다. 내적 동기유발과 외적 동기유발 방법들을 개발하여 적용하는 것이 좋다.

나에게 청소년상담이란…

나는 청소년상담이 참 좋다. 대학에서도 상담을 수년 동안 했지만, 청소년상담이 좋아서 청소년상담자가 되었다. 30대 초반에는 청소년을 대상으로 하는 또래상담이 내 나라 국민들이 가진 일방적 의사소통 구조의 근간을 바꾸어 주는 것이 된다고 믿고 전국 구석구석을 누비며 사업을 전파했다. 대화할 줄 알고, 대화로 갈등을 해결할 줄 알며, 대화하면서 자기 감정을 조절하고, 옳고 그름에 대한 상식을 가진 또래상담자가 매년 10만 명씩만 양성되면 수십 년 후에 그들이 이 나라의 리더가 되었을 때 이 나라가 저변에서부터 조용히, 그러나 거대한 흐름처럼 긍정적 변화가 일어날 것이라 믿었다. 그것은 진정한 의미의 민주화를 앞당기는 것이라고 믿고 뛰었다. 지금도 그 믿음에는 변함이 없다. 30대 후반에는 지역사회청소년통합지원체계가 청소년상담의 한국적 모형이 될 수 있다고, 그렇게 만들 수 있다고 믿고 모든 지역을 발로 밟으며 컨설팅하고 지원했다. 내 발로 밟아 보시 않은 방은 청소년에게 마땅히 돌아가야 할 혜택에서 소외될 것이라 생각하고 일년 내내 출장을 힘들어하지 않았던 기억이 난다. 어느 해엔가는 기관으로부터 "길 위의 상담자상"을 수여받기도 했다.

누군가 내게 물었다. "선생님은 청소년상담에 대해 열정을 가지신 것 같아요. 선생님에게 청소년상담은 뭡니까?" 나는 이렇게 대답했다. "청소년상담은 내게 소명입니다." 그렇다. 나는 20대 내내 교회 선생님을 하면서 청소년상담자로 평생 일하기로 결심하고 대학원에 진학해서 상담을 전공으로 석사학위와 박사학위를 받았다. 내 삶의 기복과 상관없이 청소년상담은 내게 소명이다.

청소년상담기관에서 일하는 상담자들은 저마다 독특한 동기를 가지고 있다. 적어도 우리나라에서 상담 전문가라는 직업이 현재까지는 그다지 좋은 처우가 아닌데도 불구하고 상담 전문가가 되었다는 것은 그만한 동기가 있기 때문인 것이다. 청소년상담기관의 관리자라면 이런 동기를 잘 파악하고 관리해 주어야 한다.

(3) 복무관리와 복리후생

① 복무관리

직원들의 복무를 관리하는 데는 형평성이 중요하다. 누구에게나 동일한 기준이 적용되어야 한다는 것이다. 그래서 복무규정을 정하고, 그에 맞게 생활하도록 해야 한다. 출근 시간과 퇴근 시간, 휴가와 휴무, 초과근무와 휴일근무, 출장, 외부 출수강 등이 명확하게 정해진 바에 따라 진행되도록 관리해야 한다. 특히, 청소년상담기관이 지방자치단체에 의해 설립된 공공기관 성격을 가졌을 경우에는 더더욱 복무관리에 만전을 기해야 한다.

복무관리 중 가장 빈번하게 문제가 되는 이슈가 출수강이다. 수강의 경우는 평직원에 많이 해당하고, 출강의 경우는 관리자에게 많이 해당한다. 그래서 각 기관마다 필요에 의해서 근무 시간 내 수강과 출강에 대한 지침을 마련해 놓고 있다. 그런데 간혹 관리자들이 규정이나 지침보다도 과하게 출강을 해서 문제가 발생하는 경우가 있다. 관리자들은 지역사회 내 대학, 유관기관, 단체들로부터 사례비가 있는 강의 요청을 받는다. 이런 식의 출강은 기관 간 연계와 협력에 도움이 된다. 그러나 아무리 도움이 된다고 해도 규정이나 지침을 위반해서는 안 된다. 근무 중에 15학점씩 대학에 출강한다거나, 기백만 원에 해당하는 사례비를 받으면서 축소 신고하는 식의 위법한 일이 발생해서는 안 된다는 것이다. 복무위반의 경우 해임이라는 중징계에 이를 수도 있는데, 이런 결과는 기관에 대한 신뢰에 치명적인 악영향을 끼친다.

② 청소년상담기관 구성원으로서의 윤리적인 삶과 준법

청소년상담기관 구성원들은 상담 전문가 그룹의 윤리요강을 준수하고, 관련 법을 준수하는 삶을 살아야 하다. 이 것에 대해서는 이 책 2장 4절과 3장에서 기술하였다. 지역사회를 기반으로 일하는 청소년상담자들에게 윤리와 법을 준수하는 것은 매우 중요한 의미가 있다. 지역을 기반으로 활동하기 때문에 윤리와 법적으로 문제가 발생했을 경우 생각보다 빠른 시간 안에 지역 내에 전파되기 때문이다. 만약 상담 전문가가 윤리적으로 문제가 있고, 범법행위를 해서 기소되는 일이 발생한다면 상담 전문가로서의 평판에 큰 흠집이 나고, 궁극적으로는 지역사회에서 오랫동안 쌓아 두었던 신뢰감이 한순간에 무너질 수 있다.

특히, 내담자 및 보호자와의 불미스러운 사적관계에 관한 일은 치명적이다. 성적(性的)인 문제가 발생하게 되면, 상담실이라는 제한된 공간에서 일대일로 이루어지는 상담의 특성상 그 누구도 상담기관에 찾아오지 않을 것이기 때문이다. 이런 점을 고려해서 이 책 2장과 3장의 내용을 다시 한 번 숙지하고 자기관리뿐만 아니라 기관의 전 구성원에 대한 관리에도 관심을 기울여야 한다.

③ 복리후생과 소진 예방

직원의 복리후생과 소진 예방은 관리자가 제일 고심하는 주제다. 복리후생은 직원에 대한 다양한 복지혜택을 말한다. 복지포인트제도, 포상제도, 건강검진지원, 체력단련 또는 동호회 활동지원, 교육지원, 직원 야유회 등이 이에 해당한다. 복리후생은 중장기적인 관점에서 지속적으로 추구해 가야 하는 주제다. 특히, 청소년상담기관이 공적 영역에서 설립된 경우에는 이윤창출 활동을 하지 못하기 때문에 매년 수립되는 예산에 의존할 수밖에 없다. 그래서 관리자의 역할이 한계에 부딪칠 수밖에 없으나 정규 예산 확보 이외의 방법들을 중장기적인 안목을 가지고 창의적으로 개발할 필요가 있다.

상담이라는 직종에 종사하는 전문가들을 최근에는 감정노동자 또는 정서노동자라 칭하기도 한다. 고객과 정서적으로 교감하면서 문제해결을 도와야 하기 때문에 그 수준이 가히 중노동에 가깝다. 따라서 정서적인 고갈, 즉 소진을 경험하게 된다. 상담 전문가의 소진은 곧 기관의 능률, 성과에 영향을 미친다. 직원들의 소진 관련 상황을 이해하기 위해서 직원들과 정기적인 면담을 가질 필요가 있다. 면담은 다양한 방식으로 진행할 수 있다. 딱딱한 회의 분위기보다는 부서별로 점심식사를 함께하면서 자유로운 분위기를 연출할 수 있는 '도시락토크', 오후에 일대일 면담시간을 정해서 커피향과 함께 만나는 '부장이 제공하는 드립커피타임' 등을 만들 수 있다. 멘토-멘티 제도, 개별 심리분석 기회 제공, 직원 간 갈등중재 프로그램 운영, 사례

슈퍼비전, 외부 전문가 초빙 비구조화 집단상담 제공 등은 상담 전문가들의 소진 예방에 도움이 된다.

직장 내 동호회를 활성화하는 것도 직원 소진 예방을 위해 필요하다. 동호회라고 해서 많은 수의 사람들이 큰 행사를 하듯할 필요는 없다. 소수의 직원이라 해도 취미와 관심사가 비슷한 2~3사람이 모여서 특정 분야 스터디, 독서, 먹방, 사진, 커피, 등산, 동남아탐방, 제주도 찍고 대마도 찍고 울릉도 찍고, 캠핑, 주말농장 등의 모임을 가지도록 지원할 수 있다. 모든 동호회에 적은 금액이라도 지원금을 제공해 주고 동호회 활동 집중 시간을 할애해 주는 것도 도움이 된다.

4) 재정관리

(1) 예산수립과 재원확보

지역사회기반 청소년상담기관은 대부분 공공조직에 속한다. 이 경우 「예산회계법」의 적용을 받는데, 설립주체인 지방자치단체나 교육청 또는 교육지원청의 예산수립 절차에 따르게 된다. 청소년상담기관이 민간에 위탁되어 있는 경우에는 위탁법인의 재무회계규정이나 규칙에 따르게 된다.

예산은 인건비, 사업비, 경상비로 편성된다. 인건비는 다음해 급여 인상분과 추가되는 수당, 충원되는 인력을 고려하여 책정한다. 사업비는 기관의 미션, 비전, 전략목표, 전략과제, 성과지표와 맥을 같이하는 사업 수행 비용이다. 경상비에는 기관 운영과 관련된 시설장비 유지비, 출장비, 통신요금 등의 공공요금이 포함된다. 예산을 수립하기 위해서는 다음 해 사업계획서가 먼저 작성되어야 한다. 사업계획서상 필요한 사업비, 사업을 추진할 인력의 인건비, 소요되는 경비 등을 검토한 후에 예산서를 작성한다.

우리나라 청소년상담기관은 대체로 공공기관으로 분류되어 재정이 국가나 지방자치단체로부터 나온다. 우리나라 청소년상담기관의 재정은 공공재원의 비중이 높다. 지방자치단체에서 수립하는 청소년상담기관 운영 예산과 중앙부처로부터 교부되는 예산이 대부분을 차지한다. 이 외에 기관을 수탁 운영하는 법인으로부터 운영

<표 8-2> 지역사회기반 청소년상담기관 재정 항목

재원 분류	지원 주체	주요 내용	비중
공공재원	지방자치단체	청소년상담기관 운영비	60~80%
	정부 부처	정책사업관련보조비	20~40%
법인재원	운영법인	운영지원비	0~20%
기타재원	사회복지공동모금회 전문단체 상급기관 지역민간단체 등	특별사업 운영지원비 연구비 프로젝트 공동운영비 기부 등	0~20%

지원비가 편성되는 경우가 있고, 사회복지공동모금회라든지 한국상담학회, 한국청소년상담복지개발원 또는 한국교육개발원과 같은 기관, 단체로부터 연구나 프로젝트 공동운영비를 지원받는 경우도 있다. 그리고 지역사회청소년지원체계를 운영하면서 지역민간단체로부터 지정기탁 등의 형태로 기부금을 받는 경우도 있다. 이렇듯 다양하게 확보되는 각각의 예산은 수립 시부터 별도의 관리 항목으로 지정하여야 집행과 정산에서 오류를 범하지 않는다.

(2) 예산집행과 결산

예산집행은 기관 운영방침에 따라 수입과 지출을 실행하는 행위를 말한다. 예산집행은 청소년상담기관 운영 형태가 직영, 법인위탁, 민간위탁인지에 따라 차이가 발생한다. 직영인 경우에는 지방자치단체 또는 교육(지원)청의 예산집행 원칙을 따라야 한다. 법인위탁이나 민간위탁의 경우에는 위탁받은 기관의 예산집행 원칙을 따르되, 재원의 출처인 지방자치단체 또는 중앙부처 또는 후원기관의 예산지원 조건에 맞게 집행해야 한다. 따라서 각각의 재정지원 출처에 따라 예산집행 지침을 꼼꼼히 살펴보고 집행계획을 세워야 하며, 각각의 지침에서 요구하는 방식을 준수하여 지출결의를 진행하고 관련 서류를 완비해야 한다. 예산집행을 계약기간에 따라 종료한 후에는 결산자료를 만들고 보고해야 한다. 통상 회계연도는 매년 1월 1일부터 12월 31일까지이지만, 사업을 위탁받은 경우에는 계약서에 작성된 기간 동안 사업을 수행하고 정산한다.

최근 들어 공공기관의 예산집행을 투명하게 관리하기 위해서 일정 금액 이상인 경우 정산 시에 공인회계사의 감사결과를 첨부하도록 하고 있다. 회계감사는 또 다른 예산지출을 수반하므로 계획 시부터 별도의 예산을 정해 두어야 정산 시에 혼란이 없다.

(3) 감독

청소년상담 전문가가 소홀하기 쉬운 것 중 하나가 예산관리다. 사실 상담을 전공한 것이지 행정이나 경영을 전공한 것이 아니기 때문에 용어도 생소하다. 그래서 예산 관련 업무는 담당팀에 완전히 맡겨 두는 과오를 범할 수 있다. 이것은 기관을 운영하는 데 매우 위험한 태도다. 경영과 회계에 능통할 필요는 없다. 하지만 예산안 수립과 집행에 대해서는 능통할 필요가 있다. 기관의 중간관리자 또는 최고관리자가 되어서 예산을 수립하고 지출하는 일체의 행위를 남에게 맡겨 놓아서는 안 된다. 이것은 직원을 신뢰하는 것과 별개의 문제다. 청소년상담기관의 예산수립 관련 지침, 지출 관련 지침, 정산 관련 지침을 이해하지 않는 것은 전공하지 않았기 때문이 아니라 게을러서다. 기관이 정해 놓은 규정은 당연히 알고 있어야 하고, 사업마다 예산지침이 별도로 있다면 이 역시 익숙하게 학습해야 한다. 그래야 감독이 가능하다.

결재는 예산을 통제하는 중요한 장치다. 청소년상담기관에서는 예산을 지출할 경우 사전 승인을 받도록 하고 있다. 이른바 예산을 지출하기 위한 기획안을 기안하는 것이다. 기관에 따라서는 일정액 이상의 지출은 중간관리자가 전결하도록 하고, 지출 액수에 따라 최고관리자의 사전 승인을 받도록 한다. 승인된 사업을 추진한 후에 계획에 따라 지출하게 되는데, 지출 시에도 관리자의 결재를 득하도록 하고 있다. 사전 결재와 지출 시 결재를 통해 사업담당자는 중간관리자와 최고관리자로부터 감독을 받게 되는 것이다. 관리자의 결재에는 책임이 따른다. 결재란에 서명을 하는 것은 문제가 발생하면 책임지겠다고 문서로 남기는 것이다. 횡령과 착복 사고가 발생하면 횡령한 당사자는 법적 처벌을 받고, 결재라인에 있는 팀장과 센터장은 감독 소홀 등 관리 책임을 물어 해임될 수 있다. '잘 몰랐다.' '믿고 맡겼기 때문에 세부 사항은 검토하지 못했다.'라고 주장해도 받아들여지기 어렵다. 권한에는 반드시 책임이 따르는 것이다.

5) 문서 · 재물관리와 홍보

청소년상담기관에는 중요한 문서가 많다. 내담자와 관련된 모든 문서는 기밀에 해당하며, 동시에 보호해야 하는 정보에 해당한다. 사실상 문서와 정보는 달리 구분하기 어려운 점도 있다. 과거에는 문서는 종이에 기록한 것만 의미하기도 했다. 하지만 오늘날에는 종이뿐만 아니라, 인터넷에서 관리하는 자료들까지 포함하는 광범위한 용어로 사용하기도 한다. 문서와 정보가 구분되기 어려운 것은, 정보가 결국 문서로 작성되어 남기 때문이다. 기관 운영이 수년 이상 지속되면 누적되는 문서와 정보의 양도 상당하다. 관리자는 이에 대한 관리에 소홀하지 않아야 하다.

(1) 문서관리

① 문서생성

청소년상담기관에는 행정문서와 상담문서가 존재한다. 행정문서는 기관 운영과 사업 수행을 위해 생성된 문서다. 상담문서는 상담을 수행하면서 생성되는 각종 기록이다. 행정문서에는 기관에서 생성하는 기안문, 시행문, 계약서, 결의서 등이 대표적이고, 외부로부터 전달해 오는 문서는 접수문서가 대표적이다. 상담문서는 개인 · 집단 · 가족 · 전화 · 사이버 · 위기상담기록, 심리검사결과 등이 대표적이다.

이런 문서들에는 개인정보에 해당하는 정보들이 담겨 있다. 문서를 관리할 때는 기관에서 정하고 있는 문서관리규정과 이 책 3장에서 논의했던 「개인정보보호법」에서 정하고 있는 것을 준수해야 한다. 기안문과 시행문과 각종 상담기록지를 작성하고, 접수문서를 처리한 후에는 기관에서 정한 바에 따라 분류하여 보관한다.

② 문서보관과 폐기

문서는 종이로 인쇄하여 시건장치가 되어 있는 곳에 보관한다. 그런데 요즘은 전산망을 통해 문서가 수·발신되기 때문에 기관에 따라서는 굳이 인쇄하지 않고 컴퓨터 저장장치에 보관하기도 한다. 이런 경우 외부로부터 해킹에 대비하여 정보보안방안을 마련해 두어야 한다.

인쇄하여 보관하는 경우 문서의 성격에 따라 기밀유무를 정하고, 해당 문서에 대해 1년, 3년, 5년, 10년, 영구보존 등으로 분류하여 관리한다. 보존연한이 차면 해당 문서들은 파쇄기를 이용하여 파기한다. 문서를 보존하고 파기하는 일체의 행위도 기안을 통해 관리자의 사전 승인을 득하도록 하고, 이 과정에서 불필요한 문서유출이나 개인정보 관리 소홀 등의 문제가 발생하지 않도록 감독해야 한다.

(2) 정보관리: 개인정보관리, 사례기록관리

개인정보관리는 「개인정보보호법」에 준한다. 사례기록관리는 「개인정보보호법」에 준하되, 한국상담학회나 한국상담심리학회 등에서 정하고 있는 관리규칙을 참고한다. 기관에서 관리하고 있는 상담사례는 구성원인 상담자의 개인사례가 아니라 기관의 사례임을 명확하게 교육시킨다. 상담을 진행하면서 슈퍼비전이 필요한 경우 관련 기록물들을 활용하는 것에 대해 사전에 내담자와 보호자, 기관의 관리자로부터 허가를 받도록 한다. 상담을 진행하는 과정에서 회기 또는 심리검사 결과 기록물을 외부로 가지고 가는 것은 원칙적으로 금지한다. 다만, 부득이하게 필요한 경우, 예를 들어 찾아가는 상담을 전담하는 상담자가 기록물 중 일부를 보호자와 공유해야 하는 경우 등에는 관리자의 허가를 받고 해당 목적을 위해 기록물을 사용하고 약속된 시간 내에 반납하도록 한다.

경찰이 수사가 필요하거나 법원으로부터 재판을 위해 증거자료로 필요한 경우, 정책사업에 대해 감사원 등의 정부기관에서 감독을 목적으로 요청하는 경우 등에는 적법한 절차에 따라 해당 내용을 제공할 수 있다. 이때 「개인정보보호법」, 상담기관 운영에 해당하는 법률, 기관의 관련 규정, 전문학회의 요강 등을 참고하여 결정한다.

(3) 시설 및 재물관리

청소년상담기관에 속한 시설과 재물관리도 관리자의 중요한 과업 중 하나다. 청소년상담기관이 단독 시설을 가지고 있는 경우에는 재난이나 사고 등으로부터의 안전대책을 마련해야 하며 정기적으로 훈련도 실시해야 한다. 또한 소방장비, 수도시설, 전기시설, 냉난방장치, 주차시설 등에 대한 점검을 정기적으로 실시해야 한다. 문제가 발생한 경우 시설을 정비하거나 교체하는 등의 작업을 하게 되는데 연중 편성되어 있는 경상비에는 이런 것에 대한 대비가 반영되어 있어야 한다.

청소년상담기관에서 구입하거나 기증받아 구비한 물품들은 기관의 재물로 기록한다. 컴퓨터, 책상, 책장, 복사기, 에어컨, 선풍기, 전화기, 주방용품 등 기관이 소유한 물품은 유형별로 분류하여 재물관리대상을 만들어 관리한다. 구매일자, 구매단가, 비용, 사용연한, 폐기일자 등을 일목요연하게 정리하여 관리한다. 소모품은 소모품 대장에 기록하고 관리한다.

(4) 홍보

홍보는 청소년상담기관이 고객인 청소년 및 학부모와 원활한 관계를 유지하고자 하는 제반 노력을 의미한다. 상담기관에서 제공하는 서비스를 지속적이고 흥미로운 방법으로 알림으로써 소통관계를 유지하고자 노력하는 것이다. 청소년상담기관에서는 신문이나 방송과 같은 대중매체, 페이스북이나 블로그와 같은 SNS, 소식지(웹진)나 팸플릿과 같은 출판물, 사탕이나 물티슈와 같은 홍보물에 기관 소식을 인쇄해서 나누어 주는 방식으로 홍보를 다양하게 하고 있다. 이런 홍보물들을 가지고 청소년 밀집지역에서 아웃리치를 하기도 하고, 공연이나 행사 등을 통해 기관을 알리기도 한다. 지역사회에서 특정한 문제가 이슈로 떠오르는 경우에는 그것을 주제로 설문조사 등을 실시하고 그 결과를 토대로 세미나 또는 포럼 등을 개최하여 지역 언론에 노출시키는 등 사업 홍보의 장으로 활용할 수도 있다.

이런 홍보 외에도 지역사회에 자리하고 있으면서 수십 년 동안 전문적인 서비스를 제공하여 청소년과 학부모에게 도움을 주는 것은 강력한 사회적 신뢰를 획득하는 홍보방법이 될 수 있다. 청소년상담기관에서 오래도록 긍정적인 영향력을 끼치는 상담 전문가가 자리 잡고 있는 것만큼 강력한 홍보효과도 없다는 것이다. 관리자는 이런 점에 착안하여 청소년상담기관에서 상담자들이 지역사회에 미치는 영향을 인식시키고 관리해 나가야 한다.

3. 지역사회 전체 주민을 위한 사업

지역사회기반 청소년상담기관의 서비스 대상은 위기청소년에 국한되지 않는다. 지역사회의 모든 주민이 서비스 대상이다. 하지만, 일반적인 주민들은 청소년상담기관으로부터 도움을 받아야 하는 상황이 발생하기 전까지는 청소년상담의 필요성을 인식하지 못한다. 요구가 없는 사람들에게 상담 전문가가 억지로 서비스를 받을 것을 권할 수도 없다. 그러나 그렇다고 해서 내담자와 보호자 외의 주민들에게 무관심할 수는 없다. 청소년상담자들은 지역사회 전체 주민을 위한 사업을 구안할 때 두 가지 관점에서 사업을 기획한다.

첫째, 비교적 많은 주민들이 참여할 수 있는 지역 특성화 프로그램을 만든다. 지역 특성화 프로그램은 지역사회의 요구를 분석하여 비교적 많은 주민들이 참여할 수 있도록 만든다. 이것은 지역의 주민들이 고민하고 있거나 힘들어하는 문제들에 대해 청소년상담 전문가가 반응해 주는 것이다.

둘째, 문제예방의 관점에서 지역사회 전체 주민을 위한 사업을 만든다. 정신건강 영역에서 일하는 전문가들은 예방이 치료보다 낫다고 주장한다. 미국의 지역사회상담을 이끌고 있는 루이스(Lewis et al., 2011), 인간중심상담의 창시자인 로저스(Rogers, 2008), 현실요법의 창시자인 글래서(Glasser, 2001) 모두 예방을 강조한다. 상담자들은 예방상담(preventive counseling)을 상담학의 한 영역으로 이끌고 있기도 하다(Conyne, 2004). 지역사회를 기반으로 일하는 청소년상담자들도 이 책 1장에서 설명한 바와 같이 문제가 발생하기 전부터 예방적 차원에서 지역사회의 구성원들에게 관심을 가진다.

이 절에서는 특성화 프로그램과 예방사업이라는 두 가지 관점에서 기획하는 사업들을 간략하게 살펴보고자 한다.

1) 지역 특성을 고려한 프로그램

(1) 요구분석

특성화 프로그램을 운영하기 위해서는 지역사회 주민들의 요구를 분석하는 일이 선행되어야 한다. 이 책 4장에서 제시한 대로 지역사회의 특성을 분석하는 것이 도움이 된다. 특성을 분석하면서 다양한 설문조사를 통해 지역의 요구가 분석되면 지역사회에 적합한 프로그램을 구안할 수 있다.

(2) 지역 특성화 프로그램

지역 특성화 프로그램은 다양하게 구성할 수 있다. 우선 지역사회에서 이슈가 된 사건이나 문제를 중심으로 단회적인 특화사업을 진행할 수 있다. 흔하지 않은 상담사례를 주제로 '청소년 이슈 토크쇼' 또는 '특수 상담사례 세미나' 등을 개최할 수 있다. 이런 경우에는 독특한 사례발굴로 인해 이슈메이킹이 될 수 있는데, 향후 특수한 문제가 지속되거나 확장될 여지를 검토하고 새로운 지역 정책사업으로 이어지게끔 제안할 수 있다.

지역 특성을 고려하여 수년 간 지속될 수 있는 특성화 프로그램을 구안하는 것도 좋다. 이 책 4장에서는 가상의 도시인 소망시의 지리적, 문화적 특성과 청소년 동향, 그리고 청소년 지원에 가용한 자원들을 분석했다. 그 결과를 놓고 특성화 프로그램을 가정하면 다음과 같다.

첫째, 청소년 밀집지역 중 'B 지역'에 '드롭인센터[1]'를 설치하여 상설아웃리치의 거점으

---

1) 드롭인센터는 거리에 나온 위기청소년들을 위한 시설이다. 대개 상담실, 생활시설(샤워, 주방, 세탁)을 갖추고 있으며, 산난안 먹거리와 의약품 등을 세공해 둔다. 가출청소년이나 낮 동안 집에 머무는 니션이 어려운 청소년들이 이곳을 거점으로 이용하면서 사례로 발굴된다. 우리나라에는 대전에 최초로 설립되었고, 이어서 부평구 지하철역사에 설치된 바 있다. 청소년상담기관 중에는 필자가 안양시청소년상담센터에서 소장으로 일할 때 시청의 지원으로 안양5동에 드롭인센터를 운영한 바 있다. 안양5동은 안양역과 안양1번가, 안양중앙시장, 남부시장이 인접해 있는 청소년 밀집지역이다. 드롭인센터는 통상 아침 10시에 문을 열고, 저녁 10시에 문을 닫는 방식으로 운영한다.

로 삼는다. B 지역은 소망시의 구도심지로서 중앙시장과 북부시장이 위치하고 있다. 소망시 청소년뿐만 아니라 인접해 있는 대한광역시와 상현시, 시현시, 안녕시 청소년들도 유입되어 노는 청소년 밀집지역이다. 학업을 중단한 청소년들과 인접도시에서 유입된 청소년들이 팸을 형성하고 있기도 하기 때문에 '드롭인센터'를 설치하여 즉시적인 도움을 제공함과 아울러서 소망시 위기청소년들을 발굴하는 루트로 활용한다. B 지역 인근에는 청소년상담복지센터, 아동보호전문기관, 청소년쉼터, 소방서, 여성회관이 위치하고 있어서 위기청소년을 지원하는 데 여러 전문가들이 협업하기에 유리하다. 드롭인센터는 통계에는 잡히지만 구체적으로 누구인지 확인하기 어려운 소망시의 사각지대에 놓여 있는 위기청소년들을 청소년 밀집지역에서 발굴해 내는 효과를 가져올 수 있다.

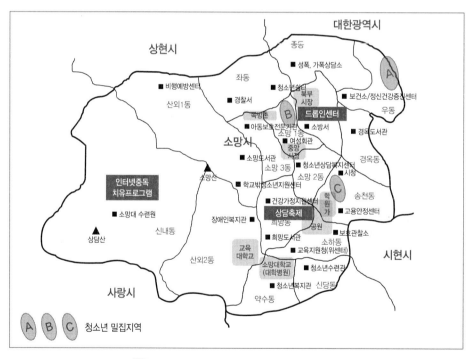

그림 8-2 소망시 지역별 특성화 프로그램

드롭인센터를 응용해서 위기청소년이나 거리에 나와 있는 청소년뿐 아니라 모든 청소년이 안전하고 자유롭게 이용하는 공간을 만들 수도 있다. 그런 예는 이 책 6장에서 경기도 군포시청소년상담복지센터에서 운영하는 '틴터'를 통해 살펴본 바 있다. 틴터는 군포의 중심지역에 오픈하여 청소년들이 위기에 관계없이 자유롭게 이용하도록 하고 있으며, 학교와 연계하여 학급 단위 행사도 진행할 수 있도록 함으로써 안전하고 편안한 곳이라는 인식을 심어주고 있다. 이곳을 이용하는 청소년들 중 위기청소년들이 자연스럽게 발굴되어 사례로 관리되는 것은 지역사회의 관점에서 볼 때 매우 고무적인 일이다.

둘째, 산내동에 위치한 소망대 수련원을 활용하여 인터넷 중독 치유 프로그램을 특성화 프로그램화하여 분기별로 운영한다. 인터넷 중독과 스마트폰 중독은 가정의 보호체계가 약화되었을 때 더 심화된다. 이런 점에서 소망시의 구 도심지와 산간 지역의 청소년들이 인터넷과 스마트폰 과다사용으로 보호자와 갈등을 겪기 쉽다. 또 학업스트레스 등을 회피하기 위한 목적으로 인터넷이 활용되는 경우에도 중독이 심화될 수 있어서 보호자의 요청이 쇄도할 수 있다. 중독이라고 칭해질 만큼 과의존일 때는 매체로부터 벗어나서 일정 기간 동안 치유활동에 전념하게 하는 프로그램이 필요하다. 상담산과 소망산 사이의 산내동에 위치한 소망대수련원은 분기별로 11박 12일 인터넷 중독 치유 프로그램을 운영하기에 매우 적합하다. 소망시의 인터넷, 스마트폰 중독 실태 수준에 따라 분기별로 1회씩, 또는 반기에 1회씩 운영계획을 수립할 수 있다. 중독은 가정의 보호체계와도 관계가 깊기 때문에 2박 3일 또는 3박 4일의 가족 치유캠프를 운영할 수도 있다. 만약 인터넷 중독 치유 프로그램과 가족 치유캠프가 효과가 있다면 산내동 또는 산외동에 중장기적으로 '인터넷 치유학교' 설립을 추진하는 결과를 얻을 수 있다. 그런 경우에는 인근 시 청소년에게까지 이용을 확대하여 지역사회 간 협업을 강화하는 프로그램으로 발전시킬 수 있다.

셋째, 교회와 성당을 중심으로 또래상담을 운영하고 연합회를 구성하여 학교 또래상담과 연계하는 프로그램을 운영할 수 있다. 소망시에 있는 초등학교, 중학교, 고등학교에는 또래상담반이 구성되어 있다. 이를 소망교육지원청 위센터와 소망시청소년상담복지센터가 협력해서 소망시또래상담반연합회를 운영하는 것은 소망시 관내 초중고 재학생 문제를 예방부터 개입까지 총괄적으로 다루는 데 매우 유용하다. 그러나 각 학교별로 또래상담반을 운영해도 그 수가 학년당 20여 명을 넘을 수가 없다. 보통 한 학년 재학생이 400여 명임을 감안하면 예방활동에 주력하기에도 부족하다. 이

간극을 메꿔 줌과 동시에 학교에 재학하지 않는 청소년까지 포괄해서 또래상담을 운영할 수 있는 곳이 교회와 성당이다. 소망시청소년상담복지센터와 소망시학교밖 청소년지원센터가 협업으로 교회와 성당에 또래상담동아리를 설치하도록 지원하고 연합회를 구성하면 좀 더 촘촘한 예방책이 될 수 있다. 이때 또래상담을 '학교폭력 예방'으로만 국한하기보다는, 리더십 향상, 학습 멘토, 준상담자활동, 프로그램 운영 보조, 청소년심리극 운영 등으로 확대해서 각자의 재능을 발휘하도록 지원해 줄 수 있다.

넷째, 또래상담자 출신 대학생, 직장인 선배 모임을 운영한다. 또래상담반연합회나 또래상담동아리연합회가 수년간 운영되어서 졸업생들이 대학생이 되거나 직장인이 되어 있다면 그들을 모아 또래상담연합회 선배 멘토단을 구성할 수 있다. 대학생이나 직장인이 된 선배들이 또래상담자 양성교육이나 보수교육에 멘토로 참여할 수 있고, 각자의 영역에 따라 후배 또래상담자들을 다양하게 도울 수 있다. 문학이나 방송 관련 선공 선배들은 또래기자단을 지도해 줄 수 있고, 심리학이나 교육학 전공 선배들은 사이코드라마나 소시오드라마를 지도해 줄 수 있다. 이것은 아주 일부분예에 불과하다. 선배들이 전공한 학과는 거의 모든 전공 영역을 망라할 수 있기 때문에 직업박람회나 진로체험, 대학 학과 선택박람회 등 연계해서 진행할 수 있는 프로그램이 매우 폭넓어진다. 이들이 조금 더 성장하면 소망시 청소년상담지원체계에 참여해서 지역사회기반 청소년상담을 더욱 윤택하고 풍성하게 해 주게 된다. 뿐만 아니라 청소년상담의 유용성을 알리고, 지방자치단체나 교육지원청 등에서 청소년관련 정책사업을 발굴하거나 론칭할 때 매우 현실적이면서도 유용한 정보를 제공해 주는 역할을 할 수도 있다. 시간이 더욱 지나 이들이 성인기에 접어들어서 지역사회의 다양한 영역에 진출하게 되면 소망시는 청소년들이 안전하고 즐겁고 유익하게 살아갈 수 있는 포근하면서도 활력과 창의력과 성과가 넘치는 도시가 될 것이다.

다섯째, 희망동, 소하동, 송천동에 걸쳐 있는 공원에서 소망시 청소년상담 축제 한마당을 열어 보자. 소망시에서 청소년상담에 참여하는 기관, 단체, 시설, 지역주민들이 모두 모여 신나는 축제의 장을 열어 보자. 소망시청소년상담복지센터, 소망교육지원청 위센터와 위클래스, 소망시학교밖청소년지원센터, 소망시 청소년안전망 필수연계기관과 민간지원단, 소망시또래상담반연합회, 소망시 교회·성당 또래상담동아리연합회, 소망시청소년상담자원봉사회, 소망대학교 멘토단, 또래상담자 선배연합회 등이 함께 모여서 머리를 맞대고 축제를 준비한다면 소망시 전체가 들썩이게 될 것이다.

이 외에도 지역 특성에 맞는 프로그램을 운영하는 것은 무궁무진하다. 청소년과 학부모, 그리고 지역주민들이 "우리 지역에 청소년상담기관이 있으니까 정말 좋다."라는 탄성을 지르도록 해 보자.

2) 지역주민 대상 심리교육

지역주민에게 심리교육을 제공하는 것도 전체 주민을 위한 중요한 상담사업이 된다. 심리교육은 예방부터 문제해결을 위한 코칭 자료제공에 이르기까지 매우 창의적으로 기획될 수 있다. 또 청소년상담 전문가가 지역사회 주민들을 대상으로 유익한 교육을 제공해 줌으로써 상담기관의 전문성에 대한 좋은 소문이 지역사회 곳곳에 미칠 수 있다.

(1) 심리교육

심리교육은 상담학적 지식을 알기 쉽게 구성해서 제공해 주는 서비스다. 심리교육은 단회로 진행하는 경우가 있고, 수개월 또는 며칠 동안 집중적으로 진행하는 경우가 있다.

① 단회 심리교육

단회교육으로 진행하는 경우에는 특정 정보를 구성해서 특강을 하는 경우가 대부분이다. 지역사회 내 전문기관, 단체, 모임 등에서 강의를 요청해서 진행되는데, 대개 강사료를 제공하면서 강사로 초빙하는 경우다. 청소년기 발달의 특성, 대화

기법, 현대 사회 청소년문화와 특징, 청소년 진로선택, 학령기별 자녀 이해하기, 성격 이해하기 등의 주제가 단골메뉴다. 이런 강의는 직장을 가진 부모, 교사, 지도자, 일반 성인들이 비교적 쉽게 들을 수 있다. 저녁 시간에 특강 시간이 잡혀 있다면 누구든지 참석할 수 있기 때문이다. 대개 시청이나 교육청 강당, 여성회관이나 청소년수련관, 복지관이나 교회 · 성당, 민방위 교육장 등에서 개최하면 한 번 교육에 200~300명씩도 참여한다. 지역사회를 기반으로 일하는 청소년상담 전문가에게는 그야말로 절호의 기회인 것이다. 상담기관 홍보도 하고, 많은 주민들에게 짧은 시간이지만 청소년을 이해하고 바른 관계를 가지도록 영향을 미칠 수 있는 기막힌 기회가 만들어지기 때문이다. 따라서 철저히 준비해서 한 시간을 강의하더라도 재미있고 유익하고 남는 것이 있도록 강의하는 것이 매우 중요하다. '기회는 두 번 오지 않을 수 있다.'라는 각오로 강의를 준비해야 한다.

② 심리교육과정 운영

며칠 또는 수개월 동안 집중적으로 교육을 제공하는 경우는 대개 청소년상담기관에서 기획해서 운영한다. 청소년상담복지센터, 위센터, 수련관상담실, 교회상담실, 복지관상담실, 여성회관에서 운영하는 여성상담교실, 시민단체에서 운영하는 성상담실, 성폭력상담실, 가정폭력상담실 등에서 많이 개설하는데, 이를 연계해서 시너지를 내는 것도 좋은 방법이다. 수개월 또는 며칠 동안 집중적으로 운영하는 교육은 대체로 '상담학교' '시민상담교실' '주민상담대학' '아버지학교' '어머니학교' '상담자원봉사교육 초급(중급 · 고급)교실' '예비부모상담교실' '가족관계증진 프로그램' '성격으로 이해하는 연애기술 up' '자녀지도교실' 등의 제목을 즐겨 사용한다. 이때 강좌를 준비하면서 지나치게 유명한 외부강사 초빙에 골몰하지 말고, 청소년상담기관에서 일하고 있는 청소년상담 전문가가 강의를 맡는 것을 고민할 필요가 있다. 우리 지역에서 강좌를 열면서 외부인만 부르게 되면 지역 내 청소년상담자의 위상은 '교육 신청받고, 커피 깔고, 출석 체크하고, 교재 나눠 주는 미스터 김'으로 전락하는 수가 있다. 따라서 전국 어디에다 내놓아도 손색이 없는 청소년상담 전문가가 이 지역에 있음을 확인시켜 준다는 마음으로 잘 준비해서 초빙한 강사에 뒤지지 않는 명성을 쌓아 가는 것이 필요하다.

③ 세미나와 포럼 개최

지역사회에서 이슈가 되는 청소년문제와 대처방안 또는 자녀지도 방안에 대해서는 조사연구와 사례 분석을 통해 정리한 내용을 가지고 공개 세미나를 개최하는 것도 심리교육에서 매우 의미가 크다. 주민들은 세미나 또는 포럼 등에 참여해서 전문가들의 의견을 듣고 자신의 견해를 이야기하며 논의하는 것을 통해 문제와 대처방안에 대한 이해를 증진시킬 수 있다. 앞서 언급한 바와 같이 세미나와 포럼 개최는 그 자체로도 센터의 사업을 홍보하는 장이 될 수 있다.

(2) 문제예방 및 자녀지도를 위한 자료제공

청소년의 문제를 예방하기 위한 지침, 이미 발생한 문제상황 속에서 올바른 자녀지도 방법, 자녀의 소질과 적성에 맞는 진로지도 방법 등이 정리된 자료를 제공해 주는 것도 매우 중요한 활동이다. 이런 정보는 홍보물 제작의 일환으로 리플릿이나 팸플릿 형태로 만들어서 배포하는 방법과 병행할 수 있다. 또는 홈페이지에 문제 영역별로 DB를 구축해서 누구나 쉽게 검색하고 인쇄해서 사용할 수 있도록 하는 것도 좋다.

더 나아가 청소년상담기관 앱을 제작하거나, 페이스북 또는 블로그 등의 계정을 이용해서 청소년문제와 대처요령 또는 지도요령 등을 만화나 그림을 이용해서 재미있게 제작하여 제공하는 것도 좋다. 사고나 재난이 발생했을 경우에는 자녀의 심리적 외상을 확인하는 방법과 증상 발생 시 대처방안 등을 학교 가정통신란을 통해 보내고 앱과 SNS를 통해 지역주민들이 공유할 수 있도록 하는 것도 도움이 된다.

4. 지역사회기반 상담의 확대 적용

지역사회기반 청소년상담은 굳이 청소년상담에 국한할 필요가 없다. 이 책에서 논한 지역사회를 영역(boundary)으로 해석하면 지역사회기반 상담은 매우 많은 곳에 확대 적용할 수 있다. 영역을 가지고 있다면 지금까지 이 책에서 논의한 모든 내용을 적용하는 것이 가능하기 때문이다. 지역사회를 기반으로 하는 상담은 아동, 여성, 직업인, 노인 등 어떤 대상이라도 적용이 가능하다. 만약 청소년상담을 확대해서 전체 주민 대상으로 적용하고자 한다면 보다 넓은 안목과 인력과 시스템을 구비해서 접근하면 된다.

군부대는 사단, 연대, 대대, 중대 중심으로 조직이 갖추어져 있다. 군상담자는 지역에 구애받지 않고 중대나 대대 또는 연대의 구성원들이 머물고 있는 영역을 활동 범위로 삼는다. 학교상담자는 학교라는 시설 내에 머무는 구성원들을 다루는데, 구성원들의 거주지는 행정구역보다 넓을 수도 있다. 대학은 특히 구성원들의 범위가 넓은데, 많은 대학들은 전국에서 모여든 학생들을 구성원으로 삼고 있다. 기업은 사업장에 속한 구성원의 회사 적응과 생산력 향상에 관심을 가진다. 기업 역시도 행정구역과 관계없이 입사해서 일하고 있는 사람들이 구성하고 있는 조직을 기반으로 삼는다. 교회도 지역사회에 구애받지 않고 교회에 출석하는 신자들을 영역으로 한다. 위에서 언급한 곳들은 모두 지역 중심이기보다는 구성원 중심이라는 공통점을 가진다. 또한 위에서 언급한 곳들은 모두 구성원들을 잘 관리하고, 구성원들의 안녕을 증진시키는 것에 관심을 가진다. 그 때문에 점차 부속기관으로 상담실을 설치해 가고 있다. 군대는 군상담관제도, 학교는 상담부와 위클래스, 대학은 대학생활문화원이나 학생상담센터, 기업은 기업상담실(삼성은 전 사업장에 상담실을 두고 있다), 교회는 교회상담실 또는 상담센터 등을 두고 있다.

이때 각각의 상담실에서 일하는 상담자들은 자기조직의 구성원에 대해 관심을 기울이게 된다. 영역 내 구성원들을 염두에 두고 서비스를 기획하고 제공할 필요가 있다는 것이다. 그럴 때 지역사회기반 청소년상담에 관한 아이디어는 영역 내 서비스를 정비하고, 복잡하고 복합적인 문제에 대응하기 위한 시스템을 갖출 수 있게 하며, 다양한 전문가들과 협업을 통해 상담 전문가의 역량을 극대화하도록 도울 수 있다. 그래서 이 책에서 설명한 지역사회기반 청소년상담은 다양한 영역에 확대하여 적용하는 것이 가능하다.

1. 당신이 일하고자 하는, 또는 일하고 있는 청소년상담기관의 운영주체가 어디인가?

    1-1. 운영주체가 표방하는 방침을 찾아서 적어 보라(운영주체의 홈페이지를 찾아보면 확인할 수 있다. 시정방침, 군정방침 등).

    1-2. 딩신이 일하는 또는 일하고자 하는 청소년상남기관의 운영방향을 확인해 보라(홈페이지를 열어 보라).

    1-3. 1-1과 1-2는 어떻게 관련되어 있는가?

2. 당신이 일하고자 하거나 일하고 있는 청소년상담기관의 성과관리체계를 확인해 보라. 만약 성과관리체계가 없다면 당신의 기관에 적합한 미션, 비전, 핵심가치, 전략목표, 전략과제, 성과지표 등을 구성하고 체계도를 만들어 보라.

3. 상담 전문가가 인적자원관리, 재정관리, 문서관리에 관심을 기울여야 하는 것의 중요성에 대해 생각해 보고 팀을 구성하여 의견을 나누어 보라.

4. 지역사회 전체 주민을 위한 사업에는 무엇이 있는지 설명해 보라.

5. 당신이 청소년상담자가 아니라, 군상담관이 되거나 교회상담자가 된다면 이 책을 통해 알게 된 지역사회기반 청소년상담의 아이디어를 어떻게 적용해 볼 수 있는지 생각한 후에 당신의 의견을 말해 보라.

6. 상담자와 관리자는 어떻게 다른가?

6-1. 당신은 관리자가 되고 싶은가? 기관 운영을 계획하고 있는가?

6-2. 당신이 가지고 있는 상담 전문가로서의 즐거움과 관리자가 가져야 하는 책임감을 어떻게 균형 있게 관리할 수 있을지 생각해 보고 말로 표현해 보라.

강유임, 조윤화, 임정숙(2016). 다독다독 톡 우리들의 이야기. 경기도청소년상담복지센터.

경기도청소년상담복지센터(2015). 심리적 외상 긴급지원 매뉴얼. 경기도청소년상담복지센터.

군포시청소년상담복지센터(2017). Teen터 운영보고서. 군포시청소년상담복지센터.

김계현(2002). 카운슬링의 실제 개정판. 서울: 학지사.

김계현, 김창대, 권경인, 황매향, 이상민, 최한나, 서영석, 이윤주, 손은령, 김용태, 김봉환, 김
     인규, 김동민, 임은미(2011). 상담심리학. 서울: 학지사.

김동일(2017). 재난대응 정신건강. 위기상담 서설. 재난대응 위기상담, 9-35. 서울: 학지사

김동일, 김은하, 김은향, 김형수, 박승민, 박중규, 신을진, 이명경, 이영선, 이원이, 이은아, 이
     제경, 정여주, 최수미, 최은영(2014). 청소년상담학 개론. 서울: 학지사.

김승천(2017). 청소년상담복지센터 상담자가 경험하는 직무스트레스 요인탐색. 중앙대학교 박사학
     위논문.

김현민(2017). 비밀보장 예외항목의 고지가 잠재적 내담자의 자기개방 의사와 상담자 평가에 미치는
     영향. 서울대학교 석사학위논문.

김혜숙, 남상인, 구혜영, 박승민(1995). 청소년상담원 자격연수 교재개발 연구. 청소년대화의광장.

노성덕(2017). 긴급위기에 대한 CYS-Net 개입방안. CYS-Net 긴급대응체계 활성화워크숍,
     3-38. 한국청소년상담복지개발원.

노성덕(2014). 학교 또래상담 2판. 서울: 학지사.

노성덕(2013). 청소년상담복지정책의 성과와 발전방향. 개원 20주년 기념 세미나 자료집, 한
     국청소년상담복지개발원.

노성덕(2012). 청소년상담복지의 의미와 과제. 한국청소년상담복지개발원 세미나 자료집,
     청소년상담복지 과제와 전망, 39-60.

노성덕(2008). 찾아가는 상담. 서울: 학지사.

노성덕, 유순덕(2015). 지역사회상담 3판. 한국청소년상담복지개발원.

박근영(2014). 전문상담교사의 소진경험에 대한 개념도 연구. 전북대학교 박사학위논문.

박성희(2013). 한국 상담이 나아갈 방향. 양명숙 외, 상담이론과 실제(pp. 549-579). 서울: 학지사.

송수지, 강영신(2017). 관계상실을 경험한 청소년 대상 TF-CBT기반 애도 집단상담프로그램 개발 및 효과. 상담 및 심리치료, 제29권 제2호.

송 현, 이영순(2017). 외상 후 성장 과정의 구조적 관계 분석. 재활심리연구 24(4), 573-591.

서영석, 박지수, 조아라(2017). 대규모 외상 사건으로 인한 증상과 평가도구. 재난대응 위기상담, 61-141. 서울: 학지사

여성가족부(2017). 2017년도 청소년사업 안내. 여성가족부.

여성가족부(2018). 2018년도 청소년사업 안내. 여성가족부.

우홍련, 허난설, 이지향, 장유진(2015). 한국 상담자들이 경험한 윤리문제와 대처방법 및 상담윤리 교육에 관한 실태조사. 상담학연구 제16권 제2호.

이동훈, 명소연, 정보영, 강은진(2017). 미국의 학교기반 위기대응팀에 대한 고찰과 시사점. 비교교육연구 27(10), pp. 1-28.

이은아(2014). 위기상담. 김동일 등, 청소년상담학개론(pp. 416-447). 서울: 학지사.

이주현(2015). 멘붕탈출법. 십대를 위한 9가지 트라우마 회복스킬. 서울: 학지사.

장혜아, 노성덕(2011). 청소년전화 1388 한국청소년상담원.

조남정(2016). 상담학과 학부생의 핵심역량. 전주대학교 박사학위논문.

차은미(2015). 청소년상담복지센터 상담자의 소진체험연구. 숙명여자대학교 박사학위논문.

최혜윤, 김은하(2017). 심리적 소진으로부터 회복에 이르는 과정에 대한 질적 연구: 대학상담자를 중심으로. 인간이해 38(1), 17-45.

한국아동청소년상담학회(2017). 재난대응 위기상담. 서울: 학지사

한국청소년상담복지개발원(2016). CYS-Net 필수연계기관 안내서. 한국청소년상담복지개발원.

한국청소년상담복지개발원(2017). 또래상담 운영보고서. 한국청소년상담복지개발원.

황정희(2012). Wee 센터의 직무환경과 개인적 특성에 따른 상담자의 소진연구. 백석대학교 석사학위논문.

American Psychiatric Association (2013). *Diagnostic and Statistical Manual of Mental Disorders.* 5th ed. 권준수, 김재진, 남궁기, 박원명, 신민섭, 유범희, 윤진상, 이상익, 이승환, 이영식, 이헌정, 임효덕 공역, 2015. 정신질환의 진단 및 통계편람. 서울: 학지사.

Conyne, R. K. (2004). *Preventing Counseling : Helping People to Become Empowered in Systems and Settings.* Taylor & Francis.

Corey, G. (2013). *Theory and Practice of Counseling and Psychotherapy. 9th.* Books/Cole.

Gladding, S. T. (2009). *Counseling : A Comprehensive Professional, 6th ed.* 노성덕, 김호정, 이윤희, 윤은희, 채중민, 김병관 공역. 2014. 상담심리학. 서울: 학지사.

Glasser. W. (2001). *Counseling with Choice Theory : The New Reality Therpay.* Quill.

Greenwald, R. (2002). Child Traumatic Handbook. The Haworth press, Inc. 정성훈 · 정운선 역, 마음을 다친 아동 · 청소년을 위한 핸드북, 2011. 서울: 학지사.

Heaton, J. A. (1998). *Building Basic Therapeutic Skills : A Practical Guide For Current Mental Health Practice.* 김창대 역, 2008. 상담 및 심리치료의 기본 기법. 서울: 학지사.

James, R. K. & Gilliand, B. E. (2001). *Crisis Intervention Strateges 4th ed.* Thomson.

Lewis, J. A., Lewis, M. D., Daniels, J. A., & D'Andrea, M. J. (2011). *Community Couseling.* Brooks/Cole.

MacCluskie, K. C., & Ingersoll, R. E. (2008). *Becoming A 21st Century Agency Counselor.* 노성덕, 박승민, 박경희, 신을진 공역, 2008. 상담기관의 카운슬러되기. 서울: 시그마프레스.

Niven, P. R. (2003). *Balanced Scored Step-by-Step for Government and Nonprofit Agencies.* John Wiley & Sons.

Rifkin, J. (2010). *The Empathic Civilization: The Race to Global Consciousness in a World in Crisis.* Polity.

Rogers, C. R. (2008). *Counseling and Psychotehrapy.* Rogers press.

Sharf, R. (2013). *Theories of Psychotherapy and Counseling: Concepts and Cases.* Brooks/Cole.

Studer, J. R. (2004). *The Professional School Counselor: An Advocate for Students.* Thomson Learning.

경기도의회: www.ggc.go.kr

국립중앙청소년디딤센터: www.nyhc.or.kr

네이버: www.naver.com

법제처: www.moleg.go.kr

한국교육과정평가원: www.kice.re.kr

한국상담심리학회: www.krcpa.or.kr

한국상담학회: www.counselors.or.kr

한국청소년상담복지개발원: www.kyci.or.kr

한국청소년상담복지개발원 청소년상담사: www.youthcounselor.or.kr

인명

Adler 73, 277

Bandura 279
Beck 73, 280
Binswanger 281
Boss 281
Bowlby 278

Callahan 320, 321
Conyne 408
Corey 101, 274

Ellis 281
Eric Berne 278

Fairbairn 278
Frankl 281
Freud 277

Gilliland 319
Gladding 95, 111
Glasser 283, 408
Greenberg 278
Greenwald 332

Ingersol 124

James 319
Jung 279

Kelly 281
Klein 278
Kohut 278

Lewis 38, 408

Mahler 278

Niven 393

Pavlov 279
Perls 282
Premack 279

Rifkin 42
Rogers 268, 281, 408
Rollo May 281

Sharf 275
Skinner 279
Studer 323, 364

Winnicott 278
Wolpe 279

Yalom 282

강영신 368
강유임 365
강은진 215
구본용 79
구혜영 64
권서만 274
권준수 43, 323
김계현 124, 273, 297, 298
김동일 43
김승천 113
김은하 117

김인수 283
김진숙 78
김창대 333
김춘경 274
김태성 76
김택호 78
김현민 262
김혜숙 64, 75

남상인 64
노경화 89
노성덕 38, 41, 67, 77, 106, 146, 184,
259, 322, 363, 370, 377

로저스 39
루이스 39, 46

명소연 87, 215
문창희 298

박경애 78
박근영 113
박성수 78
박성희 124
박승민 64
박재황 75
박진역 89
배영태 230
배주미 77

송수지 368
송현 331

안나 프로이트 277

양명숙 274
양미진 75
에릭 에릭슨 277
오익수 75
우홍런 111
유순덕 38, 184, 230
윤철경 79
이동훈 215
이미원 230
이성 89
이영순 331
이은아 321

이주현 323
이지향 111
이창호 75
임은미 76

장유진 111
장재홍 76
장혜아 259
정보영 215
정성훈 332
조남정 99

차은미 113
차은선 89
천성문 274
최혜윤 117

크롬볼트 62

프로이트 39

허난설 111
황순길 75
황정희 113

내용

117 학교폭력 신고센터 66
129 21
1388청소년지원단 188, 206, 208
1388청소년지원단 구성 208
1388청소년지원단원 14
4대보험 374
4차 산업혁명 71
4차 산업혁명 시대 297, 305
6.29 선언 58
A.I. 305
BSC 393
CBCL 261
CEO 397
CRT 215, 340
CYS-Net 79, 146, 188, 205, 218, 334
CYS-Net 실행위원회 217
CYS-Net 운영위원회 210
DSM 261, 321
DSM-5 43, 330
EMDR 230
IMF 금융위기 58
krisis 319
MBO 393
MMPI 261, 321
MMPI-A 256
PC통신 76
REBT 62
SWOT 390
SWOT 분석표 390
Tarasoff 사례 258

walk-in 246
WDEP 283

가계도 256
가정형 위센터 68
가족관계 탐색 256
가족상담 50
가족상담학회 93
가출청소년에 대한 상담 149
간부 103
감독 403
감정노동자 400
강의능력 97
강화 제공 원리 279
개별 위기개입 344, 350
개별지원 38
개업 상담자 106, 273
개인 276
개인구념이론 73, 281
개인상담 50
개인상담으로의 전환 359
개인심리학 73
개인정보 158
개인정보 수집 · 활용 동의서 160
개인정보관리 405
개인정보동의서 159, 251
개인정보보호 110, 158, 250, 336
개인정보보호법 158, 177, 183, 251, 404, 405
개인정보보호에 관한 의무 조항 158

개입 376
개입계획 세우기 376
개입체계 207
거점시설에서의 사례발굴 247
건강가정지원센터 35
건강검진 53
건강검진지원 400
건강관리 114
게슈탈트 73, 282
게임 286
게임 중독 76
결산 402
결재 403
경기도 청소년상담사 등의 처우 및 지위
 향상에 관한 조례 153
경기도청소년상담복지센터 229
경상북도청소년상담복지센터 229
경상북도청소년상담복지센터 366
경영관리체계 양식 394
경제적 비용 절감 효과 109
경주지진 230
경찰서 148
계획수립 332
고용지원센터 360
고지의 의무 258
공감능력 58
공공기관 401
공공보건의료기관 148
공공자원 187
공동체 35, 36, 339, 358

공동체 정신 47, 204, 318
공동체 협력 317, 318, 356
공적 부조 45, 72
과도한 업무량 113
과정평가 357, 358
관리자 384, 406
관리자 교육 99
광역단위 위기지원 366
광역지방자치단체 365
광주광역시청소년상담복지센터 89, 334
광주광역시청소년종합상담실 89
교류분석 73, 278
교육모형 44, 45
교육부 88
교회상담실 416
구념 281
구제역 362
국가공인 청소년상담사 자격시험 64
국가자격증 93
국가재난대응모드 344
국가적인 긴급개입 363
국가청소년위원회 65
국립중앙청소년디딤센터 69, 132
국립청소년인터넷드림마을 69, 132
국민의 행복권 추구 123
국정과제 385
군상담관제도 416
군상담자 416
군상담학회 93
군포시청소년상담복지센터 87, 248
규칙 152
그룹홈 52
그림자 279
근거리 지지체계 46
근로침해 155
급성스트레스장애 323, 364
기관 운영 97
기관별 역할 분담 357
기관별 역할 분담표 356
기밀누설 금지의무 110
기숙형 치료시설 69
기업상담실 416
기업상담학회 93
기초지방자치단체 35, 365
긴급 심리지원 362
긴급개입팀 340

긴급구조 51, 378
긴급대응 전담인력 확보 341
긴급심리지원단 362
긴급위기개입 51
김영란법 155

내담자 복지 115
내담자의 권리보호 334
내담자의 권익 310, 334
내방상담과 부모개입 242, 268
내적 동기유발 397
놀이치료사 101, 284
놀이치료실 283

다학문 46
단기목표 달성 358
단기쉼터 52
단추 누르기 277
단회 심리교육 413
단회상담 297, 300
단회상담 원리 298
대구지하철 화재 320
대상 278
대상관계이론 62, 73, 278
대상청소년 선정 376
대상청소년 추정 178
대안탐색 332
대처전략 328
대학생활문화원 416
대학원의 상담전공 석 · 박사과정 384
대화 56, 57
델파이 연구 99
도덕 110
도시락토크 400
동기부여 397
동정심 58
두드림 69
두드림 존 65
드롭아웃 291
드롭인센터 209, 409
또래상담 50, 63, 66, 68, 411
또래상담 프로그램 234, 378
또래상담교사연구회 63
또래상담반연합회 411
또래상담사업 53
또래상담자 233
또래상담자 동아리 40

레스큐 스쿨 77

마치 ~인 것처럼(as if) 행동하기 276
맞춤형 상담 295
매체상담 64, 242, 284, 296
맥락에 대한 분석 347
머물러 있기 282
멀티플레이어 100
멘토-멘티 제도 400
면접시험의 기준 141
목표 달성 358
목표 달성 평가 358
무의식적 갈등 317
문서관리 404
문서보관과 폐기 405
문서생성 404
문자상담 50, 297, 306
문제 분석 330, 345
문제 분석 기록지 348, 349
문제 분석지 348
문제예방 408, 415
문제해결능력 39
물적자원 187
미국 상담학회 95
미국의 위기지원체계 215
미션 387
미술치료사 101, 284
미술치료실 284
미해결과제 282
민간위탁 402
민간자원 187
민주화의 척도 56

발달적 위기 46
방어기제 277
범법사항에 대한 신고의무 154
법 110
법인위탁 402
법적 의무 조항 154
법정대리인의 동의 161
병리적 모형 62
보드게임 · 게임 활용 284
보조강사 101
보호관찰 대상청소년 151
복리후생 400
복무관리 399
복무규정 395, 399

복지포인트제도 400
부모교육 62, 290
부모상담 289
부모에 대한 개입 287
부모자문 287
부정청탁 및 금품 등 수수의 금지에 관한 법률 155
부정청탁 신고 156
분석 279
분석심리학 73
분소 46
블로그 406, 415
비대면성 299
비밀보장 334, 375
비밀유지 250, 336
비빌언덕 85
비자발적 청소년내담자 73
비전 388
비합리적 신념 281
비행예방센터 360
빈틈 메우기 280

사고 362
사고중지기법 280
사례 분석 415
사례개념화 270
사례기록관리 405
사례판정위원회 217
사례판정회의 265, 266
사이버문화 76
사이버상담 50, 64, 246, 297, 305
사이버상담센터 64, 76
사이버상담의 과정 306
사이버상담의 특징 306
사이버세계 76
사전 예약 244
사회복지사 91, 94, 100
사회적 비용 절감 108
산출지표 393
삼풍백화점 붕괴사고 320
상담 239, 276
상담 전문가 239, 398
상담 전문가 심리안정지원 368
상담 중기 과정 273
상담 중기 전략 275
상담 중기의 과제 274
상담 진행 청사진 272

상담 초기 과정 268
상담개입의 효과 109
상담계약 250
상담계약서 251
상담계획 272
상담공간 373
상담관계 317
상담관계 형성 268
상담교사 92
상담구조화 269
상담기관 운영 384
상담료 372
상담목표 376
상담목표 설정 271
상담비용 250
상담사업 389
상담사업관리 389
상담수련생 96
상담신청 243
상담신청 담당자 247
상담신청과 서비스 배치 241, 244
상담신청서 244
상담심리사 91, 93
상담역량 95
상담의 대가 102
상담의 효과 109
상담의 효과와 생산성 109
상담이론 38, 44, 239, 272, 274
상담자 배정 266
상담자 윤리에서의 쟁점 110
상담자 정체성 혼란 113
상담자 처우 개선 114
상담자격증 92
상담자원봉사회 22
상담장소 373
상담종결 292
상담종결기의 주요 과제 293
상담진흥법 124
상담행정 99
상담확인서 247
상설아웃리치 409
상해보험 374
생산성 106
생태적 환경 36
생활지도원 15
서비스 대상청소년 183
서비스 배치 265

서비스 배치 결정 266
서비스 연계 동의서 265
서신상담 64, 297
설문조사 176
성과관리체계 391
성과지표 393
성범죄에 관한 신고의무 262
성수대교 붕괴사고 320
성인상담 41, 43
성장 44
성장모형 62
성폭력 155
성폭력 피해 청소년상담 150
성폭력상담소 338
세미나 54, 415
세월호 사고 230, 320, 362
소년법 151
소망시 청소년상담 자원 목록 192
소모품 대장 406
소진 100, 112, 333, 400
소진 예방 114, 117, 400
소진 회복과정 117
소통능력 58
솔루션회의 354, 356
수수 금지 금품 신고 156
수프 엎지르기 277
순회전문상담교사 63, 66
슈퍼비전 117
스트레스 319
시간제 상담자 231
시간제 청소년동반자 101
시설 및 재물관리 406
신고의무 110, 262
신고의무 조항 154
신고의무자 154
신고자 보호 263
신속성 300
실존치료 281
실태조사 176, 177
실행위원회 206, 211
실행위원회 구성표 220
심리검사 256, 330
심리교육 47, 54, 413
심리교육과정 414
심리상담 73
심리적 외상 319, 320, 332
심리적 외상개입 70

심리적 외상 전문가 341
심리적 외상개입 전문가 230
심리지원 362, 363
심리지원단 230
심리치료 276
심리학 277, 279
심의기구 210

아니마 279
아니무스 279
아동·청소년상담학회 93
아동복지법 126
아동청소년 성보호에 관한 법률 123
아동학대 154
아동학대범죄의 처벌 등에 관한 특례법
    126
아동학대에 대한 신고 262
아산시청소년상담복지센터 337
아웃리치 14, 52, 78
아웃리치상담 375, 378
안구운동 민감소실 및 재처리요법 230
안산시청소년상담복지센터 230
안양시청소년상담복지센터 209
안전 295, 330, 373
안전대책 374
안전확보 330, 333, 345
애도 368
애도 행사 368
애도집단상담 프로그램 368
애도집회 368
양적연구 109
업무배치 397
업무협약 222
여성가족부 67, 88
역량 95
역설적 의도 281
역전이 274
역지사지 58
연간 직원 충원 계획 396
연계의무 207
연계협력 98
연구 97
연구능력 97
연평도 포격사건 230
예방 39, 44
예방교육 108
예방모형 45

예방상담 408
예방적 개입 234
예산관리 403
예산수립 401
예산집행 402
예약 없이 방문 246
외래상담자 231
외부강의 등 사례금 상한액 157
외부강의 신고 156
외상후스트레스 362
외상후스트레스 증상 323
외상후스트레스장애 18, 323, 325
요구분석 48, 409
용암법 279
운동 115
운영위원회 206, 210
운영위원회 구성표 219
원격성 300
원스톱서비스 74
웹기반 반응형 상담 297
위기 319
위기개입 51, 96, 242, 295, 317, 333
위기개입 전문가 229
위기개입과정 330
위기단계 327
위기대응 339
위기대응TF 70
위기사례개념화 353
위기상태 348
위기상황 320, 335
위기상황 발생 345
위기수준 226, 320, 348
위기수준과 상담개입 322
위기스크리닝 척도 260, 321
위기의 의미 319
위기의 중복모델 321
위기정도 평가 257
위기청소년 126
위기청소년 가족과 보호자 대상 상담
    145
위기청소년 발견체계 207
위센터 35, 66, 68, 88
위스쿨 68
위클래스 68, 89, 101, 360
위키백과 125
위프로젝트 63, 66, 68
위프로젝트 특임센터 217

윤리 110, 399
윤리강령 111
윤리문제 111
윤리요강 399
윤리위원회 111
윤리적 갈등 111
윤리적 기준 110
윤리적 이슈 110, 111
은둔형 외톨이 370
음악치료사 101, 284
응급상황 320
의뢰 302, 332, 360
의사거래 278
이메일 상담 297
이야기치료 285
이주배경청소년에 대한 지원 149
이직 103, 118
익명성 299
인간망 64
인간망 개입 78
인간조력망 213
인간주의상담 39, 73
인간중심상담 62, 281, 408
인공지능 305
인사규정 395
인사위원회 396
인적자원 187
인적자원관리 395
인지삼제 280
인지적 왜곡 280
인지치료 73, 280
인터넷 이용 습관 진단조사 65, 66
인터넷 중독 65, 66, 76, 370
인터넷 중독 기숙형 치료학교 77
인터넷 중독 상담지원 네트워크 66
인터넷 중독 청소년 지원에 관한 조례
    152
인터넷 중독 청소년지원 150
인터넷 중독 치유 프로그램 50, 411
인터넷 중독 치유사업 53
인턴십 233
일시보호사업 52
일시보호소 52, 101, 128
일시쉼터 52
임상심리사 91, 94, 100

자극통제 280

자기관리 112
자기원형 279
자녀의 힘을 북돋우는 부모교육 프로그램 62
자녀지도 415
자동적 사고 280
자료제공 415
자문 54, 334, 360
자살방지계약서 258
자살시도 333
자살위험 수준 평가질문 259
자살평가 질문지 330
자신을 해할 가능성 258
자원 조사 188
자원의 유형 187
자정노력 110
작업동맹 269, 317
잠재위기 321
재난 362
재난심리지원 363
재물관리대장 406
재원확보 401
재정관리 401
저항 274
적정 상담인력 114
전국단위 위기지원 367
전기 청소년 179
전략과제 392
전략목표 391
전문기관 연계 360
전문상담교사 91, 92, 100, 142
전문상담사 91, 93, 100
전문상담순회교사 142
전문성 371
전문성 강화 117
전문직원봉사자체제 78
전문직원봉사체계 64
전문직원봉사회 40
전통적인 상담 50
전화상담 50, 64, 246, 297, 299
전화상담 기록지 303
전화상담에서의 주의사항 200
전화상담의 진행과정 304
전화상담의 특징 299
접수면접 252
접수면접지 254
정보관리 405

정보보안 405
정보요청 301
정보제공 288
정부정책사업 72
정산 403
정서노동자 400
정서적 281
정서적 메마름 116
정서적 자기노출 331
정서적 카타르시스 331
정서적 환기 116
정서행동장애진단검사 261
정신건강복지센터 35, 360
정신분석 73, 277
정신역동이론 39
정책 연구 74
정체감 42
정체감 위기 43
제천교육지원청 위센터 335
제천시 화재 320
제천시청소년상담복지센터 335
조건부 기소유예 151
조기종결 292
조례 152, 342
조례 제정 342
조류독감 362
조사연구 54, 415
종결 332, 358, 377
종합대책본부 364
종합적 해결방안 제시자 100
좋은 세계 283
주 호소문제 41, 257, 271
주변인 42
주변인에 대한 개입 43
준법 399
중간관리자 383
중장기쉼터 52
지리적 특징 170
지리적 특징 이해 170
지방고용노동관서 148
지방자치단체 35
지방자치단체 합동평가지표 341
지방자치법 152
지방청소년상담실 61
지역 특성화 프로그램 408, 409
지역경계 170
지역공동체 79

지역공동체 개입 350, 351
지역사회 33, 36
지역사회 개입자원 226
지역사회 요구 389
지역사회 자원 분석 186
지역사회 자원 파악 187
지역사회 자원 활용 98
지역사회 특징 분석 169
지역사회기반 위기개입과정 343
지역사회기반 청소년상담 34, 38, 40, 66
지역사회기반 청소년상담모형 65
지역사회기반 청소년상담모형 확립 64
지역사회기반 청소년상담사업의 법적 근거 144
지역사회기반 청소년상담의 과정 240
지역사회기반 청소년상담의 내용 48
지역사회기반 청소년상담의 독특성 45
지역사회기반 청소년상담의 발전과정 56
지역사회기반 청수년상담의 시작 61
지역사회기반 청소년상담의 안착 62
지역사회기반 청소년상담의 위기개입 모형 343
지역사회기반 청소년상담의 태동 60
지역사회기반 청소년상담의 특징 41
지역사회기반 청소년상담자 85
지역사회기반 청소년상담자와 윤리 110
지역사회기반 청소년상담자의 생산성 106
지역사회기반 청소년상담자의 역량 95
지역사회기반 청소년상담자의 전형적인 진로 100
지역사회기반 청소년상담지원체계 146
지역사회상담 34, 37, 408
지역사회상담의 특징 38
지역사회의 의미 35
지역사회청소년상담복지체계의 사업 148
지역사회청소년통합지원체계 38, 65, 78, 146, 188, 205, 323
지역사회청소년통합지원체계의 서비스 흐름 206
지지제공 331
지지치료 39
직면 282

직무상 알게 된 내용에 대한 누설 금지
　　조항 161
직업상담사 101
직업선택 43
직영 402
진로상담 62
진로상담학회 93
질적연구 109
질풍노도의 시기 42
집단 프로그램 50
집단상담 50
집단상담학회 93

차량보험 374
창의적인 개입전략 96
찾아가는 대상자 선정 372
찾아가는 상담 52, 370
찾아가는 상담 시 주의사항 377
찾아가는 상담에서의 고려사항 371
찾아가는 상담의 과정 376
찾아가는 상담의 유형 378
찾아가는 상담의 의미 370
찾아가는 상담자 78
채용 396
채팅상담 297, 306
채팅상담 성과 측정도구 76
처우 개선 수당 153
청년실업해소특별법 127
청소년 125, 155
청소년 밀집지역 173, 248, 374, 375,
　　409
청소년 이슈 토크쇼 409
청소년 인터넷 과다사용 예방 프로그램
　　76
청소년 자조 프로그램 53
청소년 전자오락 76
청소년 현황 분석 176
청소년가출 예방 149
청소년근로보호 관련 신고 262
청소년기 41, 42
청소년기본법 59, 123, 179
청소년내담자 40
청소년대화의광장 61, 63, 75
청소년동반자 16, 52, 65, 78, 378
청소년보호 65
청소년보호법 123, 179
청소년보호재활센터 69, 132

청소년복지ㆍ지원시설 148
청소년복지지원법 65, 123, 188, 211
청소년사이버상담센터 76
청소년사회안전망 204, 323
청소년상담 멘토 233
청소년상담 자원 목록 194
청소년상담 자원 목록표 193
청소년상담 자원봉사자 232
청소년상담 전문가 40, 138, 223, 334
청소년상담 전문가의 책무 108
청소년상담 정책 59
청소년상담 종사자 처우 개선에 관한 조
　　례 152
청소년상담 축제 412
청소년상담기관 88, 102, 231, 364, 398,
　　399
청소년상담기관 경영 98
청소년상담기관 관리자 383
청소년상담기관 설립 127
청소년상담기관 운영 385
청소년상담기관 운영방향 385
청소년상담기관 재정 항목 402
청소년상담기관의 주요 기능 134
청소년상담모형 205
청소년상담복지 67
청소년상담복지센터 13, 35, 67, 88,
　　101, 211
청소년상담복지센터 설치기준 128
청소년상담사 38, 64, 75, 91, 92, 100,
　　138
청소년상담사 급별 연수과목 141
청소년상담사 자격검정 138
청소년상담사 자격검정의 과목 140
청소년상담사 자격검정의 등급별 응시
　　자격 기준 139
청소년상담사 자격연수 141
청소년상담사 처우 개선에 관한 조례
　　142
청소년상담사업 조력자 234
청소년상담사업과 조례 152
청소년상담사의 필기시험과목 140
청소년상담서비스 전달체계 63
청소년상담센터 67
청소년상담원 61
청소년상담의 과정 240
청소년상담의 특징 41
청소년상담인력 예측 225

청소년상담자 87, 239, 333, 383
청소년상담자 소진 112
청소년상담자원봉사회 232
청소년상담자의 생산성 107
청소년상담자의 전적개입 346
청소년상담자의 협력개입 347
청소년상담자활 65
청소년상담전략 37
청소년상담종합정보망 유코넷 76
청소년상담지원인력 개발 225
청소년상담지원체계 40, 47, 78, 203,
　　350, 356, 362
청소년상담지원체계 구성 218
청소년상담지원체계의 의미 204
청소년상담지원체계의 조직 205
청소년수련관 101
청소년쉼터 52, 101, 149, 360
청소년육성 65
청소년육성 전담공무원 143
청소년육성 정책 62
청소년의 PC중독 76
청소년전화 1388 17, 208, 299
청소년정책기본계획 386
청소년종합상담실 61, 63
청소년지도사 91, 94, 100
청소년치료재활센터 69, 132
청소년치료재활센터 설치기준 130
청탁금지법 155
체계적 감감 279
체육부 청소년종합상담실 60
초급관리자 383
초동대응 363, 366
초심상담자 101
초월영성상담학회 93
초중등교육법 123
촉진적 관계 268
촛불집회 58
최고관리자 383
최종목표 달성 358
추후관리 359, 368
추후상담 292, 377
출수강 399
충청남도 청소년 사회심리적 외상에 관
　　한 조례 153
충청남도청소년상담복지센터 229
충청북도청소년상담복지센터 335
취미 활동 116

측은지심 58
치료동맹 269, 317
치료모형 44, 45

캠페인 54

타 기관 의뢰 242, 310
타 기관으로부터의 의뢰 247
타인을 해할 가능성 258
탈무드 318
통섭 46, 98
통찰치료 39
통합서비스 207
통합지원 73, 74
투입지표 393
트라우마 229, 319
특수 상담사례 세미나 409
특정범죄 신고자 등 보호법 262
틴터 248, 250
팀개입 350, 351
팀접근 320

파트타임 상담자 231
페르조나 279
페이스북 406, 415
평생학습사 101
포럼 415
포상제도 400
포항시청소년상담복지센터 366
포항지진 230, 320, 362
표상 278
프로그램 개발 연구 74
프로파일러 101
필수연계기관 147, 188, 206, 207, 220
필수연계기관 협력 의무사항 147

학교밖청소년 126
학교밖청소년 정의 126
학교밖청소년 지원에 관한 법률 69, 123
학교밖청소년 지원에 관한 조례 152
학교밖청소년에 대한 상담 146
학교밖청소년지원사업 53
학교밖청소년지원센터 35, 66, 88, 148, 234, 360
학교상담자 416
학교상담학회 93
학교전담경찰관 66
학교폭력 66, 155
학교폭력 신고전화 117, 299
학교폭력 예방 및 대책 전담기구 설치기준 133
학교폭력 예방 및 대책에 관한 법률 66, 123
학교폭력 예방 정책 68
학교폭력 피해자 및 가해자에 대한 상담 150
학교폭력에 대한 신고 262
학교폭력자치위원회 336
학생상담센터 416
학생상담전화 1588-7179 299
학업중단 숙려 상담 53
학업중단청소년지원사업 149
학회 인증 자격증 93
학회자격증 93
한국산업인력공단 94, 139
한국상담심리학회 91, 93
한국상담학회 91
한국청소년상담복지개발원 41, 67, 88, 217
한국청소년상담원 63, 67
합리적 281

합리적 정서적 행동치료 62
합의종결 292
해결중심 단기치료 73
해결중심상담 283
해밀 69, 90
해밀 프로그램 90
해바라기센터 338, 360
해킹 405
핵심가치 388
핵심역량 239
행동수정 73, 279
행동연쇄법 279
행동치료 281
행동형성법 279
행정구역 35
허브기관 212
헌법 123
현실검증 282
현실요법 73, 283, 408
현재화 기법 282
혈연공동체 36
협력 375
협업 98, 357, 374
형사소송법 336
호소문제 51, 255
홍보 54, 163, 406
환경 38, 44
회계감사 403
효과성 106
효과적인 미션기술서 388
효율성 106
후기 청소년 179

노성덕(盧星德, Ph.D.)

저자는 청소년상담 전문가다. 청소년상담사 1급 자격을 소유하고 있으며, 여성가족부 산하 기관인 한국청소년상담복지개발원에서 통합지원본부장(상담교수)으로 재직하고 있다. 안양시청소년상담센터 소장, 전북대학교 학생생활연구소 전임상담원, 서울대학교 BK21사업단 연구원 등으로 일한 바 있다. 전문상담사-아동청소년상담-1급, 정신건강상담사 1급 등을 소지하고 있으며, 서울대학교 교육학과에서 상담을 전공으로 박사학위를 취득하였다.

저서로는 『찾아가는 상담』(학지사, 2008), 『또래상담 2판』(학지사, 공저, 2010), 『소년원 또래상담프로그램』(학지사, 공저, 2010), 『전문상담교사와 학교상담』(학지사, 2010), 『전문상담교사 길라잡이』(학지사, 2013), 『학교또래상담 2판』(학지사, 2014) 등이 있다. 역서로는 『상담기관의 카운슬러되기』(시그마프레스, 공역, 2008), 『DSM-IV-TR 진단에 따른 아동청소년 상담 및 심리치료』(시그마프레스, 공역, 2010), 『상담심리학』(학지사, 공역, 2014), 『학교상담과 학교사회사업 치료매뉴얼』(시그마프레스, 공역, 2017) 등이 있다.

지역사회기반
청소년상담의 실제
Community based Counseling for Youth

2018년 3월 30일 1판 1쇄 발행
2021년 4월 20일 1판 2쇄 발행

지은이 • 노성덕
펴낸이 • 김진환
펴낸곳 • ㈜ 학지사

　　　　　04031 서울특별시 마포구 양화로 15길 20 마인드월드빌딩
대표전화 • 02-330-5114　　팩스 • 02-324-2345
등록번호 • 제313-2006-000265호

홈페이지 • http://www.hakjisa.co.kr
페이스북 • https://www.facebook.com/hakjisa

ISBN 978-89-997-1538-9 93180

정가 22,000원

이 도서의 국립중앙도서관 출판시도서목록(CIP)은 서지정보유통지
원시스템 홈페이지(http://seoji.nl.go.kr)와 국가자료공동목록시스템
(http://www.nl.go.kr/kolisnet)에서 이용하실 수 있습니다.
(CIP 제어번호: CIP2018008417)

교육문화출판미디어그룹 학지사
심리검사연구소 인싸이트 www.inpsyt.co.kr
원격교육연수원 카운피아 www.counpia.com
학술논문서비스 뉴논문 www.newnonmun.com
간호보건의학출판 정담미디어 www.jdmpub.com